HEYNE
BÜCHER

Das Buch

In dem Roman *Weichselkirschen,* dem zweiten Band ihrer großangelegten Schlesien-Trilogie, erzählt Leonie Ossowski die Geschichte der Journalistin Anna, die in den siebziger Jahren aus der Bundesrepublik nach Polen fährt, zu den Orten ihrer Erinnerung. Nach dreißig Jahren besucht die Gutsherrentochter von einst das kleine, ehemals deutsche Dorf, in dem sie aufgewachsen war. Hier in Ujazd, dem früheren Röhrsdorf, begegnet sie einer alten Liebe und der neuen politischen Wirklichkeit. Anna muß sich zurechtfinden in einer vertrauten und doch fremden Welt. Die »Niemka«, die Deutsche, gewinnt im heutigen landwirtschaftlichen Kombinat allmählich das Vertrauen der Polen. Sie trifft Ludwik, den Vater ihrer Tochter wieder, der von seiner Vaterschaft nichts weiß. Ludwik, den Landarbeiter, der inzwischen studiert hat und eigentlich nichts mehr mit der Vergangenheit zu tun haben möchte. Und auch die Tochter Vera taucht auf, Verkörperung einer neuen Gegenwart, aller Vergangenheit zum Trotz.

Weichselkirschen, 1981 mit dem »Kulturpreis Schlesien« des Landes Niedersachsen ausgezeichnet, begründete Leonie Ossowskis Ruhm und Erfolg. Drei Monate lang lebte sie 1974 im früheren Röhrsdorf, sieben Monate hatte sie sich darauf vorbereitet. Die Weichselkirschen, wo Anna und Ludwik sich liebten, blühen immer noch. Sie klingen wie ein musikalisches Leitmotiv immer wieder an und gaben dem Roman seinen einprägsamen Titel. Aus solchen Natursymbolen und knapp skizzierten Bildern gewinnt die Erzählung ihre dichte Atmosphäre. Die Kraft der Erinnerung durchdringt Leonie Ossowskis ganze Prosa; aus der Gegenwart führt die Erinnerung zurück in Familiengeschichten, die immer auch ein Stück erlebter Zeitgeschichte sind.

Die Autorin

Leonie Ossowski, 1925 im niederschlesischen Ober-Röhrsdorf geboren, schrieb in den fünfziger Jahren Drehbücher für die DDR-Filmgesellschaft DEFA und veröffentlichte 1958 ihr erstes Buch *Stern ohne Himmel* (Heyne-TB Nr. 01/7817). 1967 erschien ihr erster Roman *Wer fürchtet sich vorm schwarzen Mann* (Heyne-TB Nr. 01/7835) in der Bundesrepublik; weitere Erzählungen und Romane wie *Liebe ist kein Argument* (Heyne-TB Nr. 01/7922), *Blumen für Margritte* (Heyne-TB Nr. 01/8183), *Weckels Angst. Mannheimer Geschichten* (Heyne-TB Nr. 01/8255), *Von Gewalt keine Rede* (Heyne-TB Nr. 01/8417), *Wilhelm Meisters Abschied* (Heyne-TB Nr. 01/8795) und *Neben der Zärtlichkeit* (Heyne-TB Nr. 01/8823) folgten. Die Autorin, die heute als freie Schriftstellerin in Berlin lebt, erhielt für ihr Gesamtwerk 1982 den Schiller-Preis der Stadt Mannheim.

LEONIE OSSOWSKI

WEICHSELKIRSCHEN

Roman

WILHELM HEYNE VERLAG
MÜNCHEN

HEYNE ALLGEMEINE REIHE
Nr. 01/9256

Alle Personen und Handlungen dieses Romans
sind frei erfunden.
Jede Ähnlichkeit mit lebenden oder verstorbenen Personen
ist rein zufällig.

Der Titel erschien bereits in der Allgemeinen Reihe
mit der Band-Nr. 01/7954.

2. Auflage dieser Ausgabe

Wilhelm Heyne Verlag GmbH & Co. KG, München
Printed in Germany 1995
Umschlagillustration: Cornelia v. Seidlein
Umschlaggestaltung: Atelier Ingrid Schütz, München
Gesamtherstellung: Presse-Druck Augsburg

ISBN 3-453-08041-6

Für Ludwik

Wenn Suszko durchs Dorf fährt, hat er stets eine Mütze auf, eine verbeulte Postmütze, auf die er etwas hält.

Ohne Mütze ist er nur die Hälfte wert, denn ohne sein Amt wären Suszko alle Möglichkeiten genommen, mehr zu wissen als die anderen im Dorf. Deshalb nimmt er die Mütze nie vom Kopf. Und fragt man die Bewohner von Ujazd, wer denn den Suszko schon einmal ohne Mütze gesehen hätte, könnte das niemand außer der Sabina behaupten.

Aber auch Sabina hat Suszko nur ein einziges Mal ohne Mütze gesehen und das sehr kurz, weil er sie sofort wieder aufsetzte, obwohl er versuchte, es mit ihr zu machen. Bei Tag – im Kuhstall des Kombinats, wo sie beide im Grunde nichts zu suchen hatten.

Hinterher hatte der Suszko ein Stückchen Kuhfladen auf der Amtsmütze, was aber Gott sei Dank niemandem weiter auffiel.

Das Licht scheint gelbweiß vom Himmel. Kein Lüftchen in den Pappeln. Perkas Enten liegen flach auf der Straße, als wären sie bereits überfahren. Das Grün der Dorfstraßenbäume hat einen Blaustich. Die alte Jula sitzt auf einer Bank an der Stelle, wo früher das deutsche Kriegerdenkmal stand.

Unbeweglich blinzelt sie in die Sonne, und das kann sie nur, weil sie fast blind ist.

Suszko rückt die Mütze zurecht, schwingt sich auf sein Rad und verläßt das Postgebäude.

Dreißig Jahre früher, als Ujazd noch deutsch war und Rohrdorf hieß, verließ täglich um die gleiche Zeit ebenfalls ein bemützter Mann mit Fahrrad das Haus. Nur war die Mütze nicht blau, sondern grün, und es war auch keine richtige Mütze, eher ein sich nach oben verjüngender Helm, dessen Abzeichen, eine Handbreit über der Augenpartie, den Dorfpolizisten kennzeichnete. Das Haus beherbergte damals auch nicht die Post, sondern die Gendarmerie.

An die Gendarmerie erinnern sich heute noch einige Bewohner von Ujazd, wie Jacek Staszak, Elka Perka, die Pawlakowa vom Kombinat und natürlich Jula. Aber die schlimmsten Erfahrungen hatte wohl Staszak gemacht – später auch Ludwik Janik. Aber niemand spricht mehr darüber. Staszak sagt, es hat keinen Zweck, und die anderen geben ihm recht.

Suszko weiß, was in seiner Posttasche ist. Da wird es eine Menge zu reden geben. Es juckt ihm schon die Zunge, als er an Perkas Gartentor vorbeifährt.

Co nowego, Suszko? ruft Elka, was soviel heißt wie: Was gibts Neues? Umständlich sammelt sie die ersten Äpfel aus dem Gras in ihre Schürze.

Suszko steigt von seinem Rad.

Dem Lenart Marek gehts an den Hof, sagt er schließlich, obwohl er das dem Marek eigentlich zuerst mitteilen wollte. Aber Suszko geht es nicht viel anders als seinem Freund Jodko, dem Magaziner vom Kombinat. Ewig bleibt es bei den Vorsätzen, er kann den Mund nicht halten und tut manches, was er lieber nicht tun sollte.

Elka steht mit den Äpfeln in der Schürze am Zaun.

Meinst du, die nehmen ihm jetzt den Hof?

Suszko wirft den Kopf nach hinten und schlägt mit der flachen Hand gegen die Kehle. Wenn er das – er tippt nochmals mit der Handkante an den Hals –, wenn er das so weiter macht, wird er nicht mehr viel zum Wohnen haben und schon gar nichts zum Wirtschaften. Jesusmaria, sagt Elka und wirft die wurmigen Äpfel in den Graben. Früher war die auch hübscher, denkt Suszko, als er ihr so zusieht. Elkas Brust ist groß und schlaff, wie ein gemolkenes Kuheuter, ihre Beine sind dick und der Leib hat den Umfang eines Ölfasses. Und sonst? Elka nickt zu Suszkos Posttasche hin. Suszko fummelt an seiner Mütze und setzt sie gerader auf.

Die Niemka vom Schloß kommt – er schiebt sein Kinn Richtung Tasche –, Telegramm an den Direktor vom Kombinat.

Elkas Augen werden rund wie Stachelbeeren. In ihren Mund, in dem nur sonntags Zähne zu sehen sind, könnte der Suszko jetzt einen ganzen Mohnkloß stecken.

Welche Niemka?

Na, eben die vom Schloß!

Aber da gibt es zwei. Die eine heißt Lora, die andere Anna! Suszko bezieht sich auf das Postgeheimnis und fährt davon. In Wirklichkeit weiß er nicht, ob die Niemka, die nach Ujazd kommt, nun die Lora oder die Anna ist.

Im Grunde genommen gehen ihn ja auch die Leute, denen einmal das Schloß gehört hat, nichts an.

Er, der Suszko, ist nicht von hier und auch nicht von drüben, vom Polnischen, wie man früher sagte. Er, Suszko, ist ein Zabużak, ein sogenannter Hinterbugler, oder, wie Suszko es lieber hört, ein Abenteurer, der in den Wilden Westen gezogen ist, um etwas zu erleben. Im Jahre 1946 war hier auch genug los.

Sicherlich, heute ist er nicht mehr als der Postbote von Ujazd. Und schließlich ist es heute gar nicht mehr so gut, wenn man über all das spricht, was damals hier geschah.

Die alte Jula hält ihr Ohr dem Geräusch von Suszkos Fahrrad entgegen.

He, Suszko, co nowego? krächzt sie und fuchtelt mit ihrem weißen dünnen Stöckchen in seine Richtung.

Nic nowego, brummt er ärgerlich, weil er nicht weiß, ob nun die Anna oder die Lora nach Ujazd kommt.

Geh mir aus dem Weg, ich bin im Dienst!

Aber Jula geht nicht aus dem Weg. Die Frauen am Kiosk holen schon das Brot. Und wenn sie das Brot holen, dann ist es Julas Sache, etwas zu erzählen, was die anderen noch nicht wissen. Julas Nachrichten sind frischwarm wie die in die Schürzen gewickelte Brotlaibe.

Wenn der Tag wie jeder andere beginnen soll, muß Jula etwas aus dem Suszko herausbekommen.

Im Dienst? Sie fältelt ihr Gesicht in ein blindes Grinsen. Deinen Dienst kenn ich!

Suszko steigt ab. Immer steigt er ab, wenn ihn die Jula anquatscht – weiß der Himmel, warum, aber es ist so.

Nichts kennt Ihr, alte Hexe, mault Suszko, die Hände fest über der Posttasche. Seht zu, daß die Frauen die Milchkannen nicht zudecken, wenn Ihr an den Ställen vorbeischleicht. Jula fältelt ihr Gesicht noch kleiner zusammen. Ihr Greisenzünglein zwischen den randlos gewordenen Lippen glitzert feucht in der Sonne.

Dich haben die guten Geister verlassen – ich fühls!

Suszko fährt der Schreck durch die Glieder. Jula tippt mit ihrem krüppeligen Zeigefinger auf den Leberfleck mitten zwischen ihre blinden Augen.

Es sticht, Suszko, sagt sie. Paß auf, daß es dich nicht erwischt!

Wie ein Auge ist Julas Leberfleck auf seine Posttasche gerichtet.

Suszko fühlt sich in der Klemme zwischen Amtlichkeit und Julas Leberfleck. Er rückt an der Mütze herum, als brauchte er Luft auf der Kopfhaut.

Dem Lenart Marek wirds an den Kragen gehen!

Dem wird so sein, antwortet Jula, der Herr hat das Korn zum Brotbacken gegeben und nicht zum Schnapsbrennen!

Jawohl, sagt Suszko froh und glaubt, damit Julas Neugierde befriedigt zu haben. Aber sie ist nicht zufrieden.

Was noch?

Die Niemka vom Schloß kommt – ein Telegramm!

Suszko fummelt wieder an seiner Mütze. Verflucht, knurrt er, ich bin im Dienst!

Aber Jula ist schon aufgesprungen, hurtig wie ein Kaninchen, und glotzt Suszko mit ihren milchigen Augäpfeln an. Lora oder Anna? Das hat Euch nichts anzugehen. Ein hundsgemeiner Fluch liegt ihm auf der Lippe, aber er verschluckt ihn. Sicher ist sicher. Mit Hexen wie Jula muß man sein Auskommen finden.

Er schwingt sich auf sein Fahrrad, stemmt sich ins Pedal und radelt schnurstracks an Kirkors Laden vorbei. Kirkors Neugier hätte ihm jetzt gerade noch gefehlt.

Er nimmt nicht etwa den Weg geradeaus zur Stadt, sondern rechts herum über das Kopfsteinpflaster an der Kirche, dem Pfarrhaus vorbei, wo Hochwürden in seinem Garten herumfuhrwerkt, als hätte er das Paradies zu jäten.

Suszko fährt zwischen den herrschaftlichen Pfeilern hindurch über schwarzen Kies, rechts den Springbrunnen, links das, was der Direktor jetzt Sattelkammer nennt und was früher ein ganz normaler Schuppen war, bis vor das Portal. Die eingegitterten Hunde bellen aus Gewohnheit, und Suszko sagt schschsch! Da hören sie auf. Und während sie sich wieder friedlich in die Sonne lungern, macht sich Pani Pawlakowa auf, Suszko entgegenzugehen. Die Post ist da. Suszko räumt für Sekunden die Mütze vom Kopf. Das heißt, er wischt sie eigentlich mehr über seinem Schädel auf und ab.

Dzień dobry, Pani.

Pani Pawlakowa sagt nichts. Sie nickt nur und steht in der feudalen Haustür des ehemaligen Kavaliershauses vom Rohrdorfer Gutshof.

Wie die da steht, denkt Suszko und kramt das Päckchen mit der Kombinatspost aus der Tasche, als wenn alles ihres wäre!

Ein Telegramm, sagt er, obwohl das Pani Pawlakowa selbst sehen kann.

Immer mit der Zigarettenspitze im Mund, denkt Suszko, wie eine Gräfin.

Pani Pawlakowa pafft blaue Wölkchen und macht das Telegramm vor Suszko so auf, daß er kein Wort lesen kann.

Lora oder Anna, wie soll er das nur herausbekommen? Es bleibt ihm nichts übrig, als zu fragen. Die Lora oder die Anna?

Pani Pawlakowa faltet das Telegramm wieder zusammen und sieht Suszko an. Durch und durch geht dem der Blick. Vorne herein und hinten heraus, wie ein Schuß. Jeder im Kombinat weiß, daß die Pawlakowa einen so ansehen kann. Da ist es am besten, man macht sich davon. Suszko schwingt sich auf sein Rad, daß der schwarze Kies spritzt, diesmal den Springbrunnen rechts liegen lassend und links die Sattelkammer.

Pani Pawlakowa steht noch eine Weile mit dem Telegramm in der Hand auf der Treppe.

Tatsächlich, die Niemka kommt her. Aber wen interessiert das? Plötzlich rutscht Pani Pawlakowa in die alten Erinnerungen und besonders in jene Zeit, in der ihre Jugend zwischen Nowawieś und Ujazd von Kowalek begraben wurde.

Jawohl – Kowalek, der heute auch nicht mehr der Jüngste ist. Die Gedanken zappeln in ihrem Kopf wie Fliegen an einem Fliegenfänger. Süß und tot zugleich. Dabei ist die ganze Geschichte an die dreißig Jahre her.

Damals, wenn sie sich aufmachte, um nach der Sperrstunde Stefan Kowalek zu treffen, Kowalek, den damaligen Forstgehilfen vom Rittergut Rohrdorf, dann hatte Wanda Pawlakowa jedesmal ein Gefühl, das sie nicht beschreiben konnte. Weder damals noch heute.

Da war zum Beispiel die Angst, nach der Sperrstunde erwischt zu werden. Das konnte ebensogut eine Geldstrafe wie die Abschiebung in ein Arbeitslager zur Folge haben. Selbst heute kommt sie noch nicht mit dem Grauen zurecht, welches sie bei nächtlicher Finsternis befällt.

Außer Kowalek hat das niemand gewußt, und der hat es längst vergessen.

Nacht für Nacht, wenn sie atemlos durch die Wälder rannte, um hinter den Eichen am Sperlingswinkel auf Kowalek zu warten, hatte sie es anfangs immer mehr mit der Angst als mit der Liebe zu tun gehabt. Das änderte sich erst mit Kowaleks Erscheinen, der hin und wieder auf sich warten ließ.

Da wurden aus Geräuschen Schatten, aus Schatten Licht, und wenn der Nebel in einzelnen Bündeln über das Kartoffelkraut zog, fing Wanda Pawlakowa an zu weinen. Kowalek gefielen Wandas Tränen, weil er dachte, daß sie seinetwegen geweint wurden, und er darin einen hinreichenden Grund sah, Wanda mit außerordentlicher Männlichkeit zu trösten.

Mit der Zeit hatte das zu Mißverständnissen geführt und Stefan Kowalek in die Arme von Friedel getrieben. Wanda Pawlakowa kostete das die Fähigkeit zu lieben. Sie wurde berechnend und mißtrauisch. Sie überlegte sich ihre Beziehungen zu den Männern von nun an zweimal. Aber trotz allen Mißtrauens und aller Berechnung in Herzenssachen fiel sie auf einen zweiten Mann herein.

Auf Adam Banaś, den heutigen Direktor des landwirtschaftlichen Kombinats Ujazd – Ordensträger und hochgeachteter Politiker der Polnischen Vereinigten Arbeiterpartei.

Gemeinsam mit ihm hatte sie vor dreißig Jahren mit fünf klapprigen Pferden, ein paar kaputten Maschinen und Banaś' außerordentlichem Geschick eine staatliche Landwirtschaft begonnen. Aus den paar Äckern von damals ist eines der angesehensten Kombinate Polens mit viertausend Hektar Land geworden. Das Verdienst – wie es hieß – von Banaś und Wanda Pawlakowa, für das beide Orden, Ehren und lobende Erwähnungen erhielten.

Pani Pawlakowa? Die Stimme von Pan Banaś ist herrisch.

Wanda schlüpft aus ihren Erinnerungen, als hätte Pan Banaś sie im Unterrock erwischt. Sie glättet Post, Telegramm, ihr korrekt gekämmtes Haar und betritt das Büro.

Die Niemka hat ihre Ankunft telegrafiert!

Unterkunft im Gästehaus, Kaminfeuer in der Sattelkammer, später Essen im Klubhaus, dazwischen Besichtigung des Kombinats, sagt Banaś.

Es ist Sonntag, wendet die Pawlakowa vorsichtig ein, das Küchenpersonal ist nicht da, und ein Kaminfeuer – jetzt im Sommer?

Unbeweglich und schwerfällig hockt Banaś in seinem Drehsessel, den Oberkörper nach vorn gebeugt, den Kopf seitlich, als höre er schwer, den Blick gesenkt, mit seinen Gedanken längst wieder woanders. Man könnte meinen, er wäre eingenickt, und die Pani denkt, daß sie Adam Banaś in den vergangenen dreißig Jahren nie schlafend sah. Die Feststellung kommt spät für die lange Zeit, die sie sich kennen.

Stehen Sie nicht herum, Wanda, sagt Banaś mit unbeholfener Freundlichkeit. Ich möchte, daß die Niemka den notwendigen Empfang bekommt. Es ist mir egal, ob es Sommer oder Winter ist. Muß ich Ihnen das denn erklären?

Nein, sagt Wanda, mir nicht!

Da Suszko immer noch nicht weiß, ob es sich bei dem Besuch der Niemka um Lora oder Anna handelt, radelt er schneller als sonst am Haus des Kaufmanns Kirkor vorbei. Suszko verzichtet sogar auf Kirkors Wodka, den dieser hin und wieder ausgibt. Das Ausschenken von Alkohol in Lebensmittelgeschäften ist zwar gesetzlich nicht erlaubt, aber Kirkor sagt, was niemand sieht, kann niemand verbieten, und kippt mit Suszko einen Roten von der billigen Sorte. Sie stoßen an und trinken auf die Gesundheit, auf die Frauen und auf ihr Junggesellenleben. Heute ist nichts damit.

Jula ist aus der Sonne gegangen und hat sich auf den Weg zur Kirche gemacht, wo sie unter allerlei Pflichten, die sie sich selbst auferlegt hat, ihren Gebeten nachkommt.

Wispernd wischt sie den Staub von den Bänken, der Bibel Gottes und den Füßen des gekreuzigten Herrn Jesus.

Sie lüftet die Sakristei, sie zieht die Uhr des Pfarrers auf, was sie eigentlich nicht soll, und gießt die Blumen. Sie füllt den Kerzenstand vor dem Altar der Mutter Gottes auf und kratzt das vertropfte Wachs von den Fliesen.

O Mutter Gottes, flüstert Jula, weil ihr die seit eh und je vertrauter ist als Jesus Christus, laß den alten Sawko nicht in den Himmel einfahren. Es würde mir Schwierigkeiten bringen! Jula murmelt zahnlos, tonlos ein paar Aves, erhebt sich, küßt die von ihr abgestaubten Füße des Herrn, schließt die Kirche ab und wartet zwischen Gräbern und Kräutern im Schatten der Kastanien auf die Zeit, wo sie im alten Holzturm neben der Kirche, zwischen zwei Ketten hängend, mit zähen Greisenarmen die Glocken zum Zwölfuhrläuten bringt.

Dann reißt, zuckt und zerrt es in Julas Knochen. Vom Augenblick des Geläuts an hebt sich ihr kleiner Körper im Rhythmus der pendelnden Glocken schräg in die Luft und abwärts zurück auf die Bohlen, daß ihr die Latschen von den Füßen fliegen.

O Josef und Maria, keucht sie im Hin und Her der Glockenketten, laßt mir den Sawko nicht unters Gras kommen, nicht heute und, wenn es geht, auch noch nicht morgen! Es könnte mir schaden!

Doch es sieht ganz so aus, als würde sich der Sawko ans Sterben machen. So kommt es jedenfalls Suszko vor, als er dem Alten die bunte Postkarte aus Amerika auf die Bettdecke legt.

Von den Enkelkindern, sagt Suszko.

Sawko rührt sich nicht. Er starrt auf die Fliegen an der Wand, als seien es die himmlischen Heerscharen, die eigens auf Erden gekommen wären, um ihn zu holen.

Suszkos Meinung nach machts der Alte nicht mehr lange.

Na, fragt er die Adomskowa mehr aus Höflichkeit als aus Interesse, was hat der Doktor gesagt?

Ach der – der gibt dem Sawko keine Hoffnung. Ich hab die Jula geholt!

Und?

Sie hat den Sawko behandelt und gesagt, er wird noch leben!

Wie lange?

Wie lange! Leben wird er halt! Oder lebt er vielleicht nicht?

Da muß man aber schon zweimal hinsehen, brummt Suszko und denkt sich seinen Teil.

Vor Jahr und Tag hat der alte Sawko seinen Hof den jungen Adomskis überschrieben.

Denen kann es also egal sein, wann der Alte an die Reihe kommt. Was der aß, war nicht der Rede wert. Selbst neue Pantoffeln wollte Donat Sawko nicht mehr haben. Die alten reichen mir bis zum Friedhof, hatte er geantwortet, was soll ich mir jetzt noch neue Pantinen einlaufen.

Nein, der alte Sawko kostete die Adomskis nicht das Schwarze unterm Nagel.

Suszko legt die Hand an die festsitzende Mütze und fährt zum Lenart, obwohl der Brief für Staszak zuerst an der Reihe wäre. Aber Suszko will aus zweierlei Gründen zuerst beim Lenart vorbei. Einmal hat er Unangenehmes lieber hinter sich als vor sich, und zum zweiten würde der Inhalt des amtlichen Schreibens an Lenart in jedem Fall die Frage, ob nun Lora oder Anna käme, in den Hintergrund stellen.

Bisher hatte Marek Lenart noch keinen Brief bekommen, den Suszko ihm nicht vorgelesen hätte. Allein deshalb, weil Lenart von früh bis abends besoffen ist und ihn das Leben verdammt schwer ankommt.

Auch Suszko kann nicht lesen, wenn er den Kanal voll hat. Seines Erachtens kann das überhaupt niemand.

He, Marek, schreit Suszko und wirft das Hoftor hinter sich ins Schloß, daß der Riegel hüpft.

Nichts!

Bei Lenarts auf dem Hof ist es mucksmäuschenstill wie bei anderen Leuten am Sonntag. Nicht einmal der klapprige Köter will bellen. Er glotzt Suszko an – müde, hungrig und teilnahmslos.

Hinterm Hof rupft Lenarts ausgemergelter Schimmel ein paar Grasbüschel aus dem Sand.

Das ist kein Pferd mehr, sagt sich Suszko, während er das Fahrrad abstellt, das ist gerade noch ein verschissenes Stück Fell mit Knochen drin!

He, Marek?

Suszko geht in den Stall. Da hilft kein Schreien, das sieht er gleich. Marek liegt mit dem Gesicht im Mist und schnarcht, daß es dampft. Wirklich, es dampft und das bei der Hitze.

Da wird Lenart wieder Denaturat gesoffen haben. Tintenblauen Brennspiritus, aus dem Marek mit Zahnpasta das Blau herausholt.

Einmal Spiritus – einmal Zahnpasta.

Marek Lenart drückt die halbe Tube in das leuchtende Blau, schüttelt mächtig und mit Ausdauer die Flasche, deren Vorderseite mit einem warnenden Totenkopf gekennzeichnet ist, wartet, bis sich die Zahnpaste vergißmeinnichtfarben auf den Boden der Flasche senkt, und hebt an zu trinken. Schluck für Schluck.

He, Marek?

Suszko stößt Lenart den Fuß in den Hintern. Lenarts Gesicht rutscht ein Stück weiter in den Mist hinein.

Suszko reibt sich das Kinn. Er hätte Marek gern den Brief von der Behörde vorgelesen. Aber so?

Marek wird später nicht wissen, daß Suszko hiergewesen ist, und erst recht nichts wird er von dem Brief wissen.

Dienst ist Dienst, seufzt Suszko, vielleicht ist Genowefa da.

Er geht durch die offene Haustür in die Küche. Aber Genowefa ist auch nicht da, und die Kinder sind wohl in der Schule. Nur diese klägliche Stille überall.

Suszko ist nicht wohl. Einerseits möchte er gehen, andererseits muß er sich als Postbote des Briefes entledigen. Und so entschließt er sich doch noch, im Garten nachzusehen. Da entfährt ihm ein ungewolltes Jesusmaria. Das Wasser läuft ihm im Mund zusammen, und auch sonst kommt bei Suszko einiges unvorhergesehen in Bewegung.

Das ist zu verstehen, wenn man Sabina dort im Garten zwischen den Schoten in der Sonne liegen sieht.

Wer im Dorf legt sich schon so mitten am Tag und mitten in der Woche in die Sonne?

Ganz nackt ist sie nicht, das könnte Suszko nicht behaupten. Aber mit was sie sich ihre Blöße bedeckt, das macht Suszko verrückt, das hat er einfach noch nicht gesehen. Er paßt sich der Mucksmäuschenstille an, gafft sich die Augen feucht, und es fehlt nicht viel und er nähme auch noch die Mütze vom Kopf.

Sabina liegt zwischen den halbhohen Schotenreihen in der Sonne, den Schoß mit einer der mickrigen Lenartschen Katzen bedeckt, während sie über ihre Brustspitzen zwei leuchtend lila Malvenblüten gestülpt hat. Wie kleine Tüten sitzen die auf den Brustknospen, als gäbe es keinen Wind. Und die Katze, die sich gähnend und krallenlos zwischen Sabinas Beinen streckt, die tut so, als könnte sie nichts von dem seltsamen Plätzchen vertreiben.

Suszko bückt sich nach einem Kieselstein.

Laß das, sagt Sabina, ich habe dich längst gehört!

Sie zieht ein Handtuch aus den Schotenreihen und legt es über die Malvenblüten und die Katze. Das sieht im Gegensatz zu vorher lächerlich aus und ärgert Suszko.

Was hast du schon noch zum Zudecken, sagt er anzüglich und überlegt sich, wo er es mit ihr machen könnte. Hier zwischen den Schoten, in der Scheune oder gar im Haus?

Marek würde die nächsten Stunden nicht zu sich kommen, Genowefa mochte in der Stadt sein, die Kinder, wie gesagt, in der Schule.

Suszko geht auf Sabina zu. Fauchend springt die Katze unterm Handtuch hervor.

Du geiler Briefträger, schreit Sabina in die Stille hinein, daß es ohne weiteres auf der Dorfstraße zu hören ist und Suszko zur Besinnung bringt.

Du bist vielleicht eine, sagt er.

Ich habe einen Brief von der Behörde für euch, aber dein Vater liegt besoffen im Kuhstall mit dem Gesicht im Mist.

Ich weiß, sagt Sabina, den kriegt niemand wach!

Suszko holt den Brief aus der Tasche. Soll ich ihn dir vorlesen?

Sabina schüttelt den Kopf. Ihre Haare sind schön blond.

Ihre schräggestellten Augen, ähnlich denen der mickrigen Katze, die jetzt wieder unter das Handtuch kriecht, diese Augen sind blau wie Suszkos ausgeblichene Postmütze.

Ich kann selber lesen, du Trottel, und ich kanns dir auch unterschreiben, wenns was Behördliches ist!

Suszko reicht ihr den Kugelschreiber, das Papier, den Brief. Die Katze rollt sich unterm Handtuch zurecht. Sabina unterschreibt mit großen, steilen Buchstaben die Empfangsquittung.

Weißt du denn, was das ist? will Suszko wissen.

Ja, ich weiß es. Du weißt es doch auch – alle wissen es im Dorf, was fragst du? Mach dich fort und tratsch herum, daß den Lenarts der Hof genommen wird.

Sabina!

Hau ab!

Suszko macht sich davon. Als Beamter will er keinen Ärger, immerhin ist er noch im Dienst.

So sieht er auch nicht die Tränen in Sabinas Augenwinkeln. Sie zieht das Handtuch weg und legt es zurück zwischen die Schotenreihen.

Suszko radelt wieder die Dorfstraße entlang, diesmal in Richtung von Staszaks Wirtschaft, wo heute eine Menge los ist.

Es ist das letzte Fuder Heu, das Jacek Staszak von seiner Wiese nach Hause fährt. Hochgeladen, von Jacek eigenhändig gestapelt, ein wahres Meisterwerk, schwankt der Wagen auf dem von Regenpfützen zerlöcherten Weg dem Dorf zu. Die Zügel reichen gerade noch zu ihm hinauf. Jacek Staszak muß sogar ein wenig krumm sitzen, wenn er Pferde und Weg übersehen will.

Lauft lieber nebenher, hatte eben noch Jurek geraten. Wenn die Ladung ins Rutschen kommt, werdet Ihr Euch den Hals brechen!

Was ich lade, kommt nicht ins Rutschen, hatte Jacek Staszak gebrummt, blieb, wo er war, oben auf dem Fuder, und knallte mit der Peitsche. Hüüüüüh – vorwärts!

Soll er sich doch das Genick brechen, der alte Dickschädel,

und Jurek war mit dem Rad davongefahren, ohne Staszak noch einen Blick zu gönnen. Verrückt genug, daß die Dorfjugendorganisation dem Alten die Ernte einbrachte!

Alleingelassen weiß Staszak, daß Jurek recht hat. Wenn die Ladung ins Rutschen kommt, wird er sich die morsch gewordenen Knochen brechen. Der Weg ist schlecht genug, und er muß sich mehr auf die Pferde verlassen als auf sich selbst.

Aber es hat seinen Grund, warum Staszak ausgerechnet auf diesem miesen Weg nicht neben dem Wagen läuft.

Niemand außer Staszak kennt diesen Grund, und er erzählt auch niemandem davon. Allein schon deshalb, weil er sich lange Zeit seines Lebens bemühte zu vergessen. Aber selbst nach dreiunddreißig Jahren ist ihm das nicht gelungen.

Es gibt eben Erinnerungen, die sitzen fest im Hirn wie das Haus auf der Schnecke. Man muß es bis zum Sanktnimmerleinstag mit sich herumschleppen. Jacek Staszak weiß das inzwischen. Er weiß es, wie es Wanda Pawlakowa weiß, Ludwik Janik oder Elka Perka.

Damals waren es nicht Pferde, mit denen er hier entlangfuhr, sondern Ochsen. Er saß auch nicht auf dem Wagen, sondern er lief nebenher. Und auf dem Wagen lag kein Heu, sondern ein halbes Dutzend Eggen, die er vom Feld geholt hatte.

Weder Ochsen, Wagen noch Eggen gehörten ihm, sondern dem Rittergut von Rohrdorf, genau wie Jacek selbst auch.

Mit einem lila P auf gelbem Grund war Staszak, wie seine Landsleute, als Eigentum des Deutschen Reiches gekennzeichnet. Staszak hatte genau wie Ludwik Janik seine eigentliche Ausbildung verleugnet, um so der sicheren Einweisung in eine Munitionsfabrik zu entgehen.

Ochsenknecht, hatte Staszak gesagt und kam als solcher 1939 nach Rohrdorf, ohne daß seine Aussage genauer überprüft worden wäre. Was sollte ein Pole schon anderes sein!

So lief er winters wie sommers, Jahr für Jahr, zwei Ochsen als dritter hinterdrein. Er pflügte, eggte, fuhr Mist, Steine, Grünfutter und Jauche. Jacek grüßte, schuftete, hungerte, fror und wartete von einem Tag zum anderen auf Gerechtigkeit und Freiheit.

Nachts lag er bei fünfundzwanzig Grad Wärme wie bei fünfundzwanzig Grad Kälte in seiner Kammer unterm Dach, ohne Licht und Heizung, zwischen Stroh und Brettern. Da hatte er vor Schlottern und Schwitzen das Schlafen verlernt.

Noch heute kommt Jacek mit fünf Stunden Schlaf aus. Nur hin und wieder half ihm unverhofftes Glück von Stroh und Brettern in Barbaras Kammer und in deren Arme. Barbara, Polin wie Staszak, auch aus dem Posischen und gleichfalls seit 1939 Eigentum des Deutschen Reiches, hatte es auf die Straußmannwirtschaft verschlagen. Dort ging es ihr gut und sie wurde – wie sie noch heute sagt – wie des Straußmannsbauern seinesgleichen behandelt.

So schlief Jacek Staszak hin und wieder, auch wenn es verdammt eng war, bei Barbara, die dann nicht etwa vor Liebe zu Jacek kein Auge zumachte, sondern vor Angst. Jacek aber schlief wunderbar tief. Dabei hielt er sie wie ein Lamm oder eine kleine Ziege in den Armen. Nicht zu fest, aber so zärtlich und mit solch einem Lächeln im schlafenden Gesicht, wie es überhaupt nicht zu dem Ochsenknecht Staszak passen wollte. Wenns der Straußmannbauer also nicht merkte, auch nicht die Bäuerin, wenn der Dorfpolizist ihnen nicht auf die Schliche kam und sonst ihnen keiner weiter eins auswischen wollte, verbrachten sie die Nacht zusammen.

Darauf bekam Barbara ein Kind und war schon im dritten Monat, als Jacek das passierte, was ihm heute noch und für alle Zeiten in der Erinnerung sitzt.

Da Barbara damals noch keine einundzwanzig Jahre zählte, durfte sie als Polin nach deutschem Gesetz Jacek nicht heiraten. Sie arbeitete weiter als Magd, und die Straußmannbäuerin war gut zu ihr.

Ein Tag, lange nicht so heiß wie heute, aber ein Tag, an dem man bei der Arbeit ins Schwitzen kam. Staszak hatte das halbe Dutzend Eggen von den Feldern auf den Gutshof zu fahren.

Die Ochsen trotteten gleichmäßig dahin, unberührt von der Sonne und von Jaceks Zurufen. Ochsen schwitzen nicht. Aber Jacek schwitzte, und das wurde sein Unglück. Der Dorfpolizist – überall und nirgends – stand plötzlich vor ihm.

Jacek hatte seine Jacke mit dem aufgenähten P ausgezogen

und auf den Wagen gelegt. Sein ausgemergelter Oberkörper leuchtete weiß in der Sonne.

Von jetzt auf gleich kam der Dorfpolizist in Rage. Er brüllte etwas von Polackenschwein, von Pflicht und der dazugehörigen Schuldigkeit. Er regte sich über die Maßen auf und drohte Jacek, den er schon seit langem für einen Volksfeind hielt. Jacek sagte kein Wort.

Er nahm die Jacke vom fahrenden Wagen und hängte sie sich um. Aber Jacek Staszak nahm mit der Jacke auch den Ochsenziemer vom Wagen. Fest hielt er ihn im Griff und holte mit unbeweglichem Gesicht aus.

Pfeifend sauste das Lederstück an des Dorfpolizisten Nase vorbei auf die Hinterbacken des linken Ochsen.

Hüüüh, schrie Jacek, blaß vor Zorn, es ist noch nicht aller Tage Abend!

Das war dem Polizisten zuviel. Er stellte sein Fahrrad an den nächsten Baum, zog seinen Notizblock hervor und schrieb sorgfältig und in Sütterlinschrift auf, was sich zugetragen hatte.

Die Ochsen legten an Tempo zu und gelangten schneller als üblich an die Gastwirtschaft vom Hoffmann.

Ein guter Mann, der Wirt, der nicht darauf achtete, wer seinen Schnaps trank. Ob Pole oder nicht, das war ihm, auf deutsch gesagt, scheißegal. Die Hauptsache, der Selbstgebrannte kam schnell unter die Leute und brachte dem Hoffmann Gewinn.

Jacek, der wußte, daß er weder am Abend noch am hellichten Tage eine Gastwirtschaft betreten durfte, ließ die Ochsen im Schatten der alten Linde halten.

Bereitwillig und wie angewurzelt blieben die Tiere stehen. Ihre Kiefer malmten stetig. Nicht einmal die Fliegen in ihren Augenwinkeln schienen sie zu stören.

Einen Doppelten, sagte Jacek zum Hoffmannswirt.

Der aber sah Jacek Staszak nur an.

Einen Doppelten, wiederholte Jacek.

Der Wirt machte keinerlei Anstalten, Jacek zu bedienen. Ähnlich unbeweglich wie die Ochsen vor der Tür stand er hinter seinem Tresen.

Ich zahls dir morgen, sagte Staszak schließlich.

Morgen, morgen und nicht heute, sagen alle faulen Leute, antwortete der andere. Ohne Bargeld ging bei ihm nichts über die Theke. Allein schon wegen des Risikos, das sich seiner Meinung nach für ihn bei Polen verdoppelte. Einmal war das Ausschenken von Alkohol an Zwangsarbeiter verboten, zum anderen wußte man nie, ob diese armen Teufel nicht plötzlich verschwanden. Verschluckt, wie vom Erdboden, und er konnte dann sehen, wo seine Penunzen blieben.

Nein, nein, sagte er, ohne Geld kein Schnaps!

Jacek wollte sich gerade aufmachen, als er durchs Fenster Anna von ihrem kohlrabenschwarzen Wallach absteigen sah. Die Anna vom Schloß, sagte der Wirt.

Jacek sagte nichts.

Anna trat ein, und Jacek Staszak zog grußlos die Mütze.

Guten Tag, Fräulein Anna, sagte der Wirt.

Guten Tag! Der Gruß galt beiden, auch der Blick.

Ein Gehabe hat die, dachte Staszak, als wenn sie kein Wässerchen trüben könnte.

Augen hat die, dachte der Hoffmannswirt, als wenn der ganze Tag zum Lachen da wäre.

Anna aber dachte nur daran, wie sie dem Staszak eine Nachricht für Ludwik zustecken könnte.

Eine Runde, sagte sie, und der Wirt setzte sich, jetzt auch ohne Geld zu sehen, in Bewegung.

Wieviel?

Soviel wir hier sind!

Während sich der Hoffmannswirt stöhnend nach dem Selbstgebrannten bückte, nutzte Anna die Gelegenheit. Eine Schachtel Zigaretten rutschte in Jaceks ausgefranste Jackentasche. Sie beugte sich dicht zu ihm, so dicht, daß er sie riechen konnte. Ein feiner Geruch und ganz anders als der von Barbara. Ihre Hand legte sich auf seinen Arm. Ganz leicht war diese Hand. Auch anders als die von Barbara, deren Hände waren schwer von Hornhaut, außen rot und zerrissen, die Finger von der Arbeit breit, die Nägel kurz und ständig schwarz.

Annas Fingernägel waren weiß und lang gefeilt wie bei den Mädchen in den Illustrierten. Jacek hätte ihre Hände gern von innen gesehen, allein weil er solche Hände noch nie von innen gesehen hatte.

Sag dem Ludwik, flüsterte sie in sein Ohr, morgen – morgen soll er kommen! Staszak nickte. Der Ludwik, der wußte sicher, wie die Hände der Anna innen aussahen.

Geben Sie nur anständig einen aus, Fräulein Anna, sagte Staszak laut und kippte einen nach dem anderen.

Keiner der drei – weder der Wirt noch Anna, am allerwenigsten aber Staszak – hatte bemerkt, daß plötzlich der Dorfpolizist in der Wirtschaft stand.

Heil Hitler!

Heil Hitler, grüßte der Hoffmannswirt hilflos zurück, während Anna ihr Schnapsglas in die Tasche ihrer Reithose gleiten ließ.

Heil Hitler!

Wie es dann weiterging, weiß Jacek Staszak heute nicht mehr so genau. Ob er den Dorfpolizisten oder der Dorfpolizist ihn zuerst am Schlawittchen gehabt hat – in jedem Fall waren durch Jaceks Griff an des Polizisten Kragen ein paar Knöpfe von der Uniform gesprungen und durch die Wirtschaft gekullert.

Anna – daran kann sich Jacek noch gut erinnern –, Anna war auf einmal rückwärts gegangen, kalkweiß im Gesicht, immerfort rückwärts, bis ihre Stiefelabsätze die Türschwelle erreicht hatten. Sprachlos, mit aufgerissenen Augen, ohne Jacek zu helfen oder ein Wort der Besänftigung für den Polizisten zu finden, machte sie sich auf ihrem Pferd davon, als wäre nichts geschehen.

Jacek kam damals nicht mehr dazu, die Eggen auf den Gutshof zu fahren. Weiß der Himmel, wie lange die Ochsen unter des Hoffmannswirts Linde gestanden haben mochten. Auch dem Ludwik hatte er Annas Nachricht nicht mehr mitteilen können und Barbara sah er erst lange, nachdem sie ihren Sohn geboren hatte wieder, und als der Krieg zu Ende war.

Barbara Staszak hat Streuselkuchen gebacken, Wurst und eingelegte Gurken auf den Tisch gestellt, der des schönen Wetters wegen in den Hof getragen wurde. Zu trinken gibt es Kaffee und für den einen oder anderen eingemachten Obstsaft mit Wodka. Das Heu ist bis auf die letzte Fuhre in der Scheune.

Ohne euch, sagt die Staszakowa und muß dabei schlucken, ohne euch hätte Jacek das Heu nicht eingebracht!

Sie sieht in die Runde, und es kommt sie schwer an. Keines der eigenen Kinder hat sie hier zu bewirten. Weder die Tochter noch die Söhne, die sie dem Staszak geboren hat, sind auf dem Hof geblieben.

Barbara seufzt.

Willst du noch Kuchen, Basiv,oder du, Bolko? Kommt, nehmt von dem Eingemachten – es war ein gutes Schwein – eßt, eßt! Ohne euch – sie winkt ab, weil sie es schon so oft gesagt hat, setzt sich und seufzt abermals.

Euer Mann ist ein Dickschädel, sagt Jurek, warum gebt Ihr den Hof nicht gegen Rente an den Staat?

Ach, Jurek, du stellst Fragen! Du kennst doch den Jacek. Was der einmal hat, gibt er nicht wieder her!

Und er meint, wir von der Jugendorganisation, wir bringen ihm Jahr für Jahr die Ernte ein?

Klugscheißer!

Jurek trifft ein Streuselkuchenklümpchen, das hast du doch nicht zu bestimmen. Sieh lieber zu, daß Lenarts Sabina bei uns mitmacht!

Jurek wird rot. Schließlich ist es kein Zwang mitzumachen! sagt er. Aber Bolko ist anderer Meinung: Sie soll es sich überlegen, wenn sie nichts anderes zu tun hat!

Und soll ich euch sagen, ruft Suszko, der sein Fahrrad direkt vor dem Tisch zum Stehen bringt, soll ich euch sagen, was sie macht?

Ja, schreien Basiu, Bolko, Renata und die kleine Jolka wie aus einem Mund.

Sie liegt nackt im Garten, sagt Suszko mit lüsternem Blick und Schweiß unter der Mütze, zwischen den Schotenreihen in der Sonne. Auf dem Schoß eine Katze und hier, er tippt sich auf die Brust, hier hat sie zwei Malvenblüten verkehrtherum, damit ihr die Sonne die Zitzen nicht verbrennt, haha . . .

Gelächter, während sich Jurek auf die Socken macht.

Und, sagt Suszko in die fröhliche Runde, der Lenart Marek, der hat einen Brief von der Behörde!

Werden sie ihm den Hof nehmen? Barbara Staszakowa schlägt die Hände zusammen, was wird da aus ihm?

Na, was wird werden, Suszko hebt verächtlich die Schultern, er wird dahin kommen, wo der alte Sawko schon auf halbem Weg ist. Nicht einmal die Postkarte aus Amerika wollte er sich ansehen. Hat immer nur auf die Fliegen an der Wand gestarrt. Die Adomskowa hat sogar Jula geholt.

Und?

Jula meint, er wird leben!

Jawohl, schreit die achtjährige Jolka. Ich war dabei. Er wird nicht sterben!

Jesusundmaria, seufzt Barbara über das Enkelkind, wo treibst du dich bloß überall herum, statt deine Schularbeiten zu machen!

Jolka, froh, des Großvaters Kopf über dem Hoftor auftauchen zu sehen, läßt der Großmutter Frage unbeantwortet.

Sieh mal, Babcia, zwitschert sie, sieht es nicht aus, als wenn der Großvater den Himmel entlangfährt?

Barbara Staszakowa seufzt zum unendlichsten Male. Mach ihm auf, Jolka, was redest du nur für dummes Zeug!

Jacek hat sein Fuder Heu heimgebracht, ohne daß es ins Rutschen gekommen ist.

Der Anblick der jungen Erntehelfer, die in seinem Hof um seinen Tisch sitzen, Barbaras Streuselkuchen und Eingemachtes essen, Kaffee und Wodka trinken, bringt ihn in keine bessere Stimmung.

Jolka hüpft um den Wagen, Dziadek, ruft sie, und ihr möhrenroter Pferdeschwanz pendelt im Takt ihrer Worte, Dziadek, eben hast du wie der liebe Gott ausgesehen!

Dummes Zeug!

Jacek rutscht vorsichtig von Heufuder, bis seine Fußspitzen auf der Deichsel zu stehen kommen.

Aber es ist wahr, beharrt Jolka, immer sagen Babcia und du, daß ich dummes Zeug rede. Dann sag ich eben gar nichts mehr! Jolkas von Sommersprossen überzogenes Gesicht wird ganz klein. Ihre Unterlippe schiebt sich zum Zeichen äußersten Willens, ab jetzt zu schweigen, über die Oberlippe. Jacek nimmt seine Enkelin auf den Arm. Die grauen Bartstoppeln stehen kreuz und quer in seinem Gesicht herum. Er riecht nach Heu, Schweiß und Tabak.

Du willst mir also ab jetzt gar nichts mehr erzählen, Jolku?

Jolkas Unterlippe zittert. Wenn es doch immer dummes Zeug ist? Jacek lächelt. Nicht immer, sagt er.

Da fährt Jolkas Unterlippe herunter. Der alte Sawko stirbt, sagt Suszko, aber, Dziadek, der alte Sawko stirbt nicht.

Jolka sieht den Großvater prüfend an. Weißt du, flüstert sie, Jula war nämlich bei ihm. Sie hat mich mitgenommen. Er wird bestimmt nicht sterben!

Soso, meinst du?

Ja – er kann gar nicht sterben, wenn es Jula sagt!

Was hat sie denn mit dem Sawko gemacht?

Jolka zögert. Sagst dus auch niemandem weiter, Dziadek?

Nicht einmal dem Teufel!

Jolka gleitet von Jaceks Arm und hockt sich auf die Deichsel, während er die Pferde ausspannt.

Der alte Sawko lag im Bett auf dem Rücken und hat immer nur auf ein und dieselbe Stelle geguckt. Auf die Wand gegenüber. Aber nicht, wo das Kruzifix hängt, sondern dahin, wo nichts ist. Er hat der Jula keine Antwort gegeben. Er hat nur mit den Händen am Laken herumgezupft, so, als wollte er Streusel vom Kuchen bröckeln. Aber Pani Adomskowa hat gesagt, der Sawko würde Totenblumen pflücken, und jetzt ginge es dem Ende zu. Dabei hatte der gar keine Blumen auf der Bettdecke. Die Jula ist dann um das Bett herumgeschlichen, weißt du, so – Jolka ahmt Julas greisenhafte Humpelschrittchen nach – und hat dabei gewispert. Dann hat sie ein Spiegelchen aus der Tasche geholt und dem Sawko die Bettdecke vom Bauch gezogen.

Jolka lacht –

Da hat er mit den Händen in der Luft herumgemacht!

Sterbende sind nicht zum Lachen, Jolku!

Aber er stirbt nicht, Dziadek. Jula hat das Spiegelchen auf Sawkos Bauch gehalten und dann selber hineingesehen. Das hat sie ein paarmal gemacht, obwohl sie blind ist – und dann...

He, Jacek, schreit Suszko von der Tischrunde her, willst du nicht deine Post lesen?

Die Pferde gehen von allein in den Stall.

Später, Jolku, unterbricht Jacek seine Enkeltochter, später kannst du mir die Geschichte weitererzählen!

Jolka bleibt sitzen. Wieder wird ihr Gesicht klein und böse. Ihre Unterlippe schiebt sich nun weit mehr über die Oberlippe als vorhin. Jetzt wird sie keinem Menschen mehr erzählen, wie Jula den Sawko geheilt hat.

Post? fragt Jacek.

Suszko reicht ihm einen Brief. Von deinem Sohn aus Katovice!

Barbara Staszakowa holt die Brille. Lies, Jacek, lies vor, es wird eine gute Nachricht sein!

Liebe Eltern, liest Jacek langsam, es freut mich, Euch mitteilen zu können, daß ich meine Prüfung als Zootechniker als Bester mit der Note fünf bestanden habe. Euer Sohn Kazek.

Gratuliere – bravo – seid stolz, Pan Staszak, tönt es rund um den Tisch. Die Staszakowa wischt sich heimlich eine Träne aus dem Augenwinkel.

Aber Jaceks Gesicht verfinstert sich. Er haut ganz plötzlich zwischen Teller und Gläser, daß die Gurken aus dem Topf fliegen und der Kaffee in den Tassen schwappt.

Eine fatale Stimmung macht sich breit. Jedermann starrt Staszak an. Wenn er sich schon so benimmt, sollte er auch etwas sagen. Aber er macht keinerlei Anstalten dazu.

Er sieht nur einen nach dem anderen von der Jugendorganisation an, die ihm das Heu eingebracht haben und den Raps und die das Korn und die Kartoffeln noch einbringen werden, weil er es allein mit Barbara nicht schafft.

Für Sie, Pan Staszak, hatte Bolko schon im Frühjahr gesagt, für Sie machen wir das gern!

Das geht Jacek durch den Kopf. Für mich machen sie es gern, die Jungen und Mädchen aus dem Dorf. Aber die eigenen Kinder? Die machen es nicht gern. Die sind lieber Staatsknechte wie Józef oder sein Schwiegersohn Franek Jodko, Jolkas Vater. Magaziner im Kombinat, mehr ist er nicht. Rennt mit einem großen Schlüsselbund herum und verwaltet anderer Leute Saatgut. Aber hier, auf dem väterlichen Hof, den Jacek dreißig Jahre lang bewirtschaftet hat, wo er einen Scheune gebaut hat, einen Zuchteber im Stall hat und eine Milchleistung seiner Kühe vorweisen kann, die nur noch vom Kombinat übertroffen wird, hier ist keines seiner Kinder zu sehen. Studieren, Staatsknechte spielen, drüben im Schloß wohnen und Jolka ein weißes Röckchen anziehen, das können sie.

Jacek spuckt gezielt und trifft die Mitte eines Kuhfladens. Nein, er hat keine Kinder, die ihm dreißig Jahre Schufterei danken. Er ist auf fremde Hilfe angewiesen, wenn er seine Ernte einbringen will. Bitterkeit kommt ihm hoch. In dem Schweigen ringsum hört er das Knacken seiner alten Knochen, als er vom Tisch aufsteht. Er reißt Kazeks Brief in kleine Fetzen.

Jacek, schreit Barbara, das hat der Kazek nicht verdient! Nicht verdient? Jacek Staszak lacht. Und wie er lacht. Bolko hält das Lachen für böse, andere finden es eher unheimlich, weil Staszak im allgemeinen nie lacht. Er kann höchstens grinsen und dabei seinen Atem heraushecheln wie ein Hund.

So ist es auch jetzt wieder. Er hechelt seine Lacher über den Tisch hinweg, daß den Anwesenden der Streuselkuchen samt Kaffee in der Kehle zum Stocken kommt. Warum – verhöhnt Staszak sich selbst – warum hab ich mich mit Barbara dreißig Jahre für den Hof krumm gelegt?

Und weil er ohne Antwort bleibt, fährt er fort: Weil es unser Eigenes ist. Das Haus, die Ställe, die Felder, das Vieh!

Staszaks Rede wird jetzt flüssiger, mit dem Lachen hat er aufgehört.

Wir polnischen Bauern haben selten genug Eigenes gehabt. Auch unsere Väter nicht, die sind an Armut und Frondienst krepiert. Was aber ist ein Bauer wert, der keine Kinder hat, denen er seinen Hof vermachen kann? Wozu ist der noch gut, wozu?

Das letzte Wort brüllt Staszak so laut heraus, daß die Spatzen aus den Holunderbüschen fliegen.

Pan Staszak, sagt Bolko besänftigend, es geht doch nicht um Euren Hof. Kazek und Józef geht es um die Ausbildung. Sie wollen eben mehr erreichen, als nur ein Bauer sein.

Er hat recht, mischt sich Suszko ein, der dem Wodka inzwischen zuspricht, als wäre lediglich ihm das Einbringen der Heuernte zu verdanken.

Ein Bauer ohne Erben ist heutzutage einen Scheißdreck

wert. Wenn du die Arbeit nicht schaffst, Jacek, bringen deine Felder eine schlechte Ernte. Aber eine schlechte Ernte schadet dem Staat, und da werden sie dir von der Behörde sagen, du sollst deinen Hof gegen Rente abgeben!

Suszkos Reden macht Jacek noch grimmiger. Und wenn ihr mich tot aus den Rüben holt, ich geb nicht her, was mir einmal gegeben wurde, ich nicht!

Du wirst selber sehen, wie es dir geht, sagt Suszko, wie dem Lenart Marek. Der hat heute einen Brief von der Behörde. Die werden ihn fortjagen wie das Karnickel aus dem Bau!

Suszko greift nach der Flasche und läßt den Wodka so lange im Mund, bis die Schleimhäute taub werden. Dann schluckt er, schnalzt mit der Zunge und fährt fort:

Wenn du keine vernünftige Ernte bringst, bist du wie Lenart dran. Überleg dir, was mehr Spaß macht, dreißig Jahre zu schuften oder dreißig Jahre zu saufen!

Sagts und fährt haarscharf durchs kleine Hoftor davon.

Dem Lenart nehmen sie den Hof?

Ja, nickt Barbara, Suszko hats erzählt!

Dann sollen die Jungen und Mädchen dem Lenart auch helfen. Wer mir hilft, muß auch Lenart helfen. Jedem sein Recht.

Wir arbeiten nicht für einen wie Lenart, sagt Bolko.

Die Stimmung ist verdorben. Barbara räumt das Geschirr ab. Staszak geht in den Stall.

Einer nach dem anderen gehen sie nach Hause.

Auch Jolka verdrückt sich, sagt weder Dziadek noch Babcia auf Wiedersehen. Sie rückt ihr weißes Röckchen zurecht und läuft hinterm Dorf entlang dem Schloß zu. Papa und Mama sehen es nicht gern, wenn sie allein bei den Großeltern ist.

Hallo, Jolka, ruft Piotr Perka, der Pfirsichperka, wie sie ihn im Dorf nennen.

Ja?

Komm, ich zeig dir meine Pfirsichbäume, du kannst die Früchte schon anfassen. Das ist wie ein Wunder. Ich habe dem Frühjahrsfrost eins übers Ohr gehauen. Willst du mitkommen?

Jolka lächelt, und dem Pfirsichperka wird es warm ums Herz. Nein, sagt sie, deine Pfirsiche sind langweilig. Ich sage dir etwas anderes: Dem Lenart Marek wird die Behörde den

Hof nehmen, Suszko hat die Sabina nackt gesehen und der alte Sawko liegt im Sterben. Aber ich weiß, daß Pan Sawko nicht stirbt.

Sie läßt den enttäuschten Piotr stehen und rennt über den Gutshof zum Schloß.

Suszko hat also wieder einmal eine seiner miesen Geschichten verbreitet.

Im Lenartschen Hof ist allerhand zu hören, und Jurek möchte nichts lieber als sich davonmachen, aber er bringt es nicht fertig.

Zwischen den Schotenreihen hat er das Handtuch entdeckt und zwei Kuhlen gefunden. In die obere paßt seiner Meinung nach Sabinas Kopf, während ihr Hinterteil bequem in der unteren Mulde Platz haben könnte.

Sabina, ruft Jurek.

Seine Stimme verheißt nichts Gutes. Es macht ihm nichts aus, daß sich der klapprige Köter zum Bellen entschließt.

Sabina?

Vom Haus her Musik, vom Stall her klatschende Schläge, aber keine Antwort.

Noch immer liegt Marek Lenart dampfend im Mist, das Gesicht rot und starr wie ein Ziegelstein.

Breitbeinig, mit einem Knüppel in der Hand, steht Genowefa über ihm. Ihre Hiebe fallen wie Steinschlag über seinen Körper hin.

Der Knüppel knallt auf den Kopf, fährt zwischen die Beine, ins Kreuz, trifft unversehens den Magen, so daß sich Marek krümmt und gurgelnd in den Mist kotzt.

Pani, ruft Jurek entsetzt, Ihr schlagt ihn ja tot!

Aber Genowefa hört nicht auf.

Ha, sagt sie verächtlich und außer Atem, eher brennt den der Spiritus aus, als daß ich ihn tot schlage! Hol mir lieber einen Eimer Wasser aus der Küche!

Eine schäbige, dunkle Küche. Die Kacheln voll Fliegendreck lassen den deutschen Sinnspruch über dem Herd kaum noch erkennen. Es riecht nach sauer gewordenem Essen. Die mickrige schwarze Katze pißt in den Kohlenkasten, und auf dem Tischrand brennt eine liegengelassene Zigarette ein Loch ins Wachstuch. Mit angezogenen Beinen hockt Sabina auf der kalten Herdplatte, ein Ohr fest am Kofferradio, während sie zu Jureks Verwunderung das andere in kurzen Abständen mit der Hand zuhält.

Idiotisch, denkt er.

Sabina trägt nichts weiter als eine Kittelschürze. Nicht einmal ein Höschen, das sieht er mit einem Blick.

Hat Suszko also recht gehabt!

Jurek fällt ein, daß er einen Eimer Wasser holen soll. Aber Sabina, so wie sie sich da auf der Herdplatte wiegt, so schön, so traurig, so sehnsüchtig nach irgend etwas, was er nicht begreift, bringt ihn in zornige Verzweiflung.

Mit einem Satz reißt er ihr den Transistor aus der Hand und den Kittel vom Leib.

Jurek, schreit sie. Mehr nicht, nur seinen Namen. Bewegungslos, ohne sich zu bemühen, ihren Körper wieder zu bedecken, starrt sie ihn ausdruckslos an.

Er hat ihren Körper noch nie unbekleidet gesehen. Schön ist sie, wunderschön, wie sie da so in dieser verkommenen Küche vor ihm steht.

Plötzlich schämt er sich und wird rot.

Entschuldige, sagt er, bückt sich nach dem Kittel, hängt ihn ihr unbeholfen um und beginnt ein paar Knöpfe zu schließen.

Einer riecht den Atem des anderen. Sie stehen so dicht beieinander, daß sie sich küssen könnten. Aber sie küssen sich nicht. Jurek berührt nur die Knöpfe der Schürze.

Schlägt die Mutter den Vater immer noch?

Nein – ich soll einen Eimer Wasser holen.

Du brauchst das nicht zu machen, Jurek, geh lieber! Sie läßt einen Eimer am Ausguß randvoll laufen. Jurek kann ihr Gesicht nicht sehen. Das Radio und das Plätschern des Wassers sind so laut, daß sie kaum versteht, was er sagt.

Ich möchte dich gern hier herausholen!

Was willst du?

Ich möchte dich hier herausholen!

Noch einmal könnte er es nicht sagen. Sabina nimmt den Eimer. Ihre Haltung ist die der jungen Mädchen vom Land, die gewohnt sind, schwer zu tragen.

Das Kreuz durchgedrückt und die Knie, die zwischen kleinen Schritten das Gewicht ausbalancieren und die ganze Gestalt auf und nieder wippen lassen, so geht sie an ihm vorbei zum Stall hin, aus dem jetzt Mareks Flüche zu hören sind.

Deswegen bist du hier vorbeigekommen, fragt sie ihn, sich umdrehend, dafür hast du dich ziemlich komisch benommen, findest du nicht?

Für eine Antwort läßt sie ihm keine Zeit. Als ihm etwas einfällt, ist sie im Stall verschwunden, um mit Wucht das kalte Wasser über den Vater zu gießen.

Gleißendes Mittagslicht über Ujazd. Suszko ist wieder in seiner Post und ruht sich aus. Die guten Geister haben ihn allem Anschein nach nicht verlassen, denn Pech ist ihm heute nicht widerfahren.

Des alten Sawkos Blick hängt nach wie vor an der Wand. Seine Hände rupfen Unsichtbares von der Bettdecke. Totenblumen oder, wie Jolka meint, Streusel vom Kuchen.

Was Jula um diese Tageszeit treibt, weiß niemand im Dorf. Die Läden vor ihren Fensterchen sind verschlossen, die Türe ist zu, und selbst die Katzen dürfen nicht herein. Sie wird sich mit dem Teufel besprechen, sagen die einen, sie wird beten, sagen die anderen, denn soviel wie der Pfarrer kann sie schon lange mit ihrer Hexerei.

Der Pfirsichperka geht bedächtig seine Baumreihen entlang und prüft rechts und links die Zweige nach Früchten. Wird er dieses Jahr Früchte ernten oder wieder nur den Hohn des Stiefvaters?

Polen ist nicht Kalifornien, ist dessen stete Redensart. Pfirsiche, fügt er oft noch hinzu, wachsen bei uns ebensowenig wie Datteln!

Aber der alte Dzitko aus Tarnopol, Piotrs Schwiegervater, ist da anderer Meinung. Er hatte dem Piotr die Bäume zur Hochzeit geschenkt. Selbst wenn sie nur alle drei bis vier Jahre tragen, hatte er am Hochzeitstag zu Piotr gesagt, kannst du so guten Schnaps brennen, daß dir ganz Ujazd nachläuft.

Und weil Piotr erst ein Jahr verheiratet ist, der Schwiegervater sich aber schon zwanzig Jahre lang mit den Bäumen abgemüht hat, hält er die diesjährige Ernte wirklich für ein Wunder.

Staszak sitzt im Schatten der Scheune auf einem Steinhaufen und horcht in die Mittagsstille. Obwohl der Steinhaufen unbequem ist, sitzt er gern hier. Die übereinandergehäuften Feldsteine hat er Jahr für Jahr mit Barbara von seinem Feld gesammelt und hierhergeschleppt. Es ist ein großer Berg geworden, auf dem er jetzt sitzen kann. Im Stall schmatzen die Ferkel an den Zitzen der stöhnenden Muttersau. Er hört es bis hinter die Scheune.

Barbara tischt im Haus das Essen auf. Aber Jacek bleibt auf seinen Steinen sitzen, als müßte er sie ausbrüten.

Barbara seufzt in der Küche vor sich hin, denn die Suppe ist dabei, kalt zu werden. Jacek kommt nicht ins Haus.

Und da er ihrer Meinung nach auf einem Steinhaufen keine Suppe essen kann, bringt sie ihm Wurst und Brot.

Komm, Jacek, nimm!

Mit dem Taschenmesser schneidet er schmale Streifen und schiebt sie sich in den Mund. Er kaut, er schluckt und blickt auf das Korn seiner Felder.

Wie der Weizen wächst, sagt er, um etwas zu sagen.

Ja, sagt Barbara, er wächst gut.

Sie sieht Jacek zu, wie er das Brot auf dem Steinhaufen ißt, statt ihre Suppe in der Küche zu löffeln.

Wenn der Weizen nur schon vom Halm wäre, fährt Jacek fort und wischt sein Messer an der Hose ab.

Vielleicht kommen diesmal Józef oder Franek. Soll ich mal bei Halina fragen, ob sie uns helfen wollen?

Jacek springt polternd vom Steinberg.

Das wirst du nicht machen! Eher hol ich mir den Weizen mit der Sense vom Feld. Ich lauf den Kindern nicht nach. Wenn sie Knechte sein wollen, sollen sie Knechte bleiben. Auf meinem Grund und Boden haben sie nichts mehr verloren.

Barbara sucht nach Worten. Immer sucht sie nach Worten, wenn Jacek in dieser Weise über die Kinder spricht. Nicht einmal beruhigen kann sie ihn.

Ludwik, sagt er, dem haben wirs zu verdanken...

Ja, sagt sie, unser Ältester hat Lehrer studiert, der Kazek ist Zootechniker, Józef als Diplomlandwirt Schafmeister auf dem Kombinat, und die Halina arbeitet in der Buchhaltung – das haben wir Ludwik zu verdanken!

Sie nimmt ihren Mut zusammen und sagt ihm ins Gesicht, was ihr seit Jahren auf der Zunge liegt: Bei dir wären sie Knechte gewesen – deine Knechte!

Das fährt ihm ins Herz, und er tastet drei Schläge lang mit der Hand unters Hemd. Seine Gesichtsmuskeln drücken sich aus der Haut. Die Mundwinkel zucken auf und ab, und seine Augen erst...

Barbaras Schreck ist nicht zu beschreiben. Warum hat sie nur so etwas Dummes gesagt? Jetzt wird er ein schönes Donnerwetter loslassen.

Du weißt genau, brüllt er auch schon los, was wir für einen Hof hätten, wenn Józef und Kazek bei uns geblieben wären. Wir hätten mehr Vieh, mehr Schweine und statt der Pferde einen Traktor. Später hätten wir für Józef einen zweiten Hof gekauft.

Aber, sagt Barbara leise, du hast sie immer herumkommandiert. Wenn nicht alles so gemacht wurde, wie du wolltest, gab es Streit!

Und, brüllt Jacek, weiß ich vielleicht nicht, was richtig und was falsch ist? Hab ich nicht genau deshalb drei Jahre Lager überstanden?

Jacek nimmt sich zusammen. Er will nicht brüllen. Vor dreißig Jahren war ich in diesem Dorf auf dem Gut ein mieser Ochsenkutscher, und du warst bei Straußmanns eine Magd! Heute ist das unser Hof! Das Haus, die Felder, die Ställe nimmt mir niemand mehr weg. Ich bin mein eigener Herr!

Aber nur solange du arbeiten kannst. Wenn du das nicht mehr kannst, bist du auch nicht mehr dein eigener Herr, wie du das nennst!

Jawohl, sagt Jacek, und das hab ich dem Ludwik zu verdanken!

Ist der vielleicht nichts? Barbara legt eine Beharrlichkeit an den Tag, die Jacek ärgert.

Ludwik war bei den Deutschen ein Knecht wie ich. Nur hat

er keine Ochsen gefahren, sondern einen Traktor. Und heute ist er auch Knecht – Staatsknecht! Stellvertretender Direktor vom Kombinat! höhnt Jacek weiter, da muß er auch für andere arbeiten.

Aber er hat ein Auto und fährt mit der Kutsche, wenn er will. Die Finger braucht er sich nicht schmutzig zu machen, und erst die Wohnung, Jacek, warst du mal in der Wohnung?

Für mich ist und bleibt der Ludwik ein Knecht, basta!

Józef – Barbara gibt nicht auf –, Józef ist mit seinen viertausend Schafen kein Knecht! Unser Ältester ist Lehrer und Kazek Zootechniker!

Mit den Händen wühlt Jacek jetzt Erde aus dem Boden, knetet sie und drückt sie zu Klumpen. Es sieht fast so aus, als wollte er sie seiner Frau ins Gesicht werfen.

Hier, sagt er und hält ihr die Erde unter die Nase, das hat Ludwik mit seinem Geschwätz unseren Kindern genommen. Das Eigene, verstehst du? Nur das Eigene bedeutet Freiheit!

Nein, lächelt Barbara vorsichtig, und es ist unheimlich, Jacek zu widersprechen, nein, ich verstehe das wirklich nicht mit der Freiheit!

Jaceks Augen werden schwarz: Weil du immer eine Magd geblieben bist, eine armselige Magd!

Seine Worte tun weh. Ebensogut könnte er sie mit einem seiner Steine getroffen haben, und es dauert eine Zeit, bis sie antwortet. Leise spricht sie, langsam und deutlich. Ja, ich war immer eine Magd, aber auch deine Frau, Jacek, und die Mutter deiner Kinder!

Ihre leicht gebeugten Schultern richten sich auf. Kein Ärger ist ihr anzumerken, wie sie da vor ihm steht, nicht einmal Verachtung, obwohl Jacek Häßliches gesagt hat. Ihre Augen, durchsichtig und blicklos, sind auf ihn gerichtet.

Der Glaskugelblick, den er gut kennt, den er gerne vergessen möchte, wie er so viele Erinnerungen an früher vergessen möchte. Barbara, sagt er mit komisch spröder Stimme, guck mich nicht so an, nicht so!

Mich kann niemand kränken, Jacek, auch du nicht!

Unter ihren leblos blickenden Augäpfeln beginnt um Mund und Nase ein Lächeln zu kriechen, daß es Jacek ganz anders wird.

Barbara, würgt er hervor, so hab ich das nicht gemeint!

Als ihr unbeschreibliches Lächeln nicht aufhört und sie ihn immer noch ansieht oder eben nicht ansieht, hebt Jacek die Hände.

Im ersten Augenblick denkt Barbara, es wird sie von beiden Seiten zugleich ohrfeigen. Aber sie bleibt bewegungslos stehen, zuckt nicht einmal mit der Wimper, auch nicht mit dem Kopf.

Barbara, sagt Jacek zum zweiten Mal, und seine Arme sind nicht auf Schläge aus, vielmehr auf Zärtlichkeit.

Sperrig läßt sie sich hochheben, weiß, so dicht vor Jaceks Gesicht, nicht wohin mit ihrem Kopf, ihren Händen, selbst ihre Fußspitzen scharren hilflos auf der Erde herum.

Da stehen sie beide ganz nah beieinander vor ihrem Steinhaufen hinter der Scheune, zitternd und sprachlos.

Ist ja gut, sagt Barbara schließlich und ist wieder die alte.

Wenn die Suppe warm ist, erwidert Jacek, komm ich ins Haus! Ich denke, sie wird noch warm sein!

In der Küche sitzen sie sich gegenüber. Barbara sieht Jacek zu, wie er Löffel für Löffel in den Mund schiebt.

Die Niemka vom Schloß kommt, hat Suszko erzählt, sagt sie.

Die Anna?

Das weiß Suszko nicht.

Wenn es Anna ist, sagt Jacek, dann möcht ich wissen, was Ludwik sagen wird!

Ach, was soll er sagen, Jacek, nichts wird er sagen!

Vielleicht nicht, daß er sich heimlich mit ihr getroffen hat, aber vielleicht etwas anderes!

Was?

Daß sie mitgemischt hat, als er ins KZ geschickt wurde!

Ach, Jacek, Barbara seufzt in gewohnter Weise, vielleicht wird er gar nichts sagen!

Vielleicht, sagt er und wischt sich die Mundwinkel mit dem Handrücken aus, vielleicht sag ich es dann!

Jesusmaria, Jacek, was geht uns das an? Und nach einer Pause fügt sie begütigend hinzu, vielleicht ist es auch die Lora, die kommt!

Das Telegramm, mit dem der Besuch der Niemka angekündigt wurde, enthielt zwar kein Ankunftsdatum, aber es war mit Annas Namen unterzeichnet.

Diejenige hingegen, die jetzt in der sommerlauen Nacht die Silhouette des etwas ramponierten Jugendstilschlosses betrachtet, ist Lora. Schon zu unserer Zeit hat es nachts besser ausgesehen als am Tag, sagt sie.

Sieh mal, die Lampe, Lora zeigt auf einen Blechtellerschirm, der über dem zweiflügeligen Portal des Mittelbaus im Wind hin und her weht, die ist neu, und die Kronen über den Initialen meiner Urgroßeltern sind alle abgeschnitten.

Merkwürdig, sagt Georg, was der eine oder andere für wichtig hält. Längst hat er die Nervosität seiner Frau beobachtet und erwartet Tränen.

Die Veranda ist abgerissen, der Eingang dort ist auch neu, flüstert Lora, und sieh mal, hier im Park sind die Wege aus Beton! Überhaupt der Park – Lora bleibt stehen – er wirkt schrecklich klein!

Er ist so groß wie früher, warum sollte er kleiner geworden sein?

Das kannst du nicht beurteilen!

In der Tat kann er es nicht beurteilen, da er weder vor dreißig Jahren noch jemals später in Ujazd war.

Dort, sagt Lora und zeigt auf ein dunkles Fenster, dort war mein Zimmer. Mehr länglich als breit, irgendwie übriggebliében zwischen den großräumigen Zimmerfluchten des ganzen Stockwerkes und dort..

Sie zeigt auf einen anderen Gebäudeteil, dort hat Anna mit ihren Mann gewohnt und da...

Sie verstummt. Georg hat nicht zugehört, sondern sich den Ulmen zugewandt.

Sie sind krank, sagt er trotz der Dunkelheit und gibt sich fachmännisch. Sie haben die Seuche. Man müßte sie umhakken!

Umhacken? Lora kommen die Tränen.

Wir fahren zurück ins Hotel, sagt Georg, willst du?

Ja!

Am nächsten Morgen ist das Wetter schön. Ostwind, Sonne und fliegende Wolken am Himmel.

Höflich und distanziert empfängt Wanda Pawlakowa die Gäste. Lora, die jetzt im ehemaligen Arbeitszimmer ihres Vaters steht, bekommt außer einem Guten Tag auf polnisch kein Wort heraus.

Sie können Deutsch sprechen, sagt Wanda Pawlakowa, im übrigen wußten wir, daß Sie kommen!

Du lieber Gott, denkt Lora, die sind ja noch schneller als wir in der DDR. Sie reicht der Pawlakowa einen in polnischer Sprache aufgesetzten Brief.

Hier steht alles drin, was Sie wissen müssen!

Lora möchte gern mehr dazu sagen. Sie will ihren Besuch erklären, vor allem ihren Wunsch, das Elternhaus nach dreißig Jahren wiederzusehen. Sie möchte ihre unendliche Neugierde zur Sprache bringen, was aus allem geworden ist.

Aber das einzige, was ihr gelingt, ist, diesen vorgeschriebenen Brief über den Schreibtisch zu reichen.

Wanda Pawlakowa liest. Was da steht, scheint sie zu beruhigen.

Sie wollen sich hier alles ansehen?

Ja, antwortet Lora, wenn das möglich ist?

Bitte – die Pawlakowa führt Lora und Georg in das angrenzende Konferenzzimmer.

Ein großer ovaler Raum, zu Loras Zeiten der sogenannte zweite Salon, ein schon immer ungemütliches Zimmer und nur für Feste brauchbar.

Dort, erzählt Lora, sobald sie allein sind, stand die Vitrine mit den Urkunden Friedrich des Großen und dem berühmten Liebesbrief von Katharina II., und dort – Lora weist in das obere Oval – dort standen die Putten aus dem Besitz des letzten polnischen Königs, der es mit irgendeiner Vorfahrin von uns getrieben hat.

Weißt du, wie der hieß, der letzte polnische König?

Stanislaw August Poniatowski!

Und der...?

Ja, der – das weiß ich auch nicht. Hier an dieser Stelle hing das Bild meiner Urgroßmutter, die war böse und hatte einen Sauberkeitsfimmel. Einmal in der Woche ließ sie den ganzen

Turm von oben bis unten schrubben, obwohl kein Mensch die Treppen benutzte.

Während Lora ihren Mann über ihre Familie aufklärte, versuchte Wanda Pawlakowa mit Direktor Banaś, den Dingen auf den Grund zu gehen.

In dem Telegramm der staatlichen Agentur Interpress war Anna aus der Bundesrepublik angekündigt, gekommen aber war Lora aus der DDR.

Beruf? will Banaś wissen.

Architektin, aber der Mann arbeitet an einem landwirtschaftlichen Institut in Dresden.

Na also, dann wird er sich Informationen über Ujazd holen wollen. Das Ganze ist eine Verwechslung. Niemka ist Niemka. Für mich ist wichtig, daß die Leute einen Eindruck von uns bekommen, oder sind Sie anderer Meinung? Wanda Pawlakowa ist nicht anderer Meinung.

Was sich nun abspielt, bleibt für Lora und Georg ein Beispiel für Gastfreundschaft.

Die Bescheidenheit, mit der sich Lora zum erstenmal nach dreißig Jahren in ihrem Heimatdorf vorstellt, die Höflichkeit, mit der sie um die Besichtigung ihres ehemaligen Elternhauses bittet, wird belohnt.

Nichts wird gefragt, und alles geschieht mit großer Selbstverständlichkeit. Es gibt kein Warum, kein Weshalb, kein Wieso.

Direktor Banaś nimmt sich einen ganzen Tag Zeit, ein Dolmetscher wird hinzugezogen, und Honoratioren aus der Kreisstadt werden zum Essen gebeten.

Sie hätten schon längst kommen sollen, sagt Direktor Banaś bei einem Spaziergang durch den ehemaligen Schloßpark. Treuherzig legt er seine tatzigen Hände auf Loras schmale Schultern und dreht sie zu sich herum.

Heimweh ist eine schlimme Sache, sagt er.

Worte dieser Art holen Lora wie frischgeschnittene Zwiebeln das Wasser aus den Augen. Sie schluckt, aber es hilft nichts. Der väterliche Blick des Direktors umfaßt sie aus lächelndem Faltenkranz.

Nun, nun, sagt er, ich weiß, wie das ist. Ich muß alle vierzehn Tage nach Hause fahren, sonst – seine Augen strahlen Wärme aus – sonst ist mir der Lebensnerv wie abgeschnitten!

Und, fragt Lora, während sie sich endlich erlaubt zu weinen, wie weit ist Ihr Zuhause von hier?

Ungefähr zwanzig Kilometer, da bin ich auf einem Bauernhof geboren!

Zwanzig Kilometer! wiederholt Lora unter versiegenden Tränen. Später lädt Direktor Banaś zum Umtrunk in die Sattelkammer ein. Zu Loras Zeiten hingen hier Geschirre, Sättel und allerhand unbrauchbares Lederzeug. Der Raum daneben diente zur Aufbewahrung von Futterkartoffeln und Häcksel und als winterliches Versteck für Annas und Ludwiks Liebe, aber das wußte Lora nicht. Außer Staszak wußte das überhaupt niemand im damaligen Rohrdorf. Heute sind von all dem Gerümpel ein blankgewienerter Sattel, Trensen und Kumte als Dekoration übriggeblieben. Stallaternen auf Holztischen, die Bänke mit Schaffellen belegt, ein loderndes Feuer im neugemauerten Kamin, handgeschnitzte Trinkbecher neben Kerzen ergeben ein Bild, das ebensogut in ein holsteinisches Gutshaus wie in eine bayerische Touristenstube passen könnte.

Das hat Lora in Ujazd nicht erwartet.

Es wird französischer Kognak ausgeschenkt. Ein Gastgeschenk ausländischer Jäger, die in den Gästehäusern des Kombinats wohnen und die in der Fasanerie gezüchtete und später ausgesetzte Tiere mit viel Spaß für fünf Dollar das Stück abknallen.

Wenn Sie das nächste Mal nach Ujazd kommen, Direktor Banaś hebt das Glas, dann wohnen Sie selbstverständlich nicht im Hotel, sondern in einem unserer Gästehäuser!

Lora fühlt sich von der Gastfreundschaft des Direktors berührt. Distanz und Abweisung hatte sie erwartet, im besten Falle eine höfliche Duldung. Die Freundschaft, die ihr entgegengebracht wird, die Zeit, die sich der Direktor für sie nimmt, die Achtung und Ehrung, die ihr Besuch in Ujazd auslöst, bringen Loras Herz zum Überlaufen.

Ich bin glücklich! sagt sie.

Glücklich! entwischt es der Pawlakowa, und sie fängt sich dafür einen Blick ihres Chefs ein, der stumm macht.

Naja, fährt Lora fort, weil hier alles so in Ordnung ist, so in Schuß, wie man sagt!

Sie kommt mit den Worten, die ihre Gedanken ausdrücken sollen, nicht zurecht.

Ich meine, sagt sie schließlich, für mich ist es ein gutes Gefühl zu wissen, daß nichts kaputt ist, und vor allem, daß das Haus nicht leersteht, nicht verkommt, verstehen Sie das?

Direktor Banaś lächelt ein Ja und ist mit dem Verlauf der Dinge zufrieden.

Nachdem man nochmals auf das gegenseitige Wohl, die Gesundheit, die Freundschaft und die Zukunft angestoßen und den letzten Schluck des vorzüglichen Kognaks genossen hat, lädt Direktor Banaś zu einer Rundfahrt durch das Kombinat ein.

Lora versinkt in den Polstern des Wolgas – ein großes und mächtiges Auto. Nicht jeder Pole kann ein solches Auto fahren.

Fünf der umliegenden ehemaligen Güter gehören heute zum Kombinat Ujazd, das Zuchtbullen, Zuchtschafe und Schweine exportiert und ohne Forstwirtschaft viermal so groß ist wie der Familienbesitz von Loras Vater.

In Ujazd-dolny ist die Bullenzucht in neu gebauten Ställen untergebracht. Der Bautyp ist Lora bekannt, die Unterhaltung wird zum landwirtschaftlichen Fachgespräch.

Plötzlich beugt sich Direktor Banaś aus seinem Wagen, pfeift und schlagartig öffnen sich die Stalltüren.

Der Wolga fährt samt seinen Gästen an einem Ende hinein und am anderen wieder heraus.

Siebzig gutgebaute, saubere Rinderhinterteile gleiten an Loras Blick vorbei, während sich Georg über Nackenbau, Tiefe und Gedrungenheit der Tiere lobenswert äußert.

Wie er das nur gesehen hat, denkt Lora und überlegt, warum der Direktor mit dem Auto durch seinen Kuhstall fährt.

Hygiene, beantwortet Banaś ihren verwunderten Blick, alles hygienische Gründe!

Das Fachgespräch läuft weiter und handelt jetzt vom Produktionsaustausch zwischen der Volksrepublik Polen und der DDR, während Lora in ihre Kindheit taucht.

Die Feldscheune dort ist weg. Die Apfelbäume auf der Chaussee nach Zawada – Lora fällt der deutsche Name nicht mehr ein – sind in dreißig Jahren zu einer stämmigen Allee herangewachsen.

In Zawada wird das Gutshaus besichtigt, welches heute als eines der Gästehäuser des Kombinats dient.

Kannten Sie den deutschen Besitzer? fragt Direktor Banaś. Lora kannte ihn.

Er war viele Jahre mit meinem Vater zerstritten, beginnt sie leise. Gibt es noch den Teich in den Wiesen zwischen Zawada und Ujazd?

Sicherlich, ich habe dort eine Karpfenzucht angelegt!

Die hatte der ehemalige Besitzer von Zawada dort auch. Während eines schrecklichen Unwetters in den zwanziger Jahren standen alle Wiesen hier unter Wasser. Da schwammen die Karpfen, kein Mensch weiß warum, über den Straßengraben nach Ujazd. Dort ließ mein Vater in großer Eile Vorkehrungen treffen, um die Karpfen zu fangen.

Das nenne ich mir einen Nachbarn, bemerkt Banaś höflich.

Aber mein Vater gab die Karpfen nicht zurück, wie Sie denken. Er ließ sie töten, veranstaltete ein großes Essen, lud den ehemaligen Karpfenbesitzer dazu ein und ließ alle Gäste mehrmals auf dessen Wohl trinken und ihm herzlich danken.

Die Rundfahrt geht weiter. Schweinezucht in Lupice. Schafzucht in Kolsko.

Hier ist Józef Staszak, Jaceks zweitältester Sohn, Schafmeister. Józef berichtet über die in Kolsko durchgeführte Zucht mit fünfhundert Böcken, eintausendsechshundert Mutterschafen und dreitausend Fleischschafen. Eine Kreuzung, erklärt Józef, zwischen dem sowjetischen Gebrauchsschaf und dem Merinoschaf aus Deutschland.

Plötzlich verstummt er und sagt zu Lora: Mein Vater war bei Ihrem Vater Ochsenknecht!

Banaś übersetzt. Lora sieht hilflos aus.

Ich hatte mit der Landwirtschaft nichts zu tun!

Dann sind Sie nicht Anna?

Nein, ich bin Lora!

Józef setzt seinen Vortrag über die Zuchtlinien fort. Erst gegen Abend hält der Wolga vor dem Schloß in Ujazd, diesmal an dem Eingang, der früher zu den Repräsentationsräumen führte. Die Portaltüren sind weit offen und überall ertönt Gelächter.

Lora wird begrüßt.

Ein paar vierzehnjährige Jungen hocken auf den Portalstufen. Geht ihr nicht rein? will Banaś wissen.

Die Jungen, nicht gewohnt, vom Direktor nach ihren Plänen befragt zu werden, grinsen verlegen.

Später, sagt einer.

Unser Jugendklub, erläutert Banaś.

Aus Salon, Herrenzimmer, Damenzimmer, Eßzimmer, Saal und Teezimmer sind heute Kaffeestube, Billardraum, Fernsehzimmer, Bibliothek, Fotolabor und Musikraum geworden.

Wo sich früher gelegentlich zu Jagden und anderen Festlichkeiten die umliegenden Gutsbesitzersfamilien trafen, wo sie dinierten, tranken und tanzten, tummelt sich heute die Dorfjugend von Ujazd. Direktor Banaś zeigt Gästen aus westlichen Ländern besonders gern den Klub, ein Werk seiner Frau.

Und wo ist Ihre Frau? will Lora wissen.

Sie läßt sich entschuldigen, antwortet Wanda Pawlakowa kühl.

Im ersten Stock sind Wohnungen. Unter anderem die von Wanda Pawlakowa und die der Familie Jodkos, der Magaziner im Kombinat und Jolkas Vater ist.

Direktor Banaś bittet höflich, die Privaträume nicht zu betreten. Dafür hat er eine Überraschung für Lora.

Er geht voran auf die große Rumpelkammer zu, die direkt über dem Saal gelegen ist. Dort pflegte Loras Mutter von alten Uniformen über Seifenvorrat bis zu Lampen, Geschirr, Nippes so ziemlich alles aufzubewahren, was sich über Generationen hinweg in dem Landhaus angesammelt hatte.

Und heute?

Statt Gerümpel und staubiger Balken findet sie eine geschmackvoll eingerichtete Bauernstube vor.

Auf dem Tisch zwischen den Kerzen Platten mit Wurst, Schinken, Eiern, kaltem Fleisch, Fisch, Obst, Wodka und Bier.

Ein kleiner Imbiß, sagt Direktor Banaś und stellt Lora und Georg einige Gäste vor. Da ist der Direktor der Zuckerfabrik, der Kreisveterinär, der Direktor des nachbarlichen Kombinats und Ludwik Janik mit seiner Frau, der Stellvertreter von Banaś in Ujazd.

Man setzt sich. Es beginnt unter höflichem Anbieten, Nehmen, Danken und Ablehnen eine etwas mühsame Unterhaltung, teils polnisch, teils deutsch.

Erst der Wodka bringt Stimmung.

Ludwik Janik, der Lora aufmerksam beobachtet, dem kein Wort entgeht, das sie sagt, der an diesem Abend stiller ist, als es seine Frau Zofia von ihm gewohnt ist, fragt plötzlich unvermittelt und wohl auch etwas ungeschickt:

Haben Sie noch Geschwister?

Ja, sagt Lora, eine Schwester, sie lebt in der Bundesrepublik.

Und geht es ihr gut?

Lora schaut verwundert zu Ludwik hin, und plötzlich sehen ihn alle verwundert an.

Sie hat eine Tochter aus erster Ehe, sagt Lora, seit einigen Jahren ist sie zum zweitenmal verheiratet.

Und weil niemand etwas sagt, fährt sie unsicher fort: Unser Kontakt ist nur lose. Sie ist Journalistin.

Journalistin? Was Sie nicht sagen! bemerkt die Pawlakowa.

Lora überlegt, was sie von Anna berichten soll. Das neugierige Schweigen macht sie verlegen. Erst Banaś' Worte beruhigen sie.

Ich bitte Sie, sagt er freundlich, wir wollen Sie nicht über Ihre Familie aushorchen.

Die Stille, die zwischen Mitternacht und Frühdämmerung über Ujazd liegt, trügt.

Nicht, daß ein Hahn zu früh krähen und den Tag vorzeitig rebellisch machen würde, es ist vielmehr die Tatsache, daß einige Bewohner von Ujazd nicht zum Schlaf kommen.

Zum Beispiel der alte Sawko. Von den Totenblumen, die er nach Meinung der Adomskowa schon von der Bettdecke gepflückt hat, von denen will er nichts mehr wissen. Er liegt auch nicht mehr im Bett auf dem Rücken.

Er sitzt in seiner Stube und staunt über das lange Nachthemd, das er trägt. Da hat ihn doch die Adomskowa schon zum Sterben zurechtgemacht.

Sawko ärgert sich und trippelt zum Schrank. Vorsichtig, damit er sich nicht im Totenhemd verwickelt, holt er den Selbstgebrannten heraus. Das bringt auf die Beine, das weiß er. Und was der Alte so im Angesicht seines Todes in sich hineinkippt, ist nicht wenig.

Die Adomskowa ist von Sawkos Getrippel und Geschlurfe aufgewacht, hat durch den Türspalt gesehen und weckt jetzt ihren Mann.

He, Tata, der Alte ist dem Tod von der Schippe gesprungen, er sitzt im frischgebügelten Totenhemd auf dem Stuhl und säuft sich voll.

Laß ihn saufen und schlaf, Matka, warum hast du auch die Jula geholt!

Aber die Adomskowa kann nicht einschlafen. Tata, flüstert sie, ich hab der Jula nicht geglaubt und den Schlachter fürs Begräbnis bestellt, um dem Sawko sein Schwein zu schlachten!

Dann bestell ihn wieder ab, oder soll er vielleicht dem Alten die Gurgel durchschneiden?

Damit dreht sich Pan Adomski auf die Seite und überläßt es seiner Frau, wie sie mit des alten Sawkos Entschluß, sich nun doch nicht ans Sterben zu machen, fertig wird.

Ein paar Häuser weiter oberhalb des Dorfes steht Sabina am Fenster. Das späte Mondlicht wirft den Schatten des Fensterkreuzes über ihren Körper. Nur der Atem der Geschwister ist zu hören und durch die Wand das Schnarchen des Vaters. Sabina fährt mit den Fingern den gekreuzten Schatten auf ihrer Haut nach.

Ich möchte dich hier herausholen, hatte Jurek gesagt. Sie kauert im Mondlicht, die Arme um die Knie geschlungen, die Hände gefaltet, den Kopf über den nackten Schoß gepreßt. Bitte, schwarze Mutter Gottes von Częstochowa, laß den Jurek mich hier herausholen, bitte, ich versprech dir... Aber was Sabina der Mutter Gottes von Częstochowa versprechen will, kann sie nicht zu Ende beten. Einer ihrer Brüder ist aufgewacht.

He, Franku, er tritt seinem Bruder in den Hintern, bis auch der wach wird.

Sieh mal dort Sabina, die alte Kurwa, hockt sich ins Mondlicht und betet zum Teufel!

Staszak, der mit fünf Stunden Schlaf auskommt, ist um diese Zeit Nacht für Nacht wach.

Also war es nicht Anna, die Ujazd einen Besuch abgestattet hat. Ein Glück für den Ludwik, ein Glück!

Am folgenden Morgen schiebt Direktor Banaś mürrischer als sonst sein Frühstücksbrot in den Mund. Wenn er kaut, knacken seine Kiefer. Wenn er schluckt, hüpft sein Kehlkopf auf und ab. Mit einem Biß verschlingt er eine halbe Brotscheibe, mit einem Schluck schüttet er eine halbe Tasse Kaffee in sich hinein.

Der Kaffee ist zu heiß!

Pani Banasiowa gießt zwei- bis dreimal den zu heißen Kaffee von einer Tasse in die andere. Eine gewohnte Tätigkeit. Sie verschüttet nichts.

Warum bis du gestern nicht gekommen, als die Niemka zu Besuch da war?

Ich halte nichts von Grenzdeutschen, man kann ihnen nicht trauen.

Es war unhöflich!

Dann war es eben unhöflich!

Der Kaffee ist kalt genug. Banaś trinkt. Es klingt wie bei einem Pferd.

Der Mann arbeitet bei einem landwirtschaftlichen Institut in Dresden. Er wird in Deutschland über Ujazd berichten, über das Kombinat. Interpress hat bei mir angefragt, ob ich die Tochter des ehemaligen deutschen Besitzers empfangen will. Ich habe zugestimmt. Du bist die einzige, die nicht mitgemacht hat!

Er trinkt die zweite Hälfte seines Kaffees.

Diese Deutschen sollen endlich begreifen, was das Wort polnische Wirtschaft heißt. Die wissen es jetzt, darauf kannst du sich verlassen!

Ich sagte dir ja, ich halte von Grenzdeutschen nichts, und wenn du mich fragst, von einigen von euch Grenzpolen auch nichts! Ihr sagt zu schnell hü und hott zur gleichen Zeit.

Es wird Zeit, sagt Banaś in gefährlicher Ruhe, daß du nach dreißigjährigem Bestehen der Volksrepublik Polen endlich deinen Warschauer Hochmut ablegst!

Teresa Banasiowa lächelt. Trotz ihrer Fülle sieht sie hübsch aus, wenn sie lächelt, und die leichte Arroganz, die in ihrem Blick liegt, reizt ihren Mann mehr als jedes Wort, das sie spricht.

Eure Komplexe, die verwirren mich immer wieder, egal, ob sie sich der Niemka gegenüber zeigen oder einem von uns aus Warszawa!

Krachend fliegt die Tür ins Schloß. Teresa weiß, daß sie vor dem Nachmittag ihren Mann nicht wieder zu Gesicht bekommt.

Es ist die Zeit, zu der Suszko mit gerade sitzender Mütze das Postgebäude verläßt und sein Fahrrad besteigt.

Jula sitzt bereits in der Sonne, während Elka Perkowa im Garten zur Straße hin die Wäsche aufhängt.

Co nowego? ruft sie Suszko zu. Der grüßt nur und fährt weiter. Heute gibt es nichts Neues.

Lora sitzt im Hotel der Kreisstadt und schreibt eine Ansichtskarte. Liebe Anna, Georg und ich waren für einen Tag in Ujazd. Du kannst dir nicht vorstellen, wie nett wir empfangen wurden. Das Kombinat ist phantastisch. Große Viehzucht. Das Schloß wird zum Teil für die Verwaltung, zum Teil als Jugendklub verwendet. Nur der Park ist ziemlich verwildert und kaum wiederzuerkennen. Vom Dorf habe ich noch niemanden gesprochen. Mehr im nächsten Brief, Gruß von Georg, Deine Lora.

Während Lora diese Karte an ihre Schwester schreibt, verabschiedet sich Anna von ihrem Mann Julian. Er fliegt nach Mexiko.

Es ist ein ganz gewöhnlicher Abschied an der Wohnungstür, nicht anders, als führe er für ein Wochenende weg.

Vielleicht ist die Umarmung zärtlicher und länger als sonst. Paß auf dich auf – fahr nicht so schnell – laß dir dein Geld nicht klauen – immer alles schön abschließen!

Anna schweigt. Julians gespannte Fröhlichkeit verschlägt ihr die Sprache.

In der Tür noch ein flüchtiger Kuß als Zugabe.

In drei Monaten sind wir wieder zusammen!

Auf einmal ist sie seiner Zärtlichkeit überdrüssig.

Eine Reise ist schließlich keine Trennung, sagt sie.

Er läuft die Treppe hinunter. Anna sieht ihm nicht nach. Sie hört nur noch seine Schritte, dann macht sie die Tür zu.

Das Telefon klingelt.

Hallo, Anna, hier ist Oskar!

Oskars Anruf bringt Anna zur Ruhe.

Prima, daß du anrufst, Julian ist eben weg!

Und du? Wann fährst du nach Polen?

Morgen früh!

Ich komm dir auf Wiedersehen sagen, Anna, willst du?

Ich bin mit Vera verabredet. Komm doch dahin, dann können wir noch einen trinken.

Oskar sagt, daß er kommt und daß ihm kein Weg zu weit sei.

Die Wohnung ist still und unaufgeräumt. Sie ist Anna plötzlich zu groß. Überall liegt etwas von Julian herum. Es riecht förmlich nach ihm.

Sie betrachtet sich im Spiegel. Morgen wird sie nach Hause fahren, nach Rohrdorf, das nicht mehr Rohrdorf heißt, sondern Ujazd und natürlich auch kein Zuhause mehr ist.

Die Kneipe ist voll. Im rauchigen Mief hockt einer neben dem anderen, der Rest hält sich an der Theke fest. Alles junge

Leute. Einer kennt den anderen, hier ist man aus Gewohnheit. Anna sieht ihrer Tochter hinter der Theke zu. Ihre Hände sind flott bei der Arbeit. Bier zapfen, Gläser spülen, Wein einschenken. Ihr Lachen verbreitet Fröhlichkeit. Vera ist immer guter Laune, sagen die Gäste und kommen gern, wenn sie Hannes an der Theke vertritt. Vera ist völlig aus der Art geschlagen, meint Annas erster Mann und entzog der Tochter das väterliche Verständnis, nachdem sie mit ihrem Freund eine Kneipe aufgemacht und ihren gutbezahlten Job in einer Werbeagentur aufgegeben hatte, um Bier einzuschenken und Bratkartoffeln zu servieren. Adel verpflichtet, fügte er hinzu, ohne näher belegen zu können wozu.

Guten Abend, Vera!

Hallo, Anna, allein?

Julian ist abgeflogen! Ich wollte dir auf Wiedersehen sagen! Vera schiebt ihr einen Schnaps über die Theke.

Es ist ein komisches Gefühl, nach Hause zu fahren! sagt Anna.

Drei Bier, zwei Hausmarke, ruft die Bedienung. Vera schenkt ein.

Gib mir noch einen Schnaps!

Vera streichelt Anna ganz plötzlich.

Soll ich mit dir fahren? fragt sie, ich könnte es organisieren! Schließlich hast du dort geheiratet, es würde mich interessieren! Hannes kommt hier auch allein zurecht.

Vera merkt nicht den Schreck, den ihre Worte bei Anna auslösen. Nur blasser ist Anna und auf einmal verlegen. Das mag an Oskar liegen, der jetzt das Lokal betritt und Anna mit der üblichen Vertrautheit begrüßt. Vera kennt Oskar, solange sie denken kann. Nie nimmt sie ihn ernst, und sein Allerweltsgeschwätz, seine Überzeugung, als Kulturredakteur beim ZDF alles zu wissen und vor allem besser zu wissen, geht ihr auf die Nerven. Trotzdem – er ist ein alter Freund ihrer Mutter, also ist Vera nett zu ihm.

Also, den nimmst du mit! sagt sie zu Anna.

Blödsinn, ich nehme überhaupt niemanden mit. Ich fahre allein, wie es von Anfang an ausgemacht war.

Du schwindelst, Anna, sagt Vera lächelnd. Am Anfang wolltest du keineswegs allein fahren. Du hattest die Reise mit

Julian geplant, aber der hat sich nicht verplanen lassen. Dem ist Polen scheißegal!

Oskar sieht Anna über sein Glas hinweg neugierig an und sagt: Interessant!

Was heißt interessant, Anna hat Julian wochenlang bearbeitet...

Komm, Oskar, unterbricht Anna. Sie schiebt den Freund zu einem leer gewordenen Tisch.

Hat sie recht? will Oskar wissen, das ist gegen unsere Verabredung!

Die Kneipe ist jetzt gerammelt voll, Anna und Oskar bleiben nicht allein am Tisch. Ein paar Leute müssen zu lange auf ihr Bier warten. Flüche, die niemand ernst nimmt, übertönen das lautstarke Reden. Jeder spricht, die wenigsten verstehen etwas, wollen vielleicht gar nicht zuhören. Einhundertfünfzig Menschen, denkt Anna, in einem Raum zusammengepfercht wie eine Schafherde. Und wie Schafe blöken sie sich an und sind zufrieden und stellen sich morgen erneut in den Pferch.

Oskar wartet immer noch auf Annas Erklärung. Willst du mir nicht antworten? fragt er mürrisch.

Sicher, Oskar, Vera hat recht, am Anfang dachte ich, Julian kommt mit nach Polen. Während ich die drei Monate im Dorf geblieben wäre, hätte er herumreisen können, Institute besuchen und Material sammeln. Das wäre für mich einfacher gewesen. Aber er hielt das wohl für Ausbeutung und wollte nicht mit. Wie du siehst, habe ich deswegen meinen Plan nicht aufgegeben und fahre allein!

Bald darauf geht Oskar, schützt ein Telefongespräch vor, küßt Anna und macht sich aus dem Staub.

Schreib mir deine Adresse und machs gut!

Ja, ich machs gut!

Zollbeamte, die einen Paß kontrollieren, machen ein Gesicht, als läsen sie gerade die letzten Zeilen eines Krimis. Ein kurzer Blick auf den Inhaber des Papiers und ein in Ordnung beschließt das schwere Werk.

Wie heißen Sie? fragt Anna.

Der Uniformierte an der DDR-Grenze in Görlitz zuckt weder mit der Wimper, noch scheint er sonst verblüfft zu sein.

Alfons Weishaupt, antwortet er prompt.

Auf Wiedersehen, Herr Weishaupt, lächelt Anna freundlich.

Doch sie fährt links statt rechts entlang, und damit bekommt Herr Weishaupt eine zweite Gelegenheit, seines Amtes zu walten.

Hallo, ruft er, rechts gehts zu den Kollegen von der Gepäckkontrolle, und läßt sein sonst übliches »können Sie nicht lesen?« weg.

Tatsächlich, da stehts, so etwas Blödes! Anna lächelt Herrn Weishaupt zu, fast hätte Herr Weishaupt zurückgelächelt. Ganz anders bei der Gepäckkontrolle. Nichts da von einem Lächeln.

Nehmen Sie die Koffer heraus, sagt ein Kollege von Herrn Weishaupt.

Helfen Sie mir?

Das darf ich nicht!

Hinter den Koffern entdeckt der Zollbeamte mehrere Kartons.

Was ist da drin?

Bücher, sagt Anna, ich bin vom polnischen Schriftstellerverband für drei Monate nach Polen eingeladen worden.

Und da? Der Zeigefinger tippt auf den nächsten Karton. Auch Bücher.

Und was ist das?

Medikamente!

Der ganze Karton voll – sind Sie krank?

Nein, sehe ich so aus?

Und hier?

Auch Medikamente, und damit sie nicht weiter fragen müssen, auch die letzten zwei Kartons sind voll mit Medikamenten. Alles Antibiotika, fährt sie etwas dramatisch fort, ein Gastgeschenk einer westdeutschen Bürgerin!

Woher haben Sie die?

Gesammelt, sagt Anna, Ärztemuster!

Bitte bringen Sie die Kartons in mein Büro. Anna schleppt die Kartons ins Büro.

Für wen sind die Medikamente?

Für den ZBoWiD!

Wieso?

Weil es in Polen nur sowjetische Antibiotika gibt, und die verträgt nicht jeder!

Haben Sie eine Bescheinigung?

Wie kann ich eine Bescheinigung für ein Geschenk besitzen, das ich noch gar nicht verschenkt habe! sagt Anna schnippisch.

Ohne Bescheinigung, schnarrt der Beamte ärgerlich, können Sie die Medikamente aus der DDR nicht ausführen!

Ich führe sie ja auch aus der Bundesrepublik aus und fahre sie nur durch die DDR hindurch. Immerhin sind sie für den ZBoWiD!

Und was ist das, dieser ZBoWiD?

Das wissen Sie nicht? Anna bietet Staunen und Empörung an, Ihnen als Beamten und Bürger der DDR muß ich als Westdeutscher erzählen, was der ZBoWiD ist?

Die Sache bekommt ein anderes Gesicht, auch der Beamte. Er wird rot.

Der ZBoWiD, sagt sie deutlich, als müsse sie einem Ausländer etwas klarmachen, das ist der Verband der Kämpfer für Freiheit und Demokratie.

Und weil der Zollbeamte nichts erwidert, fährt sie genauso langsam fort:

Vierhunderttausend Mitglieder, ehemalige Widerstandskämpfer und KZ-Häftlinge. Krank – kaputt – nur die Hälfte wert durch uns – durch Deutsche – Landsleute von Ihnen und mir, Sie verstehen?

Der Zollbeamte verschwindet, Anna atmet auf.

Bitte, sagt er nach seiner Rückkehr, fahren Sie hinüber zu meinem polnischen Kollegen. Er wird das regeln!

Und er packt zu, trägt die Kartons mit Anna ins Auto zurück, wünscht eine gute Fahrt und, wie er sagt, gutes Gelingen! Als Anna mit ihrem vollbepackten Renault vor dem polnischen Zoll steht, ist die Sache mit den Antibiotika Annas Meinung nach erledigt.

Ohne Bescheinigung, sagt der polnische Zollbeamte, können Sie die Medikamente bei uns nicht einführen!

Aber das ist für den ZBoWiD, muckt Anna auf, wollen Sie das verbieten?

Wie wollen Sie das beweisen?

Rufen Sie den Präsidenten von ZBoWiD in Warszawa an, der weiß Bescheid!

Anrufen? Der Zollbeamte sieht Anna an, als hätte sie einen unanständigen Witz gemacht, wie stellen Sie sich das vor?

Die Nummer wählen!

Der Beamte sieht auf die Uhr. Das dauert drei Stunden, antwortet er höflich, und in drei Stunden ist Büroschluß!

Drei Stunden? Von der Bundesrepublik aus kann ich durchwählen!

Aber Sie sind in der Volksrepublik Polen. Hier können Sie eben nicht durchwählen!

In Anna wächst langsam Wut.

Wissen Sie was, faucht sie, behalten Sie die Antibiotika und machen Sie damit, was Sie wollen. Ich brauche sie ja nicht!

Der Beamte läßt sich nicht aus der Ruhe bringen.

Ohne Bescheinigung keine Einfuhr, sagt er, auch wenn die Medikamente, wie er gern zugibt, für kranke ehemalige Widerstandskämpfer notwendig sind.

Ich möchte Ihren Vorgesetzten sprechen, bricht Anna die Diskussion ab, der soll mir das sagen!

Ein düsterer Flur ohne Fenster. Es riecht nach Putzmitteln. Ein dreieckiger Tisch, zwei Stühle. Eine Schwingtür geht auf und zu. Uniformierte und Zivilisten gehen an ihr vorbei in das Büro des Zollamtsleiters.

Nachdem sie zehn Minuten gewartet hat, geht auch sie hinein. Der Zollamtsleiter, ein Major, trinkt Kaffee.

Bitte warten Sie draußen, sagt er auf deutsch und wendet sich wieder seinem Kaffee zu.

Ein junger Pole wird in das Büro geführt. Er hat Handtücher aus Görlitz geschmuggelt.

Anna ist wieder allein. Putzmittelgeruch. Draußen geht ein Gewitter herunter.

Der Major vom Zoll hat lange keine Zeit für Anna. Vielleicht zählt er die geschmuggelten Handtücher, trinkt den dritten Kaffee, weiß der Himmel, was er tut!

Anna läuft auf und ab. Was mache ich hier eigentlich in der

anderen Hälfte von Görlitz, in Zgorzelec auf dem Zoll, in einem Flur, der stinkt und keine Fenster hat? Sie starrt auf die gegenüberliegende Klotür, auf der Toaleta steht, und fängt von vorn an zu denken, ganz von vorn. Irgendwo muß sie doch die Antwort finden.

Austern, Anna ißt Austern ohne Zitrone, weil Zitrone den Austerngeschmack verunglimpft!

So sagt Oskar, der ihr gegenüber sitzt und gerade das dritte Dutzend bestellt. Bei Karrenberg in Frankfurt kann man die ganze Nacht Austern und anderes essen.

Annas Teller ist zu einem kleinen Steinberg geworden. Sie hat die Schalen mit der Innenfläche nach unten übereinandergetürmt.

Sieht wie Feldsteine aus, sagt sie, bei uns zu Hause wuchsen die Steine wie Rüben aus der Erde. Jedes Frühjahr und jeden Herbst mußten die Landarbeiterinnen die Steine von den Feldern klauben, während der Weibervogt aufpaßte, daß kein Brocken liegenblieb.

Anna kneift ein Auge zu und verändert so ihre Perspektive und die Größenordnung der übereinandergehäuften Austernschalen.

Ehrlich, lächelt sie, so sahen die Steinhaufen aus, genauso!

Warst du mal wieder in deinem Heimatdorf?

Nein, war ich nicht, was soll ich da?

Weißt du, wie es jetzt heißt?

Ich habs vergessen. Ein polnischer Name natürlich, etwas mit U!

Bist du nicht neugierig, was aus dem Dorf und dem Besitz deines Vaters geworden ist?

Manchmal habe ich schon darüber nachgedacht. Aber bloß hinfahren, alles ansehen, vielleicht nur die Hälfte vorfinden, möglicherweise das heulende Elend bekommen und wieder zurück, nein, danke!

Der Ober bringt das dritte Dutzend und räumt die leergeschlürften Schalen weg. Die kleinen Steinberge verschwinden.

Frisches Weißbrot, frische Butter, Sekt!

Mein Gott, gehts mir gut, sagt Anna, manchmal hast du großartige Einfälle.

Ich hab schon wieder einen, sagt Oskar, diesmal für dich allein!

Fein. Soll ich einen Hummer essen, oder willst du mir den Besuch einer Beauty-Farm empfehlen? Ist es eine Vermittlung zur Talk-Show im ZDF oder nur der Vorschlag, nicht mehr zu rauchen?

Du redest Unsinn, Anna!

Ich habe einen sitzen! Das habe ich immer, wenn du mich einlädst, weil ich dich sonst nicht ertragen kann!

Oskar ist nicht beleidigt. Oskar ist nie beleidigt. Paß auf, sagt er, wie findest du die Idee: Du gehst für einige Zeit in dein Heimatdorf und machst dort Reportagen! Du kannst Polnisch, du bist dort geboren, hast sogar das erste Mal dort geheiratet. Das ist doch für eine freie Journalistin wie dich ein gefundenes Fressen!

Allein soll ich dahin fahren?

Natürlich allein. Das ist der Knüller. Polen wird langsam Mode in der Bundesrepublik. Deine Vorgeschichte könnte ein Aufreißer sein!

Meine Vorgeschichte – wiederholt Anna, du sagst, meine Vorgeschichte ist ein Knüller?

Oskar nickt. Redet, redet und hat allerhand Vorschläge für seine alte Freundin Anna.

Wenn er eine Austernschale an die Lippen schiebt, verstummt er, und es gibt einen kleinen Zischlaut. Danach malmt seine Zunge genüßlich am Gaumen, er schließt die Augen und schluckt. Auster für Auster ein Ereignis für sich, bei dem Oskar kein Wort verliert.

Oskars Hingabe beim Essen fasziniert Anna immer wieder neu. Seine Augen, sein Mund und vor allem seine leicht aufgeblähten Nasenflügel drücken Lust und Gier aus.

Wenn du ißt, siehst du aus, als beschläfst du eine Frau!

Du mußt es ja wissen, antwortet Oskar freundlich, aber du solltest mir lieber zuhören!

Er beginnt auf eine Papierserviette zu schreiben: Erstens, zweitens, drittens! Wie bekommst du Aufträge, wie Vorschüsse und wie eine Einladung der Polen? Das müssen wir herausfinden.

Anna kennt Oskar seit zwanzig Jahren. Damals noch mit ihrem ersten Mann verheiratet, traf sie Oskar erstmals auf einer Party, wo sie miteinander mehr Blicke als Worte wechselten. Ein halbes Jahr später trafen sie sich zufällig in einem Lokal. Er aß schon damals mit der gleichen Inbrunst, wie er es heute noch tut. Als er sie erkannte, stand er auf, kam an ihren Tisch, küßte ihr die Hand, sagte, ich liebe Sie, setzte sich wieder hin und aß weiter. Beim dritten zufälligen Treffen weissagte er ihr, daß sie in einem weiteren halben Jahr zusammenleben würden, womit er recht behielt. Anna hatte Oskar ihre Laufbahn als Journalistin zu verdanken. Er hatte ihre Manuskripte redigiert, und er war es, der ihr Beziehungen verschaffte und zu Aufträgen verhalf, bis sie auf eigenen Füßen stand.

Dann hatte sie sich von ihm getrennt und Julian geheiratet. Undank?

Nein, das hatte Oskar nie gesagt. Weder damals noch später hatte er irgendeinen Kommentar dazu abgegeben.

Die Tür zum Büro des Zollamtsleiters geht auf. Die Helle irritiert, Anna erschrickt.

Bitte, sagt der Zollamtsleiter. Er bietet ihr einen Kaffee an, der bitter ist und nach Zichorie schmeckt.

Was ist mit den Medikamenten, will er wissen.

Anna erzählt ihre Geschichte.

Ich bin selbst Mitglied des ZBoWiD. Major bei der polnischen Armee!

Warum halten Sie mich dann auf? Ich komme mir blöd vor. Ich sammle etwas, ich möchte gern ein Geschenk machen und...

Liebe Frau, unterbricht sie der Major, das kann jeder sagen! Ich bin zwei Jahrzehnte beim Zoll, aber was Sie von mir verlangen, das ist mir noch nicht vorgekommen. Der Wert Ihres Geschenkes, wie Sie es bezeichnen, beträgt schätzungsweise zweitausend Mark, und Sie haben kein einziges Papier unseres Präsidenten!

Wissen Sie was? sagt Anna, behalten Sie doch das Zeug! Sie sind ja beim ZBoWiD! Ich möchte jetzt fahren! Machen Sie damit, was Sie wollen. Ich sehe ein – ihre Stimme klingt pikiert – es war eine idiotische Idee, sich das auszudenken.

Und wie kamen Sie auf diese Idee?

Da Anna schlecht sagen kann, daß sich Oskar die ganze Sache ausgedacht hat, hält sie den Mund. Bitte, hier, Anna reißt ihre Einladung des polnischen Schriftstellerverbandes aus der Tasche und wirft sie über den Schreibtisch.

Der Major und Zollamtsleiter reicht sie Anna zurück.

Die ist für mich uninteressant – ich bin vom Zoll!

Und nach einer Pause fügt er gedankenverloren hinzu: Sie kommen über die Grenze und haben für unsere Widerstandskämpfer wertvolle Medikamente dabei, das freut mich! Sie machen sich aber nicht die Mühe, dieses »Geschenk« ordnungsgemäß einzuführen, warum? Vertreten Sie als westdeutsche Bürgerin die Meinung, daß wir Polen froh sein müssen, überhaupt solche Medikamente zu bekommen?

Anna weiß nicht, was sie antworten soll. Machen Sie, was Sie wollen, sagt sie, ich möchte jetzt weiterfahren!

Der Major nickt. Wohin?

Nach Ujazd, ein Dorf zwischen Zielona Gorá und Leszno!

Und was wollen Sie dort?

Reportagen machen. Ich bin dort geboren. Ich will etwas über dieses Dorf erfahren!

Und Sie unterziehen sich der Unbequemlichkeit, für so lange Zeit in einem polnischen Dorf zu wohnen?

Was soll Anna ihm antworten? Soll sie ihm sagen, daß es ihr ums Geld geht, um einen Auftrag, um ein Modethema der Bundesrepublik, um ihr Journalistenimage oder ihre Selbständigkeit? Von Polen weiß man in der Bundesrepublik wenig, sagt sie, für die meisten Bürger ist Westpolen immer noch Schlesien oder Pommern!

Der Major sieht sie lange an.

Die Verständigung unserer Länder, sagt er, ist wichtig, sehr wichtig! Ich gratuliere Ihnen zu Ihrem persönlichen Einsatz!

Anna wird unsicher. Was meint dieser Mann mit persönlichem Einsatz? Auf alle Fälle dankt sie mit einem Lächeln.

Längst ist der Nachmittag angebrochen. Der Major sieht auf die Uhr. Was machen wir? fragt er. Zumindest müßte ich eine Aufstellung der Medikamente haben!

Dazu brauche ich Stunden!

Dann zahlen Sie Zoll!

Wie komme ich dazu? Ich lasse es hier, der ZBoWiD kann das erledigen!

Der Major schüttelt den Kopf. Das kann er nicht verantworten. Schweigen auf beiden Seiten. Der Kaffee ist ausgetrunken, und alles ist gesagt. Anna will nichts weiter mehr als ihre Papiere, um nach Ujazd zu fahren.

Plötzlich hat sie eine Idee. Eine Idee, die so gut ist, daß sie von Oskar stammen könnte.

Wissen Sie was, sagt sie, jetzt schon ganz vertraut, wir wiegen das ganze Zeug. Sie verplomben und versiegeln die Kartons. Damit gehe ich in Poznań oder Zielona Gorá zum Zoll. Die wiegen es, und man kann feststellen, daß ich nichts verschoben habe!

Wirklich, sagt der Major, das ist eine Idee!

Es sind fünfundzwanzig Kilo, die Anna da mitgebracht hat. Weder beim Verschnüren geschweige denn beim Versiegeln darf sie dem Major behilflich sein, und die Dämmerung beginnt, als sie sich mit den besten Wünschen des Zollamtsleiters von Zgorzelec, ehemals Görlitz, auf den Weg macht.

Wenn er bis Mittag seine Arbeit fertig haben will, bleibt Marek Lenart wenig Zeit. Keine Ruhepause, nur ein Schluck Wodka, von dem ihm die Adomskowa einen ganzen Liter mit auf den Friedhof gegeben hat.

Wenn eine Leiche über den Sonntag liegt, stirbt einer nach, heißt es, und deshalb muß der alte Sawko noch am Sonnabend unter die Erde. Pani Adomskowa hat darauf bestanden, obwohl es mit den vorgeschriebenen drei Nächten nicht ganz hinhaut.

Marek schippt Schaufel für Schaufel vom sandigen Erdgut aus der Grube. Hin und wieder der gewohnte Schluck, der ihm Mut macht und – wie Marek Lenart meint – die Sache beschleunigt. Er hat etwas gegen Friedhöfe, gegen Särge und Tote. Nur fragt danach niemand im Dorf. Einer muß den Totengräber machen, und für Schnaps macht Marek Lenart alles.

Erst wollte es im Dorf niemand glauben, daß der alte Sawko himmelwärts gefahren ist. Gerade hatte Pani Adomskowa am Kiosk berichtet, wie er sich im frischgebügelten Leichenhemd vom Totenbett weg hinter seinen Selbstgebrannten gemacht habe, daß es ihr vor Schrecken den Atem verschlagen habe.

Am nächsten Morgen gar machte der alte Sawko Anstalten, in die Stadt zu fahren, um sich neue Pantinen zu kaufen, und redete davon, nach Berlin zu fahren, weil er das Brandenburger Tor noch nicht gesehen habe.

Als Jula davon erfuhr, wackelte sie mit dem Kopf, so wie sie es immer tat, wenn sie sich ihren Stolz nicht verkneifen konnte. Hab ichs euch nicht gesagt, krächzte sie, er wird leben! Fahrt in die Stadt und kauft ihm Pantinen!

Nun, die Adomskowa kaufte für den Sawko keine neuen Pantinen, und das war gut, denn am nächsten Tag war er tot.

Ohne Todeskampf, lautlos wie ein Herbstblatt, war er zur Erde gesunken. Nicht einmal ein Stöhnen hatte jemand gehört.

Mitten im Hof lag er, wo er wohl auf dem Wege gewesen war, um nach seinem Schwein zu sehen.

Der Hofhund schlug an, nicht gewohnt, den alten Sawko der Länge nach auf den Pflastersteinen vor dem Stall liegen zu sehen, und machte die Adomskis auf Pan Sawkos Tod aufmerksam. Der Arzt wurde geholt, und der Schlachter kam lediglich vierundzwanzig Stunden später als von Pani Adomskowa vorgesehen, während Jula es in Kauf nehmen mußte, daß sie für die nächste Zeit an Ansehen verloren hatte.

Bis zur Hüfte steht Marek Lenart im ausgegrabenen Erdloch. Die Feuchtigkeit kriecht ihm durch die durchlöcherten Schuhe in die Füße. Mit jeder Schippe gelbroten Sandbodens, die er nach oben wirft, sinkt Marek Lenart tiefer.

Tiefer hinein in das sauber gestochene Rechteck, das dunkel und erdwandig alles verschluckt, was sich oben abspielt. Hier wird der alte Sawko liegen und bis auf die Knochen vermodern. Aber die bleiben, die halten eine Ewigkeit, das weiß Marek Lenart, das hat er als Kind deutlich gesehen. Nicht hier auf dem Friedhof, nein, drüben, auf dem evangelischen, zweihundert Meter weiter, dort, wo Brennessel, Nachtschatten und Knöterich mannshoch wuchern und das Steinmoos die Buchstaben der deutschen Namen unleserlich macht und wo heutzutage niemand mehr etwas verloren hat, dort stellte Marek als Zehnjähriger in Gegenwart seines Vaters die Haltbarkeit menschlichen Gebeins fest. Auf diesen Friedhof der Deutschen war Marek eines Abends seinem Vater und einer Gruppe fremder Männer nachgeschlichen. Einige der Männer sprachen Russisch. Sie trugen allerhand Werkzeug mit sich, und nachdem ihnen Mareks Vater den Weg zur Familiengruft der Gutsbesitzer gezeigt hatte, machten sie sich an die Arbeit.

Wie das krachte und bröckelte – was das für eine Kraft brauchte, bis die Marmor- und Steinplatten die Särge freigaben.

Schöne Särge waren das. Solche hatte Marek noch nie gesehen. Er überlegte sich, was die Männer wohl mit ihnen anstellen wollten. Mit seinen zehn Jahren hatte er längst begriffen, daß es nichts gab, was nicht zu etwas zu gebrauchen war. Aber die Männer trugen weder die Marmorplatten noch die Särge weg, sondern sie begannen abermals zu wuchten und meißeln, zu heben und hämmern, bis auch die Deckel zertrümmert waren.

Unheimlich sah das aus, schrecklich unheimlich!

Ob Marek wollte oder nicht, es zog ihn näher heran, immer näher, bis er unbemerkt im Licht der Taschenlampen die Knochen sehen konnte. Den Schädel, die Rippen, die Wirbelsäule, Arme und Beine. Ein Mensch!

Niemand sagte ein Wort. Friedhofsstille. Für Sekunden unbeweglich standen die Männer um den geöffneten Sarg. Sie glotzten neugierig und vorsichtig hinein, als handelte es sich um den Brunnen der Froschkönigin. So wenigstens kam es Marek vor. Irgend etwas mußte jetzt passieren, aber was? Fang du an, hörte Marek seinen Vater zu einem der fremden Männer sagen, du weißt, wie das geht!

Ja, sagte der Angesprochene mit großer Sachlichkeit, ich hab es gelernt.

Dann legte er los, griff sich den Schädel, knackte ihn mit einem Schlag auseinander und zupfte präzise das Gold aus dem Totenkopf. Den Rest des Schädels warf er zurück in den Sarg.

So wirds gemacht!

Die anderen lernten schnell. Es begann ein emsiges Knakken und Klopfen. Inmitten der Särge sammelte sich ein Häuflein goldener Zähne, Eheringe, auch hin und wieder ein Armband. Im ganzen nicht der Rede wert und den Aufwand nicht lohnend. Die Knochen flogen mal hierhin, mal dorthin, die einen in des anderen Sarg, so daß Menschliches kaum noch zu erkennen war. Da hatte das eine Skelett zwei Schädel, das andere drei Arme oder gar vier Füße.

In Mareks Bauch sammelte sich Angst und Grauen vor dem, was er sah.

Ihm fiel die Großmutter ein, die voriges Jahr gestorben war. Ihr Gesicht, das so still und friedlich unter dem Sargdeckel, den der Vater über sie genagelt hatte, verschwunden war. Der Leichenzug fiel ihm ein, der vom Schloß aus mit den vier schwarzbedeckten Pferden einen dieser Särge hierher gebracht hatte. Scheiße, sagte einer der Männer und bearbeitete eben jenen Sarg, das faß ich nicht an!

Marek mußte an die vielen Menschen denken, die hinter dem Sarg hergelaufen waren, weinend oder ehrfürchtig, je nachdem. Er dachte an die Männer vom Dorf, die am Straßenrand standen, die Mützen zogen, und an die Frauen, die ein Kreuz über der Brust schlugen, während Mareks Vater laut sagte: Gott hab ihn selig!

Und jetzt? Aus mit der Seligkeit, denn der Vater ging ihr eigenhändig zu Leibe. Das sah weit schlimmer aus als die säuberlich grauen Knochen, an deren Anblick sich Marek wohl mit der Zeit gewöhnt hätte.

Aber das war zuviel. Wie ein Karnickel sprang Marek auf, hinein in die Dunkelheit.

Angst und Grauen lenkten ihn in die falsche Richtung. Er sauste seitlich an den Männern vorbei auf die Mauer zu.

Hoppla!

Alle hatten Marek gesehen, auch der Vater. Aber so schnell, wie sie ihn gesehen hatten, so schnell war er auch schon wieder weg. Verschwunden, als hätte ihn die Erde verschluckt.

In seiner Panik war er in eine der aufgerissenen Gruben gestürzt.

Nun lag er dort statt eines Sarges, unbeweglich vor Entsetzen, die Männer mit ihrer schrecklichen Arbeit über sich.

Schon fühlte er die Haken und Zangen in seinen kleinen Körper fahren, seine Knochen wie Brennholz auseinanderreißen und seine Zähne, in denen kein Fünkchen Gold saß, wie Schneeflocken durcheinanderwirbeln.

Nein, nein – schrie er aus der Grube heraus, und da wußten die Männer, wo er steckte.

Erschrocken holten sie ihn heraus. Und weil er nicht aufhören wollte, sein Nein Nein in die Nacht zu brüllen, noch dazu wie ein junges Spanferkel zappelte und quiekte, gossen sie ihm Schnaps in den aufgerissenen Mund.

Mehr weiß Marek Lenart nicht. Sie hatten ihn betrunken gemacht, bis er eingeschlafen war und der Vater ihn nach Hause trug.

Jedesmal, wenn er später mit dem Vater darüber sprechen wollte, goß der ihm Selbstgebrannten ein. Dann redete Marek Unsinn, stotterte herum und fürchtete sich mehr und mehr, an das glauben zu müssen, was er gesehen hatte.

Nur wenn Marek Lenart ein Grab schaufelt und so wie jetzt von Schippe zu Schippe, mit der er Erde nach oben wirft, tiefer sinkt, bis nicht einmal mehr sein Kopf aus der Grube schaut, dann weiß er, daß er damals die Wahrheit erlebt hatte.

Eine Stunde nach dem Zwölfuhrläuten ist des alten Sawkos Grab ausgehoben.

Marek Lenart torkelt zufrieden nach Hause, denn bisher hatte so ein Begräbnis noch immer ein gutes Stück vom Leichenschmaus für die Familie abgeworfen.

Des alten Sawkos Begräbnis wird zu einer Feier, an der mehr oder weniger alle Bewohner von Ujazd teilnehmen. Nicht etwa, weil Sawko als erster Zabużak im Dorf gesiedelt hatte und schon nach kurzer Zeit zwei Kühe, ein Schwein und Saatgut besaß, obwohl er als Habenichts 1945 angekommen war. Und auch nicht, weil Sawko, als er das Alter allmählich in allen Knochen spürte, ohne Aufhebens seinen Hof abtrat.

Der Grund war das Schwein. Nachdem sich Sawko entschlossen hatte, keine Pantinen mehr einzulaufen, fütterte er Jahr für Jahr eine Sau. War die Zeit rum und war er noch nicht tot, überließ er sie den Adomskis zum Schlachten und zog sich eine neue heran.

Einmal, so sagte er immer, einmal ist es an der Zeit und ihr könnt euch an meinem Schwein satt essen wie bei einer Hochzeit.

Nun ist er tot. Das Schwein, das auf seine Kosten gegessen wird, gibt eine Menge an Leber- und Griebenwurst her und hinterher Bigos.

Marek Lenart, der schon wieder einen ordentlichen Rausch hat, schippt Sawkos Grab zu. Dreimal soviel Hände voll Erde wie Gäste da waren sind auf Sawkos Sarg gefallen und haben Marek Lenart Arbeit abgenommen. Gott hab ihn selig, lallt der und läßt sich Zeit.

Inzwischen ist der Leichenschmaus bei Adomskis richtig in Gang gekommen. Jeder Platz ist genutzt, Kopf an Kopf wird gegessen und getrunken. Selbst aus dem spiegelverhängten Totenzimmer hat man die Stühle geholt.

Da sitzen die Staszaks. Nicht weit von ihnen entfernt deren Kinder Józef, Halina mit ihrem Mann Franek Jodko und der kleinen Jolka, die ihre Unterlippe höher denn je über die Oberlippe schiebt. Böse ist Jolka, sehr böse. Ist doch der alte Sawko entgegen Julas Voraussagungen gestorben. Einfach umgefallen, wie die Erwachsenen erzählen, als wenn ihm einer ein Brett vor den Kopf geknallt hätte!

Von Stund an ließ sich Jula im Dorf nicht mehr blicken. Steckt entweder in der Kirche oder in ihrem Häuschen und geht dem Spott aus dem Weg.

Aber wenn eine Kuh am Verrecken ist, die Pferde Kolik bekommen, die Kinder nicht essen wollen, dann kommen die Frauen wieder, bringen Jula Butter, Geschlachtetes, Geld, bitten flüsternd um Hilfe und sagen mit ernsthafter Miene, daß Jula nichts unversucht lassen solle!

So war es auch, als der alte Sawko im Sterben lag. Und weil Jolka für Jula gerade Milch geholt hatte, durfte sie mit.

Erst war da die Sache mit dem Spiegelchen. Aber das reichte Pani Adomskowa nicht aus. Sie wollte ganz sicher wissen, ob der Alte stirbt oder nicht.

Darauf verlangte Jula Urin von Pan Sawko. Das schien schwierig zu sein, und Jolka wurde hinausgeschickt.

Es dauerte alles sehr lange. Pan Adomski, der dazukam, schimpfte mit den Weibern herum und sagte, sie sollten den alten Sawko in Ruhe lassen, denn dem wäre jetzt das Sterben wichtiger als das Pinkeln.

Aber Jula und Pani Adomskowa hatten es dann doch geschafft, dem sterbenden Sawko den notwendigen Urin zu entlocken. Komm, sagte Jula, du kannst das tragen!

So lief Jolka neben Jula her, des alten Sawkos letzte Pisse in einer Bierflasche mit sich tragend, dem Wald zu, mindestens an die zwei Kilometer weit.

Hier war der Boden unter den alten Kiefern sandig und voller Heidekraut. Weder Blaubeeren noch Pilze wollten hier wachsen, nicht einmal Brombeeren.

Jula steuerte durch den Baumbestand wie an einer Schnur gezogen, ohne zu stolpern, über Wurzeln und Kaninchenlöcher hinweg auf einen großen Haufen zu.

Ameisen – Jolka hatte noch nie so große Ameisen gesehen. Es war, als ob der ganze Berg vor ihr atmete, sich verschob, auf sie zukam, um sie aufzufressen.

Jula hatte keine Angst. Die Ameisen krabbelten an ihren grauen Ripsstrümpfen auf- und abwärts, als wären die ein Teil der Burg. Ganz schnell war Jula von Ameisen übersät, ohne einen Biß abzubekommen.

Sie nahm die Bierflasche, murmelte Worte, die Jolka nicht verstand, und goß des alten Sawkos Pisse im Kreis am Rande des Haufens hin.

Komm her, befahl sie, du mußt mir sagen, was sie tun! Jolka krümmte sich vor Angst. Vorsichtig schob sie ihre kleinen Füße näher an die Ameisen heran.

Sag, was sie machen, forderte Jula, ich kann es nicht sehen!

Sie krabbeln alle dorthin, wo du es ausgegossen hast, flüsterte Jolka, alle, alle, sie sind ganz gierig!

Dann wird der alte Sawko leben, sagte Jula, wären sie weggelaufen, hätte er keine drei Atemzüge mehr zu vergeben! Sie waren zurückgegangen nach Ujazd zu Pani Adomskowa, die auf die Nachricht hin den Schlachter abbestellte.

In der folgenden Nacht hatte sich der Sawko hinter den Selbstgebrannten gemacht und hatte am Morgen darauf neue Pantinen verlangt.

Aber nur einen Tag später ist er, allen Voraussagungen Julas und den Ameisen zum Trotz, tot umgefallen. Weiß der Himmel, was da dahinter steckt.

Geh spielen, sagt die Mutter und zupft ihr das Röckchen zurecht, hier ist es doch zu langweilig für dich!

Tischler Dzitko sieht in die Runde und überlegt, wann der richtige Moment gekommen ist, um dem alten Sawko Gutes nachzusagen. Aber noch ist das Schwein nicht verzehrt, noch ist Zeit!

Kantecki führt mal wieder das große Wort und bringt Jacek Staszak damit in Wut.

Kantecki redet von seinem Sohn Jurek, der sein ganzer Stolz ist.

Jurek, der im nächsten Jahr die Magisterprüfung als Volkswirt ablegen wird. Jurek, der die Ferien bei den Eltern verbringt und der Dorfjugendorganisation bei der Ernte hilft. Jurek, der als erster Junge im Dorf eine abgeschlossene Hochschulbildung haben wird und in der nahegelegenen Kupferhütte einen guten Posten in Aussicht hat.

Und warum? fragt der dicke Kantecki. Weil ich rechtzeitig meinen Hof hergegeben habe und Jurek dadurch unterstützte, etwas Besseres zu werden als ein Bauer!

Ach Gott, Jacek Staszak springt auf. Kantecki hätte das nicht sagen dürfen. Es wird doch nicht etwa bei Sawkos Begräbnis zu einem Streit kommen?

Hört auf, beruhigt Dzitko, und weil ihm Kanteckis Angeberei auch auf die Nerven geht, fragt er nach Jurek. Der soll selbst sagen, was ein Bauer ist und was nicht!

Aber Jureks Stuhl ist leer.

Er ist schon länger fort, sagt Pfirsichperka und grinst: Vielleicht hilft er dem Lenart das Grab zuschippen!

Unsinn! Wenn einer studiert, muß er sich seine Zeit einteilen, davon habt ihr keine Ahnung! sagt Kantecki.

Tischler Dzitko glaubt jetzt, daß es an der Zeit ist, etwas

über den alten Sawko zu sagen. Er hebt sein Glas und beginnt seine Rede, die länger als eine halbe Stunde dauern wird.

Währenddessen lädt Marek Lenart die letzten Schaufeln Erde auf Sawkos Grab. Ein mächtiger Hügel, auf dem zuvorderst der Kranz der Adomskis mit bedruckter Schleife prangt.

Jolka weiß nicht, was sie auf dem Hof spielen soll. Einen Augenblick stellt sie sich auf die Stelle, an der der alte Sawko angeblich tot umgefallen ist. Sie horcht, sie wartet, sie wünscht sich ein Zeichen, welches ihr erklärt, warum Jula nicht recht behalten hat.

Hinter dem Hof beginnt der ehemalige evangelische und deutsche Friedhof, und weil Jolka in der Mauer ein Loch entdeckt, kriecht sie hindurch. Hier ist sie noch nie gewesen.

Diesen Friedhof betritt niemand. Am Rand liegen höchstens ein paar Flaschen, Zigarettenschachteln, Papier.

Eine Toteninsel, für deren Bewohner es weder Um- noch Aussiedlung gibt. Da geht man am besten drum herum.

Jolka, die vorsichtig ihr Sonntagsröckchen rafft und sich nicht schmutzig machen will, packt Neugier.

Da ist ein Pfad, ein frisch getrampelter Pfad durch Brennesseln hindurch, Unkraut und Schlingpflanzen, an halb versunkenen Grabsteinen, zerbrochenen Engelsfiguren und Kreuzen vorbei.

Jolka hält die Luft an, und in der Aufregung knirschen ihre Zähne aufeinander. Ist Pan Sawko vielleicht gar nicht richtig tot? Hat er sich davongeschlichen? Ist er dem besoffenen Lenart aus dem Sarg gekrochen und sucht sich jetzt hier eine neue Bleibe?

Geräuschlos, Schritt für Schritt schiebt sie sich den Pfad entlang, spürt keine Brennesseln und keine Angst und ist ganz darauf aus, am Ende der Spur dem Alten zu begegnen. Guten Tag, Pan Sawko, würde sie dann sagen, ich freue mich sehr, daß es Ihnen gut geht!

Danach würde sie zu Jula laufen, um ihr zu berichten, daß

der Sawko noch immer lebte. Ja, so oder so ähnlich würde sich das Ganze abspielen.

Aber so spielt es sich nicht ab. Jolka stößt am Ende des Pfades nicht auf den alten Sawko, sondern auf zwei Paar Füße, die aus grünem Lierschkraut ragen. Füße ohne Schuh und Strümpfe. Füße, die sich hin und her bewegen, als könnten sie ganz von allein in der Luft Halt finden, die zappeln, sich aufwärtsrichten, auf den Boden zurückschnellen, sich dort feststemmen, um schließlich ganz reglos zu werden und dazuliegen, als hätte sie jemand verloren. Jolka steht wie angewurzelt. Gebückt, mit starrem Blick, versucht sie angestrengt, aus dem, was da vor sich geht, schlau zu werden. Nach allem, was sie weiß, machen hier ein Mann und eine Frau das, was Jolka schon oftmals von Großvaters Scheunenwand durch ein Loch im Schweinestall gesehen hat: nämlich wenn Dziadeks mächtiger Eber unter Grunzen und Stöhnen die Säue bespringt.

Da gehts zu, und hier, so stellt Jolka fest, hier gehts genauso zu!

Weil sie außer den Füßen nichts weiter sehen kann, aber von einer ganz anderen Neugier als der von vorhin gepackt ist, läßt sie sich auf die Knie nieder und biegt durch das Unkraut eine Schneise zurecht, die den Blick freigibt. Jurek und Sabina.

Die Gesichter der beiden sind einander zugewandt. Erst hört man Sabina flüstern, dann Jurek. Wenig Worte sind es, die die beiden sagen, ganz wenige.

Schön, sagt Jurek, schön war es!

Und Sabina antwortet mit einem Ja, das für Jolka innig wie ein Amen in der Kirche klingt und überhaupt nicht zu dem paßt, was sie gesehen hat.

Das soll schön sein? War das vielleicht schön, was sie durchs Scheunenloch so oft gesehen hatte? Wenn etwas schön ist, spricht man davon. Aber hiervon sprechen die Erwachsenen nie. Sie machen nur blöde Bemerkungen und Witze, über die die einen lachen und die anderen schimpfen.

Am liebsten hätte sie etwas Gemeines gerufen, in die Hände geklatscht – Kschkschksch gemacht, nur damit die dort auseinandergingen. Aber Jolka traut sich nicht, und der alte

Sawko fällt ihr wieder ein. Der war also allem Anschein nach wirklich tot!

So leise wie sie gekommen ist, schleicht sich Jolka jetzt mit Tränen der Enttäuschung wieder davon.

Alles ist gemein, denkt sie, alle lügen! Ein großes Verlangen breitet sich in ihr aus, selbst gemein zu sein, richtig hundsgemein!

Inzwischen ist der Tischler Dzitko am Ende seiner Leichenrede angelangt. Eine schöne Rede, wie sie sich der alte Sawko nicht besser hätte wünschen können, in der er von Dzitko hauptsächlich als Zabużak geehrt wurde. In den letzten Kriegsjahren hatte Sawko gemeinsam mit seiner Frau den Kampf gegen die deutschfreundlichen Ukrainer, die Upa-Banden, aufgenommen. Die alte Sawkowa, berichtete Dzitko, die konnte mit der Zeit besser schießen als kochen. Von ihrem Hof aus verteidigten sie das ganze Dorf, und nachdem die Ukrainer drei polnische Frauen ermordet hatten, knallte Sawko gleich sechs Bandenmitglieder hintereinander ab.

Andächtige Stille!

Und Dzitko fährt fort zu berichten, wie Sawko nach Ujazd kam. Die Sowjets hatten ihm eintausend Kilometer weiter östlich weisgemacht, daß hier im Westen Milch und Honig fließen würden. Er brauchte sich nur in die Betten der Deutschen zu legen und deren Teller leer zu essen, denn die wären ohne Gepäck von jetzt auf gleich davon.

Und was haben wir vorgefunden, ruft Dzitko, der kurz nach Sawko in Ujazd ankam, was haben wir hier vorgefunden? Trümmer – ausgeplünderte Häuser – leere Scheunen – verrecktes Vieh und – Dzitko zwinkert dem einen und anderen zu – euch aus dem Posischen, die ihr euch längst die besten Höfe unter den Nagel gerissen hattet!

Leichte Empörung seitens der Familien Perka, Staszak und Kantecki.

Ihr Bolszewiki, brummt auch schon Perka los, ihr habt hier mehr bekommen als ihr bei euch zu Hause je gesehen habt! Und als ihn seine Frau beruhigen will, wird er laut:

Wer hat denn das erste Vieh und das erste Saatgut hier im

Dorf gehabt, war das nicht Sawko? Hat der vielleicht nicht mit den Russen gemeinsame Sache gemacht?

Hat er nicht, ruft Suszko dazwischen, und Dzitko muß aufpassen, daß er das Wort behält und ihm die Sache nicht aus der Hand läuft.

Der alte Sawko, kräht Suszko schon wieder, mit rotem Kopf unter der Amtsmütze, der konnte mit seinem Arsch mehr denken als ihr mit eurem Kopf!

Ruhe, sagt Pani Adomskowa über den Tisch, wenn ihr euch jetzt, noch nach dreißig Jahren, darüber in die Haare kriegen wollt, dann habt ihr keine Enkelkinder verdient oder tatsächlich nur euren Hintern zu vererben!

Beifall – keiner will Streit.

Dzitko legt sich zufrieden seinen Schlußsatz zurecht, da fängt der alte Perka schon wieder an zu schimpfen.

Nichts für ungut, aber ihr könnt sagen, was ihr wollt, der Sawko war ein Bolszewik, sonst wäre er nicht so schnell zu Hab und Gut gekommen!

Er war ein Pole wie du und ich, erwiderte Dzitko, und er hat mir aufgetragen, dich bei seiner Begräbnisrede ganz besonders zu grüßen! Ich soll dich fragen, ob du damals tatsächlich zu dumm warst oder ob du nur die Hosen voll hattest, daß du nicht zu Vieh kamst? Als Sawkow hier nichts vorfand, hat er Tag und Nacht aus Rübenschnitzeln Schnaps gebrannt und ihn bei den Russen gegen Vieh und Saat eingetauscht. Daß du ihn als Bolszewik verschrieen hast, war ihm grad recht, da kam ihm niemand auf die Schliche!

Fröhlichkeit und allgemeine Bewunderung für den schlauen Sawko, während Perka, der damals der Dumme war, ärgerlich vor sich hinschweigt.

Jolka drängelt sich an den Stühlen vorbei bis zu Halina Jodkowa.

Ist es Aufregung oder Absicht, auf jeden Fall sagt Jolka das, was sie ihrer Mutter leiser erzählen wollte, laut und deutlich. Und so bekommen alle die ganze Geschichte Wort für Wort mit.

Matka, der Jurek und die Sabina, die liegen drüben im

evangelischen Friedhof und machen das, was Dziadeks Eber immer mit den Sauen machen muß!

Herrje – ist das eine Stille, die war an des alten Sawkos Grab nicht größer.

Red kein dummes Zeug, sagt endlich Jolkas Mutter, aber jeder am Tisch ist sich darüber im klaren, daß Jolka keineswegs dummes Zeug geredet hat. Nur – was sagt man darauf?

Die Blicke wandern zu den Kanteckis. Jurek, der Stolz des Vaters. Jurek mit dem Magistertitel zusammen mit der Lenart Sabina auf dem alten Friedhof?

Du lieber Gott, man könnte meinen, Pan Kantecki trifft der Schlag. Wie der aussieht!

Wäre die Sache nicht so peinlich, könnte man lachen.

Im Grunde genommen – Suszko zupfte an seiner Mütze und wirft Jodko einen Blick zu, der ungefähr besagt, daß es im Grunde genommen nur ums Erwischt-Werden geht, die Sache als solche aber nicht zu verachten ist!

Pan Kantecki sitzt da, als wäre er mit Zement ausgegossen.

Die Gabel, auf der ein ordentliches Stück Wurst hängt, steckt in seiner Hand, ohne auch nur in die Nähe von Pan Kanteckis Mund zu gelangen. Selbst zu kauen hat er aufgehört, auch zu schlucken. Das macht sein dickes Gesicht noch dicker. Dieser Sohn, dessen Studium Pan Kantecki wichtiger war als Grund und Boden, der hatte sich einen feinen Dank für das Opfer des Vaters ausgedacht.

Die soll mir kommen, murmelte er mit vollem Mund. Ehre und Ansehen der Familie Kantecki hat dieses Weibsstück auf dem Gewissen. Allein das Grinsen von Suszko und Kaufmann Kirkor!

Staszak macht ein Gesicht, das weder Spott noch Schadenfreude ausdrückt.

Und Piotr Perka sagt: Hätte Eurer Jurek so wie ich schöne dichte Pfirsichbäume auf einem Feld stehen, dann brauchten die zwei nicht den Friedhof der Niemiecki!

Pfirsichperkas junge Frau wird rot. Hier und da kommt befreiendes Lachen auf.

Ein paar Männer heben die Gläser, die Frauen schneiden Streuselkuchen auf.

Nehmt und eßt, sagt Pani Adomskowa, um die Stimmung

zu retten, es war dem Sawko sein letztes Schwein, was er für euch gefüttert hat!

Auf Pan Kanteckis Gabel hängt immer noch das Stück Wurst und will nicht in den Mund wandern.

Dem schmeckts nicht mehr, flüstert Jolkas Mutter ihrem Mann ins Ohr, dem ist der Appetit vergangen!

Und wie das Unglück es will, betreten jetzt Sabina und Jurek die Stube. Sie setzen sich unter die Gäste, als hätten sie nichts miteinander zu tun. Jurek oben am Tisch, Sabina unten, um der Adomskowa zur Hand zu gehen, wenn es notwendig wird.

Die Blicke der Frauen werden scharf. Sie entdecken ein Lächeln um Sabinas Mund, das sanfte Strahlen ihrer Augen. Die eine oder andere will sogar ein kleines Zittern der Hände bemerken. Rundum ein unübersehbares Glück, dessen Ursprung wirklich nichts mit rechten Dingen zu tun hat.

Und während sie noch dabei sind, das alles zu Ende zu denken und sich eine Meinung zu bilden, schnellt Pan Kantecki plötzlich vom Stuhl, hat die Gabel mit der Wurst endlich fallen lassen und rennt um den Tisch herum auf Sabina zu.

Niemand hätte ihm soviel Behendigkeit zugetraut. Jolka muß lachen und wird von der Mutter zurechtgewiesen.

Dir werd ich was erzählen, schreit Pan Kantecki auch schon los, aber er erzählt gar nichts, sondern er schlägt zu. Er klatscht seine große dicke Hand in ihr Gesicht. Wäre der Pfirsichperka nicht aufgesprungen und ihm in den Arm gefallen, hätte Elka Perka nicht laut geschrien, Pan Kantecki hätte noch einmal zugeschlagen.

Wieder ist Stille. Aus Sabinas eben noch unübersehbarem Glück wird Angst und Schrecken.

Kein Blick zu Jurek. Hier hat sie nichts Gutes zu erwarten. Die Scham brennt schlimmer im Gesicht als Kanteckis Fingerabdrücke.

Ein Durcheinander beginnt. Sabina läuft so schnell sie kann davon, während Jurek, der die ganze Sache nicht begriffen hat, auf den Vater los will. Jetzt geht Suszko dazwischen, und über all dem liegt Jolkas lautes Geheul, daß alle ganz gemein seien!

Die Beerdigungsstimmung ist hin, und das ist sicherlich nicht im Sinne des alten Sawko, der sich von der Schlachtung seines Schweines ein gutes Andenken versprochen hatte.

Noch steht die Sonne am Himmel. Aber in ihren Rand schleicht sich ein rötlicher Schimmer und macht das Licht kräftiger, nicht mehr so heiß und flimmernd.

Hinter den Hoftoren werden Geräusche laut. Das abendliche Füttern des Viehs. Unruhe in den Ställen.

Die Tiere kennen den Schritt der Bäuerin, das Geklapper der Eimer und das Geräusch, wenn die Futterkartoffeln gestampft werden.

Zischend schießt die Milch aus den prallen Eutern. Die Mütter melken die Kühe. Die Väter laden das Grünfutter ab. Die Großmütter füttern die Säuglinge in den Küchen und murren, daß alles nicht mehr seine Ordnung hat.

Die Kinder schütten die Körner zwischen die flatternden Hühner, während die Katzen mit weit geöffneten Augen warten, ob hier oder da Milch verschüttet wird.

Den meisten Krach machen die Schweine. Grunzend und quietschend hängen sie mit den Füßen in den noch leeren Trögen, drängen gegen die Futterklappen und stecken sich gegenseitig in ihrer gierigen Ungeduld an.

Dazwischen Gespräche.

Die Tochter vom Magaziner Jodko, die Jolka, hat den Kantecki Jurek und Lenarts Sabina auf dem alten Friedhof erwischt! Der Klatsch läuft von Haus zu Haus.

Bei Lenarts müssen Marek und seine Frau Genowefa das magere Vieh allein versorgen. Da es nicht viel Futter gibt, dauert es auch nicht lange.

Nur bei dem Ehepaar Kantecki ist es still in der Küche. Nicht einmal in den Garten wagen sie sich. Wenn einer sich schämt – und Kanteckis schämen sich unbeschreiblich –, kann man nichts machen.

Jurek muß zugeben, daß er Sabina nur kurz gesucht hat. Vom Pfirsichperka weiß er, daß Jolka ihn und Sabina verpetzt hat. Gutmütig und ohne Spott hatte Piotr es ihm zugeraunt. Die Alten, sagte Piotr Perka, gegen deren Gezeter war kein

Kraut gewachsen. Davon konnte er selbst ein Lied singen. Die pochten auf ihre Rechte und Sitten.

Kaum ist Jurek ein Stück die Dorfstraße entlanggegangen, kommt Suszko angeradelt, grinst, die Mütze fest auf dem Kopf, und ruft: Paß auf, Jurek, wenn jetzt der Sabina die Schürze zu kurz wird, bist dus gewesen!

Und Suszko lacht, daß es noch lange zu hören ist.

Da hält es Jurek nicht mehr im Dorf. Er schlägt sich rechts am Teich vorbei, wo die Kinder die Enten und Gänse heimwärts treiben, am Gehöft von Staszak entlang zur Kirschenallee hin.

Hier zwischen den verwilderten Büschen ist er allein, hört nur noch die Geräusche vom Dorf her, die Schweine, die Kühe, das Schnattern des vorwärts getriebenen Federviehs. Hundegebell.

Jacek Staszak dengelt seine Sense im Takt des Wetzens. Einmal lang und ein paarmal kurz. Dazwischen Kindergeschrei, Pfiffe und das langsame Klopfen der Hufe eines Pferdes auf dem Sandweg. Piotrs Vater, der alte Perka, holt Grünfutter für den nächsten Tag. Im Kombinatshof fahren dröhnend die Traktoren in die Garagen.

Jurek denkt an den Vater und wie dieser mit der Mutter in der Küche sitzt, stumm von der Blamage, die ihnen der Sohn bereitet hat. In der Küche neben dem Fernsehapparat wird er sitzen, dick und behäbig wie er geworden ist, die Tabakspfeife im Mund, den Blick auf die Felder gerichtet, auf denen er nicht mehr zu arbeiten braucht. Rentner!

Wortlos wird er dasitzen, ohne Licht im Gesumm der Fliegen, und über sich zu Gericht gehen. Er wird auch mit der Mutter kein Wort reden. Er wird nicht essen, nicht trinken, nur hin und wieder mit der Hand über die Stirn auf und ab fahren, als könnte er damit den Stolz auf den Sohn herausreiben und zwischen den Fingern zerkrümeln.

Unsere Volksrepublik braucht studierte Köpfe, hatte er oft genug zu Staszak gesagt, und nicht Bauern wie dich und mich, die ihre Höfe von den Sowjets, den Engländern und den Amerikanern zugeteilt bekommen haben. Unsere Söhne müssen selbst über unser Land entscheiden, anders als wir, die vor andrerleuts Tröge gestellt wurden, oder denen man die eigenen weggenommen hat, so wie es den Zabużakis ergangen ist! Für Kantecki gehörte Jurek zu der Zukunft des Landes, für ihn war der Sohn Vorbild des Dorfes.

Aber was da am Begräbnis des alten Sawko unter die Leute gekommen war, hatte nichts mehr mit Vorbild zu tun, das war eine unerhörte Geschichte, die noch lang und breit von den Weibern am Kiosk und von den Männern in Kirkors Laden herumgetragen werden würde.

Ausgerechnet Lenarts Sabina!

Genau wie der Vater reibt sich auch Jurek mit der Hand über die Stirn, stumm und über sich nachdenkend.

Warum hockt er hier im dämmrigen Licht zwischen den Weichselkirschen? Warum hat er nicht den Mut, dem Vater entgegenzutreten oder Sabina vor den anderen zu verteidigen?

Und weil er mit seinen Gedanken nicht weiterkommt, wartet er auf die Dunkelheit. Er zupft Büschel für Büschel Gras aus der Erde, so wie Lenarts ausgemergelter Schimmel.

Jureks Augen sind böse Schlitze, unter denen eine langgekrümmte Nase hängt, die für sein Gesicht zu groß ist und ihm in der Schule den Spitznamen Nosorożec einbrachte. Das heißt Nashorn.

Aber schon in der fünften Klasse hatte er sich den Namen weggeprügelt, und heute nennt ihn außer Sabina kein Mensch mehr so. Auch Sabina sagt es nur hin und wieder, nur zum Spaß und nicht, um ihn zu kränken.

Józef Staszak war es, der ihn so getauft hatte. Jahrelang saßen sie gemeinsam auf einer Schulbank, wobei es Józef nie ertragen konnte, daß Jurek in allen Fächern der bessere Schüler war. Im Lesen, im Schreiben, im Rechnen, aber vor allem in Geschichte.

Jurek konnte die ganze polnische Geschichte auswendig. Wenn er dran war, hörte die ganze Klasse zu.

Hin und wieder flocht Jurek etwas ein, was nicht im Geschichtsbuch stand, etwas, was er von den Erwachsenen aufgeschnappt hatte, wenn sie unter sich waren.

So hatte er einmal behauptet, daß die Volksrepublik Polen

von Stalin, Churchill und Roosevelt 1942 in Jalta gemacht worden sei! Sie haben um unser Land gefeilscht, wie Bauern auf einem Schweinemarkt. Hier ein bißchen weg, dort ein bißchen dazu, und zum Schluß wurde Polen auch noch kleiner, als es vor 1939 war! Weiter kam Jurek nicht.

Józef sprang auf, schlug ihm das Geschichtsbuch auf den Kopf und schrie, daß da nichts von einem Schweinehandel drinstände und die Polen erst recht keine Schweine seien. Er aber, Jurek, sei ein Verräter und ein Feind des Sozialismus. Da gings hoch her in der Klasse, und der Lehrer hatte seine Schwierigkeiten.

In der Pause bildeten sich zwei Parteien. Die Jüngeren, froh, bei den Älteren von der Partie zu sein, fragten nicht viel, um was es ging, während die Älteren zwischen dem, was sie im Elternhaus hörten, und ihren Sympathien für Jurek oder Józef hin- und hergerissen wurden.

Da Józef dem Jurek in einem einzigen Fach überlegen war, nämlich in Biologie, gab er ihm den Namen Nosorożec. Das sind Tiere, schrie er, die haben verdammt viel Ähnlichkeit mit dir! Die schnüffeln nur im Dunkeln herum, leben im Sumpf und haben ein Horn auf der Nase, das so krumm ist wie dein Rüssel!

Damit war die Politik aus dem Spiel und mußte dem Machtkampf zwischen Józef und Jurek weichen. Wer letzteren einen Nosorożec nannte, bekam eins in die Fresse, wer Jurek verteidigte, bekam es mit Józef zu tun.

Das änderte sich auch nicht, als Jurek das Lyzeum in der Kreisstadt besuchte und die beiden Feinde nicht mehr nebeneinander auf einer Schulbank saßen. Sie blieben bis in ihr sechzehntes Lebensjahr miteinander verkracht, obwohl sie später nicht mehr recht sagen konnten, was ihre Feindschaft eigentlich ausgelöst hatte.

Von Anfang an war Sabina Lenart auf Józefs Seite, ohne daß dessen Gruppe, geschweige denn er selbst Wert auf ihre Person gelegt hätten. Mit der Lenartschen war wenig Staat zu machen. Wie der Vater unter den Erwachsenen, hatte die Tochter auch unter den Kindern kein Ansehen.

Wenn ihr schon auf so eine zurückgreifen müßt, höhnten Jureks Freunde und nahmen Sabina aufs Korn, dann seid ihr allesamt einen Dreck wert!

Aber Sabina ließ sich nicht lumpen, schlug und biß und hatte so viele gewitzte Einfälle, daß Józef sie nicht aus der Gruppe feuerte.

Es war vor Jahren im Spätherbst, als in Dunkelheit und Kälte Józefs Gruppe zuschlug.

Der Nosorożec und seine Leute sollten eins auf die Nase bekommen. Die Sache mußte ein Ende finden, denn so rechten Spaß wollte der Kampf nicht mehr bringen. Auf die gemeinsame Schule ging man nicht mehr, und im Schloß gab es jetzt einen Jugendklub, der sowohl Jureks wie Józefs Anhängern mehr Abwechslung bot als die Möglichkeit, sich gegenseitig zu vermöbeln.

Trotzdem – um der Ehre willen und auch der Muskeln wegen und um dessentwillen, was man das Sagen-haben nennt, mußte die Fehde einen Abschluß finden.

Aber nicht Józef mit seiner Gruppe siegte, sondern Jurek, der Nosorożec mit seinen Anhängern. Sie räumten auf und ließen nicht eher ab, bis alle Widersacher freiwillig in Häusern und Scheunen verschwanden. Übrig blieb Sabina, die nicht rechtzeitig nach Hause kam und dafür über die Felder rannte, Jurek, Bolko, Renata und Piotr Perka hinter sich. Bei Staszaks vorbei gings im vollen Tempo zur Kirschenallee, an deren Ende ein Strohschober stand. Ein Riesending – hoch wie ein Haus, lang wie ein Haus und oben dachähnlich zugespitzt, doch schon zur Hälfte abgetragen. Und plötzlich war Sabina weg, wie in Luft aufgelöst. Bolko kletterte im Stroh herum, während Renata und Piotr zu den Holunderbüschen zwischen den Pappeln liefen.

Nichts – Sabina war unauffindbar.

Der Wind nahm zu, alles in allem wurde es ungemütlich, und Renata sagte, daß ihr Sabina scheißegal sei. Auch Bolko rutschte vom Stroh, und eh Jurek es sich versah, hauten alle ab ins Dorf, in den neuen Klub. Sollten sie gehen!

Im Grunde kam er sich dumm vor. Warum wollte er eigentlich mit seinen nun schon sechzehn Jahren ein Mädchen verdreschen?

Er strich um den Schober herum, und in seine Gedanken glitt Sabinas Bild, wie sie vor ihm mal links, mal rechts über das Feld gerannt war: der Rock zu kurz und für die Jahreszeit zu dünn, während sie obenherum einen ausgefransten Pullover trug, der ihr weit über die Taille reichte und ihre Figur lächerlich wirken ließ. Die Zöpfe waren aufgegangen, uind ihre Haare flogen in großem Durcheinander um den Kopf. Zweimal war er so dicht hinter ihr, daß er sie keuchen hörte.

Jurek?

Jemand rief nach ihm. Sabinas Stimme. Aber woher? Es klang kläglich und weit weg, als säße sie drüben in den Wipfeln einer Pappel.

Sabina?

Jurek rief zurück, und wieder antwortete sie, noch kläglicher, noch jammervoller.

Da wußte er, wo sie war. Sie mußte im Schober stecken. Irgendwo zwischen den Hunderten von Ballen war sie wohl hineingerutscht wie in einen Kamin. Vorsichtig tastete er über das Stroh und paßte auf, daß er nicht gleichfalls in das Loch fiel, in dem sie saß.

Siehst du mich?

Nein, rief Sabina. Er hörte sie husten. Ich sehe dich nicht, ich sehe überhaupt nichts!

Jurek wußte, wie gefährlich so eine Spalte im Strohschober war, wie man sich festbuddeln konnte, immer weniger Luft bekam und unter dem Preßstroh einfach begraben wurde.

Bleib still, ich hol dich raus!

In Jurek ereignete sich auf einmal etwas Ungewöhnliches, etwas, was er sich nicht erklären konnte.

Er hatte ganz stark den Wunsch, Sabina zu helfen, allein und zwar sofort, obwohl er sie vor ein paar Minuten noch hatte verprügeln wollen. In seinem Eifer kullerte er mehr die Strohwand herunter, als daß er sie abwärts glitt.

Er rannte hinüber zu den Pappeln, fand dort unter den Holunderbüschen einen Stein, der in den Ärmel seiner Jacke paßte, band ihn dort mit einer Schnur fest, zog Strümpfe, Hosen und Hemd aus und knotete ein Kleidungsstück an das andere.

In der Unterhose lief er zurück auf den Schober. Jurek spürte weder Wind noch Kälte. Seine Ohren färbten sich rot. Seine Brust schmerzte, und er wußte nicht genau, ob es vom Herzklopfen kam oder von seinem heftigen Atem.

Er zurrte die Knoten noch einmal fest.

Achtung, schrie er in den Strohspalt und ließ das merkwürdige Notseil in die Tiefe. Später stellten sie fest, daß Jurek nicht soviel Kleidungssstücke hätte ablegen müssen. Ohne größeren Hindernissen zu begegnen, gelangte der in den Ärmel gebundene Stein in Sabinas Hände.

Langsam hangelte sie sich an seiner Jacke, seiner Hose und seinen Strümpfen aufwärts.

Gleich bist du oben, hab keine Angst, rief Jurek ihr zu, ich halte dich fest!

Er bekam eine ihrer Hände zu fassen und zog sie mit so viel Kraft hoch, daß sie gleich neben ihm hinfiel.

Stumm sah er sie an. Er kam nicht einmal auf die Idee, seine Klamotten auseinanderzuknoten.

Mit dem Gesicht nach unten lag sie neben ihm, überall voll Stroh und Häcksel. Ihre dünnen Arme hatte sie in der Erschöpfung ausgebreitet, und ihr schäbiges kurzes Röckchen war so weit hochgerutscht, daß er den Ansatz ihrer Pobacken sehen konnte.

Du hast mich gerettet, Nosorożec, sagte sie leise.

Jurek fand das ungeheuerlich. Sie nannte ihn tatsächlich Nosorożec.

Frierst du denn nicht?

Er fror nicht. Sie saßen eine Weile nebeneinander, jeder mit seinen Gedanken beschäftigt, die sie aber nicht einander anvertrauten. Schließlich war es wieder Sabina, die zuerst etwas sagte: Ich werde es niemandem erzählen, ich versprech es dir!

Was?

Daß du mir geholfen hast!

Jurek dachte darüber nach. Einesteils fand er es gut, wenn sie den Mund hielt, andrerseits beschlich ihn Unbehagen. Er schämte sich und meinte, ein Angebot machen zu müssen. Wenn du willst, sagte er, kannst du ab jetzt immer Nosorożec zu mir sagen!

Dann zog er sich an, sie kletterten gemeinsam vom Schober und hielten sich einen Augenblick lang an den Händen.

Jurek taucht aus seinen Träumen auf. Inzwischen ist es um ihm dunkel genug. Er schleicht sich aus den Kirschenbüschen dem Dorf zu, ähnlich wie damals.

Seitdem er sie aus dem Schober geholt hatte, waren sie heimlich miteinander befreundet, und auch ihre Versprechen galten bis heute. Sie erzählte niemandem von ihrer Liebe, und er ließ sich hin und wieder von ihr Nosorożec nennen.

Nun würde es anders sein!

Die Straße ist leer. Die Alten hocken vor den Fernsehschirmen. Die Jungen sind im Klub, tanzen, spielen Billard, Schach, oder sie machen Musik.

Bei Jula brennt Licht.

Das kleine, noch mit Stroh gedeckte Haus steht windschief und schmalbrüstig abseits von der Dorfstraße, inmitten einer Wiese, unter den Zweigen einer alten Trauerweide.

Bei starkem Wind streichen die Äste mit einem Geräusch über das Dach hin und her, welches den Kindern von Ujazd des Abends Angst macht.

Jurek weiß nicht, daß Sabina hinter den geschlossenen Fensterläden zwischen Julas Katzen auf dem zerschlissenen Sofa liegt und weint. Er schleicht sich weiter an Kirkors Laden vorbei bis zur Chausee-Ecke, wo er unverhofft auf Józef trifft. Der hat ihm gerade noch gefehlt. Die alte Kinderfeindschaft kommt in Jurek hoch.

Aber Józef lächelt. Er lächelt breit und ein wenig verlegen, aber ohne Spott im Blick.

Willst du mir helfen? fragt er, mein Motorrad ist verreckt! Jurek will. Schweigend nimmt er die Sache in Angriff.

Es ist der Vergaser!

Er schiebt die Maschine unter die Laterne, froh, etwas tun zu können, selbst wenn es um Józefs Karre geht.

Geduldig steht er neben ihm, spricht über das Motorrad, den Klub und daß er seine Freundin Janka Kowalek nach Hause fahren wollte.

Soll Józef sagen, was er will, nur nicht von Sabina und diesem ganzen verdammten Begräbnis reden.

Mit der Zeit wird Józef still. Er weiß nicht mehr, worüber er sprechen soll, wenn nicht über das Motorrad oder die Friedhofsgeschichte.

Du hörst zuviel auf die Alten, sagt er schließlich und beginnt selbst, völlig unnötigerweise an der Maschine herumzufummeln.

Wir haben es schon immer gewußt, das mit dir und Sabina! Wir haben uns nur gefragt, warum du es nicht zugibst!

Wer ist wir?

Jurek kommt vom Boden hoch. Er ist größer als Józef, kräftiger und, wie Józef weiß, jähzorniger. Schon hat er Jureks Hände auf den Schultern und rechnet damit, hinterrücks in den Graben zu fliegen.

Wer ist wir?

Pfirsichperka, Janka, Renata, Janek – na eben wir!

Als Józef merkt, daß er nicht in den Graben fliegt, daß sich Jureks Griff sogar lockert, wagt er noch mehr.

Wenn ihr nicht immer so heimlich getan hättet, wäre es nicht so gekommen – aber du willst ja immer etwas Besseres sein!

Józef geht einen Schritt zurück – man kann nicht wissen – und sagt: Nun hast du den Salat!

Von der Stadt her kommt ein Auto. Es ist schnell und fährt direkt auf die beiden zu, bis sie in das aufgeblendete Scheinwerferlicht rutschen.

Du hast recht, sagt Jurek leise, aber darüber habe ich zu spät nachgedacht!

Das Auto hält. Eine blonde Frau beugt sich heraus und fragt mit schwerem Akzent nach der Kombinatsverwaltung. Drüben im Schloß, der hintere Eingang, antwortet Józef höflich. Neugierig starrt er die Frau an. Dem Nummernschild nach muß sie aus Westdeutschland kommen. Die Marke ist ihm nicht bekannt.

Ist das die Einfahrt über den schwarzen Weg?

Schwarzer Weg?

Annas Frage scheint die beiden zu belustigen, sie kennen keinen schwarzen Weg.

Die Einfahrt, sagt Jurek, geht über den Gutshof!

Früher ging sie über den schwarzen Weg, murmelt Anna auf deutsch und biegt langsam in die Dorfstraße ein.

Da liegt sie vor ihr, die Dorfstraße, nicht schmaler, nicht breiter. Rechts gepflastert und links der sandbedeckte Sommerweg für Pferdefuhrwerke und Viehbetrieb. Anna fährt über das holprige Kopfsteinpflaster auf das Schloß zu. Der schwarze Weg, die Einfahrt zum Schloß, ist durch ein Gitter verriegelt und unbenutzt.

Also fährt sie die Hofgasse entlang, am alten Reitplatz vorbei, der voll Maschinen steht. Wieder begegnen ihr ein paar Jugendliche. Sie kommen vom Schloß her, und als Anna nach der Verwaltung fragt, ist es Renata, der es Spaß macht, in ihrem Schuldeutsch zu antworten:

Der Direktor wohnt dort – sie zeigt auf das ehemalige Kavaliershaus –, und die Verwaltung ist im Schloß!

Im Kavaliershaus brennt Licht, und Anna entschließt sich, im Haus des Direktors zu klingeln.

Nach Tante Helenes Tod blieb das Haus unbewohnt. Anna erinnert sich an die ewig blinden Fenster, die abgeschlossenen Türen. Als Kind hatte sie oft Angst, einmal wie die alte Tante als spinnige Jungfer vertrocknen zu müssen, umgeben von Nippes und dem lebenslangen Gerücht, ein Zwitter zu sein. Zwar konnte sich Anna zu Lebzeiten der Urgroßtante nichts unter einem Zwitter vorstellen, aber es mußte etwas Bedeutungsvolles sein. Es hieß, daß Tante Helene als Zwanzigjährige von einem smarten Ulanenoffizier geheiratet wurde, daß aber dieser nach Ablauf der Hochzeitsnacht die sofortige Auflösung der Ehe forderte. Nur das Versprechen einer ansehnlichen Apanage von seiten der Schwiegereltern, einer Junggesellenwohnung und einer zweispännigen Kalesche in Berlin stimmte ihn um. Bis zu seinem Tod blieb er Tante Helenes Ehemann, ließ auf seine Kosten auf der Chaussee nach Rohrdorf einen Bismarckturm mit Parkanlage bauen und wurde achtzigjährig mit Pomp und unter den Tränen seiner Frau in der Familiengruft von Rohrdorf beigesetzt.

Später war Anna sehr erleichtert, als sie nach sachgemäßer Betrachtung durch den Stellmachersohn Paul Gotsch erfuhr, daß sie kein Zwitter war. Es sähe bei ihr, wie er sagte, nicht anders aus als bei seinen Katzen!

Damit war Anna für immer die Befürchtung genommen, mit Nippes, Häkelwerk und Heidesandplätzchen bis an ihr Lebensende im Kavaliershaus leben zu müssen.

Der Rasen rund um das Haus ist gepflegt. Rosen auf den

Beeten, und der müde tröpfelnde Springbrunnen neumodisch von unten beleuchtet.

Anna klingelt. Geräusche hinter der Tür. Das Licht geht aus, ein Vorhang bewegt sich. Beim zweiten Klingeln schlagen die Hunde an. Beim dritten Klingeln – die Hunde kommen in Rage – knallt eine Tür.

Niemand macht auf! Ein Empfang, wie ihn sich Anna nicht vorgestellt hat.

Ich bin hier falsch, ermuntert sie sich und geht zurück, an der Sattelkammer vorbei zum Schloß.

Wenn es nur nicht so dunkel wäre und nicht die alte Kinderangst in ihr hoch käme. Eine Angst, die mit allem möglichen in Ujazd zusammenhängt. Mit Gewitter, mit Geräuschen, mit Geistergeschichten und dem Weg im Park, über den kein Tier ging. Vom Huhn bis zum Pferd war da nichts zu machen. Hier, so hieß es in der Familiengeschichte, war der Kurier-Ahne hinterrücks wegen eines Briefes erstochen worden, den Katharina die Große geschrieben hatte, bevor sie Zarin von Rußland wurde. Ein Brief, von dem man nicht sagen konnte, wem er gegolten hatte, und der so der Familie seit zwei Jahrhunderten ein Rätsel aufgegeben hatte.

Die Hunde halten ihre Schnauzen. Nur der Wind pfeift leise. Ewiger Ostwind, der durch die Bäume, die Sträucher, das Korn auf den Feldern weht und im Herbst den Rauch der Kartoffelfeuer nach Westen bläst.

Im Gegensatz zum gepflegten Kavaliershaus wirkt das Schloß vernachlässigt, ohne Blumen vor dem Eingang, ohne Licht. Nicht einmal eine Türklingel ist zu finden. Anna verspürt Lust, etwas zu unternehmen, das die Polacken hinter den Mauern ihres Elternhauses auf die Beine bringt. Schließlich hat sie sich angemeldet, hat Papiere vorzuweisen und eine Zusage für die Unterkunft in Ujazd erhalten. Ungeduldig landet sie an einem ihr fremden Hintereingang. Hier war früher die Veranda, wo die Familie im Sommer unter einer riesigen Markise das Frühstück einnahm. Abgerissen, weg bis auf die Blumenkübel von der Treppe.

Hallo!

Sie stolpert über die Geräte eines Spielplatzes, flucht und sucht nach einer Möglichkeit, sich bemerkbar zu machen. Ihr

Hallo bringt abermals die Hunde in Bewegung. Ein tolles Getöse, das selbst die Dorfköter rebellisch macht und auch der Grund dafür ist, daß sich jetzt die Tür öffnet. Heraus tritt Pani Pawlakowa.

Keine Frau mit Schürze und Kopftuch oder ein Mann in Strickweste oder in einer dieser verblichenen Leinenjacken, wie sie Gutsverwalter zu tragen pflegten. Nein, es ist eine Dame, die gebieterisch die Treppe hinuntersteigt. Ihr Lodencape läßt nur eine Hand frei, die sich nicht etwa Anna entgegenstreckt, sondern den elfenbeingeschnitzten Knauf eines Stocks umklammert.

Ich bin die Hauptbuchhalterin in Ujazd, stellt sie sich vor, und fährt fort: Sie kommen spät! Warum haben Sie uns Ihr Vorhaben, in Ujazd zu wohnen, nicht bei Ihrem letzten Besuch mitgeteilt? Direktor Banaś ist zur Zeit nicht da!

Das klingt keineswegs liebenswürdig. Sekundenlang sehen sich die Frauen an, die Blicke ineinander verhakt, als gäbe es etwas wiederzuerkennen. Nicht für Anna. Die Frau mit dem herben Gesicht und den rotbemalten Lippen ist ihr unbekannt. Die Zigarettenspitze, die wie ein munteres Fähnchen mit flatterndem Rauch im Mundwinkel steckt, wirkt auf Anna grotesk. Ich weiß nicht, was Sie meinen, sagt sie und holt aus ihrer Handtasche ein Bündel Papiere.

Sie waren doch vor vierzehn Tagen hier?

Vor dreißig Jahren, antwortet Anna trocken und muß es sich gefallen lassen, daß die Fremde sie mit der Taschenlampe ableuchtet. Pani Pawlakowa erkennt jetzt die Anna vom Schloß an ihren schlampigen Bewegungen. Heute nicht mehr in Reithosen, statt dessen in Jeans und einer abgewetzten Lederjacke. Unverkennbar das Gesicht mit dem zugreifenden Blick und der scharf geschnittenen Nase, das keineswegs hübsch war, aber den Männern gefiel. Das weiß Pani Pawlakowa noch. Sie weiß auch, daß sie auf Anna früher wie alle Polinnen gewirkt hatte: unauffällig, schweigend, eine wie die andere, ohne Unterschied, mit einem Kopftuch und in armseligen Kleidern, den Blick gesenkt, weder alt noch jung.

Ihre Schwester war vor zwei Wochen hier, sagt Pani Pawlakowa, wir nahmen an, daß sie es ist, die über Ujazd etwas schreiben will!

Tut mir leid, lächelt Anna, aber ich hoffe, die Papiere überzeugen Sie!

Pani Pawlakowa geht nicht auf Anna ein. Keinerlei Freundlichkeit in ihrem Gesicht. Der Wind bläht das Lodencape auf und weht Anna den schweren Zigarettenrauch in die Nase. Sie benimmt sich, als gehöre ihr hier Haus, Hof und Dorf, denkt Anna.

Werde ich hier wohnen?

Die Frau schiebt sich vorbei, so als stünde ihr Anna im Weg. Ohne Anna zu berühren, mit weitausholendem Schritt und dem Aufklopfen ihres Stockes bringt sie es fertig, daß Anna zurückweicht und dadurch keinen Zweifel daran läßt, wer hier etwas zu sagen hat.

Am Tor zum Gutshof hebt sie die feingliedrige Hand und ruft: Wächter!

Jawohl, sie ruft nicht Pan Fratczak, wie der Nachtwächter des Kombinats von Ujazd heißt, sie ruft Wächter. Bestimmt, gebieterisch und mit Erfolg.

Der Mann humpelt heran. Auch er besitzt einen Stock, rissig, dreckverschmiert, irgendwo einmal aufgelesen und für seine Zwecke zurechtgeschnitzt.

Zeigen Sie der Pani das Zimmer!

Pan Fratczak nimmt so etwas wie Haltung an. Er streckt seinen krummen Rücken und fährt mit der Hand in die Nähe des Mützenschirms, während Pani Pawlakowa sich abwendet und die Steinstufen zum Schloß hinaufsteigt, als handelte es sich noch um die Freitreppe des Herrenhauses von Rohrdorf.

Pan Fratczak, der Deutsch wie Polnisch spricht, wispert ohne Respekt und fröhlich kichernd hinter ihr her: No, die ist verrückt!

Wie bitte?

Pan Fratczak zwinkert und tippt an seine Stirn: Ich sag Ihnen, die ist verrückt – die meint, sie ist wer!

Soll sie verrückt sein, denkt Anna, fühlt nur noch Müdigkeit und den Wunsch nach Schlaf, einem Bett, Valium – weg von jeder Erinnerung.

Obwohl ihre Bleibe nur zweihundert Meter entfernt ist, läßt Pan Fratczak es sich nicht nehmen, in Annas Auto Platz zu nehmen. Er setzt sich bequem zurecht. Sein Geruch nach

Ställen, tagtäglich getragenen Kleidern, Schweiß und billigem Tabak ist Anna ebenso vertraut wie ungewohnt. Sie kurbelt das Fenster herunter.

Der rote Backsteinbau des ehemaligen Verwalterhauses ist unverändert.

Unten, erklärt Pan Fratczak, wohnt der Stellvertretende Direktor vom Kombinat. Oben ist für Anna ein Zimmer hergerichtet. Der Magaziner Jodko und er haben auf Befehl der Frau Hauptbuchhalterin die Möbel hineingestellt.

Anna ist dankbar, hier mit dem Blick auf den Gutshof wohnen zu können. Schon hat sie die morgendlichen Geräusche des Arbeitsbeginns im Ohr. Pferdegetrappel, hin und wieder ein Traktor, das Geklapper von Landmaschinen, Eisenrädern über Kopfsteinpflaster, Flüche und ein Peitschenknall, das Gelächter der Weiber, wenn sie auf die Wagen steigen und zur Arbeit aufs Feld gefahren werden.

Pan Fratczak schleppt Annas Koffer die dunkle Treppe hinauf, erstes Zimmer rechts.

Gefällt es Ihnen? fragt er erwartungsvoll, während er die kärglichen Möbelstücke behutsam berührt, alles neu!

Eine Hotelzimmereinrichtung billigster Sorte. Ein Bett, ein Schrank, ein Tisch, zwei Stühle, an der Decke eine Glühbirne. Neben der Tür ein Hocker mit einer Plastikschüssel und einem Eimer zum Waschen. Kein Bild an den gestrichenen Wänden, keine Nachttischlampe, nichts, was auch nur einen Hauch von Gemütlichkeit ausstrahlte.

Ja, sagt Anna mit klebriger Stimme. Ihre Augen verfangen sich in den fasrigen Schlangenlinien auf der Wand, die das Muster einer Tapete vortäuschen.

Hier soll sie es drei Monate aushalten? In diesem Zimmer, in dem sie bei ansteckenden Krankheiten wie Scharlach, Keuchhusten oder Masern zur Isolierung einquartiert war? Anna rührt sich nicht von der Stelle, starrt nur auf die Wände. Früher stand in diesem Zimmer ein breites Mahagonibett, ein Schreibtisch mit unendlich vielen Fächern und einem sanft geschwungenen Rolladen zum Abschließen. Das dunkelrote Sofa, so unbequem, daß man weder gemütlich darauf sitzen noch liegen konnte, und das ein Erbstück der Tante Helene war. An der grün tapezierten Wand hing ihr Bild.

Wachte man des Morgens auf, schaute sie einen aus dem verschnörkelten Goldrahmen mit melancholischen grauen Augen vorwurfsvoll an. Schön aufgeputzt, wuchs ihr Körper aus dem spitzenbeladenen Reifrock heraus und gab ihrer Figur etwas Radieschenhaftes. Der Reifrock, von dem Anna als Kind immer geglaubt hatte, die Urgroßtante trüge ihn nur, um darunter ihre kleine Nutzlosigkeit zu verstecken, aus der der gewiefte Ulanenoffizier so viel Kapital zu schlagen gewußt hatte.

Pan Fratczak holt einen Eimer Wasser. Es ist bräunlich und, wie er sagt, zum Trinken nicht geeignet. Die Leitungen sind alt und vom Rost zerfressen. Dann wünscht er höflich gute Nacht und geht, seinen Stallgeruch hinter sich herziehend, davon. Anna bleibt in ihrem neuen Aufbewahrungsort übrig, aufgespießt wie ein exotischer Schmetterling. Alle Disziplin, Neugierde und ihr journalistischer Antrieb, dem Dorf Ujazd auf die Spur zu kommen, sind dahin. Mit Pan Fratczaks tappendem Schritt nach unten packt sie rundum Einsamkeit. Sie rennt dem Nachtwächter nach. Nehmen Sie mich mit? fragt sie. Ich würde so gern die Ställe sehen!

Fratczak ist nichts lieber als das, und für ihn ist es eine feine Abwechslung, der früheren Gutsbesitzerstochter Hof und Vieh zu zeigen. Auch hat er dann morgen etwas beim Kaufmann Kirkor zu erzählen, und zum ersten Mal wird er Suszko, den Postboten, mit den neuesten Nachrichten übertreffen.

Hinterm Gutshof beginnt Fratczak mit der Besichtigung der Schweinekolonie. Groß wie ein Dorf, mit Betonwegen, Gehegen und Ställen für Mastschweine, Zucht- und Muttersauen, eine Stallstraße abseits für die Eber – kein Vergleich zu den alten Schweineställen.

Wo sind die alten, will Anna wissen.

Fratczak winkt ab, lässig und lächelnd. Verfallen, zu nichts mehr zu gebrauchen, als die Tiere darin verrecken zu lassen.

Sehen Sie mal hier! Er knipst das Neonlicht an, schlägt mit dem Stock gegen die sauber gestrichenen Boxenwände, daß die schlafenden Schweine quiekend hochfahren, ist nicht davon abzuhalten, die Tiere aufzuscheuchen, und erklärt, daß die Nervosität eines Schweines ein Zeichen für dessen Gesundheit ist. Von den Ebern weiß er zu berichten, daß einer in seiner Wildheit und Stärke einmal einer Frau den Bauch aufgeschlitzt habe. Seitdem ließe der Schweinemeister außer Jadwiga keine Weiber mehr die Eber füttern. Sie hat so ihre Art, mit den Tieren umzugehen. Und Fratczak weiß das, weil Jadwiga seine Frau ist.

Anna drängt weiter. Auf der früheren Fohlenweide neben der Parkmauer steht ein neuer Stall mit achtzig Zuchtbullen. Die werden überallhin verkauft, erzählt Fratczak, nach Italien, Bulgarien, in die DDR und sogar in die Sowjetunion.

Und die Pferde, fragt Anna, wo stehen die Pferde?

Erst jetzt vermißt sie deren Geruch, das gemächliche Stampfen der Hufe, ein Schnauben oder das Rasseln der leichten Ketten, mit denen ihre Halfter an die Ringe der Futterkrippen gebunden waren.

Pferde? fragt Fratczak gleich zweimal, nein, Pferde gibt es in Ujazd nicht mehr. Drüben im Kombinatsreitstall in Kolsko, da gäbe es welche. Wir haben Traktoren, sagt er stolz und weist mit dem Stock über ein halbes Dutzend neu gebauter Garagen, Pferde brauchen nur noch die Bauern oder der Chef für die Kutsche!

Mein Vater hatte über hundert Pferde!

Jaja, bestätigt Fratczak gewichtig, in jeder Stallecke soll er Gäule statt Rinder, Schafe und Schweine stehen gehabt haben. Ein verrückter Landwirt, sagt unser Chef!

Die Bemerkung nimmt Anna die Lust an weiteren Fragen.

Also hört sie dem Nachtwächter zu, der von »seinen« Traktoren, »seinen« Bullen und »seiner« Kuh spricht, die heute nacht kalbt und nach der er jetzt sehen muß. Sorgfältig fegt er Häcksel und Luzernegestrüpp von den Stufen, die zum Futtergang führen, faltet einen Papiersack auseinander und glättet ihn für Anna zurecht: Bitteschön!

Längst ist Mitternacht vorbei. Außer dem regelmäßigen Stöhnen der bald kalbenden Kuh ist nichts zu hören. Ein Stück Mond über dem Schloßturm, Wind, Wolken. Die Stalltür ist offen. Fratczak zieht eine Flasche Wodka aus der Tasche. Wollen Sie?

Anna will. Lauwarm läuft ihr der hart gebrannte Schnaps in den Mund und glüht in der Kehle.

Das ist gut für den Magen, sagt Fratczak, das brennt Krankheit aus und nimmt den Schmerz! Seine Hände fahren unter die Jacke und zeigen Anna, wo bei ihm das Übel sitzt. Aber – und er nimmt wieder einen Schluck – Wodka ist Medizin!

Jadwiga weiß das. Die ist auch nicht knauserig mit Geld für eine Flasche Roten, aber Marta, die säße auf den Zlotys wie die Henne auf ihren Eiern.

Marta?

Nun ja, Marta ist auch meine Frau. Ich habe zwei, das hat der Krieg mit sich gebracht, das kann Ihnen jeder in Ujazd bestätigen!

Anna staunt den krummbeinigen Mann neben sich an. Ist das möglich? fragt sie.

Seine Antwort kommt zögernd. Der Anfang der Geschichte fällt ihm schwer. Es ist zu lange her, und er weiß nicht recht, was das Wichtige in seinem Leben ist und was deshalb erzählenswert. Die Kuh rumort, schiebt ihren Kopf immer öfter nach hinten und leckt über den dicken Leib, als könnte sie dadurch den Schmerz der beginnenden Geburt lindern. Fratczak wirft ihr einen Blick zu. Noch braucht er sich nicht um sie zu kümmern.

Warum haben Sie keinen eigenen Hof? Anna trinkt mit ihm aus der Flasche.

Also erzählt Fratczak: Sein Leben lang war er Knecht, ein Dworus, wie man sagt. Auch sein Vater war Knecht. Drüben auf dem Gut in Nowawieś, wo auch Pani Pawlakowa arbeitete. Für eigenes Land hatten sie kein Geld, die einzige Möglichkeit blieb, einzuheiraten. Aber welcher polnische Bauer gibt schon seine Tochter an einen Knecht? Trotzdem hatte er es geschafft und sich die Jadwiga genommen, deren Vater einen Bauernhof in Nowawieś besaß. Schön war sie nicht, Fratczak hebt entschuldigend die Schultern, nichts vorne und nichts hinten, aber dafür Augen, rund und dunkel wie die einer jungen Kuh. Er ist mit seiner Beschreibung zufrieden, setzt lediglich noch hinzu, daß Jadwiga stets still war und kein böses Wort kannte.

Den Hof hingegen sollte er erst übernehmen, wenn Jadwiga einen Sohn geboren hätte. Nur – Jadwiga bekam kein Kind, keinen Sohn und keine Tochter. Und weil der Schwiegervater nicht mit sich reden ließ, mußte Fratczak Gutsknecht bleiben. Kein Sohn, kein Hof – dabei blieb der Alte. Im Krieg wurden Fratczak und Jadwiga verschleppt. Ihn verschlug es nach Castrop-Rauxel in ein Lager und später als Zwangsarbeiter auf ein Gut, während Jadwiga in einer Fabrik in Berlin arbeiten mußte und dort so krank wurde, daß sie erst zwei Jahre später als er nach Hause kam.

Fratczak unterbricht seine Geschichte und überprüft das sich füllende Euter der Kuh und das Einfallen des Bauches.

Das Fruchtwasser kommt noch nicht, sagt er und fährt fort zu erzählen:

Auf dem Gut bei Castrop-Rauxel hat er Marta kennengelernt. Waise war sie und jung! Und hatte einen Hintern für ihre sechzehn Jahre, wie er ihn sich immer bei einer Frau gewünscht hatte. Da er von Jadwiga jede Spur verloren, sie schließlich für tot geglaubt hatte, nahm er Marta mit zurück in die Heimat.

Die Vorderfüße des Kalbes rutschen langsam aus der Kuh, und Fratczak macht sich an die Arbeit, wickelt ein Seil um die kaum herausragenden Fesseln, drückt sie nach unten, immer achtgebend, daß der Kopf nicht nach hinten kippt. Während er das eine Bein gegen das Hinterteil des Tieres stemmt und das Kalb vorsichtig aus dem Mutterleib zieht, fällt ihm wieder Marta ein.

Vier Kinder hat sie mir geboren. Kurz bevor das zweite zur Welt kam, stand Jadwiga vor der Tür. Von einem Tag zum anderen hatte ich zwei Frauen, was sollte ich machen?

Fratczak schiebt das Kalb zur Seite und wirft neues Stroh auf. Er lacht breit und stützt sich wippend auf die Mistgabel.

Nichts sagt er von der Bestürzung, die ihn bei Jadwigas Rückkehr erfaßte, nichts von Martas Gezeter und erst recht nichts von Jadwigas Entschluß, wieder fortzugehen. Nichts von den Überredungskünsten, die es ihn gekostet hat, um beide Frauen unter Dach und Fach zu bekommen.

Ich habe mir einen Acker genommen, eine Kuh und ein Schwein dazu. Eine Woche lang ist Marta auf den Acker gegangen, und Jadwiga hat die Kinder und das Haus versorgt, und die nächste Woche ist Jadwiga auf dem Feld gewesen!

Er zwinkert Anna zu, schiebt keck die Mütze nach hinten

und berichtet, daß ers mit dem Schlafzimmer ähnlich gelöst hätte. Wer im Haus arbeitete, schlief bei ihm, wer auf dem Acker war, in der Kammer.

Und das geht?

Heute habe ich kein Land mehr. Seit meinem Unfall bin ich hier Nachtwächter. Marta versorgt das Haus, und Jadwiga arbeitet bei den Schweinen. Und Fratczak hebt an, Anna noch die Geschichte seines Unfalls zu erzählen, aber sie winkt ab.

Ein andermal, sagt sie und verabschiedet sich mit dem Versprechen, das nächste Mal eine Flasche Wodka mitzubringen.

Sieben Uhr früh! Ohrenbetäubendes Motorengetucker. Anna wühlt sich aus den Laken, runter von der strohharten Matratze und sieht aus dem Fenster. Keine Pferde, keine Ochsen, keine wartenden Weiber, die zur Arbeit wollen!

Der Himmel ist verhängt, grau, vielleicht wird es regnen. Hinter dem Hof der Blick auf die Felder, Weizen, ein kilometerweites gelbgrünes Meer. Das Gedächtnis stimmt, auch die paar Bäume sind noch da, die verstreut und windschief, wie aus Versehen aus der Erde gewachsen sind. Birnbäume, deren Früchte molschig und ungenießbar sind, Eichen, rundkronig und dickbramsig, dazwischen hin und wieder zwei, drei Pappeln mit ihren silbrig zitternden Blättern. Eine hügellose Ebene bis zum Wald.

Zum Kotzen langweilig, sagten früher die städtischen Gäste, während sie sich im Jagdwagen durch die Felder kutschieren ließen.

Im Gutshof hat Magaziner Jodko das Sagen. Er gibt Benzin aus, Öl, Material für Maschinen, zählt Säcke, klappert gewichtig mit seinem Schlüsselbund und läuft von einer Ecke zur anderen. Hier ein Fluch, dort ein Witz. Fratczak, der Don Juan mit den zwei Frauen, schlurft über den Hof.

Die Männer unterhalten sich und sehen zu Annas Fenster hinauf, grinsen. Ein rothaariges, sorgfältig angezogenes Mädchen gesellt sich mit einem Springseil dazu, läßt plötzlich das Hüpfen bleiben und sieht auch zu Anna herauf. Die Traktoren verlassen den Hof. Der letzte mit einem Doppelwagen voll verzinkter Milchtonnen. Nicht einmal Milchkannen gibt es mehr.

Schnell geht das alles vorbei, und kurze Zeit später liegt der Hof in sonntäglicher Stille da, in der nur das Hüpfen des Kindes mit seinem Springseil zu hören ist.

Anna weiß nicht, was sie tun soll, wohin sie gehen, mit wem sie sprechen soll. Unschlüssig geht sie im Zimmer auf und ab. Das Muster auf der Wand wirkt wie Quecken, die aus dem Mauerwerk wachsen. Die Trostlosigkeit des Mobiliars und dieses verdammte braune Wasser, mit dem sie sich nicht einmal die Zähne putzen mag, verderben ihr die Stimmung. Eine Zeitlang muß sie untätig herumgestanden haben, als plötzlich Schritte zu hören sind, Klopfen.

Ein rotgesichtiger Krauskopf schiebt sich durch die Tür und grinst.

Dzién dobry!

Dzién dobry!

Der Magaziner Jodko fragt höflich, ob er hereinkommen kann.

Bitte, Anna macht eine ausladende Bewegung zu einem der Stühle, als handelte es sich um Tante Helenes Sofa. Aber Jodko setzt sich nicht, täuscht Geschäftigkeit vor und will nur wissen, ob alles in Ordnung ist. Auch er scheint stolz auf die Möblierung des Zimmers zu sein. Freilich, so elegant wie drüben im Gästehaus von Zawada wäre es hier nicht, aber er hätte sich Mühe gegeben.

Plötzlich hat er noch einen Vorschlag. Ein Teppich fehlt, der müßte hinein. Er hätte auch einen Teppich vor seinem Bett. Auf dem Dachboden ist nicht nur ein Bettvorleger zu finden, es gibt auch zwei Sessel, die Franek Jodkos Meinung nach nicht gut genug waren, durchgesessen und abgeschlissen. Aber Anna ist begeistert. Auch ein alter Lampenschirm gefällt ihr und ein zweiter Tisch, den sie gemeinsam ins Zimmer schleppen. Jetzt ist es gemütlich, sagt Anna fröhlich, nur das Wasser ekelt mich an!

Auch hier weiß der Magaziner Rat. Kaufen Sie sich einen Tauchsieder und kochen Sie es ab! Wir benutzen es genauso, sagt er, und sehe ich vielleicht krank aus? Sehen Sie, da werden Sie auch nicht davon krank!

Als Jodko sie mit seinen wohlgemeinten Ratschlägen verlassen hat, ist Anna bester Laune und fest entschlossen, sich nicht mehr von Vergangenheit und Erinnerungen überrumpeln zu lassen. Im Treppenhaus, auf dem Weg zum Kaufmann Kirkor, um Brot, Wurst und Eier zu kaufen, begegnet Anna einer Frau. Sie scheint gewartet zu haben, steht da, als gäbe es für sie nichts Wichtigeres als Anna anzusehen, wie sie die Treppe hinunterläuft.

Warum grüßt sie nicht, denkt Anna und überlegt, ob sie sich der Frau vorstellen soll.

Guten Tag!

Die Frau grüßt zurück. Ihr Gesicht ist flach und ausdruckslos wie ein retuschiertes Foto, ohne Schminke, ohne Farbe. Der Mund ist traurig. Die Haut wirkt in ihrer Faltenlosigkeit, als wäre sie zur Unbeweglichkeit unterm Haaransatz festgeklemmt. Nur die Augen sind hellwach und flink.

Ich heiße Zofia Janikowa, sagt die Frau mit einer Stimme, die ebenso ausdruckslos wie ihr Gesicht ist.

Pani Janikowa? Ein unbeschreiblicher Schreck fährt durch Anna und nagelt sie auf die Treppenstufe. Ihr Kopf füllt sich mit einem einzigen Gedanken – Ludwik Janik.

Die Frau geht weg, ohne daß Anna es wahrnimmt. Sie ist plötzlich verschwunden, als wäre sie nur gekommen, um Anna ihren Namen zu sagen. Zofia Janikowa!

Ludwik Janik – Ludwik der Pole, der Zwangsarbeiter!

Ludwik, der Mann, mit dem es Anna, wo und wie sie nur konnte, getrieben hatte: im Kornfeld, im Wald, in der Futterkammer, hinter der Feldscheune und nie in einem Bett. Ludwiks Körper, den Anna das erste Mal nackt in einem Haufen Laub gesehen hatte, wild darauf, ihn zu betrachten und überall anzufassen, bis Ludwik es nicht mehr aushalten konnte. Ineinander verkrallt hatten sie geschrien, Anna vor Schmerz, Ludwik vor Lust, Laub zwischen ihren Leibern und den modrig riechenden Waldboden unter den Fingernägeln. Ludwik, der Annas Kleinmädchengier und ländliche Geilheit in eine Zärtlichkeit verwandeln konnte, die sie später Liebe nannte. Ludwik, der Vater ihrer Tochter Vera!

Dzién dobry, Pani?

Vor Anna steht Jolka mit ihrem Springseil und wundert

sich über die Niemka, die nicht rechts und nicht links sieht und den Eindruck macht, als hätte sie Angst.

Und weil Jolka nichts Besseres einfällt, um ein Gespräch anzufangen, sagt sie ein zweites Mal guten Tag, diesmal mit einem Knicks.

Anna steigt aus ihrer Vergangenheit. Janik ist im Polnischen ein Name wie Hinz und Kunz im Deutschen. Wer weiß, wo Ludwik Janik heute lebt, wer weiß, ob er noch lebt!

Wer bist denn du? fragt Anna, froh, nicht weiter an Ludwik Janik denken zu müssen.

Ich bin die Tochter vom Magaziner Jodko! Ich heiße Jolka und wohne drüben im Schloß! Sie zupft verlegen an ihrem Röckchen und hat eine Frage auf der Zunge, von der sie nicht weiß, wie sie sie loswerden kann, ohne daß diese Niemka mit Babcias, Dziadeks oder Matkas gefürchteter Antwort reagiert: Red kein dummes Zeug! Jolka schiebt ihren karottenroten Pferdeschwanz in den Mund, kaut und kaut!

Ist es wahr, flüstert sie endlich, ist es wahr, daß Ihnen das hier früher alles gehört hat?

Nicht mir, sagt Anna und hockt sich mit Jolka auf die Treppe, meinem Vater hat es gehört!

Jolka ist beeindruckt. So ganz kann sie es sich nicht vorstellen, aber etwas Wahres muß daran sein, sonst hätten der Vater und Fratczak nicht so lange darüber gesprochen.

Soll ich Ihnen zeigen, wie es jetzt im Schloß aussieht?

Ein Vorschlag, der Anna gefällt.

Und, fragt Jolka leise, erzählen Sie mir dann auch, wie es damals war?

Wenn du willst!

Zum Erstaunen von Pani Pawlakowa und Pani Janikowa, die aus ihrem Bürofenster schauen, sehen sie Anna und Jolka Hand in Hand durch den Park Richtung Schloß gehen.

Für Jolka ist das Schloß, in dem sie wohnt, genauso ein Zuhause wie früher für Anna.

Hier, sagt Jolka und führt Anna durch den teppichlosen Portalaufgang, hier war es voriges Jahr noch dunkel und dreckig. Jetzt ist alles schön gestrichen, auch die Türen, nicht wahr?

Anna nickt und spricht nicht von den klassizistischen, fast

zwei Meter hohen Schränken, den mit Intarsien verzierten Truhen, groß genug, daß ein Ochse darin Platz gehabt hätte, im Frühjahr mit Winterpelzen, Decken, Fußsäcken und Jagdmänteln zum Einmotten gefüllt und im Herbst unter tagelangem Gestank von Naphthalin wieder geleert. Eine Vorankündigung von Kälte, Schnee und Weihnachten.

Hier, sagt Jolka und öffnet mit Grazie die zweiflügelige Tür zum Salon, hier ist unsere Kawiarnia. Stühle, Tische, in einer Ecke eine Kaffeebar. Anna fällt auf, daß Jolka, wie der Nachtwächter, »unsere« Kawiarnia sagt und nicht etwa: Hier ist die Kaffeestube!

Und Anna sagt wieder nichts von dem, was es früher hier gegeben hatte. Nichts zum Beispiel von dem sonnenschirmgroßen Kristalleuchter aus Hunderten von blinkenden Glastropfen, Glasperlen und Kugeln, an dessen Außenrand an die fünfzig Kerzen Platz fanden. Nichts sagt Anna von den lebensgroßen buntbemalten Barockputten, die unter hölzernem Grinsen mit fetten Kinderärmchen Tischplatten stemmten, auf denen ovale Renaissance-Schalen standen, die Anna als Kind nie berühren durfte. Kein Wort von den aus Goldrahmen starrenden sechs Ahnen, die halbmondförmig über einem Spiegelschränkchen hingen, in dem Annas Mutter das Grammophon aufbewahrte.

Jolka zeigt von Tisch zu Tisch. Hier ist jeden Abend etwas los. Es ist gemütlich, nicht wahr?

Ja!

Und früher?

So eine Art gute Stube, weißt du? Ein Zimmer, in dem nur hin und wieder etwas los war!

Jolka ist enttäuscht. Sie stellt sich mehr vor und glaubt der Niemka nicht.

Babcia erzählt aber, daß hier die Teppiche dick wie Streuselkuchen lagen, und alles war mit Gold bemalt!

Na und? Manches war eben mit Gold bemalt, aber nicht alles!

Jolka zupft an ihrem Röckchen, und der karottenrote Pferdeschwanz wandert wieder zwischen ihre Zähne. Ihre Stimme ist lustlos. Hier wird Billard gespielt, das sehen Sie ja! Mein Vater spielt sehr gut Billard. Können Sie auch Billard spielen?

Nein, ich kanns nicht. Es würde mir hier auch keinen Spaß machen!

Warum nicht?

Weil das das Zimmer meiner Mutter war! Jetzt beschreibt Anna die Tapete, den von Tante Helene bestickten Gobelinstuhl, den gerahmten Fächer der Königin Luise, den Uhrenschrank, hinter dessen Tür Bücher verschlossen waren, die sie nicht in die Finger bekommen sollte. Eine Vitrine mit einer Glastür, geschwungen wie ein Segel, in der sich viele Schätze befanden. Orden, Porzellantäßchen, Geschenke, die die Urgroßväter den Urgroßmüttern gemacht hatten, Tabak- und Pillendöschen, Taschenuhren und als besondere Attraktion ein Brief von Katharina der Großen!

Jolka ist zufrieden. Das sind die Geschichten, die sie sich erhofft hat.

Das hier, sagt sie und betritt das ehemalige Herrenzimmer, in dem Anna als Kind wenig zu suchen hatte, das ist unser Fernsehraum.

Vor zehn bis zwölf leeren Stuhlreihen steht erhöht der Fernsehapparat, grauscheibig und bildlos als einziger Schmuck des Raumes.

Jolka sieht Anna an: Und?

Das Arbeitszimmer meines Vaters, sagt sie und verschweigt den großen chinesischen Schreibtisch, auf dem selten Papiere lagen und hinter dem Annas Vater verloren und arbeitslos wirkte. Die Doppelcouch mit den unzähligen, von der Großmama gestickten Kissen, auf denen der Vater nur für Sekunden mittags ein Nickerchen hielt, einen Schlüsselbund in der Hand, dessen Geklirr ihn erschreckt in die Höhe fahren ließ, wenn sich die Hand im Augenblick des Einschlafens öffnete. Sie beschreibt nicht die dunkelrote Tapete, den schweren Eichentisch mit den ebenso schweren Ledersesseln, die Annas Vater selten zum Platznehmen anbot. Kam der Verwalter, der Gestütsmeister, der Förster, der Vogt oder der Brennereimeister, so blieben sie alle mit der Mütze hinter dem Rücken neben der Tür stehen, wichen und wankten nicht, gaben Auskunft, nahmen Befehle entgegen und wechselten höchstens das Standbein.

Nein, das erzählt Anna alles nicht.

Der Saal, fragt Jolka, was war im Saal los?

Feste, antwortet Anna, große Feste mit Damen in langen Kleidern, Schmuck und schönen Frisuren, Herren in Fräcken, bis zu sechzig Personen, die um einen Tisch saßen, aßen und tranken!

Wie bei einer Hochzeit?

Ja, so ähnlich, nur daß die Gäste sich nicht selber die Schüsseln reichten, sondern daß ein Dutzend Diener die Platten anboten und die Gläser füllten.

Das flößt Jolka Respekt ein. So viele Diener für ein Fest?

Manche Gäste brachten ihre Diener zum Helfen mit!

Jesusmaria, staunt Jolka und schlägt die Hand vor den Mund, nur für das Rumreichen von Schüsseln?

Und das Eingießen, lächelt Anna.

Nachdem sie alle Räume im Erdgeschoß besichtigt haben, will Jolka wissen, was Anna noch sehen möchte.

Den Turm, ich würde gern mit dir auf den Turm gehen!

Jolka ist enttäuscht. Sie möchte lieber der Niemka die elterliche Wohnung zeigen, die neuen Möbel, das Klavier, das der Vater für sie gekauft hat und den Schrank mit dem geschliffenen Kristall.

Aber Anna will auf den Turm, da ist nichts zu machen. Bleibt nur ein Argument: Er ist abgeschlossen!

Wieder hockt sich Anna vor Jolka, hebt ihr den Kopf hoch und sagt: Klau den Schlüssel!

Ich, Jolka schluckt, klauen?

Warum nicht?

Wie die Niemka die Augen zukneift, das sieht aus, als wollte sie sagen: Entweder du besorgst den Schlüssel zum Turm, oder es ist aus mit unserer Freundschaft.

Jolka flitzt los, steckt nicht die Haarspitzen zwischen die Zähne, trippelt nicht von einem Bein auf das andere und schon gar nicht denkt sie darüber nach, daß sie noch nie mit Vaters Schlüsseln abgeschlossene Türen geöffnet hat.

Anna sieht zu, wie Jolka den Gang entlangläuft, an den ehemaligen Gast- und Kinderzimmern im ersten Stock vorbei, die heute Wohnungen von Pani Pawlakowa und der Familie Jodko sind, Poli- und Zahnklinik. Nur der Flur ist unverändert. In der Art und Weise, wie Jolka beim Laufen an Tempo zulegt, am Ende des Korridors mit einer halben Drehung ihres Hinterteils die Fahrt bremst, während die Schuhe quer über das Parkett gleiten, und genau vor der Tür der Jodkos stehen bleibt, sieht Anna sich selbst. So war auch sie als Kind diesen Gang entlanggeschliddert.

Vorsichtig öffnet Jolka die Tür. Wie ein Kätzchen bewegt sie sich, wagt kaum zu atmen, obwohl kein Mensch zu Hause ist. Über dem Lichtschalter in der Küche hängt der Turmschlüssel. Groß ist er, wenig benutzt und rostig. Nicht schön zum Anfassen!

Anna muß sich anstrengen, um die Tür aufzuschließen. Und dann – was für ein Geruch – leblos – staubig – nach toten Mäusen. Hier gibts nichts mehr zu fressen. Graue Leere unter holzwurmdurchsetztem Gebälk. Auf den Fenstersimsen ein Heer toter Fliegen.

Was wollen Sie hier, Pani? wispert Jolka in der Hoffnung, in diesem stickigen Turm auf den knarrenden Stiegen eine aufregende Geschichte erzählt zu bekommen.

Anna sagt nichts. Der aufgewirbelte Staub bringt sie zum Niesen.

Jolka wünscht höflich Gesundheit. Ängstlich hält sie ihr Röckchen zusammen, um es nicht schmutzig zu machen. Die Schuhsohlen hinterlassen Spuren, Stufe für Stufe.

Meine Urgroßmutter, sagt Anna, ließ einmal in der Woche den ganzen Turm schrubben.

Wohnte sie denn hier oben?

Natürlich nicht! Sie hatte einen Tick und war giftig wie ein Bovist, so erzählen es die Alten im Dorf. Warst du schon einmal hier oben?

Jolka verneint.

Wolltest du nie hier herauf?

Nein! Liebenswürdig verschweigt sie, daß ihr der Turm mit den wackligen Stiegen, dem brüchigen Mörtel und den kleinen Fenstern stinklangweilig vorkommt.

Anna ist Jolka immer zwei Stufen voraus, ich war fast jede Woche hier, sagt sie.

Warum?

Das sage ich dir oben!

Ein kleines Viereck, rundherum Fenster, umgeben von einem taubendreckverschmutzten Geländer. Die Holzdielen grau und rissig, in der Mitte ein Pfeiler.

Anna öffnet die Fenster. Wild tosen die Tauben davon. Das macht einen höllischen Krach. Besorgt blickt Jolka auf den Hof, ob dem Vater die ungewöhnliche Taubenflucht am Schloßturm auffällt.

Jolka, sagt Anna, erzähl, was du von hier aus siehst!

Was soll ich schon sehen! Jolka findet die Niemka verrückt. Ich sehe dasselbe wie Sie, sagt sie aufsässig.

Erzähls mir!

Anna steht mit dem Rücken am Mittelpfeiler, genau dort, wo man am wenigsten von der Aussicht sieht.

Fang da drüben an!

Mürrisch zählt Jolka alle Dinge auf, die sie sieht:

Bäume, Häuser, die Dorfstraße, der Teich, Lenarts Wiese mit seinem Klappergaul drauf . . .

Nein, nicht so, unterbricht Anna, so sollst du es nicht beschreiben!

Wie dann, Pani? Ehrlich, mir macht das keinen Spaß!

Fang da an, wo der Himmel die Erde berührt!

Das gibts nicht!

Aber du mußt zugeben, daß es so aussieht, oder nicht?

Jolka überlegt lange. Die Baumkronen des Parks, südlich vom Turm, hält sie für nicht weiter erwähnenswert. Platanen, Eichen, Buchen und Linden. Dann wendet sie sich nach Westen: Wie ein Stück Torte mitten in einem Sandkuchen, so sieht das aus. Komisch, wirklich, es sieht komisch aus!

Was?

Das Dorf! Es ist dreieckig und an der Spitze steht quer ein einzelnes Haus.

Die Hoffmannswirtschaft!

Nein, das Verwaltungsgebäude der staatlichen Forstwirtschaft von Ujazd! Wenn man immer weiter rechts sieht, dann ist alles ein flacher Teller, auf dem die Felder wie Aufschnitt liegen. Eine Scheibe Kartoffelfeld, eine Scheibe Roggenfeld, Luzerne, Gerste, Weizen, und Perkas Pfirsiche sind die Verzierung.

Jetzt macht es Jolka Spaß.

Am Rand ist der Wald ohne Lücken. Aber er ist weit weg,

wie ein Mäuerchen, das alles beschützt, was natürlich nicht stimmt!

Nicht stimmt?

Der Wald ist kein Mäuerchen, sondern zum Hindurchlaufen. Jolka holt Anna an das Fenster. Und Sie, Pani, fragt sie, was sehen Sie?

Dasselbe wie du!

Hat es denn früher anders ausgesehen?

Nein, genauso! Nur ich habe es anders gesehen!

Abermals findet Jolka die Pani wunderlich.

Als ich so alt war wie du, beginnt Anna, hörte ich einmal meine Eltern sagen, daß Ujazd später mir gehören würde. Sie meinten, ich paßte besser aufs Land als meine Schwester. Von da ab schlich ich mich immer öfter hier hinauf. Manchmal hüpfte ich herum und schrie laut: Alles, was ich sehe, wird einmal mir gehören, ganz allein mir! Die Felder, die Ställe, die Pferde, die Kühe, die Schweine, der Wald!

Und? fragt Jolka mit aufgerissenen Augen.

Es hat mir nie gehört und wird mir auch nie gehören.

Sind Sie deshalb traurig?

Nein, ich bin nicht traurig!

Jolka ist jetzt doch am Ende ihrer Geduld.

Reden Sie kein dummes Zeug, sagt sie und hebt verächtlich ihre kleinen Schultern bis zu den Ohren herauf, ein so großes Schloß, so viele Felder, Wald und Vieh, das Ihnen jetzt nicht mehr gehört, das macht Sie nicht traurig?

Wenn ich es wieder haben wollte, könntest du nicht mehr hier wohnen!

Wieso denn nicht?

Weil ich dann hier wohnen würde. Es wäre mein Schloß, nicht wahr?

Jolka wird die Unterhaltung unheimlich. Irgendwo schleicht Angst in ihre Gedanken. Gesprächsfetzen von Dziadek, Babcia, dem alten Perka und Pan Lenart fallen ihr ein. Gesprächsfetzen, in denen es hieß, daß man der Zukunft nicht trauen könnte. Ich muß nach Hause, sagt sie plötzlich und rennt die Treppe hinunter.

Renn nicht so, Anna beugt sich über das Geländer, du hast mir nicht bis zum Schluß zugehört!

Will ich auch nicht!

Das mußt du aber, sonst verstehst du nicht, was ich dir auf dem Turm gesagt habe!

Gut. – Jolka wartet und beobachtet, wie Anna bemüht ist, beim Herabsteigen der Stiegen in die gleichen Fußspuren zu treten, die sie beim Hinaufsteigen im Staub hinterlassen hat.

Weißt du, sagt Anna, ich hab doch mein Zuhause in Deutschland, und auch die Menschen, die ich lieb habe, wohnen dort, verstehst du?

Das leuchtet Jolka ein, und der Gedanke kommt ihr, daß Anna hier vielleicht zu allein ist.

Im Dorf wissen noch viele Leute, wer Sie sind! Dziadek, Babcia, Perka, Jula und der Lenart Marek – aber – Jolka muß lachen, hält sich die Hand vor den Mund und kichert – der ist immer betrunken!

Als sie die Turmtür hinter sich abschließen, steht plötzlich ein Mann vor ihnen. Jolka wird weiß wie ein Leintuch. Entschuldigung, sagt der Mann höflich, ich bin der Kulturleiter des Clubhauses. Mit wessen Genehmigung gehen Sie hier herum?

Ein Blick zwischen Anna und Jolka, den der Kulturleiter nicht bemerkt.

Er sieht nur den Schlüssel in Annas Händen, der dort nicht hingehört, sondern an die Wand über den Lichtschalter in der Küche des Magaziners Jodko.

Darf ich das nicht? fragt Anna und reicht dem Kulturleiter den Turmschlüssel mit einer Selbstverständlichkeit, als hätte ihn nicht Jolka von der Wand genommen, sondern als hätte ihn Anna als Geschenk mitgebracht.

Verlegenheit breitet sich aus.

Pani Pawlakowa hat angeordnet, sagt der Kulturleiter und rückt seine Jacke zurecht, daß Sie das Haus nur besichtigen dürfen, wenn der Herr Direktor die Genehmigung dazu erteilt!

Aber der ist in den Staaten, um Vieh zu kaufen, sagt Anna, ich denke, er kommt erst in ein paar Wochen zurück!

Das stimmt!

Solange soll ich mir mein Elternhaus nicht ansehen dürfen? Der Kulturleiter schweigt und hebt in seiner Ratlosigkeit die Hände. Geht ihn das etwas an?

Es war ein stilles Frühstück, das die Janiks an dem Morgen miteinander eingenommen hatten. Nicht viel später fand die Begegnung zwischen Zofia und Anna statt.

Seitdem Ludwik und Zofia miteinander verheiratet sind und morgens gemeinsam frühstücken, ist es Ludwik, der ein Gespräch anfängt. Ihr kam es eigentlich nie in den Sinn. Aber nun, wo keine Unterhaltung aufkam und der Tag aus dem gewohnten Rhythmus zu tanzen schien, fiel Zofia die eigene Wortlosigkeit auf.

Ludwiks Weigerung, die Niemka bei ihrer Ankunft zu begrüßen, war Zofia aufgefallen. Er schob diese Aufgabe Pani Pawlakowa zu, von der er wußte, daß sie Deutschen gern aus dem Weg ging. Ich tue es auch nicht gern, hatte Ludwik geantwortet und Arbeit vorgetäuscht. Doch er hatte nicht gearbeitet. Auch das war Zofia aufgefallen. Den ganzen Abend blätterte er in Zeitungen, in Büchern, rauchte und starrte in den Fernsehapparat.

Als das Auto vorfuhr und das abgehackte Deutsch des Nachtwächters Fratczak durch das angelehnte Fenster drang, wurde Ludwik ganz und gar unbeweglich.

Zofia beobachtete, wie er den Kopf den Stimmen zuneigte, wie sein Gesicht an Spannung gewann und er nicht wahrnahm, daß sie ihn etwas fragte. Er hörte nur nach draußen, nach den Stimmen, den Schritten, dem Rumoren im Treppenhaus.

Und dann kam ein Lachen. Fratczak mochte einen seiner üblichen Witze gemacht haben. Witze, die jeder in Ujazd kannte, weil es stets die gleichen waren. Aber die Niemka kannte den Witz nicht. Sie lachte laut, begann mit einem knallenden, fröhlichen Ton, den sie von unten nach oben mit Heiterkeit fortsetzte, um in einem letzten munteren Gluckser zu verstummen. Wie kann man nur so lachen, dachte Zofia.

Ludwik stand auf. Er bewegte sich, als hätte er Schlafmittel genommen, wischte sich über das Gesicht, ging rüber ins Schlafzimmer und löschte das Licht. Als Zofia später merkte, daß er nicht schlief, versuchte sie ein Gespräch.

Du kennst sie, nicht wahr?

Ja!

Du hast mir nie von ihr erzählt!

Nein!

Gehörte sie zu der Sorte, die euch schikaniert hat?

Nein, zu der Sorte gehörte sie nicht!

Ludwik drehte sich zur Seite und vergaß, seiner Frau gute Nacht zu sagen. Er lag anders da als sonst, und sie spürte, daß seine Augen offen waren.

Dann kam der Morgen, der nicht anders begann als der Abend zuvor geendet hatte. Schweigen! Sie saßen in der Küche, aßen und tranken, nur von den Geräuschen umgeben, die sie beim Frühstücken machten. Das Klimpern der Löffel in den Kaffeetassen, Schlucklaute, ein Messerschnitt entlang des Brotlaibes und Zofias Angewohnheit, ihr Frühstücksei zu köpfen. Ein Handgriff wie der andere, Morgen für Morgen durch Frage und Antwort vertraut geworden, war heute in seiner Stille unerträglich. So unerträglich, daß Zofia die Küche verließ, um auf der Treppe Anna aufzulauern.

Zofia stellte ihr Geschirr zusammen, trank nicht einmal den Kaffee aus, sondern stand auf, als wäre Ludwik nicht vorhanden. Als er merkte, wie sie über ihn hinwegsah im Begriff, ihn in seiner Ratlosigkeit zurückzulassen, wollte er sie bitten, in seiner Nähe zu bleiben.

Aber was sollte er sagen? Zofia würde so lange Fragen stellen, bis sie alles wußte.

Er mußte allein seine Gedanken fortsetzen, ob er wollte oder nicht. Er mußte sich überlegen, wie er sich verhalten sollte, wenn er Anna begegnete. Er wußte es nicht.

Während der Nacht, nur von kurzem und unruhigem Schlaf unterbrochen, hatte er Anna in Bildern vor sich gesehen, bunt gemischt wie ein Kinderquartett, aus dem er die Karten zog: Anna als Gutsbesitzerstochter, als Verbündete, als Geliebte, als Verräterin ...

Es begann eines Tages im Spätsommer. Er pflügte einen der großen Roggenschläge hinterm Schloß. Gegen Mittag kam Anna mit ihrem Fahrrad vorbei, hielt an und sprang zu ihm auf den Traktor und wollte selbst pflügen. Sie konnte es nicht. In den Kehren entstanden Löcher, groß wie Gräber, die ihm Ärger mit dem Verwalter einzubringen versprachen. Wenn es zu mies aussieht, meinte sie, werde ich es dem Verwalter selbst sagen! Und sie schickte ihn unter die Apfelbäume, damit er sich ausruhen könnte.

Von dort sah er ihr zu, wie sie Furche für Furche zog, mit aller Gewalt die Pflugschar anhob, wendete und sie während des Fahrens wieder einsetzte, eine Kehre unebener als die andere, daß es zum Fürchten aussah. Dabei lachte sie, schnitt Grimassen, begann von neuem, als sei es der größte Spaß, ihm Ärger mit dem Verwalter einzuhandeln. Erst nach gut einer halben Stunde hörte sie auf und setzte sich zu ihm. Ihre Bluse stand offen und er konnte sehen, daß sie am ganzen Körper braun gebrannt war. Anna folgte seinem Blick und machte ein paar Knöpfe zu. Sie tat es mit einer so aufreizenden Langsamkeit, daß es ihm vorkam, als zöge sie sich aus, statt an.

Plötzlich wünschte er sich, sie in Verlegenheit zu bringen, womöglich aus der Fassung. Ja, es war ihm sogar egal, ob er damit ein Risiko einging. Was er sich dabei dachte, weiß er heute nicht mehr, nur noch was passierte.

Er hatte sich zu ihr gebeugt und die Knöpfe, die sie geschlossen hatte, wieder aufgemacht und die Bluse von ihrer Brust geschoben, um ihren festen, runden Mädchenbusen anzusehen. Unbeweglich hielt Anna seinen Betrachtungen stand. Nur ihre Brustspitzen zogen sich zusammen, und er mußte sich beherrschen, sie nicht zu küssen.

Mach die Bluse wieder zu, hatte Anna gesagt. Und als seine groben Landarbeiterfinger mit den kleinen Knöpfen auf dem feinen Stoff nicht zurechtkamen, streichelte sie kurz über seine Hände, dachte aber nicht daran, ihm zu helfen.

Und endlich schaffte er es, diese winzigen Perlmuttdinger in die Knopflöcher zu stecken. Entschuldigung, hatte er dazu, weiß Gott warum, gemurmelt.

Anna nickte, als hätte sie nichts anderes erwartet, stand auf und sagte auf polnisch auf Wiedersehn: Do widzenia!

Kurz vor Feierabend war Anna wieder da. Diesmal saß sie auf dem Bock des Jagdwagens, in Begleitung ihres Vaters und des Verwalters. Anna fuhr so dicht wie möglich an den Traktor heran und hatte alle Mühe, die nervösen Pferde ruhig zu halten. Und schon passierte, was Ludwik am Nachmittag befürchtet hatte. Der Verwalter regte sich über das schlecht ge-

gepflügte Feld auf. Anna schwieg. Wie ihr Vater, hörte sie mit undurchdringlicher Miene zu. Die Vorwürfe des Verwalters schienen sie überhaupt nicht zu interessieren, eher zu langweilen.

Zweimal mußte es Annas Vater sagen, bis Ludwik in seiner Wut über Annas Schweigen begriff, daß er der Pferde wegen den Motor abstellen solle. Und dann, in die folgende Stille, Annas kleines Gelächter, das nach der Beschimpfung des Verwalters peinlich wirkte und ihn fast dazu brachte, die Wahrheit zu sagen, egal ob ihm geglaubt würde oder nicht. Anna war schneller. Ohne ihn zu beachten, beugte sie sich nach hinten, immer noch lachend über den Mordsspaß, den ihr die Sache machte. Sehen Sie nicht, sagte sie, daß ich den Teil hier gepflügt habe? Einmal muß ich es doch lernen, oder nicht?

Warum sie das nicht gleich gesagt habe, wollte Annas Vater, ein Mann von Gerechtigkeit, wissen, und sie antwortete, daß sie sich des Kraches wegen auf die Pferde konzentriert hätte. Kein Blick, keine Geste, keine Vertrautheit für Ludwik.

Das war eines der unzähligen Bilder und Erinnerungen, die seit gestern abend durch Ludwiks Hirn zogen und die ihm nicht weiterhalfen, mit Annas Gegenwart in Ujazd fertig zu werden.

Nach Jolkas Beschreibung ist der Eßraum neben der Küche im ehemaligen Kellerflur, dort, wo zu Annas Zeiten die Schuhe geputzt und die Fahrräder abgestellt wurden. Früher ein muffiger, dunkler, fensterloser Schlauch, durchzogen mit allerhand Gerüchen von der Küche, dem Weinkeller und den Vorratskammern. Nur freitags, am Bügeltag, überwog der Duft gemangelter Wäsche aus der Plättstube.

Heute? Anna findet sich in einer holzgetäfelten Stube wieder. Wandbänke, geschnitzte Stühle, karierte Tischtücher und frische Blumen. Eine Durchreiche verbindet Eßraum und Küche. Am liebsten würde sie hinüber zum Herd gehen oder am Spülstein Wasser trinken, alles das berühren, was zu ihrer Kindheit gehörte und jetzt nichts mehr damit zu tun hat.

Drei Frauen mit weißen Netzhauben über dem Haar rühren in Töpfen, kneten, schöpfen Suppe.

Dzień dobry!

Annas Gruß wird freundlich erwidert. Sie möge Platz nehmen. Wo? Das ist egal. Ein dampfender Suppenteller wird in die Durchreiche gestellt: Bitte!

Anna kommt zu keinem Entschluß. Erst nachdem ein paar junge Männer hereinkommen, setzt sie sich an die äußerste Ecke des Tisches, dicht an die Stufen, die zur Außentür führen. Von hier hat sie den Raum im Blick, nichts im Rücken. Kein Wort kann ihr entgehen. Noch immer dampft der Teller in der Durchreiche. Einer der drei jungen Männer stellt ihn höflich vor Anna hin.

Smacznego!

Sie wird rot. Den Teller hätte sie sich selbst holen müssen. So wie der junge Mann ihr guten Appetit wünscht und ihr den Teller serviert, kommt es Anna vor, als wollte er ihr spöttisch sagen, daß das Bedienen hier nicht mehr üblich ist. Aber das ist Einbildung. Józef Staczak, der von Fratczak und Jodko längst weiß, wer Anna ist, liegt nichts daran, die Niemka zu verspotten. Warum auch?

Das Gespräch der drei geht über die Vor- und Nachteile des Merinoschafes, eine Zucht, die vor zwanzig Jahren in Ujazd begonnen wurde und inzwischen internationalen Ruf hat.

Staunend hört Anna zu, vergißt sogar, ihre Suppe zu löffeln. Nichts will in das alte Bild von Ujazd passen. Einer der Männer fragt, ob es ihr gefiele, wie es jetzt hier aussähe.

Ja! Man ist mit ihrer Antwort zufrieden, hat sie wohl auch erwartet. Das Gespräch geht ohne sie weiter. Ein neuer Teller erscheint in der Durchreiche.

Bitte, Pani!

Diesmal ist Anna auf Draht. Ein zweites Mal wird sie sich nicht bedienen lassen. Klöße, Fleisch, Soße, Salat!

Ein paar miteinander wispernde Sekretärinnen kommen zum Essen. Wie Vögel setzen sie sich nebeneinander, holen ihre Suppe, verstummen, schlucken und kauen, als gehörte selbst noch das Essen zu ihrer Büroarbeit. Hin und wieder ein verstohlener Blick auf Anna.

Abermals geht die Tür auf. Der Klang der Klinke, wenn sie heruntergedrückt wird, um anschließend ins Schloß zu fallen, ist für Anna von bedrückender Vertrautheit.

Pani Banasiowa, die Frau des Direktors, segelt in stattlicher Fülle die Treppe herunter an Anna vorbei und grüßt kurz. Ebensogut hätte sie niesen können. Unübersehbar steckt ihr Körper in einem Korsett. Ihre Arme enden in auffällig feingliedrigen Händen. Das Gesicht ist hübsch, voller Grübchen und zum Lachen bereit, nur nicht für Anna. Sie setzt sich mit dem Rücken zu Anna. Auch Zofia bietet nur einen kurzen Gruß. Ist das Zufall? Leise beginnen die Frauen miteinander zu reden.

Plötzlich – beinahe hätte Anna geschrien – steht Ludwik Janik vor ihr.

Dzień dobry, Pani! sagt er und streckt ihr seine Hand hin, als wollte er ihren Schrei auffangen und vor die Tür bringen.

Die Gesichter der Frauen wenden sich über die Schultern ihr zu. Zwei Mondscheiben, Augen, Mund, Nase, alles ein wenig geöffnet und voll Neugier auf sie gerichtet. Annas Hand fällt schwer zwischen Ludwiks Finger, wo sie einen Augenblick liegen bleibt.

Guten Tag, Herr Janik! Der Mund ist ihr wie mit Seidenpapier ausgewischt. Sie starrt ihn an, hilflos seiner Gegenwart ausgesetzt.

Nie hatte sie Ludwik in einem Anzug gesehen. Früher trug er die übliche blaue Landarbeiterjacke. Jetzt steckt er in einem Anzug und trägt einen Schlips. Seine Haltung ist lässig. Das schütter gewordene Haar macht ihn älter als er ist, und die Falten rechts und links seiner Mundwinkel hängen wie Sicheln in seinem Gesicht. Nein, wie ein Landarbeiter sieht Ludwik heute nicht mehr aus.

Seine bernsteinfarbenen Augen bohren sich in ihren Blick. Wie es ihr geht, will er wissen, und er sagt mit ungeheurer Ruhe, daß es ihn freut, sie in Ujazd zu sehen.

Wenn Sie einen besonderen Wunsch haben, fährt er fort, wenden Sie sich an Pani Pawlakowa oder an mich!

Nichts von dem, was Ludwik sagt, nimmt Anna in sich auf. Sie merkt auch nicht die Sorgfalt, mit der er auf sie einredet. Unter allen Umständen ist ihm daran gelegen, daß Anna ihre Fassung behält. Höflich überhört er ihre Frage, wieso er wieder nach Ujazd gekommen ist, und wünscht ihr statt dessen eine gute Mahlzeit.

Danke.

Anna könnte aufstehen und weggehen. Aber das schafft sie nicht. Er nimmt gegenüber den Frauen Platz, nun seinerseits in das Löffeln der Suppe vertieft. Die feinen Schweißperlen an seinen Schläfen bilden sich langsam zu Tropfen.

Warum sieht Anna ihn unentwegt an? Warum geht sie nicht, gibt ihm und sich Zeit? Zofia beobachtet ihn. Die mechanische Gleichmäßigkeit, mit der er den Löffel zum Mund führt und die Krautsuppe herunterschluckt, deutet sie als Erregung. Sie weiß, daß er Kapusniak ungern ißt. Und dann schwitzt Ludwik. Weder ist es besonders warm noch ist es seine Gewohnheit, beim Essen zu schwitzen. Eine große Neugier überkommt Zofia, alles bis zum letzten aus Ludwiks Leben zu erfahren, auch das, was nichts mit ihr zu tun hat.

Ist dir nicht gut, Ludwik?

Wortlos läßt sich Ludwik von ihr die Teller wechseln, sagt nicht danke, nicht bitte, sitzt mit aufgestützten Ellbogen abweisend am Tisch. Warum läßt Zofia ihn nicht in Ruhe? So aufgewühlt er innerlich ist, so ruhig wirkt er nach außen, fast teilnahmslos und an der Grenze der Langeweile. Ludwik will sich weder mit Zofia noch mit Anna abgeben. Solange Anna in Ujazd ist, muß er sie aus seinem Gedächtnis löschen, sie vergessen, so wie man eine Frau vergißt, mit der es nichts Gemeinsames mehr gibt.

Er sieht zu Anna hinüber, wie sie da auf ihrem Stuhl sitzt und sich nicht vom Fleck rührt. Immer noch wird ihr Gesicht von den Augen beherrscht. Selbst die langen blonden Haare trägt sie noch wie früher. Daß sie ihre Zierlichkeit behalten hat, kann er kaum begreifen. Die Schlaksigkeit ihrer Bewegungen, die plötzlich etwas Jungenhaftes annehmen, wenn sie sich wie jetzt unter seinem Blick in die Ecke lümmelt, amüsiert ihn fast.

Nachdem er mit den Essen fertig ist und die Frauen vor ihm die Stufen hinauf zur Tür gegangen sind, bleibt er mit einer knappen Verbeugung vor Anna stehen:

Waren Sie schon an der Napoleonspappel?

Morgen, sagt Anna langsam, morgen werde ich hinfahren!

Bei Jacek Staczak im Stall ist ein Höllenlärm, den niemand hört. Jacek ist vor dem Fernseher eingenickt, und seine Frau Barbara hält ihren abendlichen Schwatz bei der Nachbarin. Staczaks Stube ist wie alle Stuben in Ujazd eingerichtet. Über den Ehebetten mit den von Barbara weiß in weiß gestickten Paradekissen hängt ein Bild. Zwei Engel schweben marzipanfarben, lächelnd und mit hellblau gefiederten Flügeln im goldgerahmten Oval. In der Mitte, auf rosa Wolken, thront unter dem breitrandigen Heiligenschein die Muttergottes. Gütig und segensbereit blickt sie auf Jacek, dessen Schlaf vor dem Fernseher tiefer zu sein scheint als in der Nacht. Am Fußende der Betten beginnt die Wohnstube. Tisch, Stühle, ein Sessel, gegenüber das Sofa, worüber ein zweites Bild hängt, ein koloriertes Farbfoto von Jacek und Barbara mit ihrem Ältesten zwischen sich. Links der Fernseher, rechts der Kleiderschrank.

In Jaceks Träumen geht es unruhig zu. Abwechselnd sieht er die Gesichter von Ludwik und Anna in des alten Sawkos Grab, während Marek Lenart, fleißig wie nie, die Grube voll Sand schippt. Umsonst! Die Gesichter wollen nicht verschwinden, soviel der Lenart auch Sand nachwirft. Das ist zum Lachen wie zum Weinen. Es klopft, scharrt, trampelt und rumpelt in der Grube, als wollten die beiden alles daransetzen, nicht bei lebendigem Leibe begraben zu werden.

Endlich wacht Jacek Staczak auf. Weg ist das Grab mit den Gesichtern von Ludwik Janik und Fräulein Anna. Nur das Gerumpel hält an, kommt vom Hof her. Jacek fährt auf und in die Schuhe. Was er im Stall vorfindet, ist ein Bild des Jammers: Die Braune, Jaceks fünfjährige Stute, steht schweißnaß in der Ecke der Box. Den Kopf weit vorgestreckt, als könnte sie dadurch den Schmerz in ihrem Leib lindern, scharrt sie mit den Vorderhufen über den Stallboden. Feuchte Flecken glänzen auf Hals und Rücken in ihrem kastanienbraunen Fell. Der Stall riecht nach Schweiß. Und immer wieder schlägt die Braune aus. Nicht nach hinten wie ein übermütiges Pferd, nicht seitlich nach Fliegen. Nein, die Braune keilt in verzweifelter Sinnlosigkeit mit den Hinterbeinen nach ihrem aufgedunsenen Bauch. Schlimm sieht das aus, auch traurig, und am Ende jedes Ausschlagens streift der Huf dumpf gegen die hölzerne Wand und splittert das Holz in kleinen Stücken weg.

Heilige Muttergottes, die Stute hat Kolik!

Ruhig, Braune, sei ruhig! Jacek streichelt den klatschnassen Hals unter der Mähne.

Ruhig, Braune, bleib ruhig!

Aber die Braune schlägt und scharrt mit den Beinen, streckt den Kopf bis zur Krippe, knickt mit der Hinterhand ein, als wollte sie sich hinlegen.

Brrrrrrrr ... Jacek hält ihr den Kopf hoch: Nicht doch, nicht doch!

Wenn ihm die Braune vor der Ernte verreckt, ist er mehr denn je auf die Hilfe anderer angewiesen.

Barbara wird zu den Kindern gehen und um Hilfe betteln. Sie wird sich kleinmachen, vielleicht weinen und damit Józef rumkriegen. Auch der Schwiegersohn Jodko wird nach Feierabend kommen, womöglich noch der frischgebackene Herr Zootechniker Kazek. Alle werden sie um Mutters Tränen willen zur Stelle sein! Schweigend, mit trotzigen Gesichtern und vorwurfsvollen Blicken, daß sie Feierabend und Sonntag opfern müssen, werden sie die Ernte einbringen.

Wenn er nicht in Hörweite ist, werden sie sich untereinander bereden und sich einig sein, daß sie diesmal das letzte Mal und nur der Mutter wegen geholfen haben. Sie werden sagen, daß der Vater das Alter am eigenen Leibe spüren soll, damit er den Hof auf Rente abgibt.

Jaceks Arm legt sich liebevoll über den Widerrist des Pferdes, während sich sein Ohr in das nasse Fell drückt, um nach Darmgeräuschen des Tieres zu horchen. Nichts rührt sich im Bauch der Stute. Du darfst nicht krepieren, Braune, flüstert Jacek und beginnt vorsichtig mit einer Massage. Wenn du krepierst, geht es mir wie dem Lenart. Man wird mir den Hof nehmen. Ohne dich schaff ich die Arbeit nicht und für ein neues Pferd hab ich nicht genug Geld!

Die Stute stöhnt auf, knickt abermals ein, läßt sich weder durch Zuruf noch durch Jaceks Knuffe abhalten und legt sich schwer ins Stroh. Die Ohren werden kalt, und der Bauch sieht im Liegen noch aufgedunsener aus.

Als Barbara von der Nachbarin zurückkommt und Jacek im

Stall vor der Braunen kniend vorfindet, weiß auch sie, was los ist.

Ruf den Veterinär, ruft Jacek, mach schnell! Geh zum Jodko, er soll vom Kombinat aus telefonieren!

Zum Franek soll sie? Das ist ein schlechtes Zeichen, wenn Jacek sie zum Schwiegersohn schickt.

Wird sie krepieren, Jacek?

Er gibt keine Antwort, massiert verbissen weiter und legt immer wieder sein Ohr auf den Bauch des Pferdes.

Barbaras Hausschuhe, die sie schon für den Feierabend angezogen hat, klatschen über das Kopfsteinpflaster der Dorfstraße.

Was ist los? ruft die ewig am Fenster hängende Fedeczkowa. Unsere Braune hat Kolik, schreit Barbara zurück, ohne stehenzubleiben, ich gehe nach dem Veterinär telefonieren!

Macht das nicht, Staszakowa, geht zur Jula! Auf Tiere versteht sie sich!

Zur Jula?

Keuchend stößt Barbara den Atem aus der Lunge. Das schnelle Laufen fällt ihr schwer. Sie muß denken. Wenn sie rennt, kann sie aber nicht denken. Also bleibt sie an der Ecke zur Gasse stehen.

Jacek will, daß Jodko dem Veterinär telefoniert, aber Julas Behandlung, das weiß Barbara aus Erfahrung, hat schon manches Mal mehr bewirkt als alle Medizin! Barbara entscheidet sich für beide, den Veterinär und Jula. Innerhalb weniger Minuten ist sie die Gasse entlanggelaufen, die Treppe im Schloß hoch bis vor die Tür der Jodkos. Aber die ist verschlossen, niemand zu Hause. Was nun? Lange wird es die Braune nicht mehr machen!

Im Hof, gerade als sie wieder in die Gasse einbiegen will, um Jula zu holen, sieht Barbara ihre Enkeltochter Jolka. Sekundenlang vergißt sie die Braune. Wirklich, es ist kaum zu glauben, aber Jolka sitzt bei Fräulein Anna im Auto. Ohne zweimal hinzusehen, hat Barbara Anna erkannt. So ist das also – zu Fuß ist sie hier weg und mit einem Auto kommt sie wieder. Und Jolka, das kleine Luder, weiß nichts Besseres, als sich in die Blechkiste hineinzusetzen.

Jolka, ruft Barbara, komm sofort her!

Nein, Babcia, du mußt herkommen!
Und Jolka fragt Anna, ob die Großmutter nicht mit nach Zawada fahren dürfte.
In so einem Auto hat Babcia noch nie gesessen, fügt sie hinzu.
Anna spürt Barbaras Zurückhaltung, aber sie hält sie für Verlegenheit, vielleicht auch für Unsicherheit ihr gegenüber. Also sagt sie liebenswürdig, Barbara möge einsteigen. Die rührt sich nicht vom Fleck, gibt auch keine Antwort, hört nicht einmal auf Jolkas Rufe.
Ich kenne Sie, sagt Anna und geht auf Barbara zu, ich weiß nur nicht mehr woher!
Ich war Magd beim Straußmannsbauer!
Richtig, die Barbara vom Jacek Staszak. Jacek aber wußte von Annas Beziehung zu Ludwik. Was weiß Barbara, denkt Anna, was für Klatschgeschichten mag der eine oder andere über sie im Dorf erzählen?
Jolka, Barbaras Stimme fährt messerscharf durch Annas Gedanken, komm sofort aus dem Auto heraus! Du hast hier nichts zu suchen. Geh ins Haus, das ist besser für dich!
Warum?
Barbara zieht an Jolkas Arm, die Braune hat Kolik! Vielleicht wird sie krepieren! Geh rauf, geh zur Pani Pawlakowa, sie soll den Veterinär anrufen!
Die ist nicht da, mault Jolka, Papa ist auch nicht da!
Dann wartest du, bis jemand kommt!
Kann ich helfen, fragt Anna, kann ich Sie irgendwohin fahren?
Das könnte der Braunen das Leben retten. Barbara ist hin und her gerissen. Eben noch hat sie Jolka aus dem Wagen der Niemka geholt, und jetzt soll sie selbst einsteigen? Jacek würde keine Hilfe von Anna annehmen, das weiß sie! Eher ließe er, stur wie er ist, die Braune verrecken.
Das ist nicht nötig, sagt Barbara mit einem Blick auf das Auto. Schneller als ein Hund wäre sie damit bei Jula. Aber Jacek würde es nicht zulassen. So nimmt sie Jolka bei der Hand, grüßt höflich und will sich davonmachen.
Sie fährt dich, Babcia, warum steigst du nicht ein?
Ich kann laufen!

Jolka läßt nicht locker. Was wird Dziadek sagen, wenn die Braune krepiert, nur weil du Angst vor dem Autofahren hast und Jula zu spät zum Helfen kommt?

Jolka streichelt den Arm der Großmutter. Du brauchst dich nicht zu fürchten, es ist ein schönes Auto!

Fürchten? Du lieber Gott, Jolka denkt, sie hätte vor dem Autofahren Angst.

Red kein dummes Zeug, sagt sie und schüttelt Jolka hin und her, daß es dem Kind weh tut.

Jolka hat recht, sagt Anna und schiebt Barbara zum Auto, warum soll eure Braune sterben, wenn ich es verhindern kann? Sie drückt Barbara auf den Sitz.

Bleib du lieber hier, sagt sie zu Jolka in einem Ton, der klingt, als hätten die beiden Tag für Tag miteinander zu tun. Und während Anna den Motor anläßt, beugt sie sich lächelnd aus dem Fenster, Jolka zu: Egal, wen du findest, einer wird schon den Veterinär anrufen! Jolka nickt, froh, wenigstens von Anna ernst genommen zu werden, ja – das mach ich!

Barbara sitzt auf der äußersten Kante, die Hände rechts und links am Sitz torkelt sie in jede Kurve.

So schnell ist sie noch nie die Gasse und Dorfstraße abwärts gekommen. Da genügen drei Atemzüge, und schon ist sie an vier bis fünf Bäumen vorbei. Die Straßenlaternen, mehr Funzeln als Beleuchtung, gleiten wie Mondbälle über das Auto hinweg. Ein Nachtfalter klatscht platzend gegen die Windschutzscheibe.

Julas Häuschen ist im Dunkeln kaum zu sehen. Nur hin und wieder geben die tief herabhängenden Zweige das Strohdach dem Blick frei. Im schimmernden Weidengrün sieht es aus, als schwebe die Hütte im Griff des Baumes auf und ab. Kaum hat Anna den Wagen geparkt, hört sie das streifende Geräusch überm Strohdach.

Hörst du, sagte Jula früher zur kleinen Anna, hörst du es? Und Anna hörte es. Zitternd kauerte sie zwischen den Katzen auf Julas Sofa und horchte auf das Schreckliche. Ein Schleifen war da im Gang, ein Stöhnen und unaufhörliches Ächzen, das mit nichts zu vergleichen war. Jula lachte, winkte mit der Hand zum Dach hinauf, zufrieden und guter Dinge ob der Geräusche. Ja, ja – sagte sie dann, die guten Geister von

Ujazd! Sie laufen über mein Dach, schuh- und strumpflos. Barfüßig, weil Geister nun einmal nicht frieren. Sie haben kein Blut, weißt du? Anna nickte, ohne daß sie sich vorstellen konnte, im Winter nicht zu frieren oder gar barfuß zu laufen.

In ihren Adern fließt Nebel, ihre Herzen sind Wolken und schlagen im Takt des Windes. Sie atmen die Finsternis, sehen alles, essen nichts und fürchten sich nie, weil sie alle schon einmal gestorben sind.

Und Jula lächelte, kehrte den Blick fromm gegen die verrußte Zimmerdecke, als wanderte Jesus persönlich über den Dachfirst. Sei schön still und denk nichts Böses, wisperte sie, dann verlassen sie dich auch nicht!

Obwohl Anna sich nichts mehr wünschte, als ab sofort von allen guten Geistern verlassen zu werden, damit das schreckliche Schleifen, Ächzen und Kratzen ein Ende nähme, versuchte sie nur Gutes zu denken, selbst von ihrer Schwester Lora.

Wie ein Wiesel schlüpft Barbara aus dem Auto. Die Gartentür zu Julas Grundstück ist neu, nicht mehr aus Holz, sondern aus Drahtgitter mit grün und rot gestrichenen Eisenstangen. Der Pfad ist derselbe geblieben. Schmal, nur für Füße gedacht, kein Wagen und kein Karren kommt hier entlang. Nur eben Füße – die von Menschen, von Enten, Gänsen und Julas Katzen. Barbara klopft mit Ausdauer an den Fensterladen, nicht an die Tür. Wer um diese Zeit dort anklopft, dem wird nicht geöffnet. Jula hat ihre Eigenheiten.

Hinter dem Laden knarrt der Riegel des kleinen Fensters, und Julas Greisenstimme – nur leise zu hören – fragt nach dem Urheber der späten Störung.

Unsere Braune hat Kolik, Jula – Ihr müßt helfen!

Holt den Veterinär, piepst es unter dem Holzladen hervor, der ist für euer Vieh zuständig! Und schon ist das Fensterchen wieder zu.

Stille! Bleibt das kratzende Geräusch der Zweige auf dem Strohdach.

Sie ist wieder launisch, schimpft Barbara vor sich hin. Weiß der Himmel, was ich der alten Hexe bieten muß, damit sie kommt!

Hilft sie nicht jedem? fragt Anna, die es von Jula nicht

anders kannte, als daß sie stets zur Stelle war, wenn man sie rief. Heute ist das nicht mehr so! Barbara winkt ab. Die Leute genieren sich, wenn sie nach Jula schicken. Und wenn ihre Behandlung nicht hilft, wird an Spott im Dorf nicht gespart. Da weiß jeder etwas, um der Alten eins auszuwischen!

Aber sie wird immer wieder geholt, nicht wahr?

Barbara gibt keine Antwort, murmelt einen Gutenachtgruß und rennt zur Dorfstraße zurück.

Jetzt ist es Anna, die klopft, anders, in einem bestimmten Rhythmus.

Ich bin es, Jula, die Anna vom Schloß!

Jesusmaria, die Anna, ich habs gewußt! Jula stößt den Laden auf.

Da steht sie, dürr und krumm in ihrem nachtgrauen Kittel, das Tuch weit ins Gesicht geschoben, quer über die Stirn gelegt, an den Schläfen eckig gefaltet und kurz unter dem Kinn gebunden. Dunkel hebt sich der Leberfleck zwischen den dünnen Brauen hervor. Am liebsten würde Anna darüberfahren, die kleine Kruste spüren, nur um zu wissen, ob ihr das immer noch das Gefühl von Ekel, Geheimnis und Mut vermittelt.

Aber schon ist Jula vom Fenster weg, trippelt zur Tür und holt Anna herein. Mit geschlossenen Augen hebt Anna den Kopf, riecht: Pilze, Katzen, Brennholz, Stearin und über allem Julas vertrauten Altfrauengeruch.

Jesusmaria, die Anna! Jula betrachtet ihren Gast von oben bis unten, nickt zufrieden: Gut siehst du aus, Anna!

Ihre vom Glockenläuten hornhäutigen Hände fahren über Annas Gesicht, ihren Körper und bleiben unterhalb der Rippen liegen. Hier hast du eine Narbe!

Ja!

Anna durchfährt die alte kindliche Ehrfurcht. Wie kann Jula die zwanzig Jahre alte Narbe einer Gallenblasenoperation durch Jacke und Bluse hindurch fühlen? Schon hat Jula eine Lampe in der Hand und hält sie dicht vor Annas Augen, erst dem linken, dann dem rechten.

Du betest zu wenig! sagt sie. Das Böse ist dir wichtiger als das Gute. Deine Seele ist grau wie eine Maus! Du bist mißtrauisch und ungeduldig! Du hast Angst! Sie wackelt mit dem Kopf. Lieber Himmel, was hast du nur für Angst!

Jula, unterbricht Anna die Alte, ich bin nicht mehr das Kind, das du kennst, vor was soll ich Angst haben?

Die Alte fummelt an ihrem Leberfleck herum. Er scheint sie zu stechen.

Vor dir hast du Angst, Anna, vor dir!

Sie tippt Anna mit ihren knöchernen Fingern aufs Herz: Und davor!

Was du so redest, Jula!

Anna geht Julas Händen, die sie weiter betasten, aus dem Weg. Sie will sich nicht von der Alten verrückt machen lassen.

Kümmer dich lieber um Jaceks Braune!

Dafür ist der Veterinär da!

Veterinär, lacht Anna geringschätzig, die gabs auch schon zu meines Vaters Zeiten. Er hat aber immer dich holen lassen. Wenn du meinem Vater geholfen hast, warum willst du Staszaks nicht helfen?

Anna sieht sich in der Küche um. Alles steht noch am alten Platz. Die Gläser mit den Kräutern, links neben dem hochfüßigen Eisenherd, der Holzkasten mit dem Reisig, an der Decke auf Schnüre gezogene Pilze. Pilze, die außer Jula niemand sammelt. Rote, grüne, weiße, braune, lila Pilze, deren Duft in allen Ecken sitzt, deren Fleisch Jula zu Pulver reibt und für allerlei verwendet. Und dort neben dem Sofa auf dem kleinen Tischchen das Buch, in dem Jula niemanden lesen läßt, nicht einmal sich selbst. Noch wie früher ist eine Schnur darumgebunden, gut verknotet, damit es kein Vorwitziger aufschlagen kann.

Ist sich Jula nicht sicher oder geht die Kraft aus, schlägt sie irgendeine Seite auf und streicht mit den Fingerspitzen über die Buchstaben. Nicht Zeile für Zeile, nein, kreuz und quer über die Blätter hinweg. Dann ist es, als ziehe Jula die Weisheit durch die Fingerkuppen in ihren Kopf. Sie murmelt, schluckt, schmatzt, immer mit den Händen im Buch, bis sie die Augen öffnet, ihre nebelmilchigen Augäpfel verdreht und sagt, daß es jetzt losgehen könnte.

So hat Anna die Alte in Erinnerung.

Gehst du denn nicht mehr nach Kräutern, Jula? Pflückst du bei Vollmond keinen Buxbaum mehr? Braust du daraus keinen Sud und mischst ihn mit frischer Hefe, um die Kolik zu vertreiben?

Weißt du noch... Anna nimmt Jula an den krumm gewordenen Schultern, weißt du noch, wie mein Vater mit dem Tierarzt wettete, ob du noch helfen könntest, und der Tierarzt immer seine Wette verlor, weißt du das nicht mehr?

Heute sind die Veterinäre schlauer, murrt Jula und macht keine Anstalten, sich auf den Weg zu Staszaks zu machen. Anna streicht an den Regalen entlang.

Da ist dein Buxbaum, beim letzten Vollmond gepflückt, ich kann es riechen. Und aus dieser Dose – Anna holt eine alte Blechbüchse vom Brett –, davon hast du auch immer etwas dazugetan!

Schschttt... laß mir die Finger von meinen Kräutern, du verdirbst sie mir. Jula schnüffelt herum.

Du stinkst nach Parfüm und feinen Seifen, schlimmer als ein Faulbeerbaum in der Blüte!

Murrend holt sie eine elektrische Kochplatte aus dem Schrank.

Die ist neu, sagt Anna enttäuscht. Sie war schon bereit gewesen, Feuer im Herd zu machen.

Natürlich ist sie neu! Meinst du, ich leb auf dem Mond? Ein Handgriff nach dem anderen. Wasser, Kräuter, Pilzpulver, Hefe, unter immerwährendem Gemurmel und – wie Anna meint – geheimnisvollen Zeichen.

Bald ziehen süßsäuerliche Schwaden aus dem Topf, dampfend und Brechreiz verursachend, bis das Gebräu abgekühlt und in eine Bierflasche abgefüllt ist. Komm, sagt Jula, jetzt fahren wir zum Jacek!

Willst du im Auto fahren?

Sicher! Bin ich vielleicht was Schlechteres als die Staszakowa!

Jula hockt im Auto, die Flasche in der Hand, den Kopf schief, und verläßt sich ganz auf ihre Ohren, weil sie nichts vor sich sehen kann.

Der Braunen geht es von Minute zu Minute schlechter. Mit vor Schmerz aufwärts gestülpten Nüstern liegt sie im Stroh, die Vorderbeine von sich gestreckt, während die Hinterhand zuckt und keilt, daß Jacek Staszak auf der Hut sein muß.

Hebt ihr den Kopf, befiehlt Jula, schiebt der Braunen das Holz zwischen die Zähne!

Wortlos führt Jacek Julas Befehle aus.

Vergebens wehrt sich die Braune. Der Kopf wird von Barbara aufwärts gegen die Krippe gedrückt, die Zähne reißt Jacek mit dem Holz auseinander, so daß Jula Platz für den Flaschenhals findet. Langsam läßt sie die Stute schlucken. Nicht zuviel, nicht zuwenig! Endlich ist die Prozedur beendet. Erschöpft sinkt das Tier zurück.

Jetzt wartet, sagt Jula, wenn sie zu schwitzen anfängt, stellt sie auf die Beine, führt sie im Hof herum, denn dann gehts in ihr um! Sie darf nicht liegenbleiben. Der Leib braucht Bewegung, sonst explodiert er wie ein verstopfter Destillierapparat!

Mit hü und hott und einem saftigen Hieb über die Hinterbacken bringt Jacek die Braune hoch. Mit hängendem Kopf steht sie auf zittrigen Beinen, dampfend vor Schweiß.

Führt sie herum und legt ihr eine Decke über!

Tapsend stolpert die Braune im Kreis, von Jacek gezogen, während Jula und Barbara auf den Stufen vor der Haustür sitzen. Niemand spricht. Längst ist es still im Dorf. Anna wartet wie die drei anderen, ob Staszaks Braune die Kur durchhalten wird und sich das Gedärm in Bewegung setzt. Oder ob Julas Sud nicht hilft, das Pferd sich erbricht und verreckt?

Anna überlegt, ob sie Jula nach Hause begleiten soll, um ihr Jaceks Flüche zu ersparen, Barbaras Tränen, am Ende den Groll des Veterinärs, weil ihm die Alte ins Handwerk gepfuscht hat. Tierarzt und Hexe, die hatten sich schon früher nichts Gutes zu sagen!

Noch klopfen die Hufe über den Hof, und Jaceks Stimme ist in regelmäßigen Abständen zu hören:

Chodź, chodź no – komm, komm her!

Anna kennt die ehemalige Straußmannswirtschaft, die heute Staszaks gehört, genau. Sie läuft außen herum, am Teich entlang bis zu den Apfelbäumen hinterm Dorf. Der Fußweg neben der Wagenspur, tief zwischen den Grasbüscheln in die Erde getreten, führt bis zu Staszaks Anwesen.

Die Scheune ist neu, auch der Steinberg davor. Mächtig wie

eine Burg türmt er sich aufwärts, zeigt, daß Staszak dreißig Jahre lang fleißig gewesen sein muß, denn der Straußmann hatte nie Steine gelesen. War wohl zu faul, vielleicht auch zu dick.

Der Weg zum Hof, vorbei an der Scheune, ist offen. Von Staszaks und Jula unbeobachtet setzt sich Anna in den Schatten der Scheunenwand.

Sie wird umfallen, ruft Jacek, sie hält mir nicht durch, die Braune! Als wären ihre Beine aus Holz, stemmt sich die Stute sperrig ab, bewegungslos für Sekunden, um plötzlich den Schwanz zu heben. Und mit lautem Getöse schießt es quirlend grün aus ihr heraus, fällt klatschend zu Boden, daß es Barbara vor die Füße spritzt. Jacek, schreit sie, sieh, wie es aus ihr herauskommt, sieh bloß! Jacek fällt der Braunen um den Hals. Jeden Wind, der Trompetenstößen gleich aus dem gequälten Leib des Tieres fährt, begrüßt er mit Gelächter. Sie wird leben, die Stute, das steht jetzt fest.

Anna hält es im Schatten der Scheune nicht mehr aus. Ohne zu überlegen läuft sie auf Jacek zu und gratuliert ihm.

Ist es die Selbstverständlichkeit, mit der sie zu so später Stunde bei ihm auf dem Hof spaziert, ist es ihr Lachen, ihre Erwartung, begrüßt zu werden? Jacek denkt nicht darüber nach. Er ärgert sich.

Er gibt Anna die Hand, greift aber gleichzeitig nach dem Halfter und zieht seine Braune weiter im Kreis. Für ihn hat Anna um die Zeit hier nichts zu suchen!

Sie hat Jula hergebracht, flüstert Barbara ihm zu.

So, hat sie das? Abrupt bleibt er vor Anna stehen: Haben Sie schönen Dank, Pani Anna!

Seine Stimme ist kalt, und er hat die Worte auf deutsch gesagt, knapp, endgültig, als wäre nichts mehr hinzuzufügen.

Ich habe das gern gemacht, Pan Staszak, Anna klopft der Stute den Hals, das müssen Sie mir schon glauben!

Jacek nickt. Sein Gesicht ist im Laufe der Jahre noch kantiger geworden, wie geschnitzt.

Haben Sie schon Ludwik Janik gesehen?

Jacek fragt ohne Neugierde, ganz nebensächlich, aber das sitzt.

Anna wird rot und sieht zu, daß sie aus dem Licht der Hoflampe kommt. Sicher habe ich ihn gesehen, sagt sie, es freut mich, daß er einen so verantwortungsvollen Posten hat!

Soso, das freut Sie!

Ja, es freut mich, wiederholt Anna eine Spur zu laut, lacht sogar, wendet sich Jula zu und fragt:

Soll ich dich nach Hause fahren?

Nein, Jula will laufen. Eine Fahrt im Auto hat ihr genügt, sagt sie und streichelt Anna dabei übers Haar.

Laß nur, der Staszak hat mit der Zeit seine Mucken bekommen, laß ihm Zeit!

Anna beugt sich schnell über die Alte. In einer einzigen Umarmung fühlt sie den kleinen Greisenkörper wie eine Puppe im Arm.

Darf ich morgen zu dir?

Komm nur, Kind, sagt Jula, komm nur!

Am nächsten Tag geht Anna nicht zu Jula. Auch für Jolka hat sie wenig Zeit, und ein Angebot von Pani Pawlakowa, unter der Leitung des Gewerkschaftssekretärs eine Besichtigung des Kombinats vorzunehmen, lehnt Anna ab. Statt dessen borgt sie sich vom Nachtwächter Fratczak ein Fahrrad, um, wie sie sagt, in den Wald zu radeln.

Sie will mit sich allein sein, zwischen den Feldern in die vertraute Stille fahren. Und später vielleicht zur Napoleonspappel!

Gleißendes Licht über den Kornfeldern. Am himmelblauen Himmel Grünlinge, Sperlinge, segelnde Schwalben. Klatschmohn in den Weizen- und Haferfeldern, in Gerste und Roggen. Klatschmohn, der Anna Gefahr signalisiert, ihr den Weg durch das Korn sperrt und ihre Kinderängste wieder aufleben läßt. Die Roggenmuhme!

Zwischen den Halmen hockt sie, nicht jung, nicht alt, mit Kornblumen im blondwilden Haar. Mit spindeldürren, langen Armen greift sie nach jedem, der es wagt, ein Kornfeld zu durchstreifen. Ihre Beine sind geschwinder als hundert Hasenpfoten. Ihre Röcke verheddern sich nie im Getreide, und ihre Schritte hinterlassen nirgendwo Spuren. Wen sie im Korn erwischt, wer ihr schreckliches Gelächter vernimmt und ihr nicht rechtzeitig entkommt, den verwandelt sie in eine Glocke, die für ewig im Gebälk hängt, um den Morgen, Mittag und Abend einzuläuten. So erzählte es Jula winters Anna und Lora, wenn sie den Weibern beim Federnschleißen halfen.

Anna fährt den Feldrain entlang dem Akazienweg zu. Unter bizarren Stämmen wuchs dort das Gras hauchdünn und steppdeckenhoch, verbarg Birkenpilze und Schirmlinge, und die Äste der Baumkronen schoben sich in einen grünschimmernden Tunnel zusammen. Ich werde einen Zweig abbrechen, denkt Anna, und die Blüten zupfen . . .

Kein Akazienwald am Ende der Felder. Statt dessen eine haushohe Kiefernschonung. Wie alt bin ich?

Die Bäume wachsen Anna über den Kopf in den Himmel hinein. Nur der Boden bleibt ihr vertraut. Sandig und nadelbedeckt schluckt er jedes Geräusch, Kilometer um Kilometer.

Anna hat keine Ahnung, wo sie ist. Aus ist es mit der Vertrautheit des eigenen Grund und Bodens. Zwischen den fremden Kahlschlägen in den Wäldern ihrer Väter hat sie sich prompt verfahren.

Plötzlich ist da ein Haus. Vor dem Haus sitzt ein Mann im Gras und hält eine magere Kuh am Strick. Sein Blick streift Anna gleichgültig, ohne Erwartung.

Das Haus ist ihr nicht bekannt. Es ist alt wie der Mann, der davor sitzt. Anna fragt nach dem Weg ins Dorf und bekommt ein hundertjähriges Lächeln zur Antwort. Der Alte weiß es nicht! Ich will nach Ujazd, wiederholt sie.

Ujazd? sagt der Alte und schüttelt den Kopf, das muß weit weg sein!

Anna wird nervös. Was ist das hier für ein Haus, was für ein verrückter Alter?

Das Zollhaus, sagt der Alte, ohne sich zu rühren, das Zollhaus nach Gola hin!

Jetzt dämmert es Anna. Das Zollhaus im sogenannten Polnischen. Dort fuhr man als Deutsche nicht hin. Selbst der Wald hinter der Grenze war damals ein anderer und für sie nicht der Rede wert.

Ujazd ist nicht weit weg, sagt sie freundlich, ich bin ja von dort hergekommen!

So? Dem Alten scheint das egal zu sein. Unbeweglich sitzt er im Gras, die Beine wie Stöcke ausgestreckt, den Kopf unter einem grau verwitterten Hut versteckt, die gichtigen Hände am Kuhstrick hängend, als wäre das schlaffeutrige, leblos erscheinende Tier ein Halt, ohne den er nicht auskommen könnte. Sein Vogelgesicht ist Anna starr zugewandt. Selbst die Augen bewegen sich nicht. Sie betrachten Anna, als wäre sie Tag um Tag wie ein Fliegenpilz als Zeitvertreib für den Alten aus dem Boden gewachsen.

Verstehen Sie mich überhaupt?

Annas Ungeduld amüsiert den Alten. Ein Lächeln kriecht über sein Gesicht. Langsam kommen die Worte aus ihm heraus, mal deutsch, mal polnisch, wobei das Knacken seiner Kiefer zu hören ist.

Der spinnt, denkt Anna. Längst wäre sie weg, wüßte sie die Richtung.

Früher habe ich den Weg nach Ujazd oder Rohrdorf gekannt, sagt der Alte verschmitzt, aber heute – heute hab ich ihn vergessen!

Gehen Sie denn nie ins Dorf?

Der Alte dreht mehrmals den Kopf hin und her.

Nein, sagt er, ich war schon achtundfünfzig Jahre nicht mehr in Ujazd!

Wie bitte?

1917 bin ich hierhergekommen und seitdem nicht mehr fortgegangen!

Nirgendwohin?

Nein, die Menschen sind zu schlecht. Ich hab den Weg ins Dorf und in die Stadt vergessen!

Du lieber Gott! Anna bleibt respektvoll vor dem Mann mit der Kuh stehen und gibt die Hoffnung nicht auf, wenigstens die Himmelsrichtung zu erfahren, nach der sie sich richten kann. Ja, ja, sagt der Alte jetzt schon schneller und nicht mehr im deutsch-polnischen Mischmasch, die Menschen sind schlecht! Das habe ich 1914 im Krieg gelernt!

Und wo waren Sie im Zweiten Weltkrieg?

Der Wald ist groß, und das Zollhaus hier, kichert er, das hat niemanden interessiert!

Der Alte macht Anstalten, mehr von der Schlechtigkeit der

Menschen zu erzählen, aber Anna möchte nach Ujazd und vorher zur Napoleonspappel.

Jetzt ist es vier Uhr, Vesperzeit. Früher war das die einzige Möglichkeit, sich mit Ludwik am Tag zu treffen. Nämlich dann, wenn sich die Männer und Frauen kurz in den Schatten der Sträucher legten, ihre müden Knochen ausstreckten, Schnaps oder Essigwasser tranken, um den Durst zu löschen, und sich nicht dafür interessierten, was der andere machte.

Ich muß nach Hause, sagt Anna nervös, helfen Sie mir!

Sie weiß, daß ein Fremder hier an die fünfzig Kilometer und weiter durch den Wald immer an den Dörfern vorbeifährt, wenn er die Wege nicht kennt.

Da fällt dem Alten etwas ein. Er bindet die Kuh an den Zaun und winkt Anna ins Haus.

Eine Küche wie alle Küchen, nur ist die hier sauber mit Sand ausgestreut, und an der Wand hängen Bilder, Bilder, nicht etwa mit Stift oder Farbe gemalt, sondern aus Moos, Blättchen, Tannennadeln und winzigen Zweigen zu Bäumen, Häusern und Brunnen aneinandergeklebt. Hasen, Rehe, Kühe, Gänse, Vögel und Blumen aus Holz, Moos und getrockneten Blättern geben nur Landschaft und Getier wieder. Keinen Mann, keine Frau, kein Kind!

In einer menschenlosen Welt hat er sich mit den Überbleibseln des Waldbodens seine eigene Geborgenheit zusammengeklebt und an die Wand gehängt.

In der Schlafkammer sind die Wände blank. In der Ecke ein Kreuz, darunter ein Vertiko.

Umständlich zieht der Alte die oberste Schublade auf. Sie klemmt, und die Gegenstände auf dem Schränkchen kommen ins Rutschen.

Verflucht, sagt der Alte und fängt sein Gebiß auf, das dort neben Rosenkranz und Bibel seinen Platz hat.

Hier, sagt er und faltet eine uralte Waldkarte, in den Kniffen brüchig, auseinander. Ein einziges Haus zwischen eingezeichneten Waldwegen, Schneisen und Lichtungen, die es längst nicht mehr gibt. Sein dünner Finger legt sich auf einen rotumrandeten Kreis. Das ist mein Haus!

Also geht es hier nach Gola und hier nach Ujazd. Anna atmet auf. Sie besinnt sich, daß sie vorhin an der Hirschgrube vorbeigekommen ist.

Der Alte nickt ein Vielleicht. Ihn gehen die Wege in die Dörfer nichts mehr an.

Warum haben die Polen den halben Wald abgehackt, das ist Wahnsinn!

Die Polen? Der Alte lächelt, schiebt die Karte zurück in die Schublade und ordnet Rosenkranz, Bibel und Gebiß auf dem Vertiko, das waren die Russen, Pani!

Dann wünscht er Anna ein hundertjähriges Leben und schlurft zu seiner Kuh. Dort läßt er sich ins Gras fallen, streckt seine Beine weit von sich und schaut am Kopf der Kuh vorbei in den Wald hinein, als wäre Anna schon weg.

Froh, die Räder unter sich zu spüren, legt sich Anna in die Pedale. Bis zur Napoleonspappel ist es noch weit!

Es sieht aus, als käme sie geradewegs aus dem Horizont herausgeradelt. Erst nur als bunter, auf dem Weg vorwärtsrollender Punkt. Ludwik weiß, daß es Anna ist. Auch früher hatte sie stets diesen Weg gewählt. Absichtlich kam sie von drüben, aus dem Polnischen, wo sie als Gutsbesitzerstochter nichts zu suchen hatte und es keine Arbeit auf den väterlichen Feldern zu kontrollieren gab. Auf dem Fahrrad flitzte sie den Grenzweg entlang, geschickt um Steine und Löcher herum, immer schön die Balance auf der höchstens zwanzig Zentimeter breiten Spur haltend, so schnell wie möglich, um keine kostbare Minute zu verlieren. So schnell fährt sie nicht mehr! Langsam kommt sie auf Ludwik zu, vorsichtig und auf der Radspur des Weges wohl nicht mehr so sicher. Auch an den Weichselkirschen nach der kleinen Biegung, von wo aus sie ihn bereits sehen kann, hebt sie nicht die Hand, winkt nicht! Das ist gut, denn mit dieser Anna, die hier auf ihn zukommt, hat Ludwik nichts mehr zu schaffen.

Genau nach der kleinen Biegung in Höhe der Weichselkirschen sieht sie ihn an der Napoleonspappel stehen.

Beinahe hätte sie gewunken. Aus Gewohnheit und nur so!

Aber sie läßt es bleiben und findet sich selbst ein wenig sentimental. Nur gegen ihr Herzklopfen kann sie nichts machen, nichts gegen ihre Neugierde und nichts gegen den versteckten Wunsch, ihn zu beeindrucken!

Gut sieht er aus, in keinem Fall wie ein Traktorfahrer, auch nicht wie ein ehemaliger. Das gefällt Anna und löst eine Spannung in ihr aus, die nichts mehr mit der bedrückenden Atmosphäre am Mittagstisch zu tun hat.

Guten Tag!

Guten Tag!

Mehr fällt keinem von beiden ein, kein Wort, kein Satz. Alles, was Ludwik sich vorgenommen hat zu sagen, ist wie weggewischt. Er sieht sie an und sucht nach einem guten Anfang, distanziert und höflich. Aber Anna scheint nicht ganz bei Troste zu sein. Sie legt beide Arme um seinen Hals und küßt ihn. Schnell, warm und zärtlich.

Warum küßt du mich? Ludwik ist erschrocken.

Weil mir so war, antwortet sie fröhlich.

Ihre Vertrautheit und die Selbstverständlichkeit, mit der sie von ihm Besitz ergreift, lassen ihn auf der Hut sein und stocksteif werden.

Mein Gott, lächelt sie ihn blauäugig an, was machst du für ein Gesicht!

Die Fragen sprudeln aus ihr heraus, und am liebsten möchte sie alles auf einmal wissen.

Seine Reserviertheit nimmt sie einfach nicht zur Kenntnis, und es sieht so aus, als läge ihr nichts näher, als sich über alles hinwegzusetzen, was es an Zweifeln, an Traurigkeit, vielleicht sogar an Verrat zwischen ihnen gab.

Wie kommst du auf diesen Posten, Ludwik? Warum gerade in Ujazd? Du bist doch nicht von hier? Wie hast du das alles als Traktorfahrer geschafft?

Ich habe nach dem Krieg Landwirtschaft studiert. Daß ich später hierherkam, war Zufall!

Studiert?

Ludwik liest ihr die Ungläubigkeit von den Augen ab. Er hört ihren Zweifel heraus und spürt ihre unausgesprochenen Vorurteile. Für sie gab es damals keine studierenden Polen, nur Landarbeiter.

Als ich bei deinem Vater als Zwangsarbeiter auf dem Gut arbeiten mußte, hatte ich gerade das Abitur hinter mir!

Warum hast du mir das nie erzählt?

Damit du es weitersagst und ich in eine Fabrik gekommen wäre? Es war gut so, jeder hat mich für einen Ochsenknecht gehalten, du auch!

Und weil sie nicht antworten will, vielleicht auch nicht weiß, was sie nun eingestehen soll oder nicht, wird sein Ton freundlicher. Wenn du es gewußt hättest, wäre ich im Lager nicht so gut weggekommen!

Also so ist das! Annas Stimme ist müde und hat an Fröhlichkeit verloren.

Weißt du, wie ich mir vorkomme? Wie ein Affe im Zoo, wie ein Unikum, ein Gespenst, ein Nazi, was du willst, nur ich bin hier nicht ich, das kotzt mich an!

Sie setzt sich ins Gras, enttäuscht und auch traurig.

Von oben herab sagt Ludwik zu ihr: Wer bist du denn deiner Meinung nach?

Anna, ich bin Anna!

So, du bist Anna? War ich damals Ludwik?

Für mich ja!

Dagegen ist nichts zu sagen. Wie sie so vor ihm sitzt, wird ihm klar, daß er immer noch nicht mit ihr fertig ist. Sie verblüfft ihn und macht ihn wütend. Er ist hierher gekommen, um ihr zu sagen, daß es für ihn das Vergangene nicht mehr gibt. Ihre Gesten, ihre Vertrautheit sind ihm peinlich. Früher gab es für sie beide nur eins – es miteinander zu machen, gleich welchen Gefahren sie sich dabei aussetzten. Heute? Anna fegt das Ende ihrer Beziehung aus ihrem Gedächtnis, fragt nicht einmal, wie es damals gekommen ist, daß er ins Lager mußte.

Das Geräusch eines Motorrads auf der Chaussee von Nowawieś reißt Ludwik aus seinen Gedanken und läßt ihn schnell neben Anna auf die andere Seite des Baumstammes schlüpfen. Da stehen sie nun eng nebeneinander, die Köpfe seitlich zurückgelehnt, und verfolgen mit den Augen die Fahrt des Motorrades.

Jetzt gehts uns wie früher, lächelt Anna, ich versteck mich mit dir! Nur – ihre Hand fährt über seinen Arm – daß du es heute bist, der sich mit mir versteckt!

Ludwik schüttelt sie ab. Ihre Vertraulichkeit läßt ihn immer gereizter werden.

Für wie beliebt hältst du dich eigentlich, spöttelt er, und wieso meinst du, für die Bewohner von Ujazd noch interessant zu sein? Hier bist und bleibst du die Gutsbesitzerstochter! Das und nichts anderes, merk dir das!

Er läßt Anna nicht antworten, läßt sie nichts erklären und legt eine Sturheit wie Jacek Staszak an den Tag.

Es interessiert mich nicht, was du dazu sagst, verstehst du? Er beugt sich dicht zu ihr hinunter. Mir bist du heute genauso egal wie du jedem Bürger in Ujazd egal bist!

Mehr schafft er nicht. Jedes weitere Wort wäre zuviel, würde Mitleid aufkommen lassen.

Ihre Hilflosigkeit, die er gerne als einen Triumph für sich gebucht hätte, wird ihm unerträglich. Am liebsten wäre ihm jetzt ein wortloser Abschied. Ihre Hände, die ihm noch gut in Erinnerung sind, hat sie ineinander verdreht.

Warum gehst du nicht? fragt sie leise, ich hoffe, du hast alles gesagt, was dir auf dem Herzen liegt!

Ja, sagt Ludwik, ich denke, ich habe alles gesagt!

Anna hört, wie sich seine Schritte entfernen. Unter keinen Umständen will sie, daß er ihre Tränen sieht. Sie wünscht sich nicht sehnlicher, als daß er verschwindet, um endlich heulen zu können.

Während sie sich nach ihrem Fahrrad bückt, setzt Ludwik sich in seinen Wagen, läßt den Motor an und fährt in schnellem Tempo nach Ujazd.

Sicherlich, es kann Zufall sein, nur kommt es Zofia nicht so vor. Ludwik hatte gesagt, daß er am Nachmittag in Kolsko sei, um mit Józef Staszak den bevorstehenden Schaftransport zu besprechen. Aber Józef, der mit seinem Motorrad gerade aus Nowawieś kommt, weiß nichts von einer Verabredung mit Ludwik. Zwar hat Józef Ludwiks Auto in der Nähe der Napoleonspappel gesehen, ihn selbst aber nicht.

Ist er nicht hier? fragt Józef.

Zofia verneint, während Pani Pawlakowa sich zu keiner Antwort bequemt.

Ich wollte ihn hier im Büro sprechen!

Wie Sie sehen, ist er nicht hier, sagt Pani Pawlakowa, ohne von ihrer Arbeit aufzusehen. Rufen Sie morgen von Kolsko aus an!

Sicher, das mach ich, Pani!

Józef verläßt das Büro und ärgert sich über sich selbst. Immer gehorcht er dieser Frau Hauptbuchhalterin. Wenn der Direktor nicht da ist, nimmt sie sich noch mehr heraus, kommandiert herum, und das Verrückte dabei ist, kein Mensch wehrt sich. Sie ist aus dem gleichen Holz geschnitzt wie Józefs Vater: unnachgiebig und hart wie hundertjährige Eichen.

Zofia räumt ihren Schreibtisch auf. Warum hat Ludwik sie angelogen? Was hat er an der Napoleonspappel zu suchen? Pani Pawlakowa, fragt Zofia und rechnet mit einer Abfuhr. Kennen Sie diese Anna? Erinnern Sie sich an sie?

Die Frau Hauptbuchhalterin läßt sich für ihre Antwort Zeit. Ihr Kugelschreiber gleitet weiter von Zeile zu Zeile, addiert Zahl um Zahl.

Bitte antworten Sie mir!

Einen solchen Ton ist Wanda Pawlakowa nicht gewöhnt.

Aber als sie über den Schreibtisch hinweg Zofia ansieht, verzichtet sie auf ihre übliche Schärfe. Zofia tut ihr leid. Es wäre besser, wenn sich diese junge Frau etwas mehr zusammennehmen könnte.

Damals war die Niemka ein sehr junges Mädchen, sagt Wanda Pawlakowa gedehnt.

Haben Sie sie gekannt?

Gekannt nicht, aber gesehen! Ich habe sie oft gesehen. Meist auf dem Pferd, manchmal auch auf dem Rad im Wald zwischen Nowawieś und Ujazd!

Waren Sie nicht in Nowawieś Sekretärin? Wie kamen Sie nach Ujazd?

Das hätte Zofia nicht fragen sollen. Wanda klappt ihren Mund zu, als müßte sie verhindern, daß etwas herausfällt. Es dauert eine Weile, bis sie antwortet.

Wir Polen hatten alle vierzehn Tage Kirchgang in Ujazd. Und um den Weg abzukürzen, lief ich durch den Wald. Da sah ich sie, manchmal auch im Dorf.

Wanda Pawlakowa verschweigt, wie oft sie Anna wirklich

gesehen hatte, versteckt hinter Bäumen und Büschen, manchmal aber auch unvermeidlich Auge in Auge, beide in ähnlichen Angelegenheiten unterwegs. Anna auf dem Weg zu Ludwik, und Wanda auf dem Weg zu Kowalek.

Nie wechselten sie ein Wort. Eine ahnte von der anderen, daß sie um diese Zeit und an dem Ort, wo sich ihre Wege kreuzten, nichts zu suchen hatte. Schweigend sahen sie sich an, grußlos und mit der Furcht im Blick, eine könne die andere verpfeifen.

Wie sah die Niemka damals aus? War sie im Dorf angesehen? Zofia muß sich beherrschen, ihre Neugierde im Zaum zu halten. Verächtlich ziehen sich Wandas Mundwinkel nach unten.

Wie soll ich jemanden beurteilen, für den ich kein Mensch war? Für sie zählte unsereins nicht, war nicht gut und nicht böse, nicht fröhlich, nicht traurig, kannte keinen Schmerz und keine Wünsche. Für Mädchen wie Anna waren wir zu nichts nutze und wurden vergessen. Eben wie man einen Hund vergißt, selbst wenn man ihn einmal gern gehabt hat!

Und Ludwik, fragt Zofia weiter, hat er die Anna gut gekannt?

Wanda Pawlakowa wendet sich wieder ihren Zahlen zu.

Fragen Sie ihn selbst.

Ich trau mich nicht, Pani Pawlakowa, antwortet Zofia, unfähig, ihr Mißtrauen zu erklären. Ludwik ist verändert, seitdem die Niemka hier ist!

Ach was! Wandas Blick gleitet aus dem Fenster und beobachtet, wie Ludwik gerade aus dem Wagen steigt.

Ich sage Ihnen doch, diese Deutschen vergessen unsereinen wie Hunde! Ihr Mann wird keinen Grund haben, sich heute noch an die Niemka zu erinnern!

Für Zofia hat es keinen Zweck, mit ihren Problemen zu Pani Pawlakowa zu kommen, das begreift sie. Trotzdem ist in diesen kurzen Sätzen ein Haken. Etwas verschweigt die Frau Hauptbuchhalterin, genau wie Ludwik etwas aus der Zeit verschweigt, die so lange zurückliegt und mit dem Erscheinen der Niemka wieder in die Nähe gerückt ist.

Am Abend ist Zofia drauf aus, der Sache auf den Grund zu gehen. Ludwik ist gesprächiger. Freundlich lobt er das gut zubereitete Abendessen, und zu später Stunde sagt er, daß er sie liebt. Plötzlich und aus heiterem Himmel wirft er ihr seine Worte zu, langsam, zum Auffangen und Behalten.

Nur begnügt sich Zofia nicht damit. Als sie zu Bett gehen, legt sie sich zu ihm. Sie fragt nicht, wie es sonst ihre Gewohnheit ist, ob sie zu ihm kommen soll, um gute Nacht zu sagen. Sie wartet nichts ab, keine Aufforderung und keine Ablehnung. Sie schlüpft unter seine Decke, als besäße sie kein eigenes Bett und wüßte nicht wohin. Sie liegt plötzlich neben ihm, ist aus seiner Hüfte gewachsen und gehört seinem Körper an.

Das macht ihn unfähig, sich zu wehren. Also nimmt er sie wie sich selbst wahr, ihre Haut, ihre Wärme, ihren Leib, ihre Beine, Arme, alles was er von ihr spürt. Er streichelt sie. Er fährt über ihre Haut ohne Neugierde, ohne Erregung. Ihr Bauch ist ihm angenehm vertraut, der Ansatz ihrer Schamhaare und ihr Hinterteil.

Er hat das Bedürfnis einzuschlafen, neben ihr in Träume zu versinken, weg von der Gegenwart und der Erinnerung – ganz für sich.

Gute Nacht, Zofia, schlaf gut!

Zofia legt sich weder zum Schlafen zurecht, noch läßt sie ihn in Ruhe.

Ich kann nicht schlafen, sagt sie sanft. Ihre Forderung, jetzt auf der Stelle von ihm geliebt zu werden, egal ob er will oder nicht, ist für Zofia ungewöhnlich. Ebenso, wie sie sich jetzt seiner bemächtigt.

Du lieber Gott!

Sie kümmert sich nicht darum, ob er über sie erstaunt ist oder nicht. Sie ist ganz besessen von dem Wunsch, sich von ihm lieben zu lassen. Die Vorstellung, daß die Leidenschaft eines Liebesaktes Ludwik in die Lage versetzen könnte, ihr ein Kind zu machen, läßt Zofia hektisch werden.

Sie schiebt sich über ihn und bedeckt ihn wie ein Plumeau. Ihre Arme umschlingen ihn wie Schraubstöcke. Und als das nur ein Erschrecken Ludwiks zur Folge hat, wird sie hemmungslos.

Das ist rührend, weil ihre Bemühungen weder mit Routine vor sich gehen, noch durch ein sonderliches Lustgefühl bestimmt werden. Schließlich endet ihr Versuch, ihn zu umarmen, in einem trostlosen Fiasko, das ihr Tränen verzweifelter Scham aus den Augen treibt.

Reglos bleibt Ludwik neben ihr liegen. Eine kaum auszuhaltende Stille kommt zwischen ihnen auf.

Warum schläfst du nicht mit mir? flüstert Zofia.

Ich kann nicht! Versteh mich doch!

Zofia versteht es nicht. Ihre Gedanken umkreisen Anna. Seit diese Frau in Ujazd aufgetaucht ist, kann man nicht mehr mit Ludwik reden. Zofia fällt das Empfangsessen für Lora ein. Hat sich da Ludwik nicht schon nach Anna erkundigt! Fragte nicht jeder Pole, der noch zu deutschen Zeiten in Ujazd lebte, wer denn nun käme, die Lora oder die Anna? Hatte nicht Pani Pawlakowa Bemerkungen gemacht, die auf einiges schließen ließen?

Es ist wegen ihr, sagt Zofia und setzt sich aufrecht vor Ludwik hin. Sie spricht mit Sorgfalt. Seitdem du sie wiedergesehen hast, bist du wie verwandelt. Du redest kaum, du starrst sie an, wenn du glaubst, es sieht keiner. Du schläfst nicht, und . . . sie beugt sich über sein Gesicht, wo warst du heute nachmittag?

In Kolsko!

Siehst du, sagt Zofia traurig, du lügst! Du warst nicht in Kolsko. Józef Staszak suchte dich hier. Als er von Nowawieś kam, hat er dein Auto in der Nähe der Napoleonspappel stehen sehen!

So, hat er das?

Du hast sie getroffen, Ludwik, nicht wahr?

Nein! Ihre Eifersucht auf Anna berührt ihn. Er will nicht, daß sie wegen Anna leidet.

Hör zu, sagt er so zärtlich wie möglich und zieht Zofia zu sich heran, das ist unendlich lange her. Es stimmt, daß ich sie einmal gern gehabt habe, aber das ist heute nicht mehr wichtig. Vielleicht war ich auch nur neugierig auf sie, das kann sein! Mach aus ihrem Aufenthalt kein Drama zwischen uns. Das ist sie nicht wert!

Es wäre gut, wenn Zofia sich damit zufrieden gäbe, aber sie

tut es nicht. Was sie nicht genau weiß, läßt ihr keine Ruhe und jagt ihr Angst vor Verlust ein, gleich welcher Art.

In ihrer Kindheit und Jugend fühlte sie sich – so hatte sie es früher einmal Ludwik erklärt – wie ein Vogel, der seine Federn lassen muß und nicht mehr fliegen kann. Solange sie zurückdenkt, hatte sie nach und nach immer etwas verloren. Das Elternhaus, die Spielsachen, Möbel, Vater, Mutter, die Geschwister und nur sie selbst blieb mit zehn Jahren übrig.

Allein, irgendwo in einer fremden Stadt unter fremden Menschen verlangte man von ihr, sie solle von Glück sagen, daß sie am Leben geblieben sei. Aber Zofia konnte nicht von Glück sagen.

Erst mit Ludwik wurde die Sache anders. Doch als er ihr sagte, daß er 1943 im Lager so mißhandelt worden sei, daß er keine Kinder zeugen könne, ging ihre Angst vor dem Verlieren wieder los, wandelte sich in Mißtrauen, und Zofia wachte sorgfältig über alles, was sie als ihren Besitz betrachtete. Also auch über Ludwik.

Ich möchte etwas wissen, sagt sie, ich möchte wissen, ob dich die Niemka auch gern gehabt hat!

Vielleicht auf ihre Art!

Er schließt die Augen. Es ist ihm nicht möglich, mit Zofia über Anna zu sprechen. Jeder Gedanke verfilzt auf ungute Weise Erinnerung und Gegenwart miteinander und bringt die Absicht, seine Beziehung zu Anna als ein für alle Mal erledigt anzusehen, in Gefahr.

Laß uns einschlafen, bittet er.

Wenn sie dich nur ein bißchen gern gehabt hat, Ludwik, warum hat sie dann nicht verhindert, daß du ins Lager gekommen bist?

Ich weiß es nicht!

Ihre Beharrlichkeit läßt ihn weiter lügen und nichts von dem sagen, was wirklich geschehen ist.

Ich hasse sie, sagt Zofia leise, ich hasse sie mehr, als ich sagen kann.

Du bist verrückt, Zofia! Das ist alles Jahre her. Was willst du von der Frau? Sie hat nichts mit uns zu tun!

Ich möchte so gern ein Kind von dir!

Ehe er sichs versieht, liegt sie abermals in seinen Armen

und schluchzt: Sie hat Schuld, sie hätte verhindern können, daß du in ein Lager gekommen bist und halb tot geprügelt wurdest!

Hätte sie das deiner Meinung nach mit siebzehn Jahren verhindern können? Hör auf, von Dingen zu reden, die du nicht beurteilen kannst!

Und um des Friedens willen beginnt er sie zu streicheln, müde und sanft. Unter ihrer Beharrlichkeit, alles zu tun, um zu gefallen, gelingt ihm endlich ein behutsamer Beischlaf.

Seit dem Begräbnis des alten Sawko hatte Jurek nicht mehr mit Sabina gesprochen. In den folgenden Tagen hatte er sie nur von weitem gesehen und es vermieden, sie anzusprechen.

Józefs gutgemeinte Worte, mit denen er Jurek noch am Abend nach dem Leichenschmaus wieder aufzumuntern versuchte, hatten die Sache nur verschlimmert.

Und dann war Sabina plötzlich verschwunden, wie damals im Schober. Je länger Jurek um den Lenartschen Hof herumschlich, die Dorfstraße im Schatten der Bäume auf und ab lief, ja sogar auf dem Friedhof nach ihr Ausschau hielt, um so vertrackter erschien ihm das, was vorgefallen war. Mehr und mehr verlor er die Erinnerung an Sabinas Zärtlichkeit, an das Glücksgefühl, das er empfunden hatte, wenn sie sich liebten. Statt dessen fürchtete er sich vor dem Spott der Leute, und es demütigte ihn, daß sein Ansehen als angehender Magister im Dorf einen Knacks wegbekommen hatte. Wo steckte Sabina? Warum ließ sie sich nicht blicken und nahm den Teil der Schande auf sich, der ihr allein zuzuschreiben war? Sie wußte doch am besten, was ihr im Dorf für Gerüchte angehängt wurden. Nun war er es, der unversehens in den Mittelpunkt ihrer schlüpfrigen Geschichten geraten war.

Allmählich genierte er sich für seine Liebe und wurde feige. Er ließ sich kaum noch auf der Straße blicken und überlegte, ob er nicht zurück ins Studentenheim nach Katovice fahren sollte.

Nur die Blicke des Vaters hielten ihn davon ab und die Vorwürfe der Mutter, die ihm ihre Enttäuschung zeigten wie zuvor ihren Stolz. Das eine ist so unnötig wie das andere. Aber weil er sie nicht allein lassen will, nimmt er ihre Klagen hin, daß sie das alles weiß Gott nicht verdient hätten. Unsicher geworden, läßt er sich weder im Klub sehen noch in der wöchentlichen Kinovorstellung. Mürrisch schleicht er herum, sieht nicht rechts und nicht links und wittert hinter jedem Wort, hinter jedem Gruß Spott und Hohn.

Nicht einmal die Dorfstraße mag er entlanggehen, drückt sich lieber hinter Staszaks Wirtschaft vorbei, von den Zweigen der Apfelbäume versteckt, bis zur Chaussee in die Stadt, wo sich das Gerede nicht so schnell breitmacht.

Auf der Bank neben dem Kiosk sitzt Jula, die Ohren gespitzt, das Gesicht im Licht der Abendsonne, und wartet auf die Zeit, bis sie die Glocken für die Sechs-Uhr-Messe in Bewegung setzen muß. Hier entgeht ihr nichts vom nahenden Feierabend.

Hier kommen die Männer vorbei, um bei Kirkor ihren Wodka zu trinken, die Frauen, wenn sie pünktlich zur Kirche eilen, und auch die Leute, die der Bus aus der Stadt zurück nach Ujazd bringt.

Jeden Schritt kennt sie, von den Stimmen ganz zu schweigen, und Kirkor ist sogar der Meinung, daß sie selbst an einem Furz merkt, wer des Weges kommt.

Ihr Plätzchen auf der Bank am ehemaligen Kriegerdenkmalplatz ist gut gewählt. Auch Jurek muß an Jula vorbei, da hilft nichts. Es sei denn, er ginge über den Acker. Aber das würden die Kinder weitererzählen. Seht mal den Jurek, er traut sich nicht einmal mehr auf die Dorfstraße! In seinem Gehirn wachsen Flüche und Verwünschungen auf Ujazd, auf sich, auf Sabina. Leise, mit feuchten Lippen und gesenktem Kopf spricht er sie vor sich hin. Fluch auf Fluch.

He, Jurek! krächzt Julas Altweiberstimme zwischen zwei seiner Flüche über die Straße hinweg, dir sitzt der Teufel auf der Zunge! Sie fuchtelt mit ihrem Stöckchen, daß es jedermann sehen kann. Komm her, Junge, chodź no!

Jurek fährt ein ähnlicher Schreck in die Glieder wie Suszko, wenn Jula etwas will. Alle Bewohner von Ujazd haben Respekt vor ihr, auch wenn die Jungen lachen und ihre Witze über die Alte reißen, denn wen sie im Griff hat, der sitzt wie die Fliege im Netz, unfähig sich zu wehren.

Laßt mich in Frieden, ruft Jurek zurück und läuft schneller. Darauf kräht Jula noch lauter, schiebt ihr Kopftuch vom Kinn und will ihm nach. Am Kiosk stehen Jozef, Renata und Pfirsichperka. Wenn die Alte nicht Ruhe gibt, werden sie auf ihn aufmerksam, vielleicht sich einmischen und fragen, was los ist.

Was wollt Ihr, ich muß in die Stadt, knurrt Jurek und bleibt vor ihr stehen.

Setz dich!

Setzen?

Jurek hat noch nie neben der Alten auf der Bank gesessen. Verdammt blöd kommt er sich vor. Ihr Leberfleck, knusprigbraun, dem die Alten im Dorf allerhand Kraft nachsagen, stört ihn mehr als ihre sich drehenden trüben Augen. Verrückt, daß er ihr gehorcht. Was werden die anderen denken, wenn sie ihn hier neben ihr hocken sehen?

Du wirst sie dir aus dem Herzen fluchen, Jurek, wispert die Alte, du bist nicht schlau, du bist dumm, daß es stinkt. Jula rümpft die Nase.

Und weißt du, was du noch bist? Eitel, so eitel, daß mein Spiegelchen in Scherben ginge, wenn du hineinschauen würdest.

Ihr Kichern ist unerträglich. Aus ihrem schiefen Altweibermund trifft ihn ein Dunst von Kamille und Salbei.

Alte Hexe, zischt er, was willst du von mir?

Zu seinem Erstaunen ist Jula nicht beleidigt. Sie kichert, als gäbe es eine Menge zu lachen, und streckt ihren Arm aus, um ihm auf die Schulter zu klopfen. Knochendürr und dünnhäutig reckt er sich aus dem Ärmel. Aber Jurek ist schnell, rutscht zur Seite und läßt die Alte ins Leere langen.

Deine Liebe, Jurek, die ist nichts wert, die verträgt keine Sonne, schon gar nicht das Gerede der Leute, die blüht nur unter Toten auf dem Friedhof zwischen Liersch- und Stephanskraut!

Jurek strafft sich, spürt jeden Muskel und will zuschlagen. Tatsächlich, er hebt beide Hände, um Jula von der Bank zu stoßen und seine ganze aufgestaute Wut an ihr auszulassen. Er schreit. Renata, Józef und Pfirsichperka werden auf ihn aufmerksam. Und Ada, die Verkäuferin im Kiosk, kommt aus ihrem Klapptürchen, um besser sehen zu können. Die Männer vor Kirkors Laden heben ihre Ärsche von dem Mäuerchen und starren, ihre Wodka- und Bierflaschen in der Hand, wortlos herüber. Die Frauen, auf dem Weg zum lieben Gott, bleiben stehen und vergessen ihre im Herzen vorbereiteten Bittgebete. Was da drüben passiert, ist kaum zu glauben! Kanteckis Jurek schreit Jula an. Er geht auf die Alte los, packt sie am Kittel und brüllt, daß es jeder hören kann: Sabina sei eine verdammte Kurwa, die ihn nichts anginge.

Ausgerechnet der muß das sagen! Ein Grinsen überall.

He, Jurek, bist du verrückt? Er steht wie angewurzelt, unbeweglich für Sekunden, die Arme noch in der Luft, während ihm seine Worte über Sabina mitten im Fluch zwischen den Zähnen hängen bleiben. Keiner kann recht erkennen, was da vor sich geht. Man guckt und hält den Atem an. Jula hat ihre Finger im Spiel. Das wenigstens hat jeder mitgekriegt. Wie lange es dauert? Hinterher weiß es keiner genau.

Wieviel Atemzüge? Wieviel Herzschläge? Hier Jula, auf die Ecke der Bank geklebt, die Augen ohne Blick weit aufgerissen, aber das Gesicht Jurek zuwandt. Und dort Jurek, der eben noch die Alte schlagen wollte, jedenfalls sah es so aus, jetzt stumm und vielleicht teuflisch verzaubert. Seine Flüche sind in ein Lächeln verwandelt, seine Augen geschlossen. Da soll einer wissen, was vorgefallen ist!

Langsam kommt Józef näher. Ada läßt den Kiosk im Stich, die Tür offen, zerrt Renata mit sich, und beide schütteln nur noch den Kopf. Den Jurek, den hats gepackt, du lieber Gott!

Pfirsichperka hat es allerdings genau gesehen, nur spricht er später nicht darüber. Er würde sich dumm vorkommen und wüßte auch nicht, wie er den Vorgang schildern sollte. Jedenfalls war es so, daß Jurek die Alte an der Schürze packen wollte und eine jesusmäßige Wut im Bauch hatte. Als er dann über Sabina herzog, da hatte Jula ihr Stöckchen beseite gelegt und Jurek ganz kurz berührt. Es war kein Anfassen im üblichen Sinne. Pfirsichperka kam es eher vor, als hätte Jula ihre Fingerspitzen in Jureks Handrücken getaucht. Hinein und wieder heraus. Jureks Fluch verstummte und machten diesem sonderbaren Lächeln in seinem Gesicht Platz.

Weit unbegreiflicher ist die Sache für Jurek selbst. Verständlich, daß auch er später niemandem erzählen mag, was mit ihm vorgegangen ist. Immerhin müßte er Pfirsichperka zustimmen, daß ihn die Alte an der linken Hand berührt hatte. Die Wut, die er seit Tagen mit sich herumschleppte, hatte die Alte mit ihrem Geplapper zum Platzen gebracht. Er spürte ihre kalten Fingerkuppen fest und griffig auf seiner Hand, wie eine Affenpfote. Und weg waren der Kiosk, Adas und Renatas törichtes Staunen, weg die Männer vor Kirkors Laden, weg die Weiber, die auf dem Weg zur Kirche waren, und weg war Jula. Das kam Jurek am unglaublichsten vor.

Statt dessen sieht er die Lenartschen Ställe vor sich. Schmutzig, mit blinden Fenstern, schief hängenden Türen und einwärtsgebogenem Dachfirst. Er sieht den dösenden Hund, den klapprigen Schimmel und die mickrigen Katzen, die mit steilgestellten Schwänzen die Mauerwand entlang streichen. Katzen, die Böses wittern und daher unruhig sind. Da kommt Sabinas Mutter aus dem Haus. Sie trägt einen Kanister unter der Schürze. Lautlos schleicht sie über den Hof. Sie hält nach allen Seiten Ausschau und legt schließlich den Kopf schief, als gäbe es etwas Außerordentliches zu hören. Jetzt hört auch Jurek das Geräusch. Tief grunzend zieht es aus dem Stall in sein Ohr, regelmäßig und gurgelnd. Das Schnarchen des besoffenen Lenart. Wahrscheinlich wieder mal mit dem Gesicht im Mist. Und jetzt, Jurek traut seinen Augen nicht, rennt Genowefa zur anderen Stallseite, schlüpft durch die Tür, gießt den Inhalt des Kanisters über den Fußboden und macht sich daran, das Ganze anzuzünden.

Feuer? Ja, Feuer. Ein Versicherungsbetrug, an dem am Ende noch Marek Lenart mit seinem Sprit im Bauch wie Zunder verbrennt. Schreien, Jurek möchte schreien, Sabinas Mutter die Streichhölzer wegnehmen, den besoffenen Lenart aus dem Stall zerren, Wasser holen. Nichts – steinernstumm ist er zur Unbeweglichkeit verdammt, kann nur mit den Augen wahrnehmen. Sieht das verzerrte Gesicht der Genowefa Lenart, ihre nervösen Finger, die das Streichholz nicht schnell genug ankriegen.

Er hört ihr Gemurmel, vielleicht Gebete, vielleicht Flüche, und er sieht ihre schlotternden Beine in den Holzpantinen, die der Bezinpfütze aus dem Weg gehen, damit sie nicht selbst in Flammen aufgeht. Aber ehe sich das Feuer in die Holzkrippen frißt und ehe sich die Sache zu einem Brand auswächst, der der Lenartschen die gewünschte Versicherungssumme einbringt und vielleicht den versoffenen Marek zu nichtsnutziger Asche verkohlen läßt, wendet sich alles zum Guten. Was Jurek in seiner Hilflosigkeit nicht schafft, erledigt Sabina.

Barfüßig kommt sie aus dem Haus gerannt, in der Hand eine Decke, mit der sie das Feuer ausschlägt. Wie schnell das geht! Und ohne Rücksicht auf ihre Füße, ihre Hände, an denen sich rote Stellen zeigen.

An der Stalltür die Mutter, untätig, jetzt heulend und um Verzeihung bittend. Sie hat es nicht gewollt, ruft sie der Tochter zu, sie weiß selbst nicht, was in ihr vorgegangen ist. Sabina möge den Mund halten, sie nicht ins Gefängnis bringen und damit das Unglück der Familie vergrößern. Aus dem Stall sind noch immer in entsetzlicher Regelmäßigkeit Mareks Schnarchlaute zu hören. Der Qualm nimmt überhand und nebelt die Szene ein. Jurek kann nur noch sehen, daß Sabina, schwarz und verschmiert wie sie ist, die Mutter zu streicheln beginnt.

Der Spuk ist vorbei. Jula tut so, als ginge sie Jurek und das, was er vermeint hat zu sehen, nichts an. Mühsam, ein wenig vor sich hinstöhnend, rafft sie sich auf, greift nach ihrem Stöckchen und schlürft in Richtung Kirche. Sechs-Uhr-Messe. Bald wird sie, wie allabendlich, zwischen den Glockenketten hängen und das Geläut für die Seelen von Ujazd und zu Ehren des Herrn bewegen.

Jurek sieht sich verdutzt um. Blicke, Grinsen und Piotr Perkas gutmütige Worte: Ich glaub, du nimmst die ganze Geschichte viel zu wichtig!

Was für eine Geschichte?

Die Alte ist weg, längst hinter dem Kiosk verschwunden. Die Männer hocken wieder auf Kirkors Mäuerchen, trinken und reden. Nicht über ihn. Ada legt Józef das Wechselgeld für Zigaretten auf den Teller. Holst du Janka nicht ab? Nein, sagt Józef, sie kommt mit dem Rad aus der Stadt!

Jurek ist vergessen. Er geht aufgewühlt von den Bildern, die er vor sich gesehen hat, langsam die Straße hinunter.

Bleib doch hier, ruft ihm Renata nach, wir besprechen nachher im Klub einen Ausflug nach Lubin. Leon hat uns eine Besichtigung in der Kupferhütte organisiert!

Jurek hört nicht hin. Er will nichts besprechen und nichts besichtigen. Er will allein sein.

Schnurstracks und vier Kilometer lang führt die Chaussee von Ujazd in die Stadt. Keine Kurve. Teer und Sand, Sand auf Teer, Jahr für Jahr von den Autos und Traktoren zu einer grauen Schicht gepreßt, halten die Straße in befahrbarem Zustand. An Jureks Schuhsohlen haften Klümpchen und machen seinen Schritt klebrig. Alle Autos fahren langsam. Kleine schwarze Punkte bekleistern den Lack wie Fliegenscheiße. Die meisten Autos sind sowieso grau.

Noch hat die Ernte nicht begonnen. Auf den Kombinatsfeldern ist die Bekämpfung des Kartoffelkäfers gelungen. Nichts mehr zu sehen von diesen Millionen possierlichen strohgelben Blattkäfern mit ihren akkuraten zehn schwarzen Streifen auf den Flügeldecken, die gemeinsam mit ihren widerlich fleischfarbenen Larven im Frühsommer zum Fraß ansetzen und ganze Furchen von Lenarts Kartoffelpflanzen bis auf den Stiel verputzt haben. Eine Plage, so sagen die Alten, die in Ujazd erst nach dem Zweiten Weltkrieg aufgetreten ist.

Auf halber Strecke der Hügel des ehemaligen Bismarckturms. Jurek erinnert sich an die Schulzeit. Bismarck, kein Freund der Polen, der mit allen Mitteln versucht hatte, dem polnischen Volk seine Sprache zu nehmen und seine Kultur wegzuwischen, hat hier kein Denkmal mehr.

Über den Eichen krakeelt wütend eine Horde grauer Nebelkrähen. Jetzt sieht es hier unwirtlich aus. Brennesseln rundum. Auf dem Weg längs des Hügels Unkraut, Papier. Es riecht nach Pilzen und Urin. Jurek nützt die Gelegenheit, um sein Wasser abzuschlagen. Am Horizont die Silhouette der Pfarrkirche, deren Turm an die sechzig Meter hoch ist und so, wie er jetzt dasteht, mit seiner Spitze die Abendsonne ansticht.

Jurek hätte nichts gegen einen Knall, der die Welt in Finsternis versetzte und ihm die Möglichkeit gäbe, wieder ein neues Leben zu beginnen. Sabina – Sabina!

Es kotzt ihn an, daß er immer an sie denken muß, obwohl

er sich weiß Gott genug bemüht hat, auf dem Weg bis hier an andere Dinge zu denken und nur das zu sehen, was es tatsächlich zu sehen gibt. Dort kommt Janka Kowalek, Józefs Freundin, auf dem Fahrrad. Ihr fester Hintern unter dem geblümten Kleid reibt sich von links nach rechts über den zu hoch eingestellten Sattel. Jurek denkt, daß sie sich, bis sie in Ujazd ankommt, ihre Möse wundgescheuert haben wird, rot wie eine Tomate. Als sie näher kommt, regelmäßig hin und her wippend, und er ihre munter hüpfenden Brüste unter dem Hemd taxiert, bekommt er Lust auf sie. Ob Friedhof oder Bismarckturm, das ist ihm egal – alles ist ihm egal, die Hauptsache, er kann sich Janka so vornehmen, wie er sich Sabina vorgenommen hat.

Halt an!

Janka lächelt ihm rosig schwitzend aus holzbraunen Augen zu. Der Jurek, sagt sie verwundert, als hätte sie ihn vor Jahren zuletzt gesehen, was machst du denn hier? Statt einer Antwort schwingt er flott ein Bein über das Vorderrad, legt seine Arme über die Lenkstange und bringt sie mit seinem Blick in Verlegenheit. Sie weiß nicht, wo sie hinsehen soll, und wird rot.

Was willst du, sagt sie mehr erstaunt als streng, ich bin nicht Sabina!

Das sitzt, weil es Janka so freundlich sagt. Jurek läßt das Vorderrad wieder frei, sagt nichts. An sich könnte Janka jetzt weiterfahren. Aber nein, sie stellt ihr Fahrrad an den nächsten Baum und läßt sich auf ein Gespräch ein.

Weißt du, sagt sie etwas zu großspurig, vielleicht sollte es dir einmal jemand sagen!

Jurek ist keineswegs scharf darauf zu erfahren, was ihm jemand sagen sollte. Im Gegenteil, jetzt wäre es ihm lieber, Janka machte sich auf ihrem zu hohen Sattel, ihr Hinterteil über das Leder reibend, nach Ujazd davon.

Sabina, sagt Janka und legt ihm vertraulich die Hand auf die Schulter, die bringt dich nicht weiter! Die steht dir nur im Weg, ist dumm und hat nichts dazugelernt. Jeder in Ujazd weiß doch, wie sie zu ihrem Vorteil kommt. Ist ja auch kein Wunder bei den Eltern!

So! Mehr sagt er nicht.

Das macht Janka Mut. Die Geringschätzung macht ihr hübsches Gesicht grob.

Sabina gehört nicht zu uns, sie paßt nicht in den Klub, nicht ins Dorf. Die hat überhaupt kein Gefühl für das, was von einem Mädchen heutzutage erwartet wird! Nicht einmal eine Ausbildung hat sie. Als einzige in Ujazd, das mußt du dir mal vorstellen!

Was geht dich das an?

Endlich hat Jurek ein paar Worte gefunden. Nur nützen sie nichts, denn Janka lächelt immer noch ziemlich aufgeblasen.

Mich geht es nichts an, sagt sie, aber dich! Dich sollte es schon etwas angehen, als zukünftigen Magister der Volkswirtschaft!

Und weil Jurek auch darauf nichts sagt, glaubt Janka, ihre Mission erfüllt zu haben. Schließlich will sie Jurek nicht ärgern, sondern ihm nur das sagen, was allem Anschein nach niemand sonst zur Sprache bringen will.

Sei nicht böse, lächelt sie und legt schon wieder die Hand auf seine Schulter, du weißt doch, wie ich es meine! Und um Jurek nicht noch mehr in Verlegenheit zu bringen, wechselt sie das Thema. Sie kommt in fröhliches Quatschen, erleichtert, ihre selbstgestellte Aufgabe hinter sich zu haben.

Hast du die Niemka schon gesehen, will sie wissen und berichtet, daß die Mutter sie darum gebeten hat, Anna einzuladen.

Warum?

Frag mich nicht, die Alten sind komisch! Meine Mutter hat bei den Deutschen im Schloß gearbeitet, und mein Vater war im Gutswald Forstgehilfe. Jetzt wollen sie unbedingt, daß die Niemka zu ihnen kommt, um mit ihr von früher zu reden. Sie hätten nichts gegen diese Anna, und man könnte nie wissen! Verstehst du das?

Jurek zeigt kein Interesse. Er hat die Niemka zwar gesehen, ein paar Leute im Dorf kennen sie wohl auch noch, aber ihn geht das nichts weiter an. Nur ihr Auto – damit würde er gern einmal fahren!

Meinst du, ich soll zu ihr hingehen?

Klar, warum nicht, ist doch nichts dabei!

Was geht es ihn an, wen sich die Kowaleks zum Kaffee einladen! Er läßt Janka stehen, weiß nicht einmal, ob er auf Wiedersehen gesagt hat. Er haut in Richtung Stadt ab, ohne zu begreifen, warum ihm die Lust auf Janka vergangen ist.

Sein regelmäßiger Schritt, der ihn von ihr wegträgt, klingt ihm angenehm im Ohr. Wenn er in der Stadt ist, wird er im Centralny ein Bier trinken, vielleicht auch mehrere.

Niemand hat damit gerechnet. Nicht einmal der Nachtwächter Fratczak, der sonst auf Grund seines Unfalls die kleinste Wetterveränderung voraussagen kann. Der Platzregen, der jetzt vom Himmel drischt, hat jeden überrascht. Noch stehen Pferd und Kutsche unter der Kastanie, für Ludwik Janik angespannt, der den Stand der Rapsfelder zwischen Ujazd und Zawada prüfen will. Der Magaziner Jodko schiebt den Motor des Trockengebläses, der für die kommende Ernte überholt werden muß, wieder in den Schuppen zurück. Aufgeplustert hocken die Hühner unter den sauber aufgereihten Wagen in der Mitte des Hofes. Ein Zeichen, daß der Regen nur vorübergehend ist. In den Pfützen springen schwere Tropfen hoch. Dem Pferd läuft das Wasser am Geschirr entlang und in senkrechten Bahnen über das Fell. Im Haus schlägt ein Fenster. Der Wind hat zugenommen, Das Rauschen der alten Bäume im Park zieht über den Hof. Anna lehnt mit der Stirn an Fensterglas, alles mit einem Blick umfassend: Fratczaks erste Frau Jadwiga rennt in viel zu großen Gummistiefeln über den Hof. Sie soll das Pferd ausspannen, schreit ihr Jodko zu, aber die Schweine sind wichtiger. Das Pferd geht sie nichts an.

Anna hat das beobachtet, sie überlegt nicht lange und rennt die Treppe hinunter in den Regen. Innerhalb von Sekunden ist sie klatschnaß. Das feuchte Leder knotet sich schlecht aus dem Ring. Links und rechts wirft sie dem Pferd die Stränge über den Rücken. Zwei Griffe jeweils für die Riemen, die die Deichsel halten, und ebenso schnell hat sie die Zügel aus dem Trensenring geschnallt und das Kopfzeug heruntergenommen. Ein Klaps auf das Hinterteil – das Tier trabt dem Stall zu. Ein Lachen von Jodko, ein freundliches Nicken von Jadwiga, die Anna von ihrer Futterküche aus gesehen hat.

Gelernt ist gelernt, sagt sie später zu Jodko. Und der erwidert: Das sieht man auf den ersten Blick. Nur Pani Pawlakowa hält Annas Hilfsbereitschaft für Wichtigtuerei.

Längst ist Anna wieder in ihrem Zimmer. Sie hat sich umgezogen und hängt ihren Gedanken nach. Jodkos Lachen und Jadwigas anerkennendes Nicken hatten ihr gutgetan. Ein paar Minuten in Regen und Wind hatten ihre Gegenwart in Ujazd selbstverständlich gemacht. Genauso lange, wie es dauert, ein Pferd auszuspannen, Das ist nicht viel.

Vielleicht wäre es besser, wenn sie arbeitete? In den Ställen oder in der Küche, etwas tun, was ihr Hiersein rechtfertigte? Gegen Arbeit könnte niemand etwas einwenden, auch Ludwik nicht.

Jolka führt den Auftrag gerne aus. Jeder Grund, Pani Anna aufzusuchen, ist ihr recht. Als auf ihr Klopfen keine Antwort kommt, öffnet sie vorsichtig die Tür, bereit, selbst einen Verweis hinzunehmen. Pani Anna steht mit ausgebreiteten Armen am Fenster und starrt in den Regen.

Entschuldigung, sagt Jolka, ohne daß Anna sich rührt. Entschuldigung! Jetzt erst dreht Anna sich um. Kommst du mich besuchen?

Pani Pawlakowa schickt mich. Es ist ein Anruf für Sie aus Westdeutschland angemeldet. Sie sollen kommen und warten!

Wie lange muß ich warten?

Jolka hebt die Schultern. Vielleicht eine Stunde, vielleicht zwei! Leistest du mir Gesellschaft?

Wenn Sie wollen?

Ich will, Jolka. Ich fände es schön, wenn ich dort nicht allein warten müßte!

Aber Pani Pawlakowa und Pani Janikowa sind im Büro.

Eben, sagt Anna, deshalb!

Oskar hat das Gespräch angemeldet. Anna freut sich darauf. Ob sie allein mit ihm reden kann? Pani Pawlakowa sieht nicht so aus, als wenn sie ihren Schreibtisch für die Dauer des Gesprächs räumen wollte. Die Kleine kann gehen, sagt sie auf deutsch und deutet Jolka an zu verschwinden. Anna hält das Kind fest. So fest, daß es Jolka weh tut. Wenn die Kleine stört, antwortet Anna störrisch, bin ich Ihnen sicher auch im Weg. Es macht mir nichts aus, im Flur zu warten!

Ehe Pani Pawlakowa etwas erwidern kann, ist Anna schon draußen. Jolka weiß nicht warum, aber die Tür fällt laut ins Schloß. Jesusmaria!

Wenn Jolka es sich recht überlegt, würde sie jetzt doch lieber gehen, statt mit der Niemka auf den Treppenstufen neben der offenen Haustür zu sitzen. Wer weiß, was Pani Pawlakowa später erzählen wird.

Der Regen hat nachgelassen. Es riecht nach Erde und nassen Blättern. Die Regentraufen sind übergelaufen, vielleicht verstopft. Jedenfalls schwappt das Wasser in Schüben an der Treppe vorbei vom Dach. Wollen Sie hier warten, bis Ihr Telefongespräch kommt? fragt Jolka vorsichtig, hier auf der Treppe?

Ja, sagt Anna, es gefällt mir hier. Außerdem kann ich Pani Pawlakowa nicht leiden! Sie sieht einen nie an, weißt du?

Ja, nickt Jolka und fügt, allen Mut zusammennehmend, hinzu, daß sie Pani Pawlakowa auch nicht leiden könne. Darauf halten sie beide eine Weile den Mund.

Und Pani Janikowa, fragt Jolka schließlich, können Sie die auch nicht leiden?

Ich kenne sie nicht, antwortet Anna kurz.

Sie ist sehr nett, erklärt Jolka gewissenhaft und kommt ins Flüstern, als sie erzählt, was sie von der Mutter weiß. Nämlich, daß Pani Janikowa keine Kinder kriegen kann! Und weil Anna für Jolka im Grunde genommen viel interessanter ist und auch weil Jolka höflich sein will, erkundigt sie sich, ob Anna Kinder hätte.

Ja, sagt Anna gedehnt, aber sie sagt nicht, wie viele Kinder, nicht ob Jungen oder Mädchen, auch nicht, wie alt sie sind. Das macht Jolka unsicher.

Es ist wirklich schwer, neben Anna sitzen zu bleiben, die jetzt ganz und gar verstummt. Die Hände über den Knien gefaltet, als müßte sie sich an ihren Beinen festhalten, starrt sie stur aus der Tür in den Regen. Ich gehe, sagt Jolka endlich und zupft wie immer an ihrem Röckchen, besorgt, ob es nicht wieder einmal Schmutzflecken gegeben hat.

Oskars Stimme, stumpf, als spräche er durch Samt, ist unverständlich. Außer ihrem Namen versteht Anna kein Wort. Hallo! Mindestens fünfmal ein verzweifeltes Hallo. Die Antwort ein Sausen und Knacken, polnische Wortfetzen. Dazwischen abermals Oskars Samtstimme – Anna, hörst du mich?

Nein, schreit Anna, ich höre dich nicht. In diesem Scheißland kann man nicht einmal telefonieren!

Wortlos verlassen die Damen Pawlakowa und Janikowa das Büro.

Hallo? Und dann plötzlich Oskars Stimme, ohrnah, als telefonierte sie von zu Hause aus mit ihm, läge auf ihrer Couch, Kissen auf den Beinen und unter dem Kopf, gerade recht für ein ausführliches Gespräch. Oskar?

Alles okay, Anna? und noch an die Lautstärke von vorhin gewöhnt, antwortete sie mit einem gellenden Nein. Erst nach und nach wird ihre Stimme leiser.

Ich will nach Hause, Oskar – ich halte das hier auf die Dauer nicht aus – die Leute – das Dorf – mein Zimmer –

Sie stottert und sagt, daß sie am Telefon nichts berichten könne. Nein, Schwierigkeiten hätte sie keine! Man wäre sehr höflich zu ihr! – Trotzdem!

Oskars Vorschläge zur Verbesserung ihrer Situation sind absurd. Zum Beispiel in die Dorfkneipe gehen. Aber es gibt keine. Zigaretten hergeben, die Leute im Auto herumfahren, zum Schnaps einladen, sich halt einschmeicheln! Aber das sind hier keine Indianer, die sich durch Geschenke beeindrucken lassen! Und was ist mit den Antibiotika?

Die habe ich vergessen!

Vergessen? Oskar begreift nicht, warum Anna sich die beste Chance für ein gutes Entree verpatzt. Schließlich hat sie doch eine Einladung vom Schriftstellerverband. Was soll Anna antworten? Am besten nichts! Was geht die Bewohner von Ujazd der Schriftstellerverband an? Staszak, Jolka und ihren Vater, den Magaziner, Fratczak mit seinen zwei Frauen, Pani Pawlakowa, Jula oder gar Ludwik?

Für die Leute hier, Oskar, bin ich nichts weiter als die Tochter des ehemaligen deutschen Gutsbesitzers!

Auch gut! Dann mach eben daraus etwas! Tritt selbstbewußter auf. Du wirst von den Behörden unterstützt.

Meinst du, ich sollte arbeiten, sagen wir mal, im Stall, in der Werksküche oder wenn die Ernte anfängt!

Gelächter. Oskar hält Anna für völlig durchgedreht. Sie solle sich nicht in einer Magdrolle versuchen oder ähnliche Kostümierungen vortäuschen, sondern ihren Kopf und ihr Tonband gebrauchen. Bring die Antibiotika an den Mann und sieh zu, daß du dir dafür ein vernünftiges Interview einhandelst. Du hast Aufträge und Vorschüsse bekommen. Man erwartet hier etwas von deinem Aufenthalt in Polen. Deine Texte kannst du dir doch nicht im Kuhstall zusammenschreiben. Vor allem mußt du sehen, daß du an Aussiedler herankommst, das wird in den nächsten Jahren ein heißes Thema, und wenn das alles nichts hilft, dann laß dich von einem erdverbundenen, adonisgleichen Schafhirten in den Arm nehmen, ich hab gehört, die Polen . . . Hallo, hallo, Anna, bist du noch da?

Es dauert eine Weile, bis Oskar aufgibt und einhängt. Anna ist der Hörer immer weiter heruntergerutscht. Zum Schluß liegt er auf Pani Pawlakowas Schreibtisch. Von dort fiept Oskars Frage, ob sie noch da sei, lächerlich an ihr Ohr. Stille. Die Regendämmerung schiebt sich nur langsam vom Himmel. Schattenloses, graues Licht, zu hell, um schon die Lampe anzumachen, bringt die Nachtigallen im Park durcheinander.

Über den Hof, in jeder Hand drei geköpfte Hühner, geht eine der Küchenfrauen. Während des Unwetters schnitt sie den Tieren im geschützten Stall die Gurgel durch. Noch zukken die Leiber, und Blut tröpfelt auf die regennassen Steine, Anna fällt ein, daß sie als Kind Hühnern mit Lust und Wucht den Kopf vom Rumpf getrennt hat. Im Alter von Jolka hatte sie an die zehnmal zugeschlagen, jedesmal zitternd und fasziniert von dem Moment, wo der Kopf reglos wie ein Scheit Holz auf dem Hackklotz lag, während der Körper zwischen den Händen der Hühnerfrau zuckte, manchmal entglitt und ein paar Meter über den Hof tanzte. Dann spritzte das Blut und besudelte die Hennen, die noch nach Körnern pickten und so taten, als ginge sie das nichts an. Siehst du, Anna, hatte die Hühnermarie gesagt, jetzt kannst du auch Hühner schlachten. Und Anna war stolz zu Lora gelaufen, um zu erzählen, daß sie hintereinanderweg einem Huhn nach dem anderen mit dem Hackbeil den Kopf abgeschlagen hätte.

Pfui Teufel, hatte Lora losgejammert, bist du gemein! Wieso bin ich gemein, wenn ich schlachte und du frißt? Anschließend hatten sie sich sogleich geprügelt und mußten dann zur Strafe ohne Abendbrot ins Bett. Das Hühnerfrikassee aßen die Eltern allein auf.

Die Perkas sitzen um den Tisch und essen. Es ist früher Abend, die Zeit vor der Viehfütterung. Mittags wird außer an Sonn- und Feiertagen von der Mahlzeit kein Aufhebens gemacht. Das hat sich so ergeben, damit die Arbeit nicht unterbrochen wird. Alles hat seinen Rhythmus, nur ist er jetzt von der Arbeit diktiert, nicht von der Gewohnheit.

Früher, sagt Elkas Mann Karol, Piotrs Stiefvater, früher, da aßen wir dreimal am Tag, wie es sich gehörte. Aber seit sie in meiner Küche sitzt, kommen Neuheiten auf.

Janina lächelt aus blassen Augen über die Suppe hinweg zum Schwiegervater hinüber.

Bei uns in Tarnopol, da wurde nur morgens gekocht, damit dus weißt. Dafür haben wir auch doppelt soviel Zeit für Feld und Vieh gehabt.

Schtschtscht... sagt Elka. Nervös fahren ihre Hände den aufgedunsenen Leib auf- und abwärts und wischen sich auf diese Weise sauber. Dann trinkt sie in einem Zug die Limonade aus. Niemand hat soviel Durst wie Elka Perka. Was sie tagtäglich zusammentrinkt, schafft kein Pferd und keine Kuh, nicht einmal ein Fisch, denkt Piotr. Nach dem großen Regen war er draußen bei den Pfirsichbäumen. Die Hälfte der kleinen grünen Früchte lag zwischen den Kohl- und Rübenpflanzen, unansehnlich und nutzlos, dem Spott des Stiefvaters preisgegeben. Polen ist nicht Kalifornien. Und doch – nicht alle hatte der Regen von den Zweigen gefegt. Es waren noch genug daran, um zur Taufe auf den von Janina gebackenen Tortenböden zu zeigen, was man geerntet hat.

Janina ist schon im achten Monat. Ihr Stuhl, weiter vom Tisch abgerückt als die Stühle der übrigen, läßt einem umfangreichen Bauch Platz. Spitz hängt er zwischen Gürtel und

Schenkelansatz, bewegt sich hin und wieder zum Zeichen, daß alles seine Ordnung hat. Wenn Karol Perka betrunken ist, sagt er, daß es sich um einen Bastard handle, denn die Bolszewiki hätten mit seinesgleichen aus Poznań nichts gemein. Da nütze auch kein Kind nichts!

Schtschtscht... antwortet dann Elka um des Friedens willen, ohne ihrem Mann die Vorurteile gegen die vom Osten austreiben zu können. Alle haben sich daran gewöhnt, selbst Janina.

Heute hat Elka etwas auf dem Herzen, nur weiß sie nicht recht, wie sie es anbringen soll. Janina wird es egal sein. Piotr, so muß sie befürchten, wird ärgerlich sein, weil sie ihm so viele Jahre lang die Sache verschwiegen hat. Na, und Karol, das ist gewiß, wird den Aufgeblasenen spielen und das Ganze für eine Schande und Arschkriecherei halten. Aber Elka bleibt nichts anderes übrig. Das kleinste Geschwätz im Dorf wird es an den Tag bringen, egal, ob es Jacek Staszak ist, Jula oder einer der Kowaleks aus der Stadt. Nur der stellvertretende Direktor, Ludwik Janik, der wird den Mund halten, hält selbst mit vielem hinterm Berg von Anno dazumal, was heute niemanden etwas angeht. Schließlich erklärt Elka laut und vernehmlich, daß sie etwas zu sagen habe, was mit der Niemka zu tun habe.

Die jetzt im Dorf ist? fragt Piotr neugierig.

Ja, die Mutter wischt sich das ewig gerötete, schweißlose Gesicht und sagt, daß es sich um die Anna handle.

Was wird mit der schon sein, knurrt Karol Perka, uns geht die nichts an, das ist Sache des Kombinats, wenn sie dort zugelassen wird! Aber sie wird zu uns kommen, so wie sie zu Staszaks geht, bei der Jula war und sich vielleicht beim Lenart Marek sehen lassen wird, oder bei den Kowaleks in der Stadt. Schließlich kennt sie uns alle! Dann soll sie kommen uns sehen, wie ein Pole in Polen lebt! Karol Perka knallt den Löffel in den leergegessenen Teller. Einmal ist Schluß mit der Angst vor den Deutschen, auch für dich, Matka!

No, sagt Elka, mit einem komischen Zittern in der Stimme, ich hab keine Angst vor der Anna vom Schloß, das ist es nicht!

Was dann?

Piotr starrt sie an, neugierig, etwas von der Zeit zu erfahren, von der die Mutter ungern spricht. Es interessiert ihn nicht etwa, weil es mit den Deutschen zu tun hat, sondern mit Elkas erstem Mann und Piotrs rechtmäßigem Vater.

Tot ist tot, sagte Karol, wenn sie hin und wieder zu erzählen anfing. Wer sich selbst in den Himmel befördert, hat keinen Anspruch darauf, daß man auf Erden von ihm spricht. Da hatte sie es gelassen und mit den Jahren, der Arbeit und den Kindern die Vergangenheit vergessen.

Mit Annas Besuch rückten die Dinge von früher in ein neues Licht. Also sagt sie, was ihrer Meinung nach zu sagen ist, daß nämlich die Niemka Piotrs Patin ist.

Jesusmaria, entfährt es dem Sohn, warum weiß ich das nicht?

Weil du vieles von dem nicht weißt, was geschehen ist. Das eine war gut, das andere böse. Was ist das heute wichtig!

Elka räumt das Geschirr ab. Schwerfällig schiebt sie sich um den Tisch an ihrem Mann vorbei, der bisher keinerlei Meinung geäußert hat. Dazu braucht Karol Perka Zeit. Wenn es um Sachen aus der Vergangenheit geht, hat er seine Schwierigkeiten.

Was, zum Donnerwetter, brüllt er endlich los, hat dich auf die Idee gebracht, eine Deutsche zur Patin zu bitten, noch dazu ein Fräulein vom Schloß? Und was, Karol Perka holt Luft, damit er die Lautstärke beibehalten kann, was hat das Fräulein veranlaßt, während der Hitlerzeit die Patenschaft für ein Polenkind zu übernehmen?

Elka antwortet nicht, räumt weiter ab.

Sie war eben gut! gibt sie schließlich Auskunft. Und dann war noch die Geschichte mit dem Reh.

Was für ein Reh?

Keiner kennt die Geschichte von dem Reh, auch Karol nicht.

Was war mit der Niemka, wiederholt er, immer noch ärgerlich.

Elka hat nie viel von ihrem ersten Mann Franek gesprochen. Höchstens hin und wieder geseufzt, wenn sein Name fiel, und gesagt, wie schwer damals die Zeiten gewesen seien. Nun gut, sie hatten es sich alle auf ihre Weise abgewöhnt, von früher zu reden. Selbst die Kinder.

Elkas Geschichte ist kurz: Piotrs Geburt. Langsam ging sie vonstatten, eine Nacht und ein halber Tag. Die Wehen, obwohl nur von Minuten unterbrochen, wollten das Kind nicht ans Tageslicht bringen, und Elkas Schreie waren den ganzen Vormittag bis auf die Gasse zu hören und verjagten die Kinder vor den Türen. Dreimal hatte Jula Wasser aufgesetzt, aber es war auf dem Ofen verdampft und mußte erneuert werden. Plötzlich hatte Pani Anna, die damals erst kurz verheiratet war, die Stube betreten. Elka war es schwergefallen, sie nicht mehr beim Vornamen nennen zu dürfen. Nach der Hochzeit, die eine große und schöne Hochzeit gewesen war, hatte jeder, ob Pole oder Deutscher, Anna mit vollem Namen anzureden. So wurde es Elka am Waschtag im Schloß mitgeteilt, und ein jeder hielt sich daran, egal ob man sich vorher mit ihr geduzt hatte oder nicht.

Sie kam herein, erzählte Elka weiter, und hockte sich neben mein Bett, obwohl ihr Franek einen Stuhl abgewischt und hingestellt hatte. Kein Wort sagte sie. Eigentlich war sie Jula im Weg, aber sie ließ sich nicht wegschicken. Warum weiß ich nicht. Einmal hat sie meine Hand gehalten, und als Jula das Federbett beiseite zog, weil es soweit war, sagte sie zu mir, paß auf, es wird ein Mädchen! Wie dann die Geburt richtig in Gang kam, so erzählte Franek später, ist sie aus der Stube gelaufen. Gewankt wäre sie und habe vor die Haustür gekotzt. Franek hat gemeint, noch nie hätte er jemanden mit solcher Ausdauer kotzen sehen.

Am Nachmittag kam sie dann mit einem Korb voll Täubchen, Eiern und Butter wieder, ein Geschenk, wie es sonst nur deutsche Frauen von denen vom Schloß bekamen.

Wieder hockte sie sich an mein Bett, erzählt Elka und überlegt, ob sie auch nichts vergißt. Kaum hat sie den Korb auf die Bettdecke gestellt und noch nicht einmal den Piotr richtig angesehen, da fragt sie doch, ob sie nicht Patin werden könnte. Die Anna vom Schloß, das müßt ihr euch vorstellen, wollte bei uns Polen die Patin machen.

Vielleicht wollte sie sich einschmeicheln, sagt Piotr jetzt, damals wußte doch jeder, wie der Krieg ausgehen würde.

Einschmeicheln, Jesusmaria – einschmeicheln, du hast eine Ahnung, zum Schluß zu wurde es immer schlimmer. Staszak war schon im Lager, der Janik Ludwik kam rein, beinah hätte es den alten Lenart auch noch erwischt, nur weil der einen ausländischen Sender hörte.

Was war dann der Grund?

Elka hebt die Schultern, legt den Kopf schief und lächelt, wie sie zu allem lächelt, was nicht in ihren Kopf paßt.

Was weiß ich, sie war gut, das sag ich! Sie hat sich damals nicht geschämt, ist mit der zweispännigen Kutsche und Piotr im Arm in die Kirche gefahren. Jeder konnte es sehen, jeder! Auch der Dorfpolizist!

Und was war mit dem Reh?

Das hat sie uns zur Taufe geschossen, hat es nachts mit Franek geholt. Ich mußte es pökeln, damit es niemand als Rehfleisch erkennen konnte. Nur Lenarts Vater ist mir auf die Schliche gekommen. Ich weiß noch, wie wir alle in der Küche gegessen haben. Jesses, das war so eng, und die Anna mitten unter uns. Jeder hat gegessen, man kann schon sagen gefressen! Irgend jemand fragte nach dem Janik Ludwik und ob jemand was von ihm gehört hätte. Niemand hatte etwas von ihm gehört. Da fing Mareks Vater an zu lachen, gar nicht lustig, giftig könnte man sagen, und hat gemeint, daß hier wohl einer einen Bock geschossen hätte! Oder was Anna dazu zu sagen wüßte. Ganz rot ist sie geworden, und bald darauf ist sie gegangen.

Jetzt erst mischt sich Janina ein. Die Hände über dem Bauch sieht sie von einem zum anderen. Das ist eine schöne Geschichte, warum hast du sie nie erzählt?

Alles zu seiner Zeit, sagt Elka und macht sich daran, Heidelbeerblättertee zu brühen, den ihr Jula gegen den Zucker im Blut empfohlen hat. Vielleicht bleibt es Elka erspart, wieder ins Spital zu müssen.

Und wenn sie uns besucht, beharrt Janina, wie willst du sie empfangen?

So, wie wir jeden Gast empfangen, antwortet Karol Perka statt seiner Frau, dann werden wir weitersehen!

Das Telefonat mit Oskar hatte Anna beeindruckt. Wie war es möglich, daß sie die Antibiotika vergessen konnte? Warum hatte sie sich nicht schon längst ein hieb- und stichfestes Arbeitsprogramm zurechtgelegt, nach dem sie hier in Ujazd vorgehen konnte? Statt dessen hat sie sich im Netz der Erinnerungen und Kinderängste verheddert. Und weil sie damit nicht fertig wurde, hat sie sich ein Gewissen wie ein Paar schlechtsitzende Schuhe verpaßt, mit denen sie nun in Ujazd nicht von der Stelle kommt. Das muß anders werden. Und schon nimmt sie ein Blatt Papier zur Hand, zeichnet Linien und Kästen, trägt Rubriken ein, versieht sie mit roten, blauen und grünen Punkten. Unterstreicht mit Filzstift, was wichtig ist, und weiß von jetzt an, was erstens, zweitens und drittens zu tun ist.

Da bekommen die Familien Staszak, Perka und Jula rote Punkte. Das bedeutet, daß es sich bei denen um Leute handelt, die Anna noch von früher her kennt. Von ihnen sind die meisten Informationen zu holen. Hingegen erhält Ludwik Janik von Anna einen grünen Punkt. So wie die Pawlakowa, der Direktor mit seiner Frau, die Familie Jodko, Fratczak mit seinen zwei Frauen, Józef Staszak und die Köchinnen. Grün bedeutet Kombinat. Mit blauen Punkten kennzeichnet Anna die jungen Leute im Dorf. Hier weiß sie noch nicht einmal Namen. Das muß sie nachholen. Jeder bekommt von Anna seine Farbe. Wie gesagt, erstens, zweitens, drittens: Antibiotika zum ZBoWiD in die Stadt bringen!

Kontakt mit jungen Leuten aufnehmen!

Schleunigst die Familie Perka aufsuchen!

Anna ist wie ausgewechselt. Perkas Enten müssen sich an der Ecke, wo die Dorfstraße in die Chaussee zur Stadt einbiegt, beeilen, um rechtzeitig davonzukommen. Anna fährt zu schnell. Ein Mädchen, dürftig angezogen, schleppt zu Fuß eine Tasche stadteinwärts. Die Gelegenheit ist günstig, eine neue Bekanntschaft zu machen. Wollen Sie mitfahren?

Sabina steigt ein, dankt und schweigt. Das also ist die Niemka. Eigentlich sieht sie gar nicht wie eine vom Schloß aus, denkt Sabina. Als Kind hat sie noch diese oder jene Geschichte vom Großvater darüber gehört, wie es bei den großen Jagden zugegangen ist, bei den Festen und Reitturnieren. Wenn der Großvater nicht zu besoffen und guter Laune war, erzählte er Sabina von den Kleidern, den Pelzen und auch dem Schmuck der Herrschaften. Der Großvater wußte deshalb so gut Bescheid, weil er Kutsche und Reitpferde pflegte, auch hin und wieder im Schloß eine Arbeit zu verrichten hatte. Im allgemeinen aber, so berichtete er, fuhr er die Herrschaften im Wagen spazieren, in den Wald, auf die Felder oder in die Stadt. Dann hatte er sich den schwarzen Mantel mit dem gelb gepaspelten Kragen anzuziehen. Die Messingknöpfe, von der Großmutter stets auf Hochglanz poliert, zeigten das Familienwappen, und auf dem Kopf saß ihm eine Schirmmütze mit einer Kokarde in den Wappenfarben. Eine Livree war das, und der Großvater trug die dazugehörigen Jacken und Westen im Krieg von früh bis spät. Der Herr Major, wie der Großvater ihn stets nannte, hatte sich beim Dorfpolizisten ausbedungen, daß sein Kutscher kein P anzustekken brauchte. Auf bestimmte Privilegien wollte der Major auch während der Hitlerzeit nicht verzichten. Das polnische P auf einer Livree, die durch Farbe und Wappen als Besitz des Gutes ausgewiesen war, hätte die Tradition herabgesetzt, gar verunglimpft. Und dem Großvater Lenart war es lieber, mit dem Wappen der Gutsfamilie gekennzeichnet zu sein, als mit dem lila P, welches nirgendwo Vorteil versprach.

Sabinas Blick streift Anna seitlich und schnell. Kein Schmuck, keine feinen Kleider, nicht einmal eine besondere Frisur oder Haarfarbe. Die Füße stecken strumpflos in abgelaufenen Sandalen, die Jeans sind nicht anders als wie sie in Ujazd getragen werden, nur die Bluse ist schicker, ein anderer Schnitt und aus ungewohntem Material. Allerdings würde eine Frau ihres Alters in Ujazd nicht in diesem Aufzug herumlaufen.

Wie heißen Sie?

Nicht die Frage nach ihrem Namen, sondern die Selbstverständlichkeit, mit der hier Auskunft gefordert wird, läßt Sabina zusammenfahren. Lenart, antwortet sie. Mein Großvater war früher bei Ihnen Kutscher.

Lenart war Ihr Großvater? Staunen und Herzlichkeit von seiten Annas. Ihre Hand legt sich auf Sabinas Arm. Sie müssen mir von ihm erzählen!

Er ist tot!

Am liebsten würde Sabina hinzufügen, daß sich der Großvater totgesoffen hat und der Vater nicht mehr weit davon entfernt ist. Auch daß ihnen bald der Hof fortgenommen wird, könnte Sabina berichten. Der Hof, den der Großvater mit Geschick für sich in Anspruch nahm und später auch zugewiesen bekam; aber sie sagt nichts, fürchtet sich vielleicht vor der Verachtung.

Die Tatsache, daß Sabina die Enkelin des ehemaligen Kutschers ist, genügt Anna, dem Mädchen ein vertrautes Wohlwollen entgegenzubringen. Sabina könnte, wenn sie Lust habe, nach der Rückkehr von der Stadt bei ihr vorbeikommen. Ich habe ein paar Kleider mitgebracht, die möchte ich verschenken. Wenn Sie sich etwas aussuchen wollen, würde ich mich freuen!

Ein neues Kleid? Ein Kleid aus Westdeutschland? Sabina denkt an ihren schäbigen Sonntagsfetzen, mit dem sie sich schon seit Wochen nicht mehr zum Tanz traut. Wenn sie jetzt etwas von der Niemka bekäme, etwas, was schick und ungewöhnlich ist?

Schön, sehr schön wäre das! Um sich einzuschmeicheln, um sicher zu sein, auch wirklich etwas geschenkt zu bekommen, was andere nicht haben, gibt sich Sabina Mühe, Nettes zu sagen.

Von Jula weiß ich, daß Sie früher sehr beliebt im Dorf waren, auch bei den Polen, und von Pani Perkarowas Sohn sind Sie Patin!

So was weiß man?

Ja, ich weiß es!

Noch am gleichen Abend bekommt Sabina ein erdbeerrotes Kleid mit weitem Rock und einem Rückenausschnitt, wie ihn noch niemand in Ujazd gesehen hat. Ein Kleid von Annas Tochter, die es nie besonders mochte.

Das Büro des ZBoWiD ist in einer kleinen Nebenstraße in der Nähe des Marktplatzes. Eine dunkle, lichtlose Treppe führt in ein ebenso lichtloses Büro. Hinter einem aktenbedeckten Schreibtisch sitzt ein alter Herr, der Anna Tee anbietet, noch bevor er sie nach ihrem Anliegen befragt.

Sie sind eine Deutsche von hier, nicht wahr, lächelt er, das hört man! Eilfertig holt er Milch und Zucker. Zitrone hat er leider nicht. Jetzt spricht er Deutsch, fließend und mit schlesischem Akzent. Ich habe schon gehört, daß Sie kommen, sagt er und pustet vorsichtig den dampfenden Tee kühl. Wir sind Ihnen sehr zu Dank verbunden!

Ich hatte Schwierigkeiten an der Grenze!

Fältchen auf Fältchen zieht sich zu einem freundlichen Lächeln. Der alte Herr nickt. Das will er gerne glauben, denn ohne Einfuhrerlaubnis dürfte eine Privatperson solche Geschenke nicht mitbringen!

Und jetzt?

Bei der nächsten Gelegenheit werden die Medikamente nach Warszawa transportiert und dort von der Zentralapotheke aus verteilt. Noch einmal steht der alte Herr auf und drückt Anna seinen Dank aus, indem er ihr mit selbstverständlicher Liebenswürdigkeit die Hand küßt.

Wir wissen es zu schätzen, was Sie für uns getan haben, und es tut uns leid, daß Sie an der Grenze Ärger hatten!

Als Anna lächelnd sagt, daß sie die kleine Unannehmlichkeit gern auf sich genommen hat, ist noch nicht alles geregelt. Es macht dem alten Herrn zu schaffen, daß sein Gast anscheinend noch etwas erwartet. Leider sind wir nicht in der Lage, Ihnen Ihre Ausgaben zu vergüten, beginnt er vorsichtig, wir brauchen unser Geld für die Unterstützung der Kameraden, denn wir nehmen keine neuen Mitglieder auf. Eines Tages wird es unsere Vereinigung nicht mehr geben. Heute sind wir nur noch 400000 Mitglieder. Alles Leute, die im Widerstand und in den Konzentrationslagern für unser Land gekämpft haben.

Anna antwortet nicht, sieht höflich, aber nicht sonderlich interessiert drein.

Ich langweile Sie, sagt der alte Herr betrübt und trinkt seinen Tee, den er mittlerweile kaltgerührt hat, ich weiß, ich weiß! Es ist alles schon lange her und hat nichts mit Zukunft zu tun!

Er sieht Anna an und befürchtet plötzlich, sie könne ihm zustimmen und weggehen. Geschäftig schiebt er Akten hin und her, sucht nach Worten, nach etwas Imposantem, was ihr Eindruck macht und vielleicht Fragen auslöst, die er beantworten könnte.

Der Sinn des ZBoWiD war ja damals, beginnt er räuspernd, in den Konzentrationslagern den Kontakt zu der Außenwelt herzustellen. Im Laufe der Jahre haben wir 128 Gruppen die Flucht organisiert. Und im Jahre 1942 wurde eine Dokumentation über die Existenz der Gaskammern über Krakau und Warschau nach London geschickt!

Was hat das bewirkt?

Nichts, antwortet der alte Herr, die Welt hat uns nicht geglaubt.

Nicht einmal die Juden aus Ungarn, die zum Vergasen eingeliefert wurden, wußten, was ihnen bevorstand!

Beinahe hätte Anna: na, sehen Sie, gesagt. Beinahe. Statt dessen nickt sie, als wäre ihr das alles geläufig. Endlich hat der Mann aufgehört, seine Akten hin- und herzuschieben. Ihm scheint es plötzlich egal zu sein, ob sie ihm zuhört oder nicht. Er spricht immer monotoner, so als stünde er vor einer Schulklasse. Ein Lehrer kurz vor der Pensionierung, in der Hoffnung, daß sein seit Jahrzehnten wiederholter Lehrstoff begriffen wird. Er spart nicht an Beispielen von Grausamkeit, aber in seinem Mund klingen sie abgenutzt; sie haben im Laufe der Zeit an Schärfe verloren und geraten zum Klischee.

Annas Gedanken fliegen davon, sind bei Ludwik, der im letzten Kriegsjahr auf Veranlassung ihres Vaters verhaftet wurde. Sollte sie den alten Herrn nach Ludwik und dessen Schicksal fragen, sich erzählen lassen, wie es im Lager zugegangen ist, welchen Qualen und Entbehrungen er ausgesetzt war? Das Unausgesprochene steht ein Weilchen zwischen Anna und dem alten Herrn.

Ich muß gehen, sagt Anna.

Natürlich, entschuldigen Sie! Es war sehr freundlich... Abermaliger Dank und die Beteuerung, sich erkenntlich zu zeigen, wenn sich eine Gelegenheit bieten sollte.

Ich würde gerne ein paar Interviews machen, sagt Anna, vielleicht kennen Sie ehemalige Soldaten der polnischen Armee, die im September 1939 in Ujazd gekämpft haben? Der alte Herr strahlt. Sie werden es nicht glauben, sagt er, aber der Kommandant des Regiments, das damals Rohrdorf einnahm, wohnt hier. Es wird mir eine Ehre sein, Ihnen das Zusammentreffen zu ermöglichen!

Daß Elka in Ujazd geblieben ist, hat Anna von Jula erfahren, auch von Franeks Tod, und daß Elka jetzt mit Karol Perka verheiratet sei, einem störrischen Eigenbrötler, der Piotr und dessen Frau das Leben schwermacht. Für ihn ist die Schwiegertochter immer noch eine Bolszewika, mit dem Verstand einer Mücke und der Schmächtigkeit einer hochbeinigen Katze. Als sie schwanger wurde, erzählte Jula, habe Perka bei Kirkor jedem, der es hören wollte, erzählt, daß er es halten wolle wie Anno dazumal Fratczaks Schwiegervater.

Kein Sohn, kein Hof. Das Land sollte dann lieber dem polnischen Staat gehören, und er würde sich auf Rente einschreiben. Auch daß Piotr nicht Perkas Sohn ist, erzählt er hin und wieder, aber das ist selten und bringt ihm eher Spott als Verständnis ein. Warum? Nun, weil Perkas eigene Kinder Töchter sind, bis auf den Jüngsten, den Tomasz, und der hat es vorgezogen, Konditor zu werden. Da kann der alte Perka nicht viel machen.

Geh hin, hatte Jula gesagt, sie werden es erwarten. Piotr ist dein Patensohn!

Anna hatte das keineswegs vergessen und bereits zu Hause in Deutschland ein Geschenk für Piotr besorgt. Lange hatte sie herumgesucht, sich mit Vera beraten, mit Julian, und sogar Oskars Vorschläge wurden eingeholt. Jeder sagte etwas anderes, bis Anna schließlich einen Pullover gekauft hatte mit einem Rollkragen, den man weit über die Ohren ziehen konnte. Richtig etwas für den ostelbischen Winter.

Einlullende Nachmittagssonne liegt über dem Feld. Anna geht hinterm Dorf entlang, an der Scheune vorbei und der Pferdekoppel, auf der nicht mehr Vollblutfohlen, sondern Bullen im Schatten der Bäume bewegungslos die Zeit vertrödeln. Hin und wieder ein Kreisen des Schwanzes oder das Mahlen der käuenden Kiefer. Hier stehen Pappeln, von Annas Vater gepflanzt, der Reihe nach zehn Stück. Eine besonders schnellwüchsige Sorte, hieß es damals. Meterhoch überragen sie nun die hundert Jahre alten Ulmen am schwarzen Weg, der heute nicht mehr schwarz, sondern grün ist. Grün, bewachsen mit Löwenzahn, Wegerich, Klee und Gras. Blatt-

und zweiglos ragen die Stämme der Pappeln in den Himmel, am Ende mit einer lächerlichen, staubwedelähnlichen Krone versehen, wie zum Himmel abwischen. Nein, damit hatte sich Annas Vater kein Denkmal gesetzt.

Links neben den Zollhäusern eine neugebaute Schule für dreihundert Kinder mit elf Lehrern. Jede Klasse hat ihr eigenes Klassenzimmer, während zu deutschen Zeiten der gleichen Zahl von Kindern nur vier Räume für das erste bis achte Schuljahr zur Verfügung standen. Trotz angestrengten Nachdenkens fallen Anna die Namen der beiden Lehrer nicht ein, die die Rohrdorfer Kinder unterrichtet hatten. Polnische Kinder durften damals die Schule nicht besuchen. Die mußten sehen, wo sie lesen und schreiben lernten.

Es riecht nach sonnenwarmer Erde. Lerchen stehen zwitschernd am Himmel, und über ihnen jagen die Schwalben hin und her. Morgen wird wieder die Sonne scheinen.

Natürlich kennt Anna den Hof der Perkas. Hier hat sie als Kind mit der einzigen Tochter des Großbauern Weiß gespielt, der, soweit Anna sich erinnert, wenig Phantasie bewiesen hatte. So hieß beispielsweise der Hund Hund und die Katze Katze. Darüber wurde gelacht. Aber als seine Phantasielosigkeit so weit ging, daß er sich, kurz nachdem Annas Vater einen schwarzen Olympia Opel gekauft hatte, denselben Wagen in Kaffeebraun zulegte, wurde das Lächeln dünner und wirkte bei Annas Vater verkniffen.

Unverändert liegt das Anwesen vor Anna. Im Gegensatz zu den Pappeln sind die Tannen im Vorgarten des Weißbauern kaum gewachsen. Noch immer stehen sie wie vergessene Weihnachtsbäume hinterm Zaun und machen im Haus die Stuben düster.

Jetzt ist hier Elka die Bäuerin. Sie ist nicht mehr die Landarbeiterin vom Gutshof, die zur Abwechslung alle vier Wochen drei Tage im Schloß den Rücken über dem Waschkübel krümmen mußte. Eingenebelt vom Dampf der Seifenlauge, das Kopftuch bis dicht an die Brauen gezogen, schrubbte sie sich auf dem Waschbrett an Damasttischtüchern, Servietten, feinem Linnen, Plumeau-Bezügen, Gerstenkornhandtüchern und der Leibwäsche der Herrschaften die Finger wund. Elka hatte nichts dagegen. Jemand mußte schließlich die Wäsche waschen. Ob sie es nun war oder eine deutsche Landarbeiterin, das spielte keine Rolle. Die Hauptsache war, daß die Wäsche gewaschen wurde, das sah jeder ein. Mittags gab es eine gute Mahlzeit und am Abend des letzten Tages Streuselkuchen zum Mitnehmen.

Als Anna den Hof betritt, schlägt der Hund an. Tatsächlich, es ist noch die gleiche Hütte, nur die Holzplatten sind erneuert, und die Dachpappe ist ersetzt. Das Klirren der Hundekette klingt vertraut. Das Fell des Tieres ist schwarz und glatt. Ob es einen Namen hat?

Sei ruhig, Morus, ruft Piotr aus dem Stall. Ein großer blonder Mann kommt Anna entgegen. Ein Bauerngesicht, auf dem langsam ein Lächeln wächst, wendet sich ihr ohne Hast zu: Dzień dobry.

Sie sieht neugierig zu, wie er ihre Hand küßt. Ein höflicher Patensohn!

Wir freuen uns, sagt Piotr ernst, daß Sie uns besuchen kommen! Nur, er fährt sich verlegen über das kurzgeschnittene Haar, Mutter ist krank! Sie wird nicht aufstehen können!

Ich bin keine Fremde. Sie schiebt Piotr ihr Geschenkpaket in die Hände. Du bist Piotr, nicht wahr?

Ja!

Ich hab dir etwas mitgebracht!

Vielen Dank!

Ein beidseitiges Lächeln. Keiner rührt sich von der Stelle. Piotr hält das Seidenpapierpaket mit der hübschen grünen Schleife in den Händen, als handle es sich um eine von Tomasz' Buttercremetorten. Er hat Angst, das Einwickelpapier zu beschmutzen oder mit seinen rissigen Schwielen an dem grünen Band hängen zu bleiben. Endlich gibt der Hund Ruhe.

Kommen Sie bitte herein, sagt Piotr, im Haus ist es kühler! Er trägt das Paket vor sich her, und plötzlich wird Anna die Sinnlosigkeit ihres Geschenkes bewußt.

Im Sommer einen Winterpullover? Piotr legt das Mitbringsel auf den Küchentisch, wo es sich prunkvoll ausmacht.

Ich sag der Mutter Bescheid!

Eigentlich will ihm Anna nachrufen, daß sie doch lieber ein andermal wiederkäme.

Aber die Küche des Weißbauern verschlägt ihr die Worte. Anna ist froh, hier zu sein, jawohl, froh, denn hier steht alles am alten Platz. Die Fensterbank, der Tisch, der Küchenschrank, das eiserne Waschschüsselgestell mit den geschwungenen Beinen, die in der Mitte durch einen Ring Halt finden. Noch genauso schwarz und schief, daß man aufpassen muß, nach dem Händewaschen nicht die Seife über den Rand flutschen zu lassen. Das gelbe, ribbelige Glas im Schrankaufsatz unter den graugestrichenen Holzleisten, hinter denen Postkarten stecken, hat in dreißig Jahren nur einen einzigen Sprung abgekriegt. Lampe, Blechschirm und Glühbirne – du lieber Gott, selbst die hängt noch an der gleichen Stelle. Nur der Fernseher ist neu und die Maschine am hinteren Fenster. Keine Nähmaschine, eine Strickmaschine, auf der mit sachkundiger Hand kunstvoll Pullover hergestellt werden können. Genau solche wie der von Anna mitgebrachte!

Als Piotr aus der Stube zurückkommt, wundert er sich über die Niemka. Sie sitzt nicht auf dem ihr angebotenen Platz, sondern läuft in der Küche herum. Sie faßt die Möbel an und starrt auf die Waschschüssel, als müsse sie sich augenblicklich die Hände waschen.

Das sind ja alles noch die Möbel vom Weißbauern, sagt sie.

Wie bitte?

Ich meine die Kücheneinrichtung, der Tisch, die Bank, der Schrank, das alles ist die alte Einrichtung!

Piotr lacht, lacht laut und herzlich.

Warum lachst du? Es ist vielleicht damals ein Glück für euch gewesen, in den Besitz der Möbel zu kommen, aber komisch ist es doch eigentlich nicht!

Entschuldigen Sie, Pani Anna, aber Sie reden wie die Zabużaki, als sie nach Kriegsende aus dem Osten herkamen. Die meinten auch alle, wir lägen in den gemachten Betten der Deutschen!

Ja, was denn dann?

Die Niemka kommt Piotr lächerlich vor. Fragen Sie meine Mutter, ich weiß nur, daß sie hier im Haus nichts weiter als Dreck und Trümmer vorgefunden haben!

Wieso?

Piotr zuckt die Schultern. Das ist doch heute nicht mehr wichtig!

Also alles Einbildung, denkt Anna erschrocken. Das ist gar nicht der Tisch, die Bank und der Küchenschrank vom Weißbauern? Auch nicht das Waschschüsselgestell?

Doch, sagt Piotr, das ist noch von dem, ich weiß es zufällig. Janina will es schon lange wegschmeißen und ein neues kaufen!

Anna schluckt. Plötzlich fällt ihr ein, daß der Küchenschrank des Bauern Weiß nie ribbeliges, gelbes Glas hinter grauen Holzleisten hatte, sondern weiß war, ganz und gar aus Holz, mit großen braunen Knöpfen, an die der Weißbauer stets seine Mütze hing. Der Küchenschrank hier hat keine Holzknöpfe, sondern abgewetzte Metallgriffe, an denen unmöglich etwas aufzuhängen ist.

Jesusmaria, die Anna! ruft Elka aus der Stube.

So gut wie sich Anna an des Weißbauern Küchenschrank erinnerte, so wenig erkennt sie in der Frau dort im Bett Elka wieder. Zwischen weißen Kissen ein aufgedunsenes Gesicht, das durch ein feingesponnenes Netz von Äderchen rotbackig ist und aus dem Anna ein zahnloser Mund entgegenlächelt.

Elka, erkennst du mich?

Jesusmaria, die Anna, wiederholt Elka, Freude in den klein gewordenen Augen. Ihr dicker Leib, der kaum in dem geblümten Flanellhemd Platz hat, hebt sich unter dem Federbett hervor! Zwei warme, weiche Arme legen sich um Anna: Warum weinst du denn?

Schon gut, Elka!

Elkas unerwartete Herzlichkeit bringt Anna durcheinander. Schon wieder Erinnerungen, die sich in ihrem Hirn festsetzen und die Gegenwart schwermachen. Piotrs Geburt. Anna hat noch genau im Gedächtnis, wie sie vor Elkas Haustür gekotzt und wie Franek schweigend Sand über ihr Erbrochenes geschüttet hatte. Schippe für Schippe, ohne ein Wort, während sie ihre Jacke und Hose mit einem Taschentuch notdürftig reinigte. Von dem Augenblick an wußte sie, daß sie ihre Schwangerschaft nicht länger verheimlichen konnte.

Ludwiks Kind, nunmehr mit einem deutschen Vater versehen, wurde damit zur allgemeinen Familienangelegenheit.

Mein Gott, hatte damals Annas Mutter gesagt, ihr habt euch aber beeilt!

Und Annas Mann, der nichts ahnte von dem Kuckucksei, das ihm Anna untergeschoben, hatte gelächelt, halb stolz, halb irritiert, daß er so auf die Schnelle und bei den schlechten Zeiten einer Vaterschaft entgegensah.

Piotrs Geburt, die Anna nicht mit ansehen konnte, fand in Rohrdorf statt, ein paar Monate, bevor die Deutschen auf die Flucht gingen. In Ermangelung von Gummiunterlagen war Piotr auf einem papierenen Kartoffelflockensack zur Welt gekommen. Schreiend und schwitzend hatte Elka während der Wehen das morsche Bettuch zerfetzt, sich knisternd in das Papier gewühlt, die Füße hin und her geschoben, um schließlich alles so zu verknittern, daß Jula nicht feststellen konnte, ob sich der Kopf des Kindes schon zeigte oder nicht.

Beim Anblick der weit aufgerissenen braunen Augen, des verzerrten Mundes, der verkrampften Hände sah Anna einen Augenblick lang sich selbst. Am liebsten hätte sie mit Elka geschrien, hätte alle Angst, allen Schmerz und die Furcht um sich selbst und um das, was in ihr wuchs, herausgebrüllt. Statt dessen war ihr übel geworden. Gerade hatte sie es noch geschafft, bis vor die Tür zu kommen.

Was fehlt dir denn? hört sich Anna mechanisch fragen.

Elka berichtet von ihrer Zuckerkrankheit, die nicht besser werden will, obwohl sie schon ein paar Monate hintereinander im Spital gelegen habe. Aber vor der Ernte müsse sie wieder gesund werden, denn da käme es auf jede Kraft an.

Hin und wieder braut ihr Jula einen Tee oder Säfte. Mal aus Heidelbeerblättern oder aus Hagebutten, mal aus Brunnenkresse oder Wacholderbeeren. Am besten gegen Zucker wäre Pferdefleisch, aber das ist schlecht zu bekommen! Elka redet, als hätte sie Anna zuletzt vor ein paar Tagen gesehen und als wollte sie selbst nichts gefragt werden.

Piotr ist in der Küche geblieben, steht vor dem Tisch, auf dem das Paket liegt.

Willst du es nicht aufmachen? Janinas schmaler Bubikopf schiebt sich durch die Tür.

Ich habe gehört, was ihr gesprochen habt.

Warum bist du nicht hereingekommen, he? Seine Hand legt sich um ihren Nacken. Das macht er gern, weil sie so einen langen, schmalen Hals hat. Wie ein Schwan, denkt er manchmal, aber gesagt hat er das noch nie. Er zieht sie zu sich, bis ihr Bauch seine Hüfte berührt.

Gleich wird es sich bewegen, sagt er, so lange mußt du stehen bleiben. Ich will es fühlen!

Janina gehorcht, eng an Piotr geschmiegt, bis er die Stöße des Kindes in ihrem Leib auf der Haut unter seinem Hemd spürt. Es tritt wie ein Junge, bestimmt wird es ein Junge.

Wie ist sie denn, deine Patin? unterbricht ihn Janina.

Ein bißchen verrückt! Sie hat gesagt, die Möbel hier, die wären noch alle von dem deutschen Bauern, der früher hier wohnte!

Janina lacht, ähnlich wie Piotr vorhin lachen mußte. Ich werde einen Tee kochen, sagt sie, lauf du schnell zu Kirkor und hol Kekse! Dein Vater hat gesagt, wir sollen sie empfangen, wie wir jeden Gast empfangen würden!

Aber vorher zeig ich dir noch etwas, sagt Piotr, sieh mal, hier! Er holt zwei kleine Früchte, hart wie Nüsse, aus der Tasche. Das werden Pfirsiche, wie es noch nie welche in Ujazd gegeben hat!

Während Piotr zu Kirkor läuft, berichtet Elka von dem traurigen Tod seines Vaters, an den der Junge keine Erinnerung mehr hat und von dem im Hause Perka kaum noch gesprochen wird.

Franek hatte sich aufgehängt. Ohne Ankündigung und Abschied hatte er sich an einem Sonntagmorgen um sechs in der Scheune einen Strick um den Hals gelegt. Denselben Strick, an dem sonst das Schlachtschwein nach dem Brühen vom Balken hing.

Elka, mittlerweile aufrecht im Bett sitzend, vielleicht froh, noch einmal Franeks Schicksal erzählen zu dürfen, hält Annas Hände fest. Ich weiß nicht, warum er es getan hat, ich weiß es nicht! In ihre Seufzer hinein ist Janinas Hantieren aus der Küche zu hören.

Du mußt doch wissen, warum er sich aufgehängt hat!

Elka schüttelt den Kopf. Ihr aufgedunsenes Gesicht zerfließt in Ratlosigkeit. In den Augenwinkeln bildet sich Feuchtigkeit, die dann durch die Fältchen unterhalb der Augen zieht.

Es ist über ihn gekommen, Anna, er ist aus dem Bett und hat zu mir gesagt, ich soll für den Sonntag Streuselkuchen backen. Es muß über ihn gekommen sein! Elkas Kopf fällt nach vorn, und ihre dünn gewordenen Zöpfe, die sie sonst im Nacken knotet, umrahmen ihr gealtertes Gesicht.

Erzähl es mir richtig, Elka, der Franek war keiner, der sich einfach aufhängt! Ich hab ihn doch gekannt!

Ja, sagt Elka, ihn hast du gekannt, aber die Zeiten damals!

Als wir Deutschen weggingen?

Ein schräger Blick von Elka. Keine Antwort.

Wenn du es mir nicht erzählst, sagt Anna unvermittelt, wem dann?

Elka nickt, und ihre Zöpfe schaukeln auf und ab. Die Stimme schlägt in ein Flüstern um. Weil Elka kaum mehr Zähne hat, sind die Worte schlecht verständlich.

Sprich Deutsch, sagt Anna, dann kann ich dich besser verstehen!

Als ihr fortgemacht seid, beginnt Elka zögernd, da ging die Hölle erst los. Tagelang haben wir uns nicht aus dem Haus getraut. Erst kam die deutsche Armee, mit ihnen die Volksdeutschen, die nahmen mit, was mitzunehmen war. Dann kamen die Russen!

Pause. Wieder der schräge Blick, die Stimme wird noch leiser. Da haben wir gar nichts mehr zu lachen gehabt!

In allen Höfen machten sie Quartier. Wer sich von uns auf der Straße zeigte, mußte für sie auf den Feldern arbeiten. Als Lohn gab es Rohzucker, das war alles! Im Wald haben sie das Holz geschlagen, das Vieh aus den Gütern für die Armee verbraucht, und Franek hat gesagt, daß sie ganze Güterwagen mit Möbeln abtransportiert haben! Und was die Soldaten nicht mitgenommen haben, holten die Zsaber!

Zsaber?

Die kamen mit Lastwagen und Autos und haben alles ausgezsabert, Maschinen, Möbel, Rohre, Saatgut, einfach alles!

Es hat doch keiner geglaubt, daß man uns das Land lassen wird. Nur der Franek hat gemeint, einmal muß Gerechtigkeit auf der Welt sein. Er war einer der ersten, der sich um eine Wirtschaft gekümmert hat. Als wir herkamen, war nichts da, Anna, rein gar nichts. Die Stuben vom Militär verwüstet, die Scheunen leer, die Felder voll Quecken und Unkraut, und im Stall lag seit Monaten eine verreckte Sau. So haben wir angefangen!

Ihr zwei allein? Der Weißbauer hatte mindestens zwanzig Hektar!

Ja, es war viel Land. Franek hat von morgens bis abends geschafft. Von Tag zu Tag hat er weniger geredet.

Was ist, Franek, warum redest du nicht, hab ich dann gesagt! Und er hat geantwortet, Elka, ich schaff es nicht! Keine Maschinen, kein Vieh und schlechtes Saatgut! Ja, das hat er immer gesagt.

Elka schweigt und wiegt den Kopf. Am Sonntag vor der Ernte hat er sich aufgehängt. An der Stelle, wo wir unser erstes Schwein geschlachtet haben, hing er. Jacek hat ihn mit dem Brotmesser vom Strick geschnitten.

Und wann hast du wieder geheiratet?

Vier Wochen später. Ich mußte doch mit dem Hof zurechtkommen, mit dem Land, ich wollte nicht das aufgeben, was Franek sich in den Kopf gesetzt hatte. Karol ist ein Cousin zur Barbara Staszak. Bei der Beerdigung haben wir uns kennengelernt.

Bist du mit ihm glücklich geworden?

Elka wischt sich die Feuchtigkeit aus den Augen. Es waren wohl doch keine Tränen. Sie läßt sich in die Kissen fallen, die Zöpfe nach hinten geordnet, und blinzelt Anna an.

Glücklich?

Um sicher zu sein, daß sie richtig verstanden hat, wiederholt sie das Wort noch einmal auf polnisch. Nein, es fällt ihr dazu nichts ein.

Das ist nicht wichtig, antwortet sie schließlich und fügt eilig hinzu, daß der Hof wichtiger ist, die Wirtschaft, und daß Piotr kein Knecht sein muß, sondern Bauer ist.

Der Pullover ist ausgepackt: Janina hat ihre Neugierde nicht bezähmen können und allerhand von dem vermutet, was es in der Stadt nicht zu kaufen gibt und was nicht einmal in Warszawa in Geschäften zu sehen sein soll.

Ausgerechnet ein Pullover, sagt sie zu Piotr, der mit den Keksen von Kirkor kommt. Matka kann dir jede Woche einen auf der Maschine stricken!

Aber die Wolle ist schön, sagt Piotr, das mußt du zugeben!

Später sitzt man beim Kaffee in der Küche. Elka ist im Bett geblieben. Piotr hat mehrmals höflich gesagt, daß er den Pullover sehr gut gebrauchen kann.

Janina sagt nichts. Gießt Kaffee ein, bietet Milch und Zukker an, stellt zu den Keksen noch Brot, Butter und Wurst auf den Tisch. Das Gespräch will nicht in Gang kommen.

Als Anna beim Abschied verspricht, bald wiederzukommen, sagt Janina unvermittelt: Sie müssen sehr gut gewesen sein!

Wieso?

Matka hat von Piotrs Taufe erzählt und daß Sie zum Tauf-essen ein Reh geschossen haben.

So, hat das Elka erzählt? Mehr sagt Anna nicht. Sie lehnt es ab, noch einen Blick in die Ställe zu werfen, die neugeborenen Ferkel anzusehen und zu warten, bis der Vater vom Feld käme.

Ein andermal gern!

Nein, sagt Jolka, ich rede erst mit Pani Anna. Ich kenne sie sehr gut. Außerdem habe ich Post für sie!

Zeig mal! Janka will sich den Brief schnappen. Nur wegen der Marke, erklärt sie. Aber Jolka rückt den Brief nicht heraus. Er ist aus Mexiko, sagt sie. Wenn du gerne die Marke haben willst, kann ich Pani Anna fragen!

Du bist ganz schön frech und kannst mich mal mit deiner Niemka – mir ist sie sowieso egal!

Dann geh doch!

Jolka sitzt breitbeinig auf der untersten Treppenstufe des Verwalterhauses, die Hände mit dem Brief zwischen den Knien.

Geh doch! wiederholt sie und läßt ihren Pferdeschwanz von einem Ohr zum anderen fliegen.

Am liebsten würde Janka sich auf ihr Rad setzen und losfahren. Andererseits hat sie die Sache der Mutter versprochen.

Da, sagt Jolka und zeigt auf Anna, die zum Hoftor hereinkommt, da ist sie!

Sie läuft mit dem Brief in der Hand Anna entgegen, die das Kind in die Arme nimmt und ein paarmal herumwirbelt.

Janka staunt. Sie hat sich die Niemka als eine feine ältere Dame vorgestellt. Statt dessen hüpft sie mit Jolka über den Hof, wobei man nicht einmal weiß, wer von den beiden die Hüpferei angefangen hat. Das ist Janka, sagt Jolka mit so großtuerischer Geste, daß Janka ihr geradewegs eine runterhauen könnte.

Sie möchte Sie gerne sprechen, Pani Anna!

Jolkas Wichtigtuerei ist Janka peinlich. Wie soll sie ihr Anliegen vorbringen?

Meine Mutter, sagt sie endlich, meine Mutter läßt Sie bitten, uns zu besuchen.

Ihre Mutter?

Ja, sie heißt Friedel Kowalek und hat früher im Schloß in der Küche gearbeitet. Meine Eltern würden sich beide sehr freuen, sagt Janka, froh, ihren Auftrag erledigt zu haben. Nichts wäre ihr lieber, als sich aufs Rad zu setzen und fortzufahren.

Aber dazu kommt es nicht. Anna schüttelt ihr in überschwenglicher Herzlichkeit die Hand. Fast sieht es so aus, als wolle die Niemka sie umarmen.

Du bist die Tochter von der Friedel, nein, so etwas!

Mürrisch läßt sich Janka bestaunen und die Feststellungen über sich ergehen, daß sie die Nase vom Vater, die Augen hingegen von der Mutter geerbt hätte, vielleicht auch den Mund. Natürlich würde Anna gern kommen. Ob es Anfang der Woche recht wäre?

Jederzeit nach sechzehn Uhr, sagt Janka im Auftrag der Mutter. Und bevor Anna zur nächsten Frage kommt, sitzt Janka schon im Sattel. Die Fußsohlen in die Pedale gestemmt, flitzt sie davon.

Werden Sie hinfahren? fragt Jolka, die jetzt neben Anna die Treppe hinaufsteigt.

Im Grunde genommen kann sich Jolka nicht so recht vorstellen, daß es für Anna bei Kowaleks interessanter sein soll als bei ihren Eltern. Von Herzen gern würde sie Pani Anna zu sich einladen. Das Klavier zeigen, das Kristall im Schrank. Die Matka müßte Kuchen backen, Kaffee kochen, während Vater später einen Wodka ausschenkt. Ja, so müßte es sein!

Jolka?

Ja, Pani Anna!

Ich möchte gern allein sein, komm ein andermal wieder. Anna verschwindet in ihrem Zimmer. Sie hat Jolka noch kurz über das Haar gestrichen, aber jetzt ist die Tür zu. Das Ende des Pferdeschwanzes wandert in Jolkas Mund. Ein wenig zu laut trabt sie die Treppe abwärts, nimmt ein Stück Holz und läßt es über die Stäbe des Geländers schnarren. Im Parterre reißt Zofia erschrocken die Tür auf. Bist du verrückt, Kind?

Die Niemka ist doof, murmelt Jolka und schleudert ihren Zopf nach hinten.

Ein Lächeln von Zofia, die nun ihrerseits Jolka über das Haar streicht. Komm herein, ich hab frischen Kuchen gebacken!

Nein!

Das Zimmer. Anna hat sich daran gewöhnt, an die braun-gelben Quecken an den Wänden ohne Bilder, den wackeligen Tisch, den Schrank und den Stuhl. In der Ecke die Plastikschüssel, ein Eimer, Kochplatte und Tauchsieder. Die Bewegungen bekommen mit der Zeit Routine. Anna hat ihren Lieblingsplatz nicht auf dem ramponierten Sessel, sondern auf dem Stuhl vor dem Tisch, an dem sie schreibt. Blick aus dem Fenster. Der Hof, dahinter die Ställe der Schweine und dann Felder. Am Horizont der Waldrand. Grau, nicht grün, weil er weit weg ist.

Der Brief aus Mexiko liegt auf dem Tisch. Blaues Luftpostpapier, laut Stempel vor zwölf Tagen von Julian beschriftet.

Mit dem Briefumschlag, den Anna so schnell öffnet, daß die Briefmarke dabei kaputtgeht, reißt sie auch ihre Erinnerung an Julian auf.

Hier in Ujazd ist er in den Hintergrund gerutscht; er hat in ihrer Vergangenheit nichts zu suchen und paßt nicht hinein. Und jetzt?

Liebe Anna...

Die Buchstaben verschieben sich, verschwimmen, ertrinken in Tränen. Tropfende Tränen wegen eines Briefes, den sie noch überhaupt nicht gelesen hat. Lieber, lieber Julian...

Anna liest den Brief nicht, sie träumt ihn sich Zeile für Zeile zurecht. Daß sie ihm fehlt und von Warszawa nach Mexiko-City fliegen soll. Ohne sie sei die Fortsetzung der Reise unmöglich, seine Einsamkeit unerträglich...

Natürlich würde sie kommen, sofort, auf der Stelle.

Die Buchstaben werden wieder lesbar: ein Reisebericht. Julian fühlt sich wohl.

Und während ich es nicht bereue, schreibt er, in Mexiko statt in Polen zu sein, wünsche ich dich zuweilen hierher!

Zuweilen also –. Die Scheuerleiste entlang, flink und braun, ohne jegliches Geräusch, nur mit dem Blick wahrzunehmen, huscht eine Maus. Wieso ist die Maus braun? Grau müßte sie sein, grau und dick. Aber diese Maus ist braun und zierlich. Nicht einmal scheu. Ohne Eile verschwindet sie zwischen den Dielen hinter den Schrank. Anna wird keine Falle aufstellen.

In Ujazd ist alle vierzehn Tage samstags Tanz. Im Volkshaus, wie die ehemalige Gastwirtschaft heißt, werden schon am Nachmittag Bier und Wodka angefahren und die Tische, die mit weißen Papiertüchern als Theke dienen werden, im Nebenzimmer zurechtgerückt. Im Saal stehen entlang den Wänden die Stühle für die Mauerblümchen. Da hocken sie von einem über den anderen Samstag, bis die Hoffnung auf einen Tanz verpufft ist und der Tischler Dzitko, der im Volkshaus für Ordnung sorgt, die Musiker nach Hause schickt.

Wenn in Ujazd Tanz in Aussicht ist, liegt Fröhlichkeit auf der Straße. In den Ställen klappern die Eimer schneller. Piotr mäht das Grünfutter mit kurzem Schwung vom Halm und fährt im Trab nach Haus. Die Fedeczkowa, die mehr am Fenster hängt als ihrer Arbeit nachgeht und dafür sorgt, daß das eine Ende des Dorfes weiß, was am anderen passiert, macht sich ohne Murren ans Bügeln. Renata wird mit dem Kleid, das weiß die Fedeczkowa, den Vogel abschießen.

Józef Staszak sieht zu, daß er sich den Schafsgeruch vom Leib schrubbt, während Kirkor pünktlicher als sonst seinen Laden schließt. Pani Dzitkowa bürstet den Sonntagsanzug ihres Mannes aus.

Du solltest das Kartenabreißen den Jüngeren überlassen, sagt sie zu Dzitko, der diesen Vorschlag seit Jahr und Tag kennt, ohne daß ihm eine richtige Antwort einfiele.

Ich werd sehen, was sich machen läßt, sagt er, während Pani Dzitkowa das weiße Hemd aufs Bett legt.

Morgen nach der Kirche, auch das sagt die Dzitkowa an jedem Tanzsamstag, da frage ich, ob nicht der Magaziner die Karten abreißen will, der ist jünger!

Und der Tischler Dzitko, der keinerlei Wert darauf legt, in seinem Amt als Saalhüter und Kartenabreißer abgelöst zu werden, bekommt mit seiner Frau Krach, weil das seiner Meinung nach nicht ihre Angelegenheit ist. Bevor er weggeht, versöhnen sie sich dann wieder.

Nur bei den Kanteckis ist die Stimmung gedrückt. Nach Meinung der Eltern soll Jurek heute nicht zum Tanz. Es wird geredet, sagen die Eltern und sitzen nach wie vor im Dunkeln. In dem hakennasigen Gesicht des Vaters ist zwischen den Fettpölsterchen keine Spur mehr von Stolz, und die Mutter hat am letzten Sonntag Halsschmerzen vorgetäuscht, um nicht zur Kirche zu müssen. Statt dessen schloß sie sich in die Stube ein und bat mit einigen Dutzend Aves und einer Handvoll Vaterunser um Vergebung.

Aber Jurek will zum Tanz und wird damit dem Klatsch neue Nahrung geben.

Natürlich gehe ich hin, jetzt gerade, sagt er, und nach einer Pause, in der man nur seine Atemzüge hört, weil ich mich nicht schäme!

Jurek! rufen Vater und Mutter im Chor, ohne daß sie zu Weiterem Gelegenheit haben, denn Jurek ist aus der Küche in den Garten gegangen. Dort bleibt er, bis von der Dorfstraße her Stimmen zu hören sind und es Zeit wird, wie die anderen zum Volkshaus zu gehen.

Bei Lenarts hat Vater Marek schon am späten Nachmittag das Haus verlassen. Zur rechten Zeit schlich er in der Nähe des Bierwagens herum und packte für ein paar gute Schlucke zu. Wenn es losgeht und die Musiker ihre Instrumente stimmen, hängt er meist schon besoffen am Geländer.

Auch Genowefa Lenart ist nicht zu Hause. In der Stadt, wie sie es den Kindern weismachen will, um ein paar Zloty für Milch und Brot zu verdienen. Aber Franku und sein jüngerer Bruder wissen Bescheid. Die Mutter geht stehlen, kommt nachts mit diesem und jenem nach Haus. Meistens ist es ein Huhn, dem sie dann in der Nacht noch die Gurgel abdreht.

Sabinas Transistorradio grölt in der Kammer. Die Tür ist verriegelt, da ist nichts zu machen. Die Kurwa, sagt Franku und guckt durchs Schlüsselloch. Nein, sagt der Kleine, der eine Ritze in der Türfüllung als Guckloch hat, sie ist keine Kurwa! Sie hat mir einen Fernseher versprochen, wenn ich brav bin. Franku tritt den Bruder in den Hintern.

Sabina, schreit der Kleine durch sein Guckloch, Franku sagt, du bist eine Kurwa, und ich sag, du bist keine Kurwa! Schenkst du mir dann auch einen Fernseher? Aber das Radio ist zu laut. Sabina kann den Streit der Brüder nicht hören, und Franku verprügelt den Kleinen, was das Zeug hält.

Mit der Dämmerung setzt die Musik im Volkshaus ein. Bis dahin steht alles in Grüppchen auf dem Vorplatz herum. Hier, wo zu deutschen Zeiten sich zweimal im Jahr ein Kettenkarussell drehte, Pimpfe und Jungmädchen ihre militärischen Exerzierkünste probierten, und wo während des Gutserntefestes manch ein Streit ausgetragen und manch ein Rausch ausgeschlafen wurde, hier sind nur noch die angrenzenden Flieder- und Jasminbüsche dieselben geblieben. Vielleicht sind sie jetzt höher und dichter, vielleicht auch mehr in das Rund des Platzes hineingewachsen, der heute für nichts mehr Verwendung findet.

Wie von der Fedeczkowa erwartet, hat Renata mit ihrem Kleid großen Erfolg. Glockenförmig fällt der Rock über die Hüften bis zu den Knöcheln hinunter und läßt nur hin und wieder im rückwärtsgerichteten Tanzschritt die Konturen ihrer stämmigen Oberschenkel ahnen. Der blaue Taft gibt ihrem milchigen Teint etwas Feierliches. Aus dem Ausschnitt, den

Pani Fedeczkowa mit einer selbstgehäkelten roten Seidengarnrose verziert hat, steigt Tomek der wohlig sommerliche Geruch von Renatas Haut entgegen. Im Gegensatz zu den anderen tanzen sie eng aneinandergeschmiegt und ohne den stampfenden Rhythmus, den die Musik den hüpfenden Paaren um sie herum abverlangt. Tomeks Hand liegt unterhalb ihrer Taille und rührt sich dort nicht weg. Wenn es der Takt ergibt, drückt er ihren warmen Hintern gegen seinen Körper. Dann schlägt Renata zwischen seinen Worten die Augen nieder, schaukelt in seinem Handgriff auf und ab und lächelt. Das macht Tomek verrückt.

Renata, sagt er, du bist ungeheuer schön!

Sie schlägt die Augen auf.

Wollen wir morgen nach Gola schwimmen fahren? fragt er weiter. Wieder ergibt sich im Takt der Musik ein Druck auf den Hintern.

Ja! Ihre Augen klappen zu.

Renata, mit einer halben Drehung führt Tomek sie in die andere Richtung des Saales, was sagst du dazu, daß ich mir kein anderes Mädchen als dich für mich denken kann?

Das Nebenzimmer ist inzwischen voll, wie der Saal. Dzitko hat Mühe, für Ordnung zu sorgen. Suszko und Kirkor versuchen, sich ohne Tanzkarte in den Saal zu schmuggeln. Marek Lenart hängt überm Geländer, die glasigen Augen weit aufgerissen auf die Fliederbüsche gerichtet, wo er seine Notdurft verrichten will. An der Theke wird der Wodka in kleinen Flaschen ausgegeben. Hier kommen die Älteren zum Reden, hier ist Anna Gesprächsthema. Was will sie hier? Ist sie nicht wie alle Deutschen nach dem Krieg mit mehr oder weniger nichts auf und davon?

Staszak kann das bezeugen, Barbara, die Kowaleks und Jula. Die Hälfte der Klamotten haben sie noch verloren, das hat Marek Lenarts Vater zu seinen Lebzeiten erzählt. Als Kutscher im Schloß mußte er mit auf den Treck, die Pferde fahren und Futter besorgen. Nach ein paar Tagen kam er nach Ujazd zurück.

Nichts haben sie mehr, hatte er erzählt, alles ist im Gedränge an den Oderbrücken verlorengegangen. Selbst die Pferde sind ihnen verreckt!

Nun ist Anna wieder hier, hat ein Auto und Zeit genug für einen langen Urlaub!

Und, sagt der alte Perka, sie wohnt im Schloß!

Eine Bemerkung, die Überlegung fordert.

Sie hat Papiere, mischt sich Jodko ein, und Erlaubnis von den Behörden hat sie auch. Ich weiß das von Pani Pawlakowa!

Vielleicht, sagt der Tischler Dzitko im Vorbeigehen, mehr aus Angeberei als aus Überzeugung, vielleicht hat sie gute Verbindungen?

Verbindungen, mit wem?

Dzitkos Schnurrbart wippt, und seine Arme breiten sich um Unverständnis über soviel Dummheit aus.

Mit den Behörden!

Nicht die Anna, ruft Jacek Staszak, der sich eigentlich vorgenommen hatte, nichts zu sagen.

Wenn die etwas im Sinn hat, dann mit ihren eigenen Leuten!

Auch über diese Bemerkung muß man nachdenken. Ein Päckchen Zigaretten macht die Runde, während Dzitko an der Saaltür Suszko zum zweiten Mal darauf aufmerksam macht, daß ohne Tanzkarte nicht hineinzukommen ist.

Du mußt sie ja kennen, meint Perka.

Deine Frau kennt sie auch, gibt Staszak zurück, frag sie doch!

Ach, der alte Perka winkt ab, ich hör nicht auf Weiber. Sie sagt, die Niemka ist gut!

Das Weitere geht in der Musik unter, die zur offenen Saaltür hereindringt und das Gespräch zerreißt. Fetzen bleiben übrig. Wortfetzen von Jacek Staszak, die zwar in einen Satz gehören, aber wegen des Krachs unverständlich bleiben. Vertriebenenverband, hört Jodko, Hupka-Spionin, schnappt der Nachtwächter Fratczak auf und erschrickt dabei, während Kirkor wiederum mitkriegt, daß die Niemka nur hergekommen ist, um nach dem Rechten zu sehen.

Das glaubst du doch selbst nicht, lacht er, meinst du, die können unser Land noch einmal verschieben, wie es ihnen paßt?

Verschieben nicht, aber zerstückeln, antwortet Staszak,

ohne daß ihm Kirkor noch zuhört. Fratczak ist es jetzt, der zu wissen glaubt, warum die Niemka nach Ujazd zurückgekommen ist.

Sie wird ihr Gold und Silber ausgraben, im Wald oder im Park, vielleicht hat sies auch auf den Wiesen an den Fischteichen versteckt! Das ist möglich! Hatten die Deutschen damals nicht damit gerechnet, wieder zurückzukommen?

Nur die Deutschen? Staszak hechelt sein seltsames Lachen heraus, und wegen der Musik muß er schreien, was nicht seine Art ist. Die Polen haben auch damit gerechnet, alle wie sie hier stehen und ihren Wodka in sich hineinschütten. Perka, Dzitko, Fedeczko, sogar der Nachtwächter Fratczak mit seinen zwei Weibern!

Ruhig, Jacek, schreit der böse, und weil Jacek nicht ruhig ist, sondern weiter von der Angst vor den Deutschen redet, die einem Hof und Land wieder abspenstig machen könnten, fährt ihm der Nachtwächter ins Wort. Er packt Jacek sogar am Kragen. Nicht fest, aber das Revers hat er in der Hand und zerrt daran herum. Ich sag dir, heute ist es mir egal, für wen ich die Mistgabel in der Hand habe, für die Niemka oder den Kombinatsdirektor, wir bleiben doch die Dummen!

Es wäre besser gewesen, Fratczak hätte das nicht gesagt. Ein paar Blicke werden über seinen Kopf hinweg gewechselt. Plötzlich ist es, als stünde zwischen ihm und den anderen sein Stallgeruch. Mit einer einzigen Bewegung schüttelt Jacek Fratczaks Handgriff ab. Wirklich, es ist nur eine Handbewegung und auch nur ein Wort, was Jacek Staszak dazu sagt: Dworus!

Jacek hätte Fratczak ebensogut ins Gesicht schlagen können. Weiß der Himmel, was passiert wäre, wenn nicht Jodko dem Nachtwächter zu Hilfe gekommen wäre. Als Jacek darauf seinen Schwiegersohn ebenfalls einen Kombinats-Hofknecht schimpft, ist alles nur noch halb so schlimm.

Vielleicht ist der Direktor bei dir auch ein Dworus? quakt Fratczak mit überschlagender Stimme und schwenkt seine Wodkaflasche, daß es schwappt.

Die Antwort geht im Gelächter unter. Niemand vermißt Jacek, der jetzt zahlt und geht.

Sieh mal, wer da ist, sagt Janka und nickt in Richtung Saaltür. Dort kauft Jurek bei Dzitko eine Tanzkarte. Józef sieht herüber. Insgeheim bewundert er Jureks Mut, sich nach allem, was vorgefallen ist, hier blicken zu lassen. Ist Sabina auch da?

Ich hab sie nicht gesehen!

Ich auch nicht!

Mehr reden sie nicht. Janka arbeitet sich mit angewinkelten Armen durch den Rhythmus der Musik, die geballten Fäuste fahren im gegenseitigen Wechsel vor und zurück. Der Kopf mit den frischgewaschenen Locken nickt schräg mal nach links, mal nach rechts, während sich ihre Unterlippe weit nach vorn schiebt. Wenn es gilt, eine Drehung zu machen oder den Schritt zu wechseln, läßt sie unverhofft und nur für Sekunden ihre Zungenspitze sehen. Das hält Józefs Atem an. Dann steht er auf der Stelle, schaut und schnalzt den Takt nur noch mit dem Finger.

Ja, er will Janka heiraten. Sie arbeitet in der Stadt bei der Post, und neulich hat er bei Pani Pawlakowa den Bau eines Eigenheimes in Kolsko beantragt. Es wird noch eine Weile dauern, hat Pani Pawlakowa gesagt, aber nicht länger als ein Jahr. Und Józef überlegt, ob heute der richtige Augenblick ist, um mit Janka darüber zu sprechen.

Pause. Bier, Limonade. Auf der Damentoilette ist Hochbetrieb.

Ist es wahr, daß Sabina hier ist und ein neues Kleid hat?

Keine Ahnung!

Habt ihr gesehen, wie Renata und Tomek getanzt haben?

Ja, das haben wir!

Zwischen den Jasmin- und Fliederbüschen stehen die Männer und schlagen ihr Wasser ab.

Jurek ist da, sagt Józef, nachdem er fast fertig ist, zu Bolko. Der hat bisher noch keinmal getanzt, steht meist mit Piotr herum und trinkt Bier. Deshalb ist Bolko auch mehr als alle anderen zwischen den Flieder- und Jasminbüschen zu finden.

Das ist schon in Ordnung mit Jurek, meint er beim Zuknöpfen seiner Hose. Auch die Alten werden sich mit der Zeit beruhigen!

Jawohl, Józef schlägt Bolko auf die Schulter, das liegt an uns!

Tanzt du mit mir? Janka nimmt Jurek an die Hand. Das will etwas heißen. Józef schluckt. So ganz paßt ihm das nicht. Janka hätte ihm vorher sagen sollen, was sie vorhat.

Jetzt muß er zusehen, wie sie so wie vorher mit ihm auch mit Jurek tanzt. Die Arme angewinkelt, die Hände gefäustet, die Unterlippe vorgeschoben.

Plötzlich wogt Unruhe im rhythmischen Auf und Ab der Köpfe. Neugier bestimmt die Richtung der Blicke. Da ist etwas! Sabina. Sie steht neben Dzitko an der Tür, so daß sich jeder, der in den Saal will, an ihr vorbeidrücken muß.

Ihr Körper – Kirkor und Suszko haben sich verständigt –, von dem ist eine Menge zu spüren. Hauchdünn und erdbeerrot liegt der Stoff auf ihrer Haut und zeigt alles, was darunter ist. Und der Rücken ist bis zur Taille frei, braun, ohne Pickel und ohne den Abdruck eines Büstenhalters. Kühl sieht Sabina von einem Ende des Saales zum anderen.

Suszko spürt Schweiß unter der Mütze. Langsam perlt er über die Kopfhaut. Dabei wird ihm bewußt, daß er eine Tanzkarte kaufen will, um Sabina seine Hand auf den Rücken zu legen. Jawohl, er, der Suszko wird wagen, was sonst keiner hier wagt!

So sehr sich Janka auch Mühe gibt, sie kann nicht vermeiden, daß Jurek Suszkos Vorgehen vom ersten Augenblick an mitkriegt. Da nutzt kein Drehen. Jurek läßt Sabina nicht mehr aus den Augen. Er stampft noch ein paar Takte Musik, zieht scharrend die Sohlen über den Tanzboden, bis sie schließlich bewegungslos bleiben, wie angewachsen. Rundum wird Platz gemacht. Postbote Suszko wirbelt Lenarts Sabina mit einer Geschwindigkeit übers Parkett, daß die Zahl der Zuschauer die der Tänzer mehr und mehr überwiegt. Hier ist etwas zu sehen, nämlich ein erdbeerrotes Kleid ohne Rückenteil. Allerdings ist Sabinas braungebrannte Haut teilweise von Suszkos Postbotenhand bedeckt.

Gespreizt und schildkrötengroß bleibt sie in ständiger Bewegung. Das ist allerhand, zumal Sabina dabei lacht. Ihre blonden Haare hat sie hochgeknotet und Blumen hineingesteckt. Dunkelblaue Malvenblüten. Auch das noch. Nur ihre Füße! Renata stößt Tomek an: Guck mal!

Brandblasen, sagt Tomek.

Über die Waden ziehen sich rote Streifen, und an den Knöcheln, zum Teil vom Schuhleder verborgen, ist eine Mullbinde zu sehen.

Die hat sich ihre Füße verbrannt!

Schon züngelt ein Gerücht von Ohr zu Ohr. Bei Lenarts soll es geraucht haben. Zwar nur kurz, aber wer weiß, was hinter so einem Rauch steckt!

Und während sich Suszko noch mit Tempo dreht und mit waagerecht gestrecktem Arm durch den Saal gleitet, beschäftigt sich der Klatsch mit dreierlei Dingen. Mit dem Kleid, Suszkos besitzergreifender Hand und Sabinas Brandverletzungen.

Lange hat Jurek Sabina immer nur angestarrt. Er hat das Kleid registriert sowie Suszkos Finger auf ihrem Rücken.

Wenn Janka denkt, daß Jurek der Tanz der beiden ärgert, dann irrt sie sich. Sabinas Herausforderung imponiert ihm. Erst nach einer Weile bleibt sein Blick an ihren Füßen kleben, an den Brandflecken und der Mullbinde.

Jurek wird der Mund trocken. Wie war das Bild, was er da im Streit mit Jula vor sich hatte? Er braucht nur die Augen zu schließen. Feuer – ja, Feuer. Ein Versicherungsbetrug, an dem am Ende Marek Lenart um ein Haar mit seinem Sprit im Bauch wie Zunder verbrannt wäre. Barfüßig kommt Sabina aus dem Haus gerannt, in der Hand eine Decke, mit der sie das Feuer ausschlägt, ohne Rücksicht auf ihre Füße, an denen sich rote Stellen zeigen, die später zu Blasen werden müssen.

Da tanzt sie mit ihren verbrannten Füßen über das Parkett, tut so, als täte es nicht weh und als wüßte niemand, was bei Lenarts los war. Jurek schüttelt Jankas Hand ab. Er gibt sich sogar der Lächerlichkeit preis, indem er ein paar Schritte hinter Sabina und Suszko herläuft, bis es ihm gelingt, dem Postboten die Hand auf die Schulter zu legen. Es ist ein fester Griff. So fest, daß er Suszko an jedem weiteren Tanzschritt hindert.

Was willst du?

Ohne Hast zieht Jurek Sabina aus Suszkos Armen. Und ehe es zu einer Prügelei kommen kann, hört die Musik auf.

Dzitko, der die Situation blitzschnell erkannte, hatte das in seiner Eigenschaft als Saalordner veranlaßt. Damit ist Suszkos

Ehre außer Gefahr. Breitbeinig macht er sich von der Tanzfläche, um sich aus Kirkors Wodkaflasche einen anständigen Schluck zu genehmigen. Niemand hört, was zwischen Jurek und Sabina gesprochen wird. Nichts ist zu verstehen, obwohl sich Janka Mühe gibt, wenigstens ein paar Worte aufzuschnappen. Jurek hat Sabina zu den leeren Stühlen an der Wand geführt. Dort reden sie aufeinander ein, erst leise, dann heftiger, auch lauter. Aber in der einsetzenden Musik geht alles unter. Gleich Jureks erste Worte jagen Sabina einen Schrecken ein.

Du hast das Feuer gelöscht, sagt er, du hast deinem Vater das Leben gerettet!

Was für ein Feuer? Sie wird rot. Und kann nicht das Entsetzen verbergen, das in ihren Augen steht. Nur mit Müh und Not verkneift sie sich die Frage, woher er das alles weiß. Hat er sich im Hof versteckt, sie beobachtet und belauscht?

Du spinnst, sagt sie matt.

Aber Jurek berichtet akkurat, was vorgefallen ist, als hätte er neben ihr gestanden. Angst kommt in ihr hoch. Sie hört nicht die Versöhnlichkeit in seiner Stimme. Und als er ihr auch noch beweisen will, daß er das alles in Wirklichkeit nicht gesehen hat, sondern zu der Zeit am Kiosk gestanden habe, was ihr ein jeder bezeugen könne, gerät Sabina völlig außer Fassung.

Du verdammter Lügner, schreit sie, du denkst, du kannst mich reinlegen! Weg ist die Röte. Ihr Gesicht ist blaß vor Wut, ihre Augen sind schräge Schlitze, in denen nichts zu erkennen ist.

Du willst uns etwas anhängen, du Feigling, faucht sie, dabei bist du nur wütend, weil ich so ein schönes Kleid anhabe und du nicht weißt, von wem es ist!

Sabina lacht. Sie merkt, das sitzt. Und sie wiederholt es laut und deutlich, so deutlich, daß Renata es hört.

Bei so einem Fetzen, zischt Renata, braucht man nicht zu fragen, das kann man sich denken!

Gegen das Erdbeerrote ist Renatas Taftkleid nichts. Hätte es Pani Fedeczkowa gesehen, der Schlaf wäre ihr genommen. Renata ist auf dem Tanzboden nicht mehr die Eleganteste. Das liest sie an den Blicken der Männer ab. Selbst Tomek macht keine Ausnahme, du lieber Gott! Die selbstgehäkelte Seidengarnrose auf Renatas Brust zittert. Am liebsten würde Renata Tomek stehen lassen. Statt dessen fordert sie ihn auf: Komm tanzen!

Für Jurek sieht die Sache anders aus. Sabina hat ihn vor allen Leuten einen Feigling genannt. Sie hat ihn in einem Augenblick beschimpft, da er sich zu ihr bekannte und nicht einmal den Auftritt mit Suszko übelnahm. Nicht einmal das!

Die Hände in den Taschen steht er vor ihr und würde gern auf den Schuhsohlen wippen, irgend etwas tun, was seine Verachtung ausdrückt und zugleich verbirgt, daß er verletzt ist.

Wer also hat Sabina das Kleid geschenkt? Trägt sie nicht wieder diese Malven im Haar, die schon zu etwas ganz anderem verwendet worden waren, wenn es stimmt, was Suszko erzählt hat? Sagt nicht jeder in Ujazd, daß Sabina eine verdammte Kurwa sei? Und auf dem Friedhof? Wenn Jurek mit sich selbst ehrlich war: Hätte irgendein anderes Mädchen im Dorf es auf dem Friedhof mit sich machen lassen?

Also sagt er, und es gelingt ihm ein Wippen der Füße und auch ein Lachen, dann erzähl es doch! Sag uns, wer dir dieses tolle Kleid geschenkt hat, und vergiß auch nicht zu sagen, für was du so großartig belohnt worden bist!

Beifall!

Alle Zuhörer lachen. Am meisten Suszko, Kirkor und Pfirsichperka. Aber der lacht nur über Jurek. Du bist komisch sagt er, ehrlich, ich versteh dich nicht!

Im ersten Augenblick wollte Sabina zugeben, von wem sie das Kleid hat. Es hätte ihr Spaß gemacht, die anderen damit zu ärgern, daß gerade sie es ist, der die Niemka ein so wertvolles Geschenk macht. Sie, die Enkelin vom alten Kutscher Lenart, der kein P zu tragen brauchte, sondern mit goldenen wappengeprägten Knöpfen am Mantel die Herrschaften in Feld und Wald spazieren fuhr.

Es liegt ihr schon auf der Zunge, dieser kleine Triumph. Aber Jurek macht ihn zunichte, unterstellt ihr, was ihr der alte Kantecki unterstellt und viele im Dorf. Da bleibt ihr der Mund zu. Sie reckt sich nur höher, hebt das Kinn und fährt zu allem Überfluß auch noch mit der Zunge über die Lippen.

Plötzlich tun ihr die Füße weh. Der Schmerz der Brandblasen fährt ihr mit Wucht in die Fußsohlen. Wankt sie? Keiner kann es genau sagen. Und wieder ist es Pfirsichperka, der freundlich eingreift. Woher soll sie das Kleid schon haben, von der Niemka, das sieht man doch! Bei uns gibt es so etwas nicht!

Staunen allerseits. Sabina gibt keine Antwort.

Von der Niemka? fragt jemand zurück. Sabina fühlt nur den Schmerz in den Füßen, deren Blasen beim Tanzen aufgegangen sind. Sie hat nur noch den Wunsch, von hier zu flüchten, den geilen Blicken von Kirkor und Suszko zu entkommen, auch Jurek, dessen Worte mehr weh tun als ihre beiden Füße zusammen und der Neugier aller anderen, die um sie herumstehen.

So, von der Niemka hast du das Kleid! schreit Jurek. Und schon greift sie jemand am Arm, dreht sie herum, holt sie von der Tür zurück. Józef. Er schüttelt sie hin und her.

Haben wir es nötig, von ihr Geschenke anzunehmen?

Ich hab nichts gegen sie!

Ich glaube, du hast gegen niemand etwas, ruft Kirkor und löst damit Fröhlichkeit aus; von Renatas helltönendem Gekicher bis zu Fratczaks Meckern und Suszkos Gegrunze ist sie rundum von Gelächter umgeben. Auch Jurek hat den Mund weit aufgerissen, bleckt ihr seine Zähne entgegen und vertritt die Meinung der anderen. Du hast keinen Stolz! sagt er. Jetzt öffnet sich der Kreis und macht Sabinas Rückzug Platz. Es sind nur ein paar Schritte. Draußen hört sie, wie der Vater in den Büschen Halt sucht, flucht und schließlich aus dem Blattwerk torkelt. Seine Hose ist schmutzig und vom Urin naß. Sie werden mir den Hof nehmen, jammert er, den Hof!

He, Marek, ruft Fratczak und zerrt Lenart ans Licht, komm rein, wir geben dir einen aus, sagt Suszko!

Nach den ersten Wochen, die Anna in Ujazd verbracht hat, ist die Neugier im Dorf verflogen.

Sie ist eben da, die Niemka! Sie fährt in ihrem Auto herum, sie wohnt im Kombinat und kauft bei Kirkor ein. Sie fragt mehr, als ihr geantwortet wird, aber es gibt niemanden, der sich über sie beklagen könnte. Am meisten ist sie bei Jula und bei Perkas zu sehen, aber auch Frantczak hat sie schon einen Besuch gemacht, und sogar bei Pan Staszak war sie vergangenen Sonntag zum Essen eingeladen. Als Anna gegangen ist, so hat Barbara auf dem Weg zur Kirche der Fedeczkowa berichtet, hat der Jacek zu ihr gesagt, daß sie jetzt bei einem Feind zu Gast gewesen sei und dessen Brot gegessen habe, das sollte sie nicht vergessen.

Jacek – ja, der nimmt kein Blatt vor den Mund und sagt immer grad raus, was er denkt. Nachdem sich herumgesprochen hat, was die Niemka hier will, war er es auch, der sie bei Kirkor vor dem Laden darauf ansprach.

Über Ujazd wollen Sie schreiben, Sie als Deutsche? Und ehe Pani Anna mit ihrer Antwort herausrückte, winkte er schon ab. Einmal, so glaubte Jacek Staszak, gab es nichts über Ujazd zu berichten, und zweitens wäre das die Aufgabe polnischer Journalisten! Und dann hat er die Pani angefaucht und gesagt, sie sollte nicht vergessen, daß sie sich jetzt in Polen befände und nicht mehr in Deutschland!

Alle erschraken, so böse hatte Jacek das gesagt. Pani Anna hatte Jacek ziemlich ernst angesehen und geantwortet, daß dafür schon genug Leute in Ujazd sorgen würden.

Als sie ging, überlegte man, wen sie wohl damit gemeint hätte. Im Kombinat, das wußte Jodko, sprach man nicht viel mit ihr. Meist aß sie allein zu Mittag. Dort hatte sie auch noch niemand eingeladen. Auch nicht Ludwik Janik? Nein, auch nicht der Ludwik Janik.

Hat Anna keinen Grund, das Büro aufzusuchen, gelingt ihr kaum ein Gespräch mit den Kombinatsangestellten. Aber für einen Besuch im Büro gibt es nicht viel Gründe. Mal ein Telefonat oder eine Auskunft, eine Erlaubnis, sich die Fasanerie oder den Reitstall in Kolsko anzusehen. Dann läuft Frage und Antwort wie am Schnürchen, kein Wort mehr. Pani Pawlakowa geht Anna aus dem Weg, und Pani Banaśowa, die Frau des Direktors, hat mit Grenzdeutschen nichts im Sinn.

Es bleibt mittags beim höflichen Grüßen, beim Dank für eine über den Tisch gereichte Schüssel und bei den Fragen nach dem Wohlergehen und dem Wunsch, daß die Mahlzeit gut schmecken möge.

Zofia hat es so eingerichtet, daß sie mit ihrem Mann später

ißt, Ludwik hat nichts dagegen einzuwenden. So gibt es auch hier nur hin und wieder eine Begegnung, einen Blick über den Teller, der Zofia den Appetit verdirbt.

Ludwiks Gelassenheit verletzt Anna. Seine Gleichgültigkeit reizt sie zu dummen Bemerkungen, einem mokanten Lächeln oder einer plötzlichen Vertrautheit, die nicht zu übersehen ist. Winzigkeiten natürlich, aber für Zofia unerträglich. So schob Anna einmal ihren Nachtisch zu Ludwik herüber und legte dabei kurz ihre Hand auf seinen Arm. Kein Wort, keine Erklärung. Es waren Himbeeren, Obst also, welches Ludwik besonders mag. Danke, sagte er und aß die Himbeeren, bevor die Suppe in seinen Teller geschöpft wurde.

Möchtest du vielleicht, daß ich sie einlade, fragte Zofia später mit Schärfe.

Wenn du willst? antwortete er.

Ich? Hat sie dir oder mir die Himbeeren herübergeschoben? Mir, gab Ludwik teilnahmslos Auskunft, ihr waren sie früher schon zuwider. Zu süß oder wegen der Maden, ich weiß es nicht mehr!

Aber du hast es einmal gewußt!

Natürlich hab ich das!

Sie weiß, daß du Himbeeren gern ißt, lieber als alle anderen Beeren! Und wenn sie dir den Teller herübergibt, dann macht sie das bloß, um mir zu beweisen, daß sie weiß, wie gern du Himbeeren magst. Meinst du, ich merk das nicht? Zofia redete und redete. Es war ihr egal, ob Ludwik dazu schwieg, sie mußte es nur loswerden.

Zum Golaer See führen zwei Wege, der eine über die Stadt, die Autostraße entlang, der andere durch die Wälder an den Sümpfen vorbei, an den kleinen, halb verschilften Gewässern, größer als ein Teich, kleiner als ein See. Anna fährt die Strecke mit dem Rad. Hinter dem einzelstehenden Bauernhof wird der Boden rechts und links des Weges feucht. Saure Wiesen, Weiden, Sumpfdotterblumen. Hier ist alles beim alten. Durchs Polnische fuhr man früher nicht. Im Polnischen hatte man nichts zu suchen, höchstens im Notfall. Wenn man im Sommer zum Baden nach Gola fuhr, war der Weg durchs

Polnische kürzer und kühler. Das war dann so ein Notfall. Es gab einen Weg durchs Moor, der begann gleich rechts hinter dem Hof, nicht breiter als eine Elle. Und selbst den konnte man noch abkürzen, wenn man quer durch ein Anwesen ging, welches stets von Polen bewohnt war. Den Hof am Moor wollte kein Deutscher, nicht die sauren Wiesen und die ewig unter Wasser stehenden Felder. Nur die Krebse aus dem Bach, die waren gefragt, hatten ihren Wert und wurden deshalb den Leuten nach der deutschen Besetzung der Einfachheit halber ohne Bezahlung weggenommen.

Anna schiebt vorsichtig das Rad am Haus vorbei, über einen winzigen Hügel, wo zwischen Grasbüscheln in rundgescharrten Kuhlen die Hühner ihr Sandbad nehmen.

Am Rande des Hügelchens der Hahn, bunt, doppelt so groß wie die Hennen. Seine Lider sind nicht wie bei den Hennen über den rotgerahmten Blick gezogen. Starr seitlich gerichtet, sieht er, was links und rechts passiert.

Als Anna näher kommt, knurrt er. Tatsächlich, er knurrt mit geschwollenem Kamm und leise zuckendem Kopf. Die Hennen erheben sich aus ihren Kuhlen und bewegen sich dem Haus zu. Der Hahn bleibt, knurrt und rückt nicht von der Stelle, er bläht sich auf und jagt Anna Furcht ein. Er ändert die Taktik, drückt jetzt seine Federn an den Körper, streckt den Kopf weiter vor, macht sich schlank, hebt blitzschnell die Flügel und springt mit ausgestellten Schwingen, ohne zu fliegen, einen Schritt auf Anna zu. Einen Schritt! Wieder beginnt er zu knurren, wieder plustert er sich auf. Ein tapferer Hahn, der den Kampf nicht scheut.

Anna hat Angst. Ist das hier verrückt? Welcher Hahn knurrt Menschen an? Bevor sie sich zum Rückzug entschließt, schallt eine Stimme aus dem Haus. Krächzende polnische Laute, auf die der Hahn hört. Er gibt den Weg frei. Niemand ist zu sehen. Annas Gruß bleibt unbeantwortet. Sie hat jemanden gegrüßt, den sie gar nicht gesehen hat. Wieder krächzt die Stimme, diesmal deutsch: Gehen Sie, gehen Sie, der Hahn wird Ihnen nichts machen!

Anna kehrt um und läßt den knurrenden Hahn auf seinem Hügelchen zurück.

Zwischen Schwarzerlen und Birken ragen schmalästige Kiefern aufwärts, wie aus Versehen gewachsen. Im Frühjahr tritt das Wasser aus dem Boden, umschwemmt die Stämme und macht das Holz faulig. Bremsen, größer als anderswo, groß wie Bienen, leben hier und überfallen in Schwärmen Mensch und Tier. Alles ist saftig grün, dunkelgrün, ohne Gelbstich und Trockenheit. Anna sucht den Weg, sucht nach dem abgebrochenen Erlenstamm, der ihr früher als Wegweiser diente.

Weder der Weg noch der abgebrochene Erlenstamm ist zu sehen. Nur die Richtung stimmt, und der Boden unter den Füßen ist fest. Zweihundert Meter weiter endet der Bruch im baumlosen Sumpf. Sommerliches Blau nimmt jetzt nach all dem Grün überhand, am Himmel wie auf der Erde. Dort drüben der kleine See mit der gekräuselten Oberfläche und den persilweißen Schwänen! Kein Boot, kein Mensch und rundum Stille. Auf der Wiese zwischen Bruch und See stelzen Störche, an die fünf Stück, schwarzweiß – aus der Familie der Schreitvögel. Wer zuerst im Jahr Störche sieht, wird eine Reise machen! Das Fahrrad ist nicht zu benutzen. Sanft sinkt der Fuß ins Gras. Vergessen ist der ellenbreite Pfad. Alles ist schön, zum Heulen schön.

Schritt für Schritt wandert Anna dem See zu, um zu schwimmen. Gehen allein ist zuwenig! Schwimmen will sie, am liebsten fliegen. Sie läßt das Fahrrad los, breitet die Arme aus und begibt sich hüpfend und lächerlich selig auf den Flug. Die Störche lassen sich nicht stören. Menschenseelenlose Einsamkeit, die überwältigt und Anna übermütig macht. Sie wird sich die Kleider vom Leib reißen und wie die Schwäne schwimmen, nur auf dem Rücken, mit dem Himmel im Blick von einem Ufer zum anderen. Die halbe Strecke zum Wasser hat sie zurückgelegt, als der Fuß tiefer sinkt und die Schuhe naß werden. Anna sucht auf den Binsengrasbüscheln Halt. Mit fröhlichen Sprüngen hüpft sie weiter. Nicht einmal Sumpffarn wächst hier. Statt dessen Pfützen, besser gesagt Wasserlachen, die im Gras versickern. Es hat keinen Sinn mehr, das Schuhwerk vor Feuchtigkeit zu schützen. Jeder Schritt quatscht. Sanft bleibt der Schlamm zwischen den Zehen hängen. Inzwischen sind auch keine Binsengrasbüschel mehr zu sehen. Nirgendwo ist Halt, die Füße sinken tiefer. Zuerst verschwinden nur die Knöchel. Anna denkt an ihre

Schuhe, schöne neue Spaziergehschuhe, extra für diese Reise gekauft. Vorsichtig verlagert sie ihr Gewicht auf das rechte Bein, um das linke vom Morast zu befreien. Jetzt schräg stehend, rechts mehr denn je eingesunken, links immer noch im moorigen Schwarz verfangen, macht sie den umgekehrten Versuch. Das Ergebnis ist Null. Annas Beine stecken bis zu den Waden fest, und ihre Perspektive hat sich um dreißig Zentimeter verkürzt. Das macht etwas aus. Die Störche, erstaunlich nah, wirken größer, das Gras höher, das Wasser tiefer, der Himmel blauer. Jede Bewegung bedeutet ein weiteres Hinabsinken. Auch die Knie stecken schon im Schlamm, und Annas Rock stülpt sich grotesk über das Gras, einem überdimensionalen Kaffeewärmer gleich. So hockt sie in den polnischen Sümpfen von Gola, eine Dame ohne Unterleib, und muß damit rechnen, in absehbarer Zeit spurlos zu verschwinden. Es sei denn, es kommt Hilfe. Woher? Anna ruft. Erst auf deutsch, dann auf polnisch: Hilfe – na pomoc – Hilfe!

Die Störche ziehen ihre Schnäbel aus dem Gras. Anna kann die zappelnden Frösche zwischen den Schnabelhälften von unten her gut erkennen. Gravitätisch setzen die Vögel ihren Gang fort, auf sie zu. Aus Annas Rufen wird ein Schrei.

Die Schwäne schwimmen nicht schneller.

Jetzt kann sie sich nur noch mit Hilfe der Hüftgelenke bewegen. Sie beugt sich vor. Die Hände tasten im Gras herum, suchen nach Büscheln und Wurzeln.

Weit hinten liegt das Fahrrad.

Jetzt erst merkt Anna, daß sie nicht tiefer sinkt, daß sie Halt unter den Füßen hat, wenn sie auch bis zu den Schenkeln feststeckt. Aus ihrer Angst wird Wut. Nichtsnutziger Polakkenhahn, dessen Geknurr sie aufgesessen ist! Wäre sie wie eh und je quer durch das Anwesen gegangen, hätte sie nicht den Weg verfehlt und säße nun nicht in den Sümpfen von Gola fest!

Während sich ihr Körper immer weiter nach vorn beugt, damit die Hände in einem möglichst großen Umkreis nach Halt suchen können, berührt ihr Gesicht die Erde. Es schiebt sich über das feuchte Gras, wobei Grünzeug und Erdkrumen in den Mundwinkeln kleben bleiben. Von oben sieht das aus, als bemühe sie sich in tiefer Innigkeit, den Boden unter sich zu küssen.

Angst? Ja, Anna hat Angst, obwohl etwas greifbar wird. Eine Wurzel und dann ein Grasstück, an dem sie sich hochhangeln kann. Die Arme schmerzen fürchterlich. Zentimeter für Zentimeter rücken ihre Füße aufwärts, schlüpfen aus den Schuhen, stemmen sich ab, machen sich dünn. Pause. Sie weiß, daß sie aus diesem polnischen Sumpf herauskommen wird. Weg, nur weg von diesen Störchen und den Schwänen auf dem See, weg von dieser verdammten Einsamkeit!

Julian fällt ihr ein, Oskar, Vera, die sie sich nicht hierher denken kann, die nichts mit dem zu tun haben, was hier für Anna wichtig ist. Julian ist so weit weg und in dem ihr unbekannten Mexiko nicht vorstellbar. Wenn sie hier im Moorwasser versackte, würde er es erst Tage oder Wochen später erfahren. Sie wäre für immer verschwunden. Die Vorstellung macht Anna einige Sekunden lang starr. Erst der Gedanke an Oskars Gelächter bringt sie wieder in Bewegung. Tatsächlich, der rechte Fuß ist frei. Angewinkelt, mit schwarzem Schlamm bestrichen, liegt er neben ihr, ein riesenhafter, ekliger Froschschenkel.

Vera hätte sie erst gar nicht allein durch ein Moor fahren lassen. Vera wäre mitgekommen, hätte die Gefahr vorher durchschaut und einen anderen Weg gewählt.

Inzwischen ist auch das zweite Bein frei. Bäuchlings liegt sie auf der wabbeligen Grasoberfläche.

Die Störche haben sich zurückgezogen, auch die Schwäne sind nicht mehr zu sehen. Das Fahrrad liegt hundert Meter weiter zum Erlenbruch hin. Dorthin ist der Rückweg zu gefährlich. Jetzt erst erkennt sie den fest ins Gras getrampelten Pfad, der von dem Bauernhof aus durch den Sumpf Richtung Gola führt. Nur ein paar Schritt ist er entfernt. Sie kriecht die Strecke auf allen vieren. Schuhlos, von oben bis unten verdreckt, kommt sie sich lächerlich vor. So viel sie auch an sich herumwischt, es wird nicht besser. Arme, Beine, Rock, ja selbst die Haare sind vom Morast verschmiert. In wenigen Minuten trocknet der Schlamm. Er wird grau und überkrustet die Haut mit rissigen Fladen. Der Rock hängt schwer am Körper, und unter den Fingernägeln drückt sich der trockene Schlick fest.

Bis Ujazd, so schätzt Anna, sind es sechs Kilometer!

Barfuß läuft sie auf der Straße. Ein Bus fährt vorbei. Blicke. War das nicht die Niemka? Aber wie hat sie ausgesehen?

Dreckig und barfuß, habt ihr das gesehen?

Nein!

Außer Jadwiga, einer von Fratczaks Frauen, kennt niemand die Niemka aus Ujazd.

Eine halbe Stunde Weg. Die trocknende Moorerde juckt auf der Haut. Drei Jungen, die ihre Kühe vorbeitreiben, bleibt der Mund offen. Erst später fangen sie an zu lachen. Kein Bach, keine Quelle, kein Brunnen ist in der Nähe, das weiß Anna. In ihrem verdreckten Zustand muß sie bis Ujazd laufen, vielleicht gar durchs Dorf! Keine schöne Vorstellung. Abermals beginnt sie an sich herumzureiben. Trotzdem, die Haut bleibt grau, das Kleid verschmutzt, die Haare klebrig!

Das Motorengeräusch eines Autos; es ist zu spät, um sich seitwärts in den Wald zu schlagen, und was noch schlimmer ist, das Auto hält an, der Wagenschlag öffnet sich und Ludwik sagt: Komm, steig ein!

Sofort hat er sie an ihrem schlaksigen Gang mit den nach vorn gezogenen Schultern erkannt. Eigentlich wollte er nicht halten. Im Gegenteil, er verspürt Lust, schnell und dicht an ihr vorbeizufahren, als er ihre Erscheinung richtig wahrnimmt. Sie trägt keine Schuhe, und ihre Füße sind bis über die Knie hinauf mit verkrustetem Schlamm bedeckt, ebenso ihr Kleid. Die Haare sind feucht, schmutzig und zu einem klebrigen Zopf zusammengedreht. Als sie versucht, ihr Gesicht zu verstecken, als könnte er sie dann nicht erkennen, ist es ihm unmöglich vorbeizufahren.

Im Auto bildet sich zu ihren Füßen eine winzige Blutlache.

Ich bin in eine Scherbe getreten, sagt Anna, während Ludwik den Wagen wendet. Es tut mir leid!

Was?

Daß ich dir den Wagen schmutzig mache!

Sein Schweigen ist Anna peinlich wie seine Hilfsbereitschaft. Ich hätte auch laufen können, so schlimm ist das nicht, sagt sie, ohne ihn anzusehen.

Ihr Stolz gefällt ihm. Ich weiß! sagt er.

Anna wird immer verlegener. Warum um Gottes willen stellt er keine Frage? Ihn scheint nichts an ihr zu interessieren, weder ihr Zustand noch ihr Äußeres. Wie einen Fundgegenstand hat er sie aufgesammelt und wird sie nun zu Hause abliefern.

Längst ist Ludwik klar, was Anna zugestoßen ist. Es fällt ihm schwer sich vorzustellen, was gewesen wäre, wenn sie im Golaer Sumpf verschwunden wäre, langsam abgesackt, allein mit ihren Hilferufen, tiefer und tiefer, bis auch der letzte Schrei im Schlamm erstickt wäre.

Er kommt zu keinem Ergebnis. Vielleicht wäre es ihm tatsächlich egal gewesen.

Du hast Glück gehabt, sagt er, um die eigenen Gedanken zu beenden, die Golaer Sümpfe sind heute gefährlicher als zu deiner Zeit. Die Entwässerung ist erst für 1980 geplant.

Du weißt, was mir passiert ist?

Das ist nicht zu übersehen.

Endlich lächelt er, und Anna fängt an zu reden. Erzählt von dem knurrenden Hahn im Bauernhof, den sich Ludwik vorstellen sollte, von den Störchen, die sich nicht stören ließen, von den Schwänen und dem See, in dem sie baden wollte. Die Schönheit und die Einsamkeit – das sei einfach zu viel gewesen. Ganz glücklich sei sie gewesen, hätte das Rad liegen gelassen und sei losgelaufen, und es hätte nicht viel gefehlt und sie wäre auch noch geflogen.

Hörst du mir eigentlich zu?

Natürlich höre ich dir zu.

Gut. Anna ist zufrieden. Die Geschichte, wie sie plötzlich eingesunken ist, wird zu einer lebensgefährlichen Situation, aus der es keine Rettung mehr zu geben schien. Anna verändert die Tiefe, die Zeit, den Zustand ihrer Nerven. Am Ende ihrer Erzählung bleibt es ein Wunder, daß sie überhaupt herausgefunden hat.

Ludwiks Blick ist auf die Straße konzentriert, sein Gesichtsausdruck von müder Unbeweglichkeit.

Weißt du, sagt er freundlich, du übertreibst immer noch, wie du schon als junges Mädchen übertrieben hast. Das finde ich komisch!

Mehr sagt Ludwik nicht.

Annas Stimmung schlägt um. Der Sand bröckelt von der Haut und hinterläßt schwarze Pünktchen in den Poren. Das Haar klebt am Kopf und gibt ihr das Gefühl, besonders häßlich auszusehen. In der Toreinfahrt zum Gutshof steht Martha Fratczak und glotzt mit offenem Mund in den Wagen. Sonst ist niemand zu sehen. Anna steigt so schnell wie möglich aus dem Wagen. Du kannst bei uns baden, sagt Ludwik, und als sie zögert, offensichtlich schwankt, ob sie noch einmal zurückfragen soll, fährt er fort:

Zofia ist nicht da, außerdem hätte sie nichts dagegen!

Mit Sorgfalt wischt Ludwik die saubergeputzte Wanne aus. Mit übertriebener Genauigkeit überprüft er Rand, Becken und Glasplatte nach Haaren, Resten von Creme oder verklebter Seife. Nichts ist zu finden. Auch Handtücher holt er aus dem Schrank. Zwei von den neuen, die Zofia kürzlich aus Posnań mitgebracht hat. Kornblumenblaue. Einen Augenblick ist Ludwik versucht, etwas von Zofias russischem Parfüm zu verspitzen. Nur eine Winzigkeit natürlich. Als er die Flasche aufmacht und ihm der süßliche Duft in die Nase steigt, läßt er es bleiben. Jetzt entdeckt er zwischen Wannenrand und Kacheln, in der Nähe des Wasserhahnes, einen braunen Rand, nicht breit, aber immerhin, es ist Schmutz, Wasserstein und Seifenreste.

Warum ist ihm das nie aufgefallen? Nicht Zofia? Er wird sie darauf aufmerksam machen müssen, denkt er, während er herumzukratzen beginnt! Das braune Zeug setzt sich unter seinem Fingernagel fest, und er muß sich die Hände waschen. Dann öffnet er die Tür zum Schlafzimmer. Nur einen Spalt, so daß die modernen Ehebetten mit der großblumigen Überwurfdecke gerade zu sehen sind. Unrast und Nervosität packen ihn. Sein Blick ist schärfer als sonst, nimmt alles wahr. Die Bilder an den Wänden, die Möbel, den Teppich, der ihm nie sehr gefallen hat, aber ein Hochzeitsgeschenk von Direktor Banaś ist. Der Kalender muß weg. Zofia hat eine schreckliche Vorliebe für Postkartenkalender. Überall hängt sie welche auf. Auch der billige Druck dort könnte verschwinden. Als er ihn wegnimmt, zeigt sich ein Rand auf der Tapete. Das sieht noch mieser aus. Der Druck bleibt also hängen. Zum erstenmal wird Ludwik bewußt, daß sich die Farbe der Sessel mit der Farbe des Lampenschirmes beißt. Unmöglich, zwei solche Rottöne nebeneinander ertragen zu können. Er stellt die Lampe um.

Ludwik hatte nur zweimal Gelegenheit, zu Annas Zeiten das Schloß zu betreten. Einmal mußte er mit zupacken, als Annas Mutter Möbel umräumen ließ, und ein anderes Mal wurde er mit dem Forstbeamten Kowalek und dem Kutscher Lenart angewiesen, den Weihnachtsbaum für die Herrschaften aufzustellen. Eine Kiefer war das, vier Meter hoch und mit den Ästen mindestens drei Meter breit. Ludwik hätte sie gern geschmückt gesehen. Anna mußte ihm später bis in alle Einzelheiten berichten, wieviel Kugeln und Kerzen verwendet worden waren. Von Lenart erfuhr er damals auch, daß für jedes Familienmitglied ein Gabentisch von einer Größe vorbereitet wurde, an dem gut vier bis fünf Personen Platz gefunden hätten.

Später hatte Ludwik derartige Möbel, Bilder, Teppiche, Lampen, Truhen und Vitrinen nur im Kino und in Museen wiedergesehen.

Er fährt aus seinen Gedanken, hat es geklopft? Verdammt, dort die Papierblumen, die er Zofia auf dem Jahrmarkt geschossen hatte, die müssen weg. Anna könnte denken, daß sie eine Zierde des Wohnzimmers sein sollen.

Als Anna ins Zimmer kommt, hat er die Blumen noch in der Hand. Wirklich, er steht mit einer Hand voll bunter Papierrosen vor ihr und vergißt sie wegzulegen, dreht sie herum, daß die mit Silberpulver besprühten Blätter zu schneien beginnen.

Warum starrst du mich denn so an? lächelt Anna mit einem Blick auf die Blumen. Er wird ihr doch nicht etwa die Dinger in die Hand drücken wollen?

Obwohl die Haut auf den Beinen juckt, kratzt sie sich nicht. Schabt nur unter dem kaffeebraunen Frotteemorgenrock ein Bein an dem anderen. Sie ist froh, daß außer ihrem Gesicht und den Händen nichts von ihr zu sehen ist. Die Kapuze über dem schmuddeligen Haar macht ihr Gesicht weich. Braun steht ihr, und ihre Figur, unter dem Stoff nur angedeutet, wirkt zierlicher als sonst. Anna fühlt sich sicher und bewegt sich nicht ganz so schlaksig wie sonst. Ludwik zieht ein Parfüm in die Nase, elegant und mit Zofias schwerem Parfüm nicht zu vergleichen. Ärgerlich öffnet er Anna die Badezimmertür.

Wie nett, daß du mir Wasser eingelassen hast, sagt sie fröhlich und setzt sich auf den Wannenrand. Ihre schmutzigen Beine werden sichtbar, auch die ein wenig krumm gewordenen Zehen. Ludwik stellt ein feines Adernetz auf dem Spann ihres linken Fußes fest. Unbewußt betrachtet er Anna jetzt mit der gleichen Gründlichkeit, wie er vorhin seine Wohnung betrachtet hat. Anna verändert die Stellung ihrer Beine, und sekundenlang erwischt sein Blick mehr von ihr. Anna ist das nicht unangenehm.

Ihr Lachen, mit dem sie den nächsten Satz beginnt, ist eine Spur tiefer als sonst, die Stimme weicher: Gibst du mir mal meine Tasche herüber? Erst als sie ihre Bitte ein zweites Mal äußert, merkt sie, daß Ludwik nicht mehr in der Tür steht.

Leise hat er die Klinke zugedrückt. Er hebt die Papierrosen auf und steckt sie zurück in die Vase, setzt sich in einen der Sessel und wartet.

Vom Bad her kommen Geräusche. Das Plätschern, wenn sich ihr Körper in der Wanne bewegt, wenn sie sich hinsetzt oder sich wieder zurückgleiten läßt. Wasser schwappt hörbar auf den Boden. Später spritzt die Dusche daneben. Auch das hört er, dazu ihr fröhliches Schimpfen.

Im Hof macht sich die Geschäftigkeit des Vorfeierabends bemerkbar. Vor den Kuhställen werden die Milchfässer aufgeladen. Die ersten Traktoren kommen in den Hof, und die Wagen werden abgehängt. Jodkos Flüche und Wichtigtuerei. Selbst das Rumoren aus den Schweineställen dringt bis zu Ludwik.

Im Büro wartet Pani Pawlakowa. Ludwik rührt sich nicht vom Fleck. Unbeweglich sitzt er zwischen Anna nebenan im Bad und dem, was an alltäglichem Lärm vom Gutshof in das Zimmer dringt. Ein Wagen nach dem anderen wird unter Jodkos Kontrolle in der Mitte zwischen Magazin und Garagen, jeweils mit gleichem Abstand, abgestellt. Eine der wenigen Gepflogenheiten, die heute noch wie früher üblich sind. Lediglich die Wagen sind moderner geworden und nicht mehr für Pferde geeignet. Statt des donnernden Polterns von hölzernem Radwerk über Kopfsteinpflaster ist nur noch das scheppernde Federn der Achsen und das dumpf springende Rollen luftgefüllter Räder hörbar.

Anna pfeift irgendeinen Schlager, den Ludwik kennt, von dem er aber nicht weiß, ob es ein alter oder ein neuer ist. Ihre Heiterkeit geht ihm auf die Nerven. Aber er geht ihr nicht aus dem Weg, er setzt sich nicht in die Küche, er bittet nicht um Ruhe. Er bleibt, wo er ist, im Sessel.

Die Ellbogen stützt er auf die Seitenlehnen. Die Hände, unter dem Kinn gefaltet, geben seinem Kopf den richtigen Halt. Er kann die Augen schließen...

Aus dem Sommertag wird ein kalter Novembermorgen.

Schneeregen, der die Felder in triefenden Matsch verwandelte. Die Wettervoraussage hatte Frost angekündigt. Die Zuckerrübenernte war, wegen des Mangels an Arbeitskräften, weit im Rückstand. Also bekamen die Güter auf Anforderung und nach einem Dringlichkeitsnachweis Ernteeinsatzhilfe in Form eines oder zweier Waggons mit Polen, die sich von Warschau auf dem Transport zu Munitionsfabriken oder Arbeitslagern befanden, Alte und Junge, Kranke und Gesunde, meist Frauen.

So hatte auch der Gutsherr von Rohrdorf einen Waggon Polen angefordert.

In der Bodachwirtschaft, die heute das Kino von Ujazd ist, wurde Stroh angefahren. Soviel wie möglich, sagte damals Annas Vater und schickte Ludwik noch einmal mit dem Traktor weg. Entgegen der Meinung des Verwalters war nach Ansicht des Herrn Majors die Strohschicht zu dünn. Selbst wenn die Polen dicht an dicht zu liegen hatten und sich selbst wärmten, müßte man doch mit einer empfindlichen Bodenkälte rechnen. Die Polen würden krank. Das, so sagte der Herr Major, wolle er verhindern.

Im Hof wurde eine Grube für eine Latrine ausgehoben. Allgemeine Geschäftigkeit, der der Herr Major längere Zeit zusah. Janik, sagte er nach längerer Zeit und winkte Ludwik heran.

Bitte, Herr Major?

Sagen Sie mal, Janik, wissen Sie, woher der Transportzug mit den Polen kommt?

Keine Ahnung, Herr Major!

Im allgemeinen wißt ihr doch mehr als wir. Ich hoffe, daß ich nicht Leute aus der Stadt bekomme!

Der Major, das sah Ludwik ihm an, meinte das ernst und dachte dabei an seine Rüben. Städter, die nicht gewohnt waren mit dem Rübenheber umzugehen, waren eine schlechte Hilfe.

Es mußte von Kindheit an gelernt sein, wie der Heber, der eigentlich eine gedrungene, halbmeterlange Gabel mit einem starken Holzgriff war, in Rübennähe angesetzt und mit dem rechten Fuß in die Erde gestoßen wurde, bis die Rübenspitze zwischen den Gabelenden saß. Mit einem einzigen Griff, bei leichtem Frost oder schwachen Muskeln eventuell unter Zuhilfenahme des rechten Beines, wurde dann der Heber flachgelegt. Die Rübe, manchmal an die fünf Pfund schwer, hob sich aus dem Boden, wurde mit der linken Hand herausgerissen, was jeweils ein dumpfes Geräusch verursachte. Rübe lag neben Rübe auf dem Feld, dicht wie die Polen im Stroh der Bodachwirtschaft. Im zweiten Arbeitsgang mußte dann die Rübe vom Blattwerk getrennt und auf einen Haufen zum Abtransport geworfen werden. Also lag es in der Natur der Sache, daß der Gutsherr, genannt Herr Major, mit polnischen Städtern nichts anfangen konnte.

Wenn Sie die Leute nicht aufnehmen, Herr Major, hatte Ludwik Janik geantwortet, kommen sie in Munitionsfabriken oder in ein Lager, wo sie bei Arbeitsunfähigkeit umgebracht werden! Das, Herr Major, wissen Sie besser als ich!

Lieber Janik, sagte der Major und rieb sich die kalt gewordenen Hände, was glauben Sie denn, was ich dagegen machen kann?

Die Leute hier behalten, egal ob Städter oder nicht, dann brauchen sie nicht zu krepieren!

Und meine Rüben? Wie soll ich meine Rüben aus der Erde bekommen? Nein, mein lieber Janik, das sind zwei Paar Stiefel! Aber wir werden sehen! Was ich tun kann, das tu ich!

Ein paar Stunden später waren sie da, Frauen, und alle aus der Stadt. In Begleitung des Dorfpolizisten hatte Janik sie im Anhänger seines Traktors vom Güterbahnhof nach Rohrdorf zu fahren. Er pferchte sie in den offenen Wagenkasten, in dem sie aufrecht stehen mußten, die Älteren innen, die Jungen außen, und sah zu, daß die Wachmannschaften keinen Grund zu Knuffen und Schlägen fanden. Die meisten Frauen trugen keine Mäntel, und ihre mit Lumpen umwickelten Füße steckten in Holzschuhen.

Als Ludwik Janik mit seiner traurigen Fracht in Rohrdorf auf dem Gutshof anhielt, den Wagen dort abhängte, wo jetzt noch die Wagen abgehängt werden, sah der Herr Major aus dem Fenster. Städter, sagte er später seufzend zu Ludwik, ich habe es Ihnen ja gesagt, Städter! Wie sollen diese armen Leute meine Rüben vom Feld holen!

Er rieb langsam und unaufhörlich die Hände aneinander, während er den Wagen mit den aufrecht stehenden und wie angefroren wirkenden Frauen umkreiste. Seine Gesichtshaut rötete sich von Minute zu Minute. Er suchte nach Worten.

Auf Grund seiner Krankheit gab es für den Major an den Fronten des Großdeutschen Reiches keine Verwendung mehr. Das wurmte ihn, und um so mehr bemühte er sich, seinen Verpflichtungen als guter Landwirt nachzukommen. Die Ernte ging ihm über alles! Aber der Major war auch in Stalingrad gewesen und hatte dort das Elend am eigenen Leib gespürt. Er hatte gefroren und gehungert und verdankte sein Leben dem glücklichen Zufall, daß er einer der vierunddreißigtausend eingeschlossenen Soldaten war, die damals ausgeflogen wurden. Der Major wußte sehr wohl, was Angst war, und ging ihr nach Möglichkeit aus dem Weg.

Städter also, und daran hielt er fest, Städter konnte er nicht gebrauchen, und den Arbeitseinsatz dieser schlecht bekleideten Frauen wollte er nicht verantworten. Er gab Ludwik die Anweisung, die Frauen wieder zurück zum Bahnhof zu fahren.

Sie werden das nicht überleben, Herr Major, hatte Ludwik geantwortet und erfahren, daß das nicht Sache eines Landwirts sei, der für die Einbringung seiner Rübenernte zu sorgen hätte.

Und weil Ludwik von Anna einiges über die bitteren Erfahrungen des Majors in Stalingrad wußte, wohl auch etwas über dessen nicht ganz zufällige Rettung, und vielleicht auch eine Ahnung vom Zustand seines Gewissens hatte, wagte Ludwik einen zweiten Vorstoß.

Denken Sie an Stalingrad, hatte er gesagt und ihn lange dabei angesehen.

Gut, sagte darauf der Major, kniff in ungewohnter Weise die Lippen zusammen, rieb die Hände, bis sie weiß wurden, und gab die Anordnung, die Frauen sofort auf die Felder zu fahren. Je nach deren Leistung wollte er sich weitere Entschlüsse vorbehalten. Er ließ in der Gutsküche mehrere große Kannen heißen Tees brühen, zum Aufwärmen der Leute.

Trotz Ludwiks guten Zuredens, der Drohungen des Dorfpolizisten und der kontrollierenden Blicke des Majors machten sich die Frauen nicht an die Rüben. Sie hockten sich auf die Felder und zogen die Röcke über die Knie. Sie nahmen nicht einmal die Rübenheber in die Hand. Sie unternahmen nichts, außer dem aberwitzigen Versuch, sich gegen die Kälte zu wehren. Die Jüngeren erhoben sich hin und wieder und schlugen die Arme über dem Rücken zusammen. Die Alten machten das nicht, zwei von ihnen starben.

Der Entschluß des Majors war nach ein paar Stunden gefaßt: Die Frauen mußten zurück. Sie gehörten nicht in die Landwirtschaft! Weder waren sie kräftig genug, noch hatten sie die geringste Ahnung von der Arbeit!

Am nächsten Morgen mußte Ludwik die Frauen wieder in Gegenwart des Dorfpolizisten auf die Anhänger verladen und zum Güterbahnhof bringen. Das Behördliche erledigte der Major persönlich.

Als Ludwik vom Bahnhof zurückkehrte, traf er Anna. Es war damals schon die Zeit, wo sie sich weniger sahen und sie ihm, wie er meinte, aus dem Weg ging.

Aus dem Badezimmer hört Ludwik das Surren des Föns. Anna pfeift immer noch, sie hat sich richtig eingepfiffen. Es klingt ganz hübsch. Ludwik gewöhnt sich daran.

Damals brauchte er nicht lange nach ihr zu suchen. Sie hielt sich in der Reitbahn auf. War die Bahn besetzt, so wußte jeder, daß der Eintritt erst nach einem Klopfen und dem Ruf »Bahn frei!« gestattet war, um ein Scheuen oder Durchgehen der Pferde zu vermeiden. Nur ein kleiner Teil der Bahn war noch mit Heu gefüllt. Für Ludwik ein gutes Versteck, falls er mit Anna überrascht werden sollte.

Sie ließ sich, anders als sonst, beim Reiten nicht stören. Eine Runde nach der anderen kreuzte sie die Bahn, wechselte die Tempi, hielt an, versammelte das Pferd und begann konzentriert im Arbeitsgalopp an Ludwik vorbeizureiten.

Hör auf, Anna!

Anna stieg vom Pferd und warf dem Tier die Decke über den schwitzenden Rücken. Schweigend gingen sie dicht nebeneinander, zogen die Füße durch das Sägemehl, zwei Spuren hinter sich lassen, als dritte die des Pferdes, das Anna am Zügel führte. Ludwiks Hand lag auf ihrer Schulter.

Heute weiß Ludwik die Worte im einzelnen nicht mehr. In jedem Falle hatte er um Hilfe gebeten. Du bist die einzige, die es kann, hatte er gesagt. Sie hatte nicht geantwortet und lief stumm neben ihm weiter.

Umständlich begann er ihr zu erzählen, daß er von dem Transport der polnischen Frauen zwei zurückbehalten und versteckt habe.

Warum? rief sie zu laut. Das Pferd warf den Kopf hoch.

Sie sind zu schwach!

Ist das ein Grund?

Ja!

Mittlerweile waren sie einmal um die Reitbahn gegangen. Er nahm die Hand von ihrer Schulter.

Und was soll ich tun? wollte Anna wissen.

Darauf hatte er ihr Gesicht in beide Hände genommen und ihr vorgeschlagen, ihren Vater um Hilfe zu bitten.

Meinen Vater?

Noch heute ist Ludwik der Meinung, daß sie damals einverstanden war und Hilfe versprach.

Besser hat er im Gedächtnis, was sich danach abspielte, deutlich und bis in jede Einzelheit. Vielleicht lag es daran, daß ihm nach seiner Verhaftung diese Erinnerung allzulange zu schaffen gemacht hatte, als daß er sie jemals hätte auslöschen können.

Erst wollte sich der schwarze Wallach nicht anbinden lassen, blieb unruhig und schnaubte, obwohl ihn Anna bereits eine Stunde geritten hatte. Ludwik warf ihm einen Arm voll Heu hin. Das half. Anna band ihn mit dem Trensenzügel an einen der in der Mitte stehenden Hindernisständer. Das Heu, zur Reitbahn hin steil und fest gepackt, ließ nicht die kleine Öffnung vermuten, die er nur lose zugeschüttet hatte und in der beide jetzt hintereinander verschwanden.

Es war anders als sonst. Anna ließ sich nicht mit Zärtlichkeiten überschütten, sie zog sich gleich aus. Sie zitterte vor Kälte, und der Heustaub brachte sie zum Niesen. Die Höhle war klein. Sie konnten kaum aufrecht sitzen. Es sah komisch aus, wie sie sich halb liegend bemühte, die Reitstiefel auszuziehen. Er half ihr nicht, er sah ihr zu, bis sie nackt neben ihm lag.

Zwischen ihren glatten Haaren hing Heu. Das gab ihr etwas Unordentliches. Auch daß sie ihre Schenkel weit auseinanderhielt, verblüffte ihn. Ihre Augen, grün und ohne Wimpernzucken auf ihn gerichtet, brachten ihn in Verlegenheit.

Was ist los?

Ich möchte dir etwas sagen – ich muß dir etwas sagen, ich muß!

So nackt sah sie hilflos aus, und die Tatsache, daß sie mit ihren Händen im Heu Halt zu suchen schien, machte die Sache nicht besser. Angst kroch über seinen Rücken, eine schreckliche Angst, sie könnte zu reden anfangen und ihren Entschluß, ihm zu helfen, rückgängig machen.

Vielleicht wußte sie schon etwas und wollte es ihm mitteilen? Wollte ihn warnen?

Hast du etwas gehört, flüsterte er mit trockenen Lippen, glaubst du, die sind schon hinter mir her?

Immer mehr Heu setzte sich in Annas Haar fest. Ludwik legte sich zwischen ihre Beine und deckte sie mit seinem Körper zu.

Seine Finger strichen über ihre Lippen.

Nicht sprechen, flüsterte er, ich will nichts hören, verstehst du?

Trotzdem setzte Anna ein paarmal zum Sprechen an. Aber jedesmal legte er seine Hand auf ihren Mund. Ihre Augen wurden weit und blieben ohne Zärtlichkeit. Das erregte ihn.

Als er merkte, daß er ihr weh tat, wünschte er sich, daß sie die Augen schließen würde. Sie starrte ihn jedoch an, mittlerweile schon am ganzen Körper voll Heu. Die Halme klebten an ihrer Haut, auf der Brust, den Schultern, auch im Gesicht. Ihre Lippen klafften auseinander, ohne daß ein Ton herauskam.

Das hielt er nicht aus. Er blickte über sie hinweg, sah mit halb zugekniffenen Augen, verschwommen, weiter weg das Pferd stehen. Da fühlte er ihre Hände. Sie legten sich über seine Backenknochen, ein wenig auch über die Ohren und zogen so seinen Kopf wieder in ihren Blick. Der Ausdruck ihrer Augen hatte plötzlich eine traurige Innigkeit, die er an ihr nicht kannte.

Anna!

Sie nickte, legte ihre Handflächen fest auf seine Ohren und hielt sie zu. Sie zog sich an seinem Kopf hoch, sprach auch, aber das konnte er nicht verstehen. Sprach immer nur drei oder vier Worte, ließ auch das dann sein und warf sich zurück. Nur die Augen, die machte sie nicht zu, sie wurden dunkler und klammerten sich an ihm fest.

In der gleichen komischen Haltung, nämlich halb liegend, zog sie sich dann wieder an. Geschickt rutschte sie abwärts und band das Pferd los.

Wirst du zu deinem Vater gehen? flüsterte er hinter ihr her.

Ja, antwortete sie, führte das Pferd aus der Reithalle, stieg auf und ritt davon. Es war das letztemal, daß er Anna gesehen hatte, das letztemal.

Schläfst du?

Annas Stimme. Es ist die gleiche Stimme. Leise und tiefer als sonst, wenn Herzlichkeit darin mitschwingt.

Aber es ist nicht die gleiche Anna, auch wenn sie sich noch so sehr Mühe gibt.

Setz dich, sagt er. Sie merkt nicht das kleine Lauern, nimmt sein spöttisches Lächeln als Zustimmung und Aufforderung.

Hübsch habt ihr es hier, sagt sie und läßt sich in einen der

Sessel gleiten, steckt sich eine Zigarette an und sagt: Ich finde es schön, daß du dir Zeit für mich nimmst!

Leise, mit Pausen tastet sie sich in ihre gemeinsame Vergangenheit zurück. Sie läßt sich durch nichts stören. Nicht durch sein Schweigen und nicht durch die Geringschätzigkeit, mit der er sie ansieht.

Plötzlich steht er auf, schiebt sie zum Spiegel vor Zofias Kleiderschrank.

Was soll das?

Für mich, sagt Ludwik und schaut aus dem Fenster, wo Jodko und Fratczak auf dem Hof eine Zigarette rauchen, für mich zählt Vergangenes nicht.

Das Licht ist gut. Anna kann sich genau sehen. Die Falten um ihre Augen und die leichte Vertiefung am Ende des rechten Mundwinkels, die einen jahrzehntelangen fröhlichen Spott nachweisen, bringen sie jetzt in Verlegenheit. Am Hals erkennt man das Alter einer Frau. Vorsichtig fährt sie mit den Fingern über die etwas zu weiche Haut unterhalb ihre Kinnes und begreift die Bedeutung der braunen Pünktchen auf ihren Handrücken.

Hör zu, Anna, Ludwiks Gesicht ist unbeweglich, wie ging es damals weiter, nachdem wir uns zuletzt gesehen hatten?

Sie lehnt sich mit dem Rücken an den Spiegel. Das Glas ist angenehm kühl. Ihre Handflächen hinterlassen Spuren. Irgendwo braucht sie einen Halt, um ihre Unsicherheit zu verbergen.

Red schon, sagt er ungeduldig.

Ist das wirklich alles, was dir im Zusammenhang mit mir wichtig erscheint?

Sein Blick bleibt ohne Interesse irgendwo auf ihr hängen.

Ja!

Gut! Anna stößt sich vom Spiegel ab. Gut, wiederholt sie und merkt nicht, wie sie unter dem fußlangen Frotteemantel schwitzt. Ich werde es dir genau erzählen, und dann spiel deine Rolle weiter, wenn du kannst!

Ich brauchte nicht zu meinem Vater zu gehen. Er rief mich zu sich. Und ich brauchte ihm auch nicht die Geschichte von den zwei versteckten Frauen zu erzählen. Die wußte er schon!

Vom Dorfpolizisten?

Aber ich merkte sehr schnell, daß es da noch etwas gab, was der Polizist gemeldet haben mußte. Nur wußte ich nicht was! Zwischen ihren nüchternen Worten wachsen die Bilder von früher.

Mit seinen kleinen nervösen Schritten umkreiste der Vater den Schreibtisch. Er bot ihr keinen Platz an. Sie stand neben der Tür an der Wand, dort, wo Verwalter, Förster und sonstige Angestellte zu stehen hatten, wenn sie Bericht erstatten oder Befehle entgegennehmen mußten. Auch sie wechselte hin und wieder das Standbein. Wie schon öfter in den letzten Wochen stieg Übelkeit in ihr hoch, stülpte den Magen aufwärts. Sie entschuldigte sich und erbrach auf der nur ihrem Vater vorbehaltenen Toilette neben seinem Ankleidezimmer.

Die Tatsache, daß Ludwik Janik zwei Polinnen vor einem weiteren Transport bewahrt und auf dem Gut versteckt hatte, war schnell gesagt. Aber das, was es da noch gab, das kam dem Vater nicht über die Lippen. Es lag unausgesprochen in dem Blick, den er hin und wieder seiner Tochter zuwarf. Hilflos und anklagend, was sie ihm für Scherereien einhandelte.

Du könntest helfen, Vater, redete sie in das mißliche Schweigen hinein, du könntest sagen, daß du zwei Frauen für den Gutshaushalt gebraucht hättest, für den Garten oder den Hühnerstall!

Froh, daß es Anna war, die das Schweigen nicht hatte aushalten können, legte der Vater mit gerötetem Gesicht los. Seine Hände rieben sich aneinander. Ein hohles, trockenes, nichts Gutes verheißendes Geräusch. Dann blieb er unverhofft stehen, wandte Anna das Gesicht zu und schoß seine Frage ab: Hast du etwas mit diesem Polen?

Was meinst du damit? Anna fühlte wieder eine Übelkeit, die sich aber beherrschen ließ.

Ich meine, sagte der Vater und schwieg, weil er sich vor der Ungeheuerlichkeit dieser Vorstellung fürchtete. So fiel es ihm leichter, das Mißtrauen und die Vermutungen des Polizisten weiterzugeben, der beobachtet hatte, daß Anna öfters als üblich mit Ludwik Janik zusammen war. Zum Beispiel lachend in einem Gespräch oder bei gemeinsamer Fahrt auf dem Traktor. Einmal, so hatte der Polizist Annas Vater berichtet, hätten der Pole und Anna am gleichen Tage die gleiche Blume getragen. Eine leuchtend rote Klatschmohnblüte. Das könnte vieles heißen!

Annas Vater hatte sich warm geredet, und er legte für alles Weitere die Befürchtungen des Dorfpolizisten zugrunde.

Er lief nun nicht mehr hin und her, sondern stand mit aneinandergerückten Fersen in bemühter Aufrechthaltung vor seiner Tochter. Sein Flüstern hörte sich wie Schreien an, und was er sagte, war Anna schon lange nichts Neues mehr. Es ging um die Tradition des Namens, der Familie, und um seine Ehre als deutscher Offizier. Neu war lediglich, daß der Vater alles durch die Annahmen des Polizisten aufs schlimmste besudelt sah.

Tränen, tatsächlich Tränen standen in seinem hilflosen Gesicht und forderten Antwort, zeigten die Angst um das, was es für ihn zu verlieren galt, und vor dem, was Anna bevorstand, sollten die Eindrücke des Polizisten ihre Bestätigung finden.

Anna schwieg und schluckte die immer öfter wiederkehrende Übelkeit hinunter.

Plötzlich schrie der Vater, so, wie noch nie jemand den Herrn Major hatte schreien hören. Er brüllte. Es war ein Wunder, daß es niemand hörte.

Die Haare werden sie dir vom Kopf rasieren, durch das Dorf und die Stadt werden sie dich führen und mit Dreck nach dir werfen, und die Polen – er sagte nicht Ludwik Janik, er sagte die Polen – werden in solchen Fällen öffentlich aufgehängt!

Als Anna immer noch nichts sagte, riß er die Tür auf und wies sie an, auf ihr Zimmer zu gehen und dort so lange zu bleiben, bis er ihr Bescheid sagte.

Drei Stunden später kam der Vater und brachte ihr die Nachricht, daß die beiden Polinnen vorerst im Garten eine Arbeit finden und in Rohrdorf bleiben würden, Ludwik Janik hingegen verhaftet sei.

Anna hatte es an Ausführlichkeit fehlen lassen. Es schien, als ginge es ihr nur um die Tatsache, daß die beiden Polinnen nicht mehr auf den Transport mußten.

Und weshalb wurde ich dann verhaftet?

Ich weiß nicht mehr, als mein Vater mir sagte. Der Polizist hat uns wohl ein paarmal zusammen gesehen und Verdacht geschöpft. Den teilte er mit. Ich wurde in mein Zimmer gesperrt. Ein paar Stunden später warst du schon weg.

Anna sammelte ihre Toilettensachen ein.

Weißt du, sagt sie leise, mein Vater hatte wohl Angst um uns alle.

Um mich, um sich und vielleicht sogar um dich. Das hat er natürlich nie gesagt. Aber heute glaube ich das!

Es ist gut, daß das Treppenhaus dunkel ist. Helligkeit wäre Anna jetzt unerträglich. Der Frotteemantel schleift über die staubigen Holzstufen. Es riecht nach Mäusen. Das Zwielicht von draußen paßt in Annas Stimmung.

Sie starrt auf die Wand, und das Queckenmuster beginnt sich zu bewegen. Die einzelnen ineinander übergehenden Schlingen kreisen sie ein und wachsen über sie hinweg. Irgend etwas ist passiert, worüber es keine Tränen mehr gibt. Die kahle Fremdheit des Zimmers tut Anna wohl.

Hier ist nichts, was zur Verzierung der Vergangenheit herhalten könnte. Nichts! Weder das Mahagonibett noch das dunkelrote Sofa, nicht der Schreibtisch mit dem sanft geschwungenen Rolladen und auch nicht Tante Helenes melancholischer Blick aus dem verschnörkelten Goldrahmen.

Die harte Matratze erledigt von allein das Aufkommen irgendwelcher Phantasien. Anna rechnet sich die Tatsachen aus.

Ludwik hat ihr Verrat unterstellt. Für Anna, die damals schon wußte, daß sie schwanger war, hatte das Treffen in der Reitschule eine Art Abschied bedeutet. Statt dessen sprach Ludwik von den zwei Frauen, kam mit seiner Bitte um Hilfe und mit seiner Angst vor dem Dorfpolizisten. Und weil er meinte – so glaubte Anna –, er könne ihr nichts anderes in Zahlung geben als Zärtlichkeit, bot er sie ihr für die erhoffte Hilfe an.

Anna war mit dem Geschäft nicht zurechtgekommen, hatte ihrerseits Ängste, die sie zumindest teilen wollte. Aber als sie davon zu reden begann, hielt ihr Ludwik den Mund zu. Ließ, in der Furcht, es ginge ihm um Kopf und Kragen, kein Wort heraus. Da hatte sie ihm mitten in der Umarmung die Ohren zugehalten und gesagt, daß sie ein Kind von ihm bekäme. Vielleicht hatte er die unverstandenen Worte als Zusage ihrer Hilfe genommen. Jedenfalls war sie danach unfähig, es noch einmal zu wiederholen. Wortlos und in großer Hilflosigkeit trug sie dieses schlimme Mißverständnis mit sich fort.

Eigentlich wollten Tomek und Janka schon am Samstag nach Ujazd. Sie hatten sich mit Renata und Józef zum Schwimmen in Gola verabredet. Dort wollte man über den Sonntag zelten, vielleicht würden Jurek und Bolko dazukommen. Normalerweise war auch Sabina mit von der Partie. Aber nach der Geschichte auf dem Friedhof hatte niemand mehr von ihr gesprochen. Jetzt war da auch noch die Sache mit dem Kleid.

Wenn Tomek ehrlich ist, muß er zugeben, daß er das Geschenk der Niemka nicht weiter schlimm findet. Doch Janka und besonders Renata waren anderer Meinung. Fast wäre es zum Streit zwischen allen gekommen.

So ein Kleid, war Renatas Argument, würde außer Sabina keine von uns anziehen!

Janka widersprach. Natürlich würde sie so ein Kleid anziehen, aber sie ließe es sich nicht von einer wildfremden Deutschen schenken, das hätte sie nicht nötig. Dem hatte Józef zugestimmt, während Pfirsichperka behauptete, daß ihn zwar die Sache am wenigsten anginge, aber die Niemka keine wildfremde Deutsche sei, sondern früher in Ujazd gewohnt hätte. Sabinas Großvater sei auf dem Gut Kutscher gewesen! Gerade deshalb hätte sie kein Geschenk annehmen dürfen, erhitzte sich Janka und bekam darauf von Jurek recht.

Mir, sagt Pfirsichperka, mir hat sie einen Pullover mitgebracht. Sie ist meine Patin. Warum soll ich ihr Geschenk nicht annehmen? Ich hab nichts gegen die Frau. Matka sagt, sie wäre gut, und die muß es wissen!

Und mein Vater, rief Józef und ließ seine Bierflasche auf

den Tisch knallen, der sagt, solchen Leuten wie der soll man aus dem Weg gehen!

Woher willst du wissen, was dein Vater sagt, Józef, wo er gar nicht mit dir spricht und wir es sind, die ihm bei der Ernte helfen?

Damit war der Krach vollends da und die Stimmung verdorben. Trotzdem hatte niemand gesagt, daß man am Samstag darauf nicht nach Gola zum Zelten fahren wollte.

Mutter Kowalek war es, die den Plan ins Wanken brachte. Tomek und Janka sollten zu Hause bleiben. Die Niemka hatte sich zum Kaffee angemeldet.

Den Buckel kann sie mir runterrutschen, hatte Janka geschrien, ich fahre nach Gola!

Du fährst nicht, hatte die Mutter gesagt, und so sitzt Janka über die Maßen schlecht gelaunt in der Kowalekschen Küche. Es riecht nach frisch gebackenem Kuchen. Fenster und Fußboden blitzen. In der Wohnstube stehen Blumen auf dem Tisch, und Janka hat den Auftrag, später Wurstbrote, Fleisch, eingelegte Pilze und Paprika vorzubereiten.

Wenn wir ihr guten Tag gesagt haben, hauen wir ab, schlägt Janka vor. Tomek stimmt zu, obwohl er eine Auseinandersetzung mit den Eltern fürchtet.

Sie geht uns nichts an, Tomek! Janka legt den Arm um den Bruder. Nie kann sich Tomek gegen die Schwester wehren. Seit ihrer Geburt ist es stets Janka, die Entschlüsse faßt, nicht Tomek.

Wenn sie mitten in der Unterhaltung sind, schleichen wir uns davon. Wir können ja noch die Platten richten.

Tomek nickt. Die Mutter soll sich nicht ihrer Kinder wegen schämen müssen.

Unbeobachtet bringen sie ihre Taschen zu den Fahrrädern, und Janka zieht sich auf alle Fälle schon jetzt den Badeanzug unter das Kleid. Dabei denkt sie an Józef. Ob sie im Zelt neben ihm oder Renata liegen wird? An sich wäre es ein leichtes, die Sache mit Tomek abzusprechen, aber Janka weiß nicht, wie sie das anfangen soll.

Wieviel Zelte habt ihr aufgetrieben? fragt sie.

Eins, antwortet Tomek.

Und wie schlafen wir?

Wie werden wir schlafen, murrt Tomek, die Jungen auf der einen Seite, die Mädchen auf der anderen.

So?

Tomek sieht die Schwester an. Sein Mund öffnet und schließt sich wieder, ohne daß er es merkt.

Du meinst? fragt er langsam.

Ich meine gar nichts! kichert Janka ungewöhnlich hoch. Tomek befällt das ungute Gefühl, daß sie sich ohne sein Wissen mit Renata absprechen wird.

Blöde Kuh, sagt er schließlich und kann es nicht ändern, daß er von nun ab ununterbrochen an Renata denken muß.

Am Vorabend waren die Eltern Kowalek spät zum Schlafen gekommen. Im Laufe der Jahre hatte Friedel Kowalek gelernt, wie sie es anstellen mußte, um Stefan Kowalek von dem zu überzeugen, was sie für richtig hielt. Hin und wieder mußte sie weit ausholen, um zum Ziel zu kommen. Aber in diesem Fall schien sich ein direkter Weg abzuzeichnen.

Wäre es nach Friedel gegangen, so hätte das Ehepaar Kowalek im Januar 1945 mit Sack und Pack auf dem Treckwagen der Gutsherrschaft den Weg nach dem Westen angetreten. Ein schwerer Weg, wie man damals ahnte, aber ein lohnenswerter, wie Friedel heute freimütig bekennt.

Doch Stefan Kowalek, der sich zwischen heute so und morgen anders nicht entscheiden konnte, schob seinen Wankelmut auf den alten Vater. Im Grunde genommen wußte er damals nicht, ob der Wind von Westen oder von Osten blies. Deshalb blieb er mit dem, was er hatte, wo er war, und der Alte diente dafür als Vorwand.

Von seiten Friedels nützte kein Weh und Ach. Auch nicht die Tatsache, daß sich ihre deutsche Verwandtschaft auf die Beine machte und von einem zum anderen Tag bis auf den Cousin zweiten Grades weg war.

Von dem Tag an, es war der 25. Januar 1945, erklärte Stefan Kowalek öffentlich, daß Friedel und er Polen seien, so wie sein Vater und ihre verstorbene Mutter. Was sie unter sich zu Hause besprachen, so sagt Stefan Kowalek heute, das ging niemanden etwas an.

Daß es dann ausgerechnet der Alte war, der Friedel und Stefan nach dem Einmarsch der sowjetischen Armee in Schwierigkeiten brachte, hatten beide nicht vorausgesehen.

Er war damals schon neunzig, und im Laufe der letzten Jahre war ihm der Verstand abhanden gekommen. Es fiel niemandem weiter auf, da der alte Kowalek sowieso nie viel sagte. Zwei Kriege und die Tatsache, daß er ein Leben lang anderer Leute Arbeit hatte verrichten müssen, hatten ihn stumm gemacht. Vielleicht wußte er auch nicht mehr, was es für ihn noch zu sagen gab. Übrig blieb der Gruß.

Der alte Kowalek grüßte gern, und er grüßte jeden, der an ihm vorbeikam, wie es sich gehörte und wie es erwartet wurde. Damit fuhr er trotz des Verlustes seines Verstandes gut. Er grüßte auf polnisch, auf deutsch, er zog die Mütze vom Kopf, nickte, streckte die Hand aus oder hob den Arm, je nachdem. Auf diese Weise hatte er sich verschiedene Grußarten angeeignet und ging mit ihnen in geübter Selbstverständlichkeit um.

Nachdem die Kriegswirren vorüber waren und der alte Kowalek nicht mehr damit rechnen mußte, erschossen zu werden, ging er wieder auf der Straße seinen Grußgewohnheiten nach.

Und damit fingen die Schwierigkeiten an. Er wurde verhaftet und aufs Revier gebracht, wo ihn Stunden später Friedel oder Stefan mit der Begründung herausholten, daß der Vater nicht mehr ganz richtig im Kopf sei. Das aber passierte fast täglich, nämlich immer dann, wenn dem Alten ein Uniformierter über den Weg lief.

Egal, ob es sich um einen polnischen oder sowjetischen Soldaten handelte, um einen Polizisten oder Eisenbahner, der Alte hatte für alle den gleichen Gruß. Er riß seinen Arm hoch, richtete seinen gekrümmten Rücken aufrecht und brüllte lautstark: Heil Hitler!

Ein Deutscher, hieß es dann. Obwohl er das Gegenteil nachweisen konnte. Aber seine Frau war eine Deutsche, und die Schwiegertochter hatte einen deutschen Vater.

Kaum wurde der alte Kowalek von den meist ortsfremden Soldaten aufs Revier gebracht, wo dem Alten weitere Männer in Uniform ins Auge fielen, wiederholte er freudig und in strammer Haltung den in vielen Jahren eingeübten Dressurakt.

Wochen soll es gedauert haben, bis sich Nachbarn, Polizei und Soldaten damit abgefunden hatten, daß dem alten Kowalek sein zackiges Heil Hitler nicht mehr abzugewöhnen war. Und Friedel ist der Meinung, daß das über den Tod des Alten hinaus der Familie zum Schaden geworden sei und daß deshalb die Kowaleks heimlich als Deutsche verschrien wurden.

Mit den Jahren wünschte sich Friedel, daß die Leute recht hätten und ein Antrag zur Aussiedlung somit gerechtfertigt würde.

Von der Verwandtschaft wußte sie, daß man in Polen das schlechtere Los gezogen hatte. Aber wieder war es Stefan, der sich zu keinem Antrag entschließen konnte, wie er sich sein ganzes Leben lang zu nichts hatte entschließen können. Er fürchtete die Schwierigkeiten, denn das, was man von den Antragstellern hörte, war nicht gerade ermutigend.

Die Briefe und Mitteilungen über das feine Leben in Westdeutschland häuften sich. Da war von Autos die Rede, von Eigenheimen, von Urlaubsreisen nach Spanien, Italien und Frankreich. Auf den Fotos sah Friedel Wohnungseinrichtungen, von denen sie bis dahin nicht einmal geträumt hatte. Und erst die Eleganz der Schwester, die sich in ihrem Pelzmantel hatte fotografieren lassen, das gab zu denken. Nachdem der Vater gestorben war und Friedel Hoffnung schöpfte, schlug Stefan ihr Ansinnen, nach dem Westen zu gehen, wegen des Sohnes Leon ab. Als dann die Zwillinge Janka und Tomek geboren wurden, gab Friedel ihr Vorhaben auf und wurde nun auch in der Tiefe ihres Herzens eine Polin.

Die Kinder verlernten die paar deutschen Brocken, die Friedel ihnen beigebracht hatte, und von Deutschland kannten sie nicht viel mehr als das, was in den Paketen der Tante für sie mitgeschickt wurde.

Aber dreißig Jahre später vollzieht sich in Friedel Kowalek eine abermalige Wandlung zum Deutschtum. Ein wundersames Ergebnis dessen, was in den deutsch-polnischen Verträgen stand und von einem Tag auf den anderen Friedel Kowaleks Nationalgefühl auf den Kopf stellte.

Wir sind Deutsche, Stefan, flüstert sie ihrem Mann unter der Lampe in der Stube zu, daran kannst du nichts ändern!

Stefan Kowalek schweigt und zieht heftig an seiner Pfeife. Nur das gurgelnde Geräusch im Pfeifenkopf verrät seine Nervosität.

Friedel nimmt die Fotos aus Westdeutschland zur Hand und breitet sie vor ihm aus. Ihre Stimme ist eindringlich und bedeutsam.

Die Kinder können kein Deutsch, unterbricht sie Stefan.

Sie werden sich eingewöhnen und Deutsch lernen, wie sie Polnisch gelernt haben!

Ich will deiner Schwester nicht zur Last fallen, wendet Kowalek weiterhin ein.

Das brauchen wir nicht, wir bekommen Rente und eine Wohnung mit Bad und eigener Toilette. Anders wohnen die drüben nicht!

Die Kinder werden Heimweh bekommen!

Heimweh? Friedel lacht.

Nach was sollen sie Heimweh bekommen? Nach der Bruchbude hier? Nach den Dingen, die sie hier nicht kaufen können? Nach dem Postamt, wo Janka Tag für Tag hinterm Schalter sitzt? Drüben werden sie eine bessere Ausbildung bekommen!

Vielleicht wird sie wegen Józef nicht weg wollen!

Nach einem Schäfer wird sie bestimmt keine Sehnsucht haben, dort gibt es Männer mit anderen Posten als hierzulande. Und Tomek, Friedels Reden wird immer eifriger, Tomek wird studieren, vielleicht ein Doktor werden!

Das kann er hier auch!

Aber hier ist ein Doktor nichts Besonderes. Drüben verdienen sie mehr Geld, haben eigene Häuser mit Schwimmbad und Garten. Das weißt du doch von deinem Vetter! Alle haben es drüben zu etwas gebracht, nur wir kriechen hier herum für nichts und wieder nichts.

Stefan Kowalek schweigt, zieht an der Pfeife, daß es nur so zischt, und wischt sich den Tabak von den Lippen.

Laß mich nur machen, sagt Friedel und faltet die verarbeiteten Hausfrauenhände ineinander. Dünn wie ein Lamettafaden sitzt der Ehering im Fleisch, schon seit Jahren kann sie ihn nicht mehr abnehmen. Bis heute ist das Kowalek nicht aufgefallen. Nun starrt er lange auf Friedels Ringfinger, dann steht er auf und geht ins Bett. Morgen wird die Anna kommen, so hat es Friedel ausgemacht.

Als Anna die Kowaleksche Wohnung betritt, dringt ihr der Kaffeeduft schon entgegen. Selbstgebackener Kuchen steht auf dem Tisch, und die Servietten sind zu kunstvollen Tüten über den Tellern gefaltet.

Die Umarmung der Frauen ist freundschaftlich. Kowalek nimmt die Pfeife aus dem Mund. Er begrüßt Anna in deutscher Sprache. So hat es Friedel gewollt. Rollend und ungewohnt kommen ihm die Worte über die Lippen, während Friedel weniger Schwierigkeiten hat. Ihr schlesischer Akzent rührt Anna ans Herz, auch, wie Friedel von den Eltern spricht.

Sie sagt »dein Papi« und »deine Mami«, und dadurch entsteht eine Vertrautheit, die das Geschehen der vergangenen Jahre vergessen lassen könnte, säßen nicht Janka und Tomek mit am Tisch.

Schweigend stochern die beiden in ihrem Kuchen herum, verstehen kein Wort von dem, was die Mutter plappert, und sind auf das angewiesen, was übersetzt wird. Das ist nicht viel und nicht alles! In keinem Fall die Erkenntnisse der Mutter, daß man hätte damals mit nach dem Westen gehen sollen, oder daß es für die Familie Kowalek in Polen, als mehr oder weniger Deutschblütige, nicht einfach sei. Die Kinder würden zwar nicht viel davon merken, denn sie seien noch jung und wüßten nicht, was ihnen entgeht.

Was sagst du, fragt Janka, ärgerlich, daß die Mutter Deutsch redet, was erzählst du da? Können wir nicht Polnisch reden?

Nichts weiter, sagt Friedel und fordert die Tochter auf, Kaffee einzuschenken. Anna soll sich wie zu Hause fühlen.

Wart ihr schon einmal in Westdeutschland, fragt Anna zwischen Kuchenkauen und Kaffeeschlürfen auf polnisch, sieht weder Janka noch Tomek dabei an, fragt es so, wie man sich nach Urlaubsreisen erkundigt.

Nein, wir waren bisher nur in der DDR!

Wollt ihr denn einmal rüberkommen?

Natürlich, gerne würden sie das, wenn sie könnten.

Siehst du, unterbricht Friedel, sie möchten schon!

Und weil die Mutter das wieder auf deutsch sagt, steht Janka ein wenig abrupt auf. Laut rutscht der Stuhl über den Fußboden.

Müssen Sie schon gehen? fragt Anna.

Wir sind zum Schwimmen verabredet, antwortet Tomek, ohne den entgeisterten Blick der Mutter zu beachten. Höflich gibt er Anna die Hand.

Vielleicht, sagt Janka, vielleicht besuchen Sie uns mal in Ujazd im Jugendklub?

Jesusmaria, entfährt es der Mutter, das könnt ihr doch nicht machen. Ihr könnt doch Pani Anna nicht ins Schloß einladen!

Warum nicht, sagt Janka schnippisch und wendet sich Anna zu. Wollen Sie kommen?

Gern!

Als die Zwillinge die Stube verlassen haben, breitet sich eine Stimmung aus, die Kowalek ruhiger an seiner Pfeife ziehen läßt. Waren Sie schon im Wald? fragt er mit dem Interesse des ehemaligen Forstgehilfen, und er berichtet, wie dort vorzeitig abgeholzt wurde.

Das hätte, sagt Stefan Kowalek, dem Herrn Major das Herz im Leib umgedreht. Der schöne Wald war bald nicht wiederzuerkennen. Alles ging ab in die Sowjetunion. Erst später, als der polnische Staat die Verwaltung übernahm, wurde wieder aufgeforstet.

Friedel seufzt und legt ihre roten Hände auf Annas Arm: Gut, daß das dein Papi und deine Mami nicht miterleben mußten!

Ganz im Vertrauen sagt sie, daß sie noch einmal heimlich im Schloß war. Ihr Gesicht ist bekümmert und ihr Kopf schlenkert beim Gedanken an das, was sie damals Entsetzliches gesehen hat, kummervoll hin und her.

Vor nichts hatten die Respekt. Die Möbel, die nicht geklaut worden oder nach dem Osten gegangen waren, zerschlagen, das schön gewienerte Parkett verunreinigt, die Türen eingetreten.

Nachdem Friedel Kowalek auf diese Weise ihrem Mitgefühl Ausdruck verliehen hat, noch einaml Kuchen angeboten und Kaffee ausgeschenkt hat, fängt sie an, ihre Erinnerungen auszugraben.

Die reichen zurück in die Zeit, von der Friedel behauptet, sie sei die glücklichste für sie gewesen, in ihre Kindheit und Jugend.

Da ist das erste Leuteweihnachten im Schloß, nachdem ihre Eltern als Landarbeiter nach Rohrdorf gezogen waren.

Einmal umgezogen ist so gut wie abgebrannt, sagte der Vater damals zu seiner Familie und erklärte damit, daß er den Gutshof nicht mehr wechseln würde. Er gab sich mit seinen sechs Kindern mit zwei Zimmern zufrieden. Ein Stundenlohn von dreißig Pfennigen und ein Deputat, das gerade für das Mehl zum Brot und den Zucker im Kaffee reichte, war das Übliche. In der Woche hatte er eine Schachtel Zigaretten für sich, und was an Kleidung für die Kinder gebraucht wurde, verdiente sich Friedels Mutter mit einem Schwein, welches sie zusätzlich fütterte und verkaufte.

Wie gesagt, das Leuteweihnachten. Jahr für Jahr vor dem Krieg besorgte Annas Mami für jedes Kind vom Gutshof ein Geschenk. Nichts Praktisches. Nein, zum Spielen sollte es sein und die reine Weihnachtsfreude. Friedels Gedächtnis bewegt sich an die vierzig Jahre rückwärts, um Puppe, Menschärgeredichnicht, Bilderbücher, Handarbeitskasten und ähnliches mehr genau in richtiger Reihenfolge aufzuzählen.

Und dann das Erntefest. Wenn Annas Papi die Erntekrone überreicht wurde und Annas Mami ein weißes Kaninchen oder eine weiße Taube. Dreimal hatte Friedel Kowalek das Glück gehabt, ein Gedicht aufsagen zu dürfen, und einmal hatte der Herr Major mit ihr getanzt, obwohl alle wußten, daß er nicht gerne tanzte.

Sag mal, unterbricht Anna Friedels Erinnerungen, warst du eigentlich nie neidisch auf mich, auf meine Familie?

Neidisch? Friedel sieht zu ihrem Mann hinüber. Warum sollen wir neidisch gewesen sein? Sieh mal, Anna, die einen sind reich geboren, die anderen arm. Das war damals so!

Ihr habt zu acht Personen in zwei Zimmern gewohnt. Wir zu viert in einem Schloß. Keiner von euch hatte ein eigenes Bett. Habt ihr nie darüber nachgedacht?

Was gabs da zum Nachdenken? Unsereins war ja nichts anderes gewöhnt!

Reglos hatte Kowalek dem allen zugehört, nur hin und wieder an der Pfeife gezogen. Die Worte seiner Frau gefallen ihm nicht. Er sucht nach Widerpruch, nach etwas, was Anna nicht verletzt, aber der Wahrheit näherkommt als das, was seine Frau erzählt.

Seiner Meinung hatte es damals eine Menge zum Nachdenken gegeben. Und er wußte Beispiele, mit denen er allerdings nicht recht rausrücken wollte.

Da waren die Pilz- und Beerenscheine. Wer in den Wald nach Pilzen oder Beeren ging, mußte sich in der Försterei einen Schein kaufen. Am Sonntag kostete er das Doppelte, nämlich fünfzig Pfennig. Wie oft hatte er Anna auf ihrem schwarzen Wallach im Wald herumreiten und die Scheine kontrollieren sehen. Wer keinen vorzuweisen hatte, den schickte sie nach Hause. Saß lässig auf ihrem Pferd, schaute herab auf die gebückten Pilzsammler und ritt dicht an die Körbe heran. Zwar warf sie nie welche um, aber es hätte ja sein können.

Ohne Schein hatte niemand etwas im Wald des Herrn Major zu suchen, um, wie es hieß, das Wild nicht zu vergraulen.

Den alten Kowalek hatte Anna oft genug aus dem Wald gejagt. Für das, was der Herrgott wachsen lasse, hatte der gemeint, für das zahle er dem Major keinen Pfennig.

Stefan Kowalek kommt schließlich zu dem Entschluß, die Gerechtigkeit nicht an den Pilz- und Beerenscheinen zu messen.

Friedel, sagt er, denk an unsere Hochzeit und an ihre! Er spricht Anna nicht an. Er nickt nur zu ihr herüber.

Die Hochzeit, unsere Hochzeit!

Friedel klatscht in die Hände. Kowaleks Bemerkung ist ein weiteres Stichwort für das Gute, was ihr von der Herrschaft widerfahren war. Sie gerät in Fahrt, ist nicht mehr aufzuhalten und erzählt Anna von ihrem Jungmädchenwunsch, als Dienstmädchen im Schloß angestellt zu werden.

Warum?

Tagtäglich, fuhr Friedel fort, wenn sie in ihren Holzpantinen aus der Haustür trat, um in die Schule zu gehen, hatte sie das Schloß vor Augen. Keine zweihundert Meter weit stand es mächtig zwischen den alten Bäumen, mit der Rückansicht zum Gärtnerhaus hin, in dem Friedel wohnte. Endlos konnte

Friedel auf das Schloß starren und sich alles mögliche hinter seinen Mauern vorstellen. Außer der großen Plättstube, in der Jahr für Jahr das Leuteweihnachten stattfand, kannte sie keines der Zimmer.

Im Winter, wenn die Bäume kahl und die Sträucher blattlos waren, konnte man eine Menge vom Schloß sehen. Vor allem die Veranda. Die gefiel Friedel gut. Ausladend und breit führte zweifach eine Treppe zum Garten hinunter, die mit Blumenkübeln geschmückt war, so groß, daß ein Kind darin verschwinden konnte. Aber im Winter, wenn Friedel den richtigen Einblick zur Veranda hatte, war dort nichts los, blieb alles stumm und kalt, und selbst die rotgestrichenen Korbmöbel waren weggeräumt. Im Sommer aber, wenn die Herrschaften frühstückten oder abends Gelächter und die Stimmen der Gäste herüberklangen, wenn bei günstigem Wind zuweilen auch feiner Zigarrenduft über den Park wegwehte, dann war die Aussicht durch Zweige und Grünzeug zugewachsen. Da war nichts mehr zu sehen. Übrig blieb eine Neugier, die Friedel erst befriedigte, als sie im schwarzen Satinkleid mit weißer Schürze das Essen servierte, jeden Mittag und Abend die Flügeltüren zum Eßzimmer öffnete, »gnädige Frau, es ist angerichtet« sagte und so lange Spalier stand, bis die Herrschaften wortlos an ihr vorbei zum Tisch gegangen waren. Dort sprachen dann Anna oder Lora stehend das Tischgebet. Komm Herr Jesus, sei unser Gast und segne, was Du uns bescheret hast.

Das war nicht wenig im Vergleich zu dem, was Friedel von ihrem Elternhaus her gewöhnt war. Im Schloß gab es die Kartoffelpuffer mit Apfelmus als Nachtisch, nicht als Hauptgericht und in Öl getunkt; hier gab es auch keine Stampfkartoffeln mit Buttermilch, sondern Kartoffelbrei mit Gurkensalat, Spiegeleiern und Specksoße.

Friedel lernte viel. Die Bewunderung für ihre Herrschaft hörte nie auf, auch nicht die Ergebenheit und schon gar nicht das Streben nach Höherem.

Deshalb sieht Kowalek seine Hochzeit mit Friedel und die der Anna vom Schloß auch heute noch völlig anders als seine Frau.

Ich weiß das noch gut, hört er Friedel zu Anna sagen, wie

du damals mit deinem Mann auf der Fahrt von der Kirche zum Schloß vor unserem Haus gehalten hast. Wie schön du ausgesehen hast in dem Kleid mit den Spitzen von deiner Großmama. Und dein Mann im Frack, schlank und groß.

Ach ... in Friedels Stimme liegt Rührung, ach, wiederholt sie, die Bettwäsche, die du uns mitgebracht hast, und daß ihr überhaupt bei uns abgestiegen seid, das werde ich euch nie vergessen!

Anders Kowalek. Er hatte es vergessen. Jetzt fällt es ihm wieder ein, wie sie alle erschrocken hochgefahren waren und nicht wußten, ob sie von dem Selbstgebrannten anbieten sollten oder nicht. Wie Anna in ihren Spitzen und Schleiern kaum zur Tür hereinkam und wie armselig Friedels Brautkleid dagegen wirkte. Wie sich die Bräute gegenübergestanden hatten, auch die Männer, die miteinander nichts weiter gemein hatten als das Myrtensträußchen, das jeder im Knopfloch trug. Die Gäste, nicht mehr als in die Stube paßten, hoben stumm ihre Gläser und tranken auf das Wohl der Brautpaare. Dann war der Auftritt vorbei. Anna und ihr Bräutigam setzten sich wieder in die Kutsche und fuhren am Park entlang zum Schloß, wo trotz Krieg und schlechten Zeiten ein Essen für mehr als vierzig Gäste vorbereitet worden war.

Friedels Gerede bringt Annas Erinnerung nicht in Bewegung. Die Hochzeit mit Wilhelm, dem sie damals die Vaterschaft für Vera untergeschoben hatte, sollte der schönste Tag ihres Lebens sein. So wollten es die Eltern und gaben sich Mühe. Aber Anna vergaß den Tag, wie sie Wilhelm vergessen hat. Wichtig war nur, daß Veras Vater kein Pole, sondern ein schlesischer Großgrundbesitzer sein würde, und daß der Pfarrer dazu seinen Segen gegeben hatte. Die Erleichterung darüber verdeckte alles andere.

Nein, die Ehe sei nicht von Dauer gewesen, gibt sie mürrisch Auskunft. Und ihrer Tochter ginge es soweit gut.

Das darauffolgende Schweigen trägt dazu bei, daß Friedel Kowalek den Faden verliert. Sie beginnt abzuräumen, türmt das klappernde Kaffeegeschirr übereinander und fegt die Krümel mit einem frischen Küchenhandtuch vom Tisch in die geöffnete Hand.

Im Schloß, seufzt sie, hatten wir dafür einen Tischhandfeger. Weißt du noch, Anna? Halbrund und aus Silber, mit weichen Schweineborsten, da blieb nichts auf dem Tischtuch. Mit einem Strich war alles auf der kleinen Kehrschaufel mit dem Wappen. Ja, ja, überall war das Wappen drauf, auf den Wagendecken, dem Silber, den Schränken, sogar auf der Taschenuhr von deinem Papi!

Friedel Kowalek sagt »wir«, nicht anders als der Nachtwächter Fratczak von seinen Schweinen, Bullen und Traktoren gesprochen hat. Anna hat Lust zu fragen, was nun eigentlich wessen Besitz ist. Aber sie tut es nicht, sie bedankt sich für Kaffee und Kuchen, will gehen und ein andermal wiederkommen.

Es gibt noch viel zu erzählen!

Mit Schrecken sieht Friedel Annas Abschiedsmiene.

Erst laufen die Kinder weg, packen nicht zu, wie es sonst beim Empfang von Besuch ihre Art ist, und dann will das Gespräch über Annas Familie nicht in Gang kommen.

Daß Anna geschieden ist, enttäuscht. Wo Wohlstand ist, da muß auch Ordnung sein! Anders hat Friedel Kowalek ihre ehemalige Herrschaft nicht erlebt, und anders kann sie es sich auch bei Anna nicht vorstellen.

Bleib, sagt sie, bleib noch hier! und schickt ihren Mann nach Wodka. Als sie allein sind, fragt sie Anna, wie es in Deutschland ginge und ob sich nach dem Leid, das der Familie widerfahren sei, alles zum Guten gewendet hätte!

Ja, das hat es, antwortete Anna, von der fremden Sorge um das eigene Wohl betroffen.

Jetzt endlich ist die Stimmung aufgekommen, die Friedel Kowalek nützlich erscheint.

Stefan, schenk aus, sagt sie und stellt die Gläser bereit. Sanft gluckert der Wodka aus der Flasche.

Noch einen! sagt Friedel.

Stefan Kowalek schenkt ein zweites Mal aus. Das löst die Zunge. Friedel redet davon, was ihr auf dem Herzen liegt, nämlich, daß es sie und ihre Familie nach dem Westen zieht. Mehr oder weniger deutsches Blut, das sowohl durch ihre wie durch Stefans Adern fließt, sei die Ursache.

Die wortlos erhobenen Gläser bekräftigen das eben Gesagte. Aber vor dreißig Jahren, sagt Anna vorsichtig, da wart ihr doch genauso deutsch wie heute, warum seid ihr hiergeblieben?

Friedel seufzt und hebt die Schulter.

Den Großvater, sagt sie, den wollten wir nicht allein lassen, der hätte uns den Treck nicht überstanden. Aber wenn wir gewußt hätten, was der uns mit seinem ewigen Heil Hitler für Scherereien machen würde, dann wären wir nicht geblieben, wir nicht!

Später kamen die Kinder zur Welt. Das gab wieder Schwierigkeiten mit der Auswanderung. Eins kam zum anderen, während sich die drüben ein feines Leben machten! Friedel winkt mit der Hand zum Fenster.

Sieh dich um, Anna, wie wohnen wir hier?

Anna sagt, daß es gemütlich sei.

Gemütlich? Friedel schüttelt den Kopf. Da würde sie vom Westen ganz andere Wohnungen kennen!

Aber, Friedel tätschelt die Hand ihres Mannes, wir wollen nicht mehr, als unsereinem zusteht!

Unsereinem?

Als mehr oder weniger Deutsche sind wir hier mit dem zufrieden, was man uns zugewiesen hat. Es ist nicht unsere Art, sich in anderer Leute Nester breitzumachen!

Das geht Kowalek zu weit. Heftig zieht er an seiner Pfeife. Es brodelt und qualmt mächtg, kaum daß sein Gesicht zu erkennen ist. Du übertreibst, sagt er, du übertreibst! Irgendwo muß der Mensch ja wohnen. Was hat das mit breitmachen zu tun?

Aber die Kinder, unterbricht Anna den Streit, der sich zwischen den Eheleuten Kowalek anbahnt, die fühlen sich doch hier wohl?

Wo sollen sie sich sonst wohl fühlen, wenn sie nichts anderes kennen?

Das ist eine Antwort. Nichts für ungut! sagt Anna, abermals bereit, auf Wiedersehen zu sagen.

Bleib, sagt Friedel, bleib noch hier! Diesmal schickt sie ihren Mann nicht fort. Diesmal geht sie selbst, wischt sich die vom Wodka geröteten Bäckchen, lacht mit glänzenden Augen und verspricht eine Überraschung.

Friedel, Stefan Kowalek rutscht auf seinem Stuhl herum, wollen wir damit nicht noch warten?

Wozu warten? tönt es vom Kleiderschrank her, in dem Friedel bis zur Hüfte verschwunden ist. Ihr Hinterteil mit der sauber gebundenen Schürzenschleife wippt vor und zurück. Schachteln und beschriftete Kartons werden sichtbar.

Bei mir herrscht Ordnung! sagt Friedel. Denn Ordnung muß sein!

Was sie sucht, scheint zuunterst verborgen. In Zeitungspapier gewickelt sieht das Päckchen, das jetzt vor Anna liegt, nach gar nichts aus.

Friedel! Stefan Kowalek versucht noch einmal, die Sache zu verhindern. Aber Friedel hört nicht.

Mach auf, sagt sie zu Anna und schafft mit einer einzigen Armbewegung Platz auf dem Tisch. Die Wodkagläser schieben sich der Reihe nach vor Stefan Kowalek, ohne daß der sie von neuem füllt. Das altersschwache Papier knistert nicht, sondern läßt sich wie Stoff von Annas Händen auseinanderklappen und glattstreichen.

Was sagst du jetzt?

Anna sagt nichts. Was sie da aus dem vergilbten Zeitungspapier gewickelt hat, verschlägt ihr die Sprache. Der Brief der Katharina II. Obwohl die die verschnörkelte Schrift nicht entziffern kann, sie auch nie entziffern konnte, liest sie langsam Wort für Wort aus dem Gedächtnis ab.

»Es gibt ein Gerücht in der Stadt, daß Graf Poniatowski in Polen unter Arrest gestellt worden sei, aber mein Herz und mein gesunder Verstand sagen mir, daß dieses Gerücht falsch ist. Man nimmt in jenem Land keine Verhaftungen dieser Art vor. Ich bitte Sie, über all diese falschen Nachrichten, die über ihn im Umlauf sind, zu Iwan Iwanowitsch zu sprechen, wenn sich die Gelegenheit dazu bietet. Ich glaube, es würde seine Wirkung nicht verfehlen und die Feinde des Grafen zum Schweigen bringen, wenn bekannt wird, daß Sie seine Partei ergreifen. Ich bitte Sie auch, den Kanzler nach dem Grund zu fragen, warum die Zarin ihn einen Spion des Königs von Preußen nennt. Ich werde sie nach den Beweisen fragen und die Dinge nicht auf sich beruhen lassen. Auf welcher Seite steht der Großkanzler von Polen? Ich erwarte alle Nachrichten aus Polen mit großer Ungeduld.

Ich schütte Ihnen mein Herz aus. Trösten Sie mich!

Da Sie immer begierig auf Neues sind, so lassen Sie mich Ihnen berichten, daß vorgestern ein Komet am Himmel auftauchte und daß wir ihn gestern sogar im hellen Tageslicht sehen konnten. Ferner sollen Sie wissen, daß Baron Stroganow plötzlich gestorben ist und daß die Zarin seitdem an Atemnot und Schmerzen im Unterleib leidet. Der Großherzog liegt seit gestern mit Durchfall im Bett, aber es geht ihm schon besser. Ich hoffe, daß Ihr eigenes Bauchweh vorüber ist. Sie hegen offensichtlich eine einzigartige Antipathie gegenüber der...«

Plötzlich fehlt Anna ein Wort, ein Satz aus dem Gedächtnis. Die neugierigen Blicke des Ehepaares Kowalek nehmen ihr die Konzentration. Sie schließt die Augen.

Vor ihr in der Vitrine mit den geschwungenen Glastüren, im obersten, mit braunem Samt ausgeschlagenen Fach liegt der Brief, so wie sie ihn jetzt hier bei Kowaleks in Händen hält. Ein wenig schräg nach oben, damit man die Schrift gut lesen kann.

»... alles, was von ihr kommt, scheint Ihnen Harm zu bereiten. Ich leide fast täglich unter Kopfweh, Sie wissen, woher das kommt...«

Die Stimme der Großmutter. Das Bild der Großmutter, wie sie aufrecht sitzend, schmuckbehangen und mit dreifingerbreitem Ripsbändchen um den altgewordenen Hals die Geschichte des Ahnen erzählte, der aus Freundschaft oder auf Befehl Briefe der Zarin von Rußland befördert hatte. Diesen hier aber allem Anschein nach nicht, sonst wäre er kaum in die Vitrine geraten.

Oder aber, und das war die Version von Annas Mutter, Katharina hatte den Brief an den Ahnherrn selbst geschrieben. Das wiederum lehnte die Großmutter als Möglichkeit ab, da, wie sie sagte, ihre Familie eine anständige Familie sei.

Das war jedesmal der Punkt, wo Anna und Lora eine Wiederholung des Briefinhaltes verlangten, um diese Stelle selbst überprüfen zu können.

Ehrfurchtsvoll und gleichzeitig verblüfft haben die Kowaleks zugehört. So etwas schreibt eine Zarin? fragt Kowalek, und Friedel setzt sofort zur Verteidigung der höher Geborenen an. Vielleicht stimmt das alles nicht!

Doch, lächelt Anna, es stimmt! Dieser Brief ist eines der wertvollsten Dokumente unserer Familie.

Woher hast du ihn, Friedel?

Das Papier liegt zwischen ihnen auf dem Tisch. Im Augenblick sieht es so aus, als wenn keinem der Anwesenden die Besitzverhältnisse klar seien. Das drückt die Stimmung.

Als ihr mit eurer Mami und eurem Papi fort wart, rückt Friedel jetzt mit der Wahrheit heraus, bin ich ein paar Tage später im Schloß gewesen. Sie gibt einen genauen Bericht der Verwüstung der jeweiligen Zimmer. Auch vergißt sie nicht mitzuteilen, daß ihr Aufenthalt unerlaubt war.

Aber – wieder dieses helläugige, aufmerksame Lächeln, mit dem sie Anna bedenkt –, wenn man so lange im Schloß angestellt war, möchte man wissen, was passiert ist. Es hätte ja auch sein können, ihr kommt wieder zurück, und da hätte man euch etwas retten können!

Für uns hast du das gemacht?

Nicken, Achselzucken, Kopfschütteln, alles in einem.

Was Friedel da gemacht hat, sagt ihr Mann bedächtig, war verboten! Zurückgelassene Gegenstände in den Schlössern wurden zu Staatsgut erklärt und mußten abgegeben werden. Das machten nicht alle, und deshalb gab es Fundprämien, die sich nach dem Wert des Gegenstandes richteten.

Anna begreift und faltet den Brief wieder zusammen, während Friedel die Gläser neu füllt. Die Stille im Raum ist angenehm und erleichtert das Nachdenken. Das scheppernde Klopfen beschlagener Pferdehufe, die auf der Straße über das Kopfsteinpflaster traben, haben mit der Lautlosigkeit in der Kowalekschen Stube nichts zu tun. Wer, fragt Anna leise, wer außer euch beiden weiß etwas von dem Katharinenbrief?

Unsere Kinder!

Friedel gibt ihrem Mann ein Zeichen zu schweigen, aber Stefan Kowalek ist fürs Ganze. Weder ihr Zwinkern noch ihre Fußspitze, die ihm mehrmals hintereinander gegen das Schienbein fährt, nimmt er zur Kenntnis. Er zieht an seiner Pfeife, in der längst der Tabak ausgegangen ist, und fährt fort:

Seit Jahr und Tag liegen sie uns in den Ohren, daß wir den Brief abgeben. Wie gesagt, Staatsgut! Wir machen uns strafbar, verstehen Sie?

Aber er gehört Anna und Lora, fährt Friedel dazwischen, nicht dem Staat!

Was heißt gehören? Laut Gesetz haben wir uns strafbar gemacht, basta!

Weiß das Ihr ältester Sohn auch?

Ja, der auch! Alle drei wissen, daß Friedel den Brief besitzt. Das macht nichts, beruhigt Friedel, sie werden auch weiterhin denken, daß der Brief im Schrank liegt. Meinst du, sie sehen nach? Meinst du, sie wollen mich und dich in Schwierigkeiten bringen? Damit ist Stefan Kowaleks Warnung verpufft. Friedel faltet den Brief liebevoll zwischen ihren drallen Händen zusammen, hält ihn eine Weile hoch, so, als wollte sie ihn wiegen oder fallen lassen, erst dann legt sie ihn vor Anna.

Bitte!

Am Golaer See gibt es einen Strand. Den gab es dort schon zu deutschen Zeiten, und auch die Pfähle, die die Nichtschwimmer vor grundloser Tiefe schützen, stehen immer noch, dreiundzwanzig an der Zahl, braun und behäbig, in der Mitte mit einem Moosgürtel umkränzt, zu dreiviertel ihrer Länge im Wasser. Gerade so hoch, daß sich die kleinen Jungen, früher deutsche, heute polnische, mit Geschick daran hochziehen können, bis beide Füße auf der glitschigen Oberfläche zu stehen kommen, um dann mit einem Köpfer vorwärts, seitwärts oder gar rückwärts ins Wasser zu gleiten. Nur der Laufsteg ist jetzt rechts vom Strandufer. Früher war er links. Auch die roten Rettungsringe gab es nicht, auch saß kein Bademeister mit einer Trillerpfeife dösend auf den Brettern, um vorwitzige Schwimmer zurückzupfeifen. Weiter oben gibt es im Gegensatz zu früher einen betonierten Parkplatz, und die Toiletten sind nicht mehr hinter Schilfmatten versteckt, sondern weiß gestrichene Holzbauten. Und in der überfüllten Gaststätte gibt es nur für Feriengäste warmes Essen.

Noch immer zieht sich der karge Kiefernwald bis herunter zum See. Der mooslose Boden, mit braun gewordenen Nadeln bedeckt, ist von kleinen Wegen durchzogen, die zu winzigen, in allen Farben gestrichenen Holzhäuschen führen. Ferienhäuser, unzählige Ferienhäuser, die wie überdimensionale Kartons zwischen den Baumstämmen verstreut stehen und selbstverständlich einer Ordnung unterworfen sind, der Ordnung der Feriengäste und der Urlaubsverwaltung. Alles ist geregelt und deshalb als Zeltplatz für Józef, Jurek, Bolko, Tomek, Renata und Janka ungeeignet. Beinahe wäre auch Sabina mitgekommen, aber Jurek hat es im letzten Moment verhindert. Und weder Renata noch Janka hatten etwas dagegen. So fuhr man eher als verabredet in Ujazd ab, und Sabina wartete zur abgemachten Zeit umsonst unter der Linde am Ende des Dorfes.

Es war Bolkos Idee gewesen, Sabina mitzunehmen. Er hatte sich mit Pfirsichperka besprochen, der die Meinung vertrat, daß sie alle miteinander Sabina Lenart unrecht täten. Was könnte die für ihre Eltern, hatte Piotr gesagt, man dürfte sie nicht behandeln, als gehörte sie nicht ins Dorf.

Das war auch Bolkos Meinung, obwohl er überzeugt war, daß kein anderes Mädchen im Dorf auf den Friedhof mitgegangen wäre und daß keine ein Kleid von der Niemka angenommen hätte. Piotr brauchte mit seiner Antwort so lange, daß Bolko sich entschloß, loszufahren.

Warte, Piotr hielt ihn fest, ich meine, sagte er langsam, es ist egal, ob sie es auf dem Friedhof gemacht haben oder woanders! Mir jedenfalls ist es egal!

Darauf war er, die Hacke auf dem Rücken, in Richtung seiner Pfirsiche gelaufen, nicht ganz zufrieden mit der Art, wie er sich ausgedrückt hatte. Irgend etwas hätte er noch hinzufügen sollen. Aber Bolko saß schon auf dem Rad, und für ein Hinterherrufen war er bereits zu weit weg.

Im Dorf traf Bolko Sabina. Zufall? Natürlich war das ein Zufall. Bolko, der stets etwas auf Piotrs Meinung gab, nahm den Zufall zum Anlaß, Sabina anzusprechen.

Möchtest du mit nach Gola kommen?

Wenn Jurek das will, hatte sie unverhofft zurückgefragt und Bolko damit in Verlegenheit gebracht.

Ja, log er drauflos, wer denn sonst!

Gut, ich komme mit!

Damit war die Verabredung getroffen, nur Jurek zeigte sich damit nicht einverstanden. Er sagte, daß er nach allem, was passiert sei, mit Sabina nichts mehr zu schaffen hätte. Er ging sogar noch weiter und lehnte seine Teilnahme an der Fahrt ab, wenn die anderen auf Sabinas Mitkommen bestünden.

Von mir aus soll sie bleiben, wo sie ist, sagte Janka, ihr wißt ja, was ich von ihr halte!

Renata nickte ihre Zustimmung hinterher.

Tomek sagte überhaupt nichts. Insgeheim hatte er durch Sabinas Mitfahrt Schwierigkeiten auf sich zukommen sehen. Und als er hörte, daß Józef ein Vierer- und ein Zweierzelt organisiert hatte, fand er die Lösung ohne Sabina in jedem Fall erstrebenswerter. Damit bestand sogar die Möglichkeit, daß nicht die beiden Mädchen im Zweierzelt schlafen würden, sondern Jurek und Bolko. Józef dachte wohl ähnliches, denn auch er entschied sich für eine baldige Abfahrt mit einem Umweg, der nicht an der Linde am Ende des Dorfes vorbeiführte.

Am Himmel wächst eine einzelne, sich auseinander schiebende Wolke. Wird es regnen?

Wenn man ein Hemd daraus machen kann ja! lacht Renata. So sagte es immer der alte Sawko, ohne je eine Angabe über die Größe des Hemdes zu machen.

Auf einem kleinen Hügelchen, ein paar hundert Meter vom Strand entfernt, schlagen die Jungen die Zelte auf. Hier, nicht weit vom Wasser, am Rande des kleinen Birkenwäldchens, ist Jureks Lieblingsplatz. Mit Bolko zusammen hat er eine Schneise ins Schilf gehauen, gerade so breit, um ins Wasser zu springen und den Blick über den großen Golaer See bis hinüber zum kleinen Golaer See frei zu geben.

Dahinter beginnen die Sümpfe.

Jurek gelingt es nicht, in die richtige Stimmung zu kommen. Und das Verständnis, das ihm die anderen entgegenbringen, macht ihn erst recht ärgerlich.

Mißmutig liegt er im Gras auf dem Bauch und starrt über das Wasser, auf dem die Köpfe der Freunde wie Bälle schwimmen. Mal dichter, mal weiter auseinander. Renatas Gekicher girrt über den See. Hin und wieder gurgelnde Laute von Tomek, wenn er zum Tauchen ansetzt, unter Renata hinwegschwimmt, um auf ihrer anderen Seite wieder hochzukommen. Dann schleudert er mit einem Ruck seines Kopfes das nasse Haar aus dem Gesicht, überflüssigerweise, wie Jurek findet. Mit dem nächsten Atemzug kippt er abermals ins

Wasser, läßt sekundenlang seine Fußspitzen in der Sonne aufleuchten und taucht da wieder auf, wo er vorher war. Renata schwimmt auf dem Rücken, den Kopf tief im Wasser, das Gesicht nur noch als glatte Scheibe sichtbar. Jurek hört ihre Stimme, ohne Worte zu verstehen. Verdammtes Gelächter!

Während Tomek und Renata bald wieder zurückkommen, um sich in die Sonne zu legen, und auch, weil Renata keine große Ausdauer beim Schwimmen hat, überqueren Józef und Janka den See.

Janka zieht das Brustschwimmen dem Kraulen vor. In ruhigen Zügen bewegt sie sich vorwärts. Wenn sie die Beine anzieht, um sie danach mit kräftigem Stoß zu grätschen, hebt sich ihr rundes Hinterteil, fest im engsitzenden Bikinihöschen, aus dem Wasser. Józef, der sich mehr aufs Kraulen verlegt, schwimmt hinter ihr her. Hin und wieder erwischt sein Blick ihren in den Falten weißen Schenkelansatz.

Hier, sagt er, als sie am anderen Ufer des Sees aus dem Wasser steigen, hier sind wir ganz ungestört! Józef hat recht. Auf die kleine Landzunge zwischen dem großen und kleinen Golaer See kommen nur besonders gute Schwimmer hin. Vom Land ist der Weg hierher durch die Sümpfe abgeschnitten. Janka weiß das so gut wie Józef.

Trotzdem sagt es Józef, als handelte es sich dabei um eine ihr völlig unbekannte Tatsache. Hand in Hand gehen sie hinüber zu den drei großen Steinen, um die herum hauchdünnes langes Gras wächst.

Komm auf die Steine, sagt Janka, während Józef mehr an das Gras gedacht hatte. So bleibt ihm nichts weiter übrig, als sich auf einen der andern Steine, eine Armlänge von ihr entfernt, hinzusetzen. Der Wunsch, sie hochzuziehen und ins Gras zu legen, macht ihn sprachlos.

Ich muß es tun, sagt sich Józef, ich muß es einfach tun!

Janka hat die Augen geschlossen und die Hände unter den Kopf gelegt.

Alles an ihr ist schön.

Ihre Haut wird kühl sein und feucht unter dem Bikini. Ihr Bauchnabel ist quer gefaltet, ein Schlitz. Wenn er den Finger darauf legt, könnte es sein, daß sie böse wird.

Die Wolke am Himmel ist mittlerweile so groß, daß zwei Hemden daraus zu schneiden wären. Ein plötzlicher Regen würde alles verderben. Józef entschließt sich, lautlos und direkt aufs Ganze zu gehen.

Stark wie er ist, hebt er sie mit beiden Armen hoch, nicht anders als seine Schafe bei der Schur. Einen Augenblick starrt er auf die dunklen Flecke, die ihr nasser Körper auf dem Stein hinterläßt. Wirklich, ihre Haut ist kühl, wie er es sich gedacht hat. Ihre Arme hat sie immer noch hinter dem Kopf verschränkt. Ebensogut könnte er eine Schaufensterpuppe von einer Stelle auf die andere tragen.

Im Gras gefällt sie ihm noch besser als auf dem Stein. Die Wolke am Himmel wächst ununterbrochen der Sonne zu.

Er legt seine Hand über ihren Leib. Sein Zeigefinger fährt zärtlich und vorsichtig über ihren quer geschlitzten Bauchnabel. Obwohl er es gern verhindern würde, ist sein Atem zu hören. Er hat das Gefühl, als wären ihm die Lungen oder Nasenlöcher zu klein. An Sprechen ist nicht zu denken. Seine Stimme würde zittern und außer ihrem Vornamen brächte er nichts heraus.

Wenn sich doch nur irgend etwas ereignen würde, vor dem er Janka retten oder beschützen könnte. Eine Schlange zum Beispiel, die unter einem der drei Steine hervor auf sie zukriechen würde, könnte Janka veranlassen, sich in seine Arme zu werfen. Ein plötzlicher Blitz oder eine andere Art von Bedrohung, alles wäre ihm recht!

Nichts! Alles bleibt Józef selbst überlassen. Hals über Kopf küßt er sie heftig auf den Mund. Und einmal dabei, läßt er auch nicht so schnell ab. Janka wehrt sich mit aller Kraft, und Józef begreift, daß seine Rechnung nicht aufgeht.

Das weiche Gras ist durch die Rangelei platt gewalzt und sieht häßlich aus. Mit einem Sprung ist Janka wieder auf dem Stein. Ich bin nicht Sabina, sagt sie und blinzelt hochmütig in die Sonne, über die sich immer noch keine Wolke geschoben hat.

Was meinst du damit? Józef rollt sich auf den Bauch, um seine Erregung zu verbergen. Er ist wütend und mit sich ärgerlich, daß er die Sache so falsch angepackt hat.

Ich bin nicht eine, sagt Janka, mit der es jeder treiben kann. Weder hier noch auf einem Friedhof!

Wie ruhig sie da auf ihrem Stein sitzt und auf ihn herunter sieht!

Ich bin nicht jeder, sagt er, ich möchte dich heiraten!

Jetzt ist es heraus. Józef kann nicht vermeiden, daß der Satz, einmal ausgesprochen, einen kleinen Schreck hinterläßt. Also fügt er hinzu, daß er im Kombinat den Antrag auf ein Eigenheim gestellt habe, daß seine Aussichten gut seien und daß Janka, wenn sie ihn heiraten würde, sich nicht mit einer Wohnung zufriedengeben müßte, sondern ein schönes Haus bekäme und einen schönen Garten dazu.

Józef!

Janka springt von ihrem Stein zu ihm herunter. Ausgerechnet in diesem Augenblick wird der Himmel sonnenlos, verpatzt Józef, wie er es die ganze Zeit über befürchtet hat, die gute Gelegenheit. Wenn sie nicht im Regen, womöglich bei Gewitter, den See überqueren wollen, müssen sie augenblicklich zurückschwimmen.

Das unübersehbare Glück von Józef und Janka verdirbt Jurek erst recht die Laune, während es Tomek und Renata ansteckt. Sie halten sich an den Händen, sehen sich in die Augen und lassen keine Gelegenheit zu gegenseitigen kleinen Berührungen aus.

Bolko hat sich bereit erklärt, Bier zu holen, hofft aber im Grunde genommen, am Strandkiosk oder an der Bierbar etwas zu erleben.

Eine drückende Schwüle breitet sich aus. Kein Lüftchen weht vom nahegelegenen Birkenwald her, auch nicht vom See. Tief segelnde Schwalben künden ein Unwetter an. Die Luft ist zum Zerschneiden schwer.

Ihr seid lächerlich, platzt Jurek in die traumdösende Stille der Verliebten, langweilig und blöde!

Warum? fragen Renata und Janka. Jureks Verächtlichkeit gefällt ihnen nicht, auch nicht die betonte Lässigkeit, mit der er jetzt an dem Baumstumpf lungert. Die Frage der Mädchen überhört er, und er hat weder einen Blick für Janka noch für Renata.

An eurer Stelle, sagt er gedehnt zu den Freunden und

schnalzt dabei auffällig mit der Lippe, an eurer Stelle würde ich mir genauer überlegen, ob Ujazd der Nabel der Welt ist. Mir reichts, daß ich hier geboren bin!

Jetzt sieht er zu den Mädchen hinüber, abschätzig, und wie Renata meint, niederträchtig.

Du bist gemein, flüstert sie.

Aber das beeindruckt Jurek nicht.

Hast du dir schon überlegt, redet er weiter auf Tomek ein, was du nach deinem Abitur machen willst? Etwa hier bleiben, oder in Warszawa oder Katowice studieren? Du kannst auch im Austausch ins Ausland, nicht wahr? Oder treibt es dich auch zum Eigenheim in Ujazd? Schafmeister ist ein angenehmer Beruf, und auch eine Stelle an einem Postschalter soll man nicht unterschätzen!

Jureks kleine Bosheiten bleiben ohne Antwort. Und deshalb fügt er noch eine hinzu.

Mich gehts eigentlich nichts an, sagt er und nimmt Janka aufs Korn. Ihre Worte auf der Chaussee zur Stadt sind ihm noch genauso gut in Erinnerung wie der Anblick ihres Hinterteils auf dem zu hohen Sattel und ihre wippende Brust unter dem T-Shirt. Fast wörtlich gibt er Tomek und Józef weiter, was Janka ihm damals geraten hatte.

Manche Mädchen stehen einem nur im Wege, sind dumm, haben nicht viel gelernt und sehen zu, wie sie zu ihrem eigenen Vorteil kommen...

An sich wollte Jurek noch seine eigene Meinung hinzufügen, da schlägt Józef schon zu. Was Jurek da sagte, ließ Józef Jankas Verhalten auf der Landzunge in einem ganz anderen Licht erscheinen. Wenn das so wäre? Aber so ist es eben nicht. Deshalb springt er mit einem Satz aus dem Liegen auf und versetzt dem Freund einen Faustschlag mitten ins Gesicht. In der Nähe des Auges rötet sich die Haut, schwillt an. Józef holt zum zweiten Schlag aus.

Aufhören, schreit Janka und zeigt zum See herunter. Seht mal, wer da kommt!

Fast eine halbe Stunde hatte Sabina unter der Dorflinde in Ujazd gewartet. Hauptsächlich um Jureks willen wollte sie mit. An Baden war wegen der Brandblasen an ihren Füßen nicht zu denken, aber in der Sonne wollte sie liegen, und wenn es mit Janka oder Renata Schwierigkeiten gäbe, würde sie eben wieder nach Hause fahren. So hatte sie es sich vorgenommen.

Bolkos Behauptung, daß Jurek es war, der auf ihrem Mitkommen bestanden hatte, wollte sie erst nicht glauben. Seit dem Tanzabend war sie ihm nicht mehr begegnet. Sicherlich, seine Bemerkung über das Kleid von der Niemka hatte sie gekränkt, und seine Anspielungen auf das Feuer lösten Ängste in ihr aus. Aber vielleicht war Jurek nur eifersüchtig und konnte es nicht ertragen, daß sie mit Suszko ganz allein durch den Saal getanzt war.

Noch jetzt fuhr ihr ein Lächeln übers Gesicht, wenn sie an die Blicke der anderen dachte, besonders die der Mädchen.

Wenn Sabina es sich recht überlegte, wartete sie hier nur, um sich mit Jurek, mit ihrem Nosorożec, endlich zu versöhnen. Wie es mit ihnen weitergehen würde, darüber wollte Sabina nicht nachdenken.

Hatte Jurek nicht neulich gesagt, daß er sie hier herausholen würde? Heraus aus Ujazd, weg von dem versoffenen Vater, der Mutter, die aus Verzweiflung das Dach überm eigenen Kopf anzündet? Und weg von den aufsässigen kleinen Brüdern, die ihr wie Ungeziefer vorkommen, alles stehlen, um selbst etwas zu besitzen, oder Versprechungen aus ihr herauspressen, die sie dann erfüllen muß, damit es Ruhe gibt.

Die Sonntagsruhe im Dorf verlängert die Zeit. Die Frauen des Nachtwächters Fratczak sahen abwechselnd aus dem Fenster im Vorwerk, neugierig, auf wen Lenarts Sabina hier wohl wartete. Kinder fuhren mit Milchkannen und Körben an den Lenkstangen ihrer Fahrräder in den Wald, um Beeren zu sammeln. Das Viehzeug schlief ruhig im Sand der Dorfstraße. Neben der Dorflinde schmorte ein gekreuzigter hundertjähriger Jesus Christus in der Sonne. Sanft sein in der Schräge liegendes Gesicht mit dem gesenktem Blick im bäurischen Profil. Traurig sein kantig nackter Körper an dem rissig gewordenen Kiefernkreuz. Der linke Arm hat sich im Laufe der Zeit von der hölzernen Schulter gelöst, wird durch einen Zwölfzollnagel etwas zu tief und zwei Finger breit vom Körper gehalten.

Jesus, der Du Dich Deiner Herrlichkeit entäußert, die Gestalt eines armen Menschen angenommen hast und zu unserem Heile in die Welt gekommen bist, erhöre uns . . .

Die Blumen am Fuße des Kreuzes waren verwelkt. Gerade rupfte sie Sabina aus der rostigen Konservenbüchse, als Suszko des Weges fuhr, die Amtsmütze auf dem Kopf.

He, rief er gutmütig und trat in die Bremse, daß es staubte, legst du für mich ein Vaterunser ein?

Nein, Briefträger, das Beten für dich lohnt sich schon lange nicht mehr!

Suszko mag es nicht, wenn ihn die Leute Briefträger statt Suszko nennen. Jeder anständige Mensch hat neben seinem Beruf einen Namen. Eine wie du, versucht er sie zu ärgern, läßt wohl nicht mal den Heiland in Ruh, was?

Paß auf, Briefträger, daß dir Jurek nicht die Mütze vom Kopf holt, wenn er mich abholt!

Darauf entschließt sich Suszko, sein Telegramm in die staatliche Forstverwaltung zu tragen. Sicher ist sicher.

Suszkos Redereien konnte sie nicht gebrauchen. Weder Jurek noch Bolko waren zu sehen, und Fratczaks Frauen ließen sich immer noch in Abständen am Fenster blicken.

Es wäre besser gewesen, den Mund zu halten, statt Suszko die Wahrheit auf die Nase zu binden. Was zwischen ihr und Jurek war, ging niemanden in Ujazd etwas an. Deshalb machte sie sich auch ohne weiteres Nachdenken allein auf den Weg nach Gola, zum See, wo sie den Platz auf dem Hügelchen am Rande des Birkenwaldes genau kannte.

Als Suszko von seinem Auftrag zurückkommt, ist Sabina weg. Sieh mal an, staunt er, das hätt ich dem Jurek nicht zugetraut!

Im ersten Augenblick nimmt Sabina nur die Schlägerei wahr. Jurek liegt am Boden. Den Schlag, mit dem Józef ihn klatschend ins Gesicht traf, hatte sie gerade noch gehört. Armer Nosorożec. Am liebsten wäre sie hingelaufen, um Józef in den Arm zu fallen. Jurek muß aufstehen können. Dann wird Józef sehen, wen er vor sich hat.

Sie öffnet den Mund, will Józef etwas Unflätiges zuschreien, damit Jurek Gelegenheit hat, seine Lage zu verbessern.

Aber der Schrei kommt von Janka. Sabina bleibt der Mund offen, ein in ihr Gesicht gestanztes Loch, das mit nichts mehr zu schließen ist. Am wenigsten mit Jankas schrillem Ruf: Seht mal, wer dort kommt!

Ihr ausgestreckter Zeigefinger bleibt auf Sabina gerichtet, bis die Blicke aller ihre Gegenwart aufgenommen haben.

Das ist ein Ding!

Langsam wird Sabina klar, daß niemand mit ihrem Kommen gerechnet hat, am wenigsten Jurek.

Wie kommst du hierher? zischt er sie an, während er sich den Sand von der Badehose klopft. Und Sabina antwortet: Mit dem Rad! und kommt sich dabei dumm vor. Wäre sie nicht hierher gefahren, stände sie immer noch unter der Dorflinde in Ujazd. Am Mittag, am Nachmittag, bis in den Abend hinein.

Aber die hier, die sind schon eine Weile da. Die Zelte sind aufgeschlagen, die Badeanzüge vom Schwimmen naß, selbst das Holz zum Feuermachen ist schon gesammelt.

Jurek, spottet Renata los, sag das doch alles nochmal, was du von den Mädchen aus Ujazd hältst, daß sie dumm sind, nichts gelernt haben und nur sehen, wie sie zu ihrem Vorteil kommen... Ja, höhnt Janka weiter, Sabina sollte das auch wissen!

Über den längst nicht mehr heiteren Himmel grollt langziehender Donner. Der kleine Golaer See färbt sich schwarz und kräuselt an der Oberfläche. Der große Golaer See hingegen ist nach wie vor blau. Hier ist von einem Wind noch nichts zu spüren.

Es sind nur ein paar Schritte, die Sabina auf Jurek zu macht: Hau ab! brüllt er, du sollst abhauen!

Hast du nicht Bolko gesagt, ich soll mitkommen?

Nein, das habe ich nicht gesagt, das ist eine verdammte Lüge. Und weil Sabina immer noch nicht zu begreifen scheint, daß sie hier nichts zu suchen hat, fährt er fort: Wenn ich etwas zu sagen habe, dann sag ich das selber!

Im Augenblick hat er wohl nichts zu sagen. Er macht auf den Fersen kehrt, beginnt die Decken und den Transistor einzusammeln, Sonnencreme und was sonst auf der Erde herumliegt.

Wollt ihr das Zeug naß werden lassen, ruft er den anderen zu. Nein, sie wollen es nicht naß werden lassen. Emsig beginnen sie gemeinsam aufzuräumen und die Festigkeit der Zelte zu überprüfen.

Der Streit zwischen Józef und Jurek ist vergessen, auch Sabina.

Donner! Er zerplatzt krachend, dröhnt in den nächsten hinein und tobt so hinter den Blitzen her. Blaurote Risse rundum, zitternde, gleißende Helligkeit, alles ohne einen Tropfen Regen.

Das Gesicht in die Erde gedrückt, liegt Sabina irgendwo auf dem Weg zwischen Gola und Ujazd. Sand, Steine, Grasbüschel unter den Händen. Nein, nicht aus Angst. Wer in Ujazd groß geworden ist, ist an schwere Gewitter gewöhnt.

Das Unwetter vergrößert nur ihre Verzweiflung und ihre Wut. Nichts gibt es, war ihr Hoffnung macht. Aus ist es mit ihrem Nosorożec, übrig bleibt das Los der Familie Lenart, das niemand kennt! Ein Knall zerreißt die Luft, Höllenlicht. Im Wald hat es eingeschlagen. Krachend brechen die Äste vom Baum und versperren den Weg, auf dem in toller Geschwindigkeit eine Windhose feldwärts tanzt. Sie wirbelt über Sabina weg, zerrt ihr den Rock, die Haare drehend aufwärts und schippt die Haut voller Sand. Lächerlich widerlicher Spuk einen Atemzug lang. Tränenloser Heulkrampf, der nicht wegzukriegen ist. Ihre Fäuste trommeln im Staub, bis es endlich zu regnen beginnt.

Klatschende Tropfen. Die Natur macht der Raserei ein Ende. Es riecht nach langsam feucht werdendem Laub. Sabina steht auf. Es ist gut, im Regen zu weinen. In spätestens einer halben Stunde wird sie Ujazd erreicht haben, es sei denn, der Regen wird zum Wolkenbruch.

Anna ist, als hätte Jula auf sie gewartet. Kaum daß sie an den Fensterladen klopft, öffnet sich auch schon die Tür. Komm herein! Auf dem wachstuchbezogenen Tisch neben dem Fenster stehen zwei Teller, liegen zwei Löffel. Auf dem Herd brodelt eine Suppe aus Rüben und Graupen. Im dämmrigen Licht schlurft Jula hin und her. Fast blind, braucht sie kein Licht. Jeder Handgriff stimmt, ob es hell ist oder dunkel. In einer Schüssel am Fenster säuert fladengroß ein Pilz. Draußen zieht schleifend die Trauerweide ihre Äste übers Dach.

Die Geister von Ujazd, sagt Anna lächelnd, sind sie immer noch gut? Ach... Jula winkt ab und kratzt im Topf herum, nichts ist gut, nichts!

Sie teilt die Suppe aus und beginnt schlürfend zu essen. Fang an, sagt sie. Als Anna appetitlos im Teller herumrührt, nicht weil es ihr an Hunger mangelt, sondern weil ihr Graupensuppe zuwider ist, wird Jula ärgerlich.

Was glaubst du, warum ich gekocht habe?

Du hast gar nicht gewußt, daß ich komme!

Ich hab es gewußt!

Anna schiebt langsam den Blechlöffel mit Graupen, Rüben und Brühe in den Mund, schluckt und fühlt, wie die Suppe sich nicht abwärts, sondern aufwärts bewegt.

Nur wer ein schlechtes Gewissen hat, kann nicht essen, sagt Jula.

Es schmeckt mir nicht, sagt Anna und muß daran denken, wie sie von Jula als Kind vermessen wurde, wenn der gewünschte Appetit ausblieb.

Manchmal wurde Jula ins Schloß geholt, manchmal aber wurde Anna auch mit dem Kinderfräulein zu Jula geschickt.

Annas Mutter hielt nicht allzuviel davon, Annas Vater hingegen, der seine kranken Pferde lieber in der Obhut von Jula sah als in der des Veterinärs, versprach sich auch bei dem Töchterchen Hilfe von der Alten.

Zwischen ihrem vierten und ihrem siebenten Lebensjahr stand Anna oft genug in Julas Küche auf dem wachstuchbedeckten Tisch, später auf Julas Fußbank neben dem Ofen. Das von der ungewöhnlichen Prozedur verstörte Kinderfräulein blieb dicht neben der Tür stehen und nahm weder die freundlich angebotene Buttermilch noch die eingelegten Früchte an.

Kaum hatte Anna – wie von Jula verlangt – die Arme ausgebreitet, nicht anders, als wollte sie vom Tisch oder der Fußbank segeln, holte die Alte ein dreckiges Stück Schnur aus der

Schürze. In unregelmäßigen Abständen waren Knoten hineingeknüpft, manchmal auch doppelt. Und während die Knoten durch Julas Finger glitten, murmelte sie etwas dazu, ein, zwei Worte, hin und wieder auch nur eine Zahl.

Fünf, sagte sie beispielsweise und maß Anna von einem Ende der Fingerspitzen zum anderen. Sieben hieß es, wenn sie die Schnur diagonal von der linken Schulter zur rechten Fersenspitze hielt. Danach mußte sich Anna drehen. Kreuz und quer, Knoten für Knoten fuhr Jula mit der Schnur an ihr entlang, und was das Wichtigste war, der Faden durfte nie durchhängen oder gar einer Körperkrümmung folgen.

Ohne Widerspruch folgte Anna jeder Anweisung, beugte sich vorwärts, hielt einen Arm aufwärts, den anderen abwärts gestrafft, kniete und streckte die Beine oder ließ sich flach auf den Boden gleiten, um so der Länge nach bäuchlings vermessen werden zu können. Je nach dem, wie stark Julas Kräfte gerade waren, fühlte Anna manchmal schon während der ersten Minute einen Bärenhunger in sich wachsen. Das Wasser lief ihr im Mund zusammen, und der Durst auf Buttermilch, die sie sonst verabscheute, wuchs so ins Unermeßliche, daß sie einmal vom Tisch sprang und einen halben Liter, ohne zu schlucken, hinunterkippte.

Dem Kinderfräulein waren vor Entsetzen die Augen fast aus dem Kopf getreten, und von Stund an weigerte sie sich, dieser Zeremonie weiterhin beizuwohnen.

Ein einziges Mal hatte Jula vorher das Buch aufgebunden, aufgeklappt und mit geschlossenen Augen ihre Fingerkuppen über die Zeilen gleiten lassen. Das war, nachdem Anna eine lebensgefährliche Lungenentzündung hinter sich gebracht hatte und ein besorgniserregendes Untergewicht aufwies.

Anna hört nichts anderes als das Plätschern der Suppe, wenn sie einen Löffel voll nimmt. Plötzlich scheint aus der Ecke, in der das große Buch liegt, ein Licht. Langsam füllt es die Zimmerdecke. Dann folgt ein Luftzug, das Rascheln aneinanderreibenden Stoffes. Oder ist es die Weide auf dem Strohdach? Aber es ist nicht das Streifen der Äste überm Dachfirst. In der schummrig leuchtenden Ecke steht ein Mann mit weitem, faltigem Umhang, gepuderter Perücke und einem Dreispitz in der Hand. Seine Beine stecken in weißen

Reithosen mit Stulpenstiefeln, die bis über die Knie reichen. Unter dem Umhang trägt er eine Schärpe und linksseitig ein halbes Dutzend Orden.

Das Gesicht ist Anna bekannt. Die bis zu der Nasenwurzel reichenden dunklen Brauen hat sie oft gesehen.

Es ist der Kurier-Ahne!

Er steht in Julas Küche, winkt mit dem Hut und lächelt, obwohl er auf der Miniatur in der gläsernen Vitrine im Salon, neben dem Brief der Zarin, niemals ein Lächeln auf den Lippen hatte. Höfisch und spröde, den Blick geradeaus gerichtet, war dort sein Gesicht unterm Dreispitz in dem Goldrähmchen nicht größer als ein Daumennagel.

Er winkt und legt eine Ungeduld an den Tag, als hätte er keine Zeit. Seine Hand, weiß wie ein Dienerhandschuh, zeigt auf Julas Buch. Schön sind die Finger, fast Frauenhände, im Nichtstun gewachsen. Er winkt und winkt, bewegt auch die Lippen, spricht, ohne daß etwas anderes zu hören wäre als das Rascheln seines Mantels.

Anna kann ihm jedes Wort von den Lippen lesen.

Leg den Brief in das Buch!

Keine Frage, welchen Brief er meint. Aber warum? Ist er in ihrer Handtasche nicht gut aufgehoben?

Wieder bewegt der Kurier-Ahne die Lippen.

Leg den Brief in das Buch! Behalt ihn nicht. Es ist zu gefährlich! Aber das Buch ist zugebunden, sagt Anna, es gehört Jula.

Geblendet vom Licht des Kurier-Ahnen, kann sie die Alte nicht sehen.

Jula!

Jula antwortet nicht. Sie scheint mitten im Löffeln der Suppe eingeschlafen zu sein.

Der Kurier-Ahne schlägt seinen Mantel nach hinten. Das gibt einen eiskalten Luftzug, der bis zu Anna hin spürbar ist. Jetzt sind die Orden besser zu sehen. Sternförmig, viereckig, oval oder in Gestalt eines Kreuzes klimpern sie leise aneinander. Die weißen Hände hängen den Dreispitz in die Luft.

Der Kurier-Ahne wirft die Arme mit großer Gebärde nach vorn – und dann ist es nur ein Schnips: ein Heben des Zeigefingers an der Unterseite von Julas sorgfältig geknüpften Knoten, und schon springt die Schnur auf und zieht sich in Schlangenlinien zurück. Anna ist überzeugt, daß sich jetzt auch das Buch ganz von allein öffnet. Aber das schafft der Kurier-Ahne nicht. Er muß sich bemühen und nimmt die andere schlohweiße Hand zuhilfe. Ein Versteck. Voilà!

Anna kramt in der Tasche und folgt dem winkenden Finger des Ahnherrn.

Schwerfüßig steht sie auf und legt das Dokument in das aufgeschlagene Buch. Ein Lächeln des Kurier-Ahnen, der aus der Nähe etwas durchsichtig wirkt. Er ist mit Anna zufrieden.

Anna bemerkt, daß ihre Hände feucht sind und ihr der Schweiß an den Schläfen hervortritt. Wenn sie jetzt zu schreien beginnt, wird sie nie wieder aufhören, und wenn sie davonläuft, muß sie bis ans Ende der Welt rennen, und dreht sie sich um, so bedeutet das den sicheren Tod. So hat sie es in ihren Kindertagen gelernt. So ist es auch noch heute. Nicht schreien, nicht weglaufen, nicht umdrehen.

Jula hockt wie eine Tote da. Der Kurier-Ahne nimmt seinen Hut aus der Luft und setzt ihn auf die gepuderte Perücke. Er macht sich zum Gehen fertig. Der Mantel raschelt und knistert.

Das Buch ist noch offen, sagt Anna erschrocken mit einem Blick auf Jula. Vielen Dank! ist von des Ahnherrn Lippen zu lesen.

Er schnippt weißfingrig in die Nähe der Schnüre, und siehe da, sie stellen sich aufwärts wie durstige Regenwürmer, schlingen sich zu dem alten Knoten um das Buch.

Danach glaubt Anna ein höfliches Adieu wahrzunehmen, und weg ist der Kurier-Ahne. Dunkelheit herrscht in der Küche. Jula löffelt ihre Suppe weiter, und das ist das einzige Geräusch.

Es hat sich im Dorf herumgesprochen: die Kühe sind da! Die Kühe, die Kombinatsdirektor Banaś in Amerika gekauft hat.

Siebzig amerikanische Kühe, der alte Perka schüttelt den Kopf. So etwas hat er noch nicht gesehen. Auch Staszak bleibt sprachlos. Bloß Fratczak lacht.

Giraffen, sagt er, das sind Giraffen, Kamele, hochbeinige

Hirschkühe, da hat er sich etwas anderes vorgestellt. Wie man hört, soll der Chef pro Stück zweitausendfünfhundert Dollar bezahlt haben! Kein Mensch kann das in Zloty umrechnen.

Nach und nach stelzen die Tiere die Rampe abwärts vom Lastwagen, heben die Köpfe und schlagen die Schwänze wie Vollblutstuten. Ihr Fell, dünn wie Pergamentpapier, umspannt stramm die Bäuche. Die Euter zwischen den staksigen Beinen haben die Größe von Wassereimern. Rosarot samtig schlagen sie bei jedem Schritt sanft hin und her. Dreißig Liter Milch geben sie nach dem ersten Kalben und das das ganze Jahr hindurch, erzählt Jodko.

Alles, was du denen zu fressen gibst, setzen sie in Milch um! Das sieht man, erwidert Fratczak, ich hätte es nicht für möglich gehalten, daß die Kühe in Amerika so verhungert sind! Die sehen ja schlimmer aus als Lenarts Schimmel! Weiß der Himmel, wieviel Milch die geben, wenn sie erst einmal anständig zu fressen bekommen!

Das bekommen sie, ereifert sich Jodko, acht Kilo Kraftfutter pro Tag!

Und die, sagt er und klopft einem der Tiere gegen das Euter, die melkst du hier raus, Fleisch ist unwichtig!

Nur hätte Jodko dem Tier nicht an das Euter fassen dürfen. Seitlich springt die Kuh im Schreck von der Rampe. Gebrüll und Aufregung. Der gewohnte Fußtritt als Aufmunterung zum Aufstehen ist hier unangebracht. Nervosität breitet sich aus. Die Tiere drängen schnaubend nach allen Richtungen, die schmalen und tatsächlich an Hirschkühe erinnernden Köpfe aufwärts gerichtet, die blauschwarzen Augen vorquellend. Der Stall ist ihnen fremd. Jodko flucht mit rotem Kopf und erwartet Ludwik Janiks Anpfiff.

Jeder packt zu. Selbst Anna gelingt es, eines der Tiere zu beruhigen. Ein letztes Staunen breitet sich unter den Zuschauern aus, als es heißt, daß den Kühen nach der Aufregung ein Beruhigungsmittel verabreicht wird.

Wozu? Damit sie nicht verkalben!

Wenn Anna es sich recht überlegt, ist ihr die wildgewordene Kuh gerade recht gekommen. Bisher ist sie abseits gestanden.

Hin und wieder ein Wort, ein Lächeln, ein Nicken, das ist alles. Nur Jolka blieb an ihrer Seite.

Während Anna und die Angestellten des Kombinats auf dem Hof stehen, entweder zupacken, das Ausladen beaufsichtigen oder die Tiere begutachten, sehen die Leute aus dem Dorf vom Hoftor aus zu. Auf dem Kombinatshof haben sie nichts zu suchen, schon gar nicht in den Ställen. Das ist Vorschrift, das verlangt die Hygiene, wie Jodko sagt, damit keine Krankheiten eingeschleppt werden können. Als wenn unsereins verseuchtes Vieh im Stall hätte, murrt Perka, und Jacek Staszak sagt, daß die vom Kombinat sich genauso für etwas Besseres hielten wie früher die vom Gut.

Dabei nickt er zu Anna hin. Die steht da, als gehörte ihr immer noch alles!

Gehört ihr aber nicht mehr, sagt Jodko, der nach Ludwik Janiks Anweisung mit Fratczak ein Lattengestell zusammennagelt.

Passend zurechtgezimmert liegt es zwischen den Pfeilern des Hoftors, gefüllt mit Torf, der mit Desinfektionsmittel gemischt ist.

Vielleicht wäre es besser, die Niemka zu desinfizieren, sagt Jacek, anstatt unsere Stiefel. Und weil seine Worte kein rechtes Echo finden, schickt er giftig hinterher, wer von ihnen denn wüßte, ob Anna nicht eine Spionin sei, eine von den deutschen Vertriebenenverbänden, die nichts anderes wollten, als den Polen das Land wieder zu nehmen!

Ich, sagt Jodko, ich weiß, daß sie keine Spionin ist! Sie hat eine Genehmigung von unseren Behörden!

Einen Scheißdreck weißt du!

Jacek hätte gern noch mehr gesagt. Aber was geht ihn die Anna vom Schloß an und was das Kombinat, auf dem sein Schwiegersohn Dworus ist und sich Józef als Schafsmeister großtut. Also läßt er es und geht grußlos seinen Weg nach Hause.

Anna hatte sich vorgenommen, das Ausladen der amerikanischen Kühe für ein Gespräch mit Wanda Pawlakowa zu nutzen, vielleicht auch mit Ludwik oder seiner Frau.

Es fällt Anna schwer, daß sie auf dem ehemaligen Gutshof des Vaters ganz unbeachtet bleibt. Niemanden interessiert hier, ob sie dabei ist oder nicht. Das verdrießt sie. Ludwiks klare Anweisungen, sein saloppes Gehabe, mit dem er den kleinen Tumult unter Kontrolle hält, macht sie ärgerlich.

Nachdem sie eine der Kühe aufhalten konnte, hörte sie nicht einmal ein Dankeschön von ihm. Dafür trifft sie Pani Pawlakowas verächtlicher Blick.

Nein, Pani Pawlakowa hat es nicht nötig, ein wild gewordenes Stück Vieh einzufangen. Sie winkt höchstens mit ihrem Spazierstock einen Befehl und bleibt, wo sie ist, in der Mitte des Hofes, die Zigarettenspitze im Mund. Sie benimmt sich, geht es Anna durch den Kopf, als wenn ihr alles gehörte! Ihr statt Anna! Mit einem Mal wünscht Anna sich, Pani Pawlakowa zu beleidigen. Ist es dieses Bedürfnis, das Annas Erinnerung ebenso wie ihr Auge schärft? Plötzlich weiß sie, wer die Pawlakowa ist: Wanda aus Nowawieś. Die Wanda, die es mit dem Kowalek trieb, der dann plötzlich die Friedel heiratete. Seitdem war Wanda in Rohrdorf nicht mehr zu sehen. Weder in der Kirche noch im Wald!

Sieh mal einer an, Anna gelingt ein Lächeln, wie sich die Wanda gemausert hat!

Richtig, sie war das Mädchen, das sich öfter als andere durch den Wald schlich. Grau in grau, den Blick gesenkt, huschte sie grußlos an einem vorbei, und sprach man sie an, hob sie entschuldigend die Schultern. Nix verstehn!

Anna besinnt sich gut auf das unscheinbare Mädchen, das niemanden ansah und von dem es hieß, daß ihr nicht zu trauen sei. Deutsch wie Polnisch konnte sie, auch daran erinnert sich Anna wieder. Nur sprach Wanda nicht freiwillig Deutsch, höchstens dann, wenn es um ihren Arbeitsplatz oder ihre Existenz ging. Sie gehörte auch zu denen, die man Stockpolen nannte.

Das schien dem Forstgehilfen Kowalek auf die Dauer zu gefährlich, und so ließ er sie auf Grund ihres ausgeprägten Nationalbewußtseins sitzen.

Welcher Pole hatte zur damaligen Zeit schon einen Nutzen davon?

Pani Pawlakowa? sagt Anna und fährt auf deutsch fort, daß es ihr leid täte, sie nicht gleich als die Wanda aus Nowawieś erkannt zu haben. Ich sah Sie öfters mit Kowalek zusammen im Wald, nicht wahr? Ehrerbietig tritt Anna zurück, es freut mich für sie, daß Sie heute so eine gute Position haben! Kein Wort mehr, keine Geste. Wanda versteht sie auch so.

Die Kühe sind längst im Stall. Zuschauer wie Akteure haben sich verlaufen. Ludwik und Zofia sind im Auto weggefahren. In die Stadt, Besorgungen machen, wie er mit einem flüchtigen Gruß sagte.

Sie wissen, sagt Anna zu Pani Pawlakowa, Sie wissen, daß ich auf Grund einer Einladung der polnischen Behörden hier bin? Wenn Sie mir bisher auch keine Erlaubnis gegeben haben, mein Elternhaus zu besichtigen, wäre ich Ihnen doch für einige Auskünfte über das Kombinat dankbar. Die Entscheidungen, wer hier was besichtigt und welche Auskünfte gegeben werden, behält sich der Herr Direktor vor!

Ach ja? Anna läßt es an Respekt vermissen. Sie lacht zu laut, ein wenig zu lang und sagt, daß es dann wohl mit der geplanten Reportage über das Kombinat in Ujazd nichts würde!

Pani Pawlakowa zuckt die Achseln.

Wissen Sie, Pani Pawlakowa, sagt Anna mit unbeweglichem Gesicht, Sie sind genauso, wie sich einige Leute in der Bundesrepublik das Verhalten von Polen heutzutage vorstellen!

Als Antwort blaue Rauchwölkchen aus der Zigarettenspitze. Kaum hörbar der Spazierstock über dem Hofpflaster. Pani Pawlakowa verschwindet in Richtung Schloß, welches sie ausnahmsweise durch das Portal betritt.

Daß Lenart der Hof genommen wird, steht fest. Nur das Wohnrecht darf er vorläufig noch mit seiner Familie behalten. So ist es ihm behördlich mitgeteilt worden. Ein Grund für Marek Lenart, sich über mehrere Tage hinweg sinnlos zu betrinken.

Halbwegs nüchtern geworden, hat er einen Entschluß gefaßt. Mit seinem klapprigen Schimmel vor dem Wagen macht sich Lenart auf den Weg nach Zawada.

Im Kasten hockt sein Sohn Franko, einen Strick um das Handgelenk, während der Jüngste zu Fuß geht.

Hü, schreit der Kleine alle paar Schritt und tritt der Lenartschen Kuh in die Seite, hü!

Der Kopf des Tieres hängt kläglich am Strick. Die Beine halten nur mühsam das Tempo des lahmen Schimmels vor dem Wagen.

Lenart, du wirst doch nicht deine Kuh verkaufen, ruft die Fedeczkowa vom Fenster her, als der traurige Zug an ihrem Haus vorüberkommt.

Sicher verkaufe ich meine Kuh, oder meinst du, ich laß sie den Behörden?

Eine Stunde später ist es im Dorf rum. Lenart verkauft seine Kuh. Kein Schwein mehr im Stall, keine Gänse, keine Enten, nur ein paar Hühner. Er setzt die Kuh in Sprit um, behauptet die Fedeczkowa und schließt das Fenster, um sich mit der Nachbarin zu besprechen.

Seitdem Sabina nicht mehr nach Hause zurückgekommen ist, klappt der Lenartsche Haushalt schlecht. Suszko war es, der die Nachricht brachte. Außerhalb seiner Dienstzeit hatte er sich auf sein Fahrrad gesetzt und Lenarts einen Zettel gebracht, einen Zettel, der mit keiner Briefmarke versehen war.

Was soll das, wollte Genowefa wissen, als Suszko ihr das Papier in die Hand drückte. Mißtrauisch wischte sie sich die Finger an der Schürze ab, faltete den Zettel auseinander und las laut: Ich komme nicht wieder! Sabina.

Sie kommt nicht wieder? fragte Genowefa ohne jedes Verständnis, warum kommt sie nicht wieder?

Suszko wußte es auch nicht. Die Lenartsche tat ihm leid, wie sie da vor ihm stand. Die Haare unordentlich, das hagere Gesicht grau und faltig mit den aufgerissenen Augen, die Schürze dreckig und die Füße rot und verquollen in Holzlatschen.

Vielleicht hat sie es nicht so gemeint, wie es da steht! log Suszko, vielleicht ist sie morgen schon wieder da!

Morgen, wiederholte Genowefa und drückte Marek den Zettel in die Hand. Marek, der auf die Männerstimme hin aus dem Haus tapste und auf einen Schnaps hoffte. Statt Schnaps ein Fetzen Papier, den er geduldig vor sich hielt. Eine Girlande von Buchstaben, die er nicht zusammensetzen konnte.

Sie kommt nicht wieder, sagte Genowefa jetzt zum drittenmal.

Wer?

Sabina! Aber Suszko meint, morgen!

Vielleicht, habe ich gesagt, vielleicht! unterbrach Suszko, der mittlerweile seinen Auftrag bereute.

Nicht lange nach dem Regen hatte plötzlich Sabina klatschnaß bei ihm in der Post gestanden.

Briefträger, hatte sie gesagt, und das Wasser war ihr in Bächen aus dem Haar gelaufen, Briefträger, willst du mir einen Gefallen tun? Neben ihren Füßen waren Lachen entstanden, und ihre Bluse hatte wie eine zweite Haut über ihrer Brust geklebt. Um was gehts, hatte Suszko flott geantwortet und mal wieder an seiner Mütze herumgerückt, während er sich allerhand ausgemalt hatte.

Bring meinen Eltern eine Nachricht!

Das hatte ihn geärgert. Immerhin war er Postbeamter und nicht Zusteller privater Nachrichten. Aber ihre durchsichtige Bluse und ihre in der Nässe aufgerichteten Brustspitzen hatten ihn von einer voreiligen Ablehnung abgehalten. Statt dessen war er ihr mit der Frage nähergekommen, was er, der Suszko, davon hätte.

Was du willst, hatte Sabina geantwortet, war hin und her gelaufen, Wasserspuren hinter sich lassend und ohne eine Miene zu verziehen. Willst du es hier mit mir machen?

Sie hatte tasächlich auf den Amtstisch gezeigt.

Oder dort?

Sie wies auf die Wartebank vor dem Schalter. Und als er seinem Entsetzen über diese Art der Behördenverunglimpfung Ausdruck gab, war sie mit einem Satz in seine Stube neben dem Postraum gehüpft. Das Wasser spritzte nur so aus ihren Schuhen und ihrem Rocksaum. Bei jeder Bewegung wurde irgend etwas anderes naß.

Sabina, hatte er gerufen, halb selig, halb erschrocken, wie sie ihm allem Anschein nach so plötzlich am hellen Sonntagnachmittag zu Willen sein wollte.

Sabina, warte, ich geb dir ein Handtuch!

Aber sie hatte kein Handtuch gewollt. Sie sprang quietschnaß wie sie war auf die frischbezogenen Kissen, und innerhalb von kurzer Zeit sah sein Bett aus, als hätte jemand einen Eimer Wasser hineingeschüttet.

Da war Suszko die Lust so ziemlich vergangen. Weiß der Himmel, wie er seine Kissen wieder trocken bekommen sollte, ohne daß es die Nachbarn merkten.

Komm aus meinem Bett, du verdammte Kröte! hatte er geschrien und an ihr herumgezerrt.

Ist schon gut, Briefträger, hatte Sabina geantwortet und kam wieder aus seinem Bett heraus, nun trockener als vorher. In der Amtsstube hatte sie dann wortlos den Zettel geschrieben und ihn Suszko in die Hand gedrückt.

Bitte, bring ihn Matka! Bitte, lieber Briefträger, bitte! Dabei hatte sie sich auf die Zehenspitzen gestellt und ihm einen Kuß auf die linke Gesichtshälfte gegeben.

Suszko meint jetzt noch die Stelle zu spüren. Feucht und warm, vielleicht auch feucht und kühl. Verdattert hatte er nichts gesagt, hatte ihr nur hinterhergesehen und ihrem Dankeschön nachgehört, aber nicht aufgepaßt, wo sie hingegangen war. Nein, da war nichts, was er den Lenartschen berichten konnte.

Als Sabina auch am Montag nicht kam und alle im Dorf wußten, daß sie sich davongemacht hatte, erfuhren es auch die Brüder. Damit ging bei Lenarts der Ärger erst richtig los. Während Franko lauthals herumbrüllte, daß seine Schwester eine verdammte Kurwa sei, verkroch sich der Kleine im leeren Schweinestall und sagte kein Wort mehr. Er aß nicht, trank nicht einmal Milch und gab weder dem Vater noch der Mutter Antwort.

Wann kommt Sabina wieder, fragte er ein- oder zweimal, und als er keine Auskunft erhielt, blieb er sprachlos und unbeweglich im vom Feuer geschwärzten Futtertrog gleich neben der Tür liegen. Als ihn am Abend die Mutter herausholte und ihn, der steif war wie ein Plättbrett, ins Bett trug, nahm er die erste Gelegenheit wahr, um wieder zurück in den Stall zu rennen und in den Trog zu schlüpfen. Als der Dienstagabend heranrückte, war Sabina immer noch nicht da, und der Kleine lag nach wie vor im Trog, inzwischen vom Vater mit einem Kartoffelsack zugedeckt.

Kleiner, sagte der Vater mit mehliger Zunge, wohl weil noch kein Sprit darübergelaufen war, Kleiner, wie lange willst du noch im Trog liegenbleiben?

Dabei kamen Marek die Tränen. Es schien ihm, als hätte sich sein Jüngster in einen Sarg gelegt, um vom Vater beerdigt zu werden. Was soll ich machen, Kleiner, heulte er leise vor sich hin, damit ich dich nicht mit eigenen Händen beerdigen muß?

Der Kleine sah den Vater weinen. Er sah die Tränen in den Bartstoppeln verschwinden und nirgendwo mehr auftauchen. Er hörte nicht nur die Stimme des Vaters zittern, er sah auch dessen Hände beben. Die Gelegenheit schien günstig.

Sag mir, was ich machen soll, Kleiner, greinte Marek wieder, damit ich dich nicht mit dem Trog ins Grab legen muß?

Ich will einen Fernseher, wisperte das Kind endlich, einen Fernsehapparat, und noch leiser fügte er hinzu: Sabina hat ihn mir versprochen!

Darauf spannte Marek Lenart den lahmen Schimmel vor den Wagen und fuhr nach Zawada, um seine letzte Kuh gegen einen Fernseher einzutauschen.

Jolka erhebt sich von den Stallstufen und folgt Anna in den Park. Zuerst hatte sie neben Pani Pawlakowa gestanden, und so hatte sie auch Annas Frage nach dem Kombinat gehört und Pani Pawlakowas Antwort. Nichts sollte Pani Anna ohne die Erlaubnis des Direktors sehen. Das kam Jolka lächerlich vor, sie rückte von Pani Pawlakowa ab und schob, ohne sich etwas dabei zu denken, ihre kleine Kinderhand zwischen Annas Finger.

Wie sich aber dann die beiden Frauen ansahen und ihre knappen Sätze miteinander wechselten, wurde Jolka immer unsicherer. Vorsichtig zog sie ihre Hand wieder zurück. Anna merkte es gar nicht. Sie sah auch nicht, wie Jolka sich leise auf die Stallstufen in den Schatten der offenstehenden Holztür setzte, um so den Blicken der Erwachsenen verborgen zu bleiben.

Nachdem Pani Pawlakowa im Portal des Schlosses verschwunden ist, bleibt Anna allein. Auf Jolka wirkt sie wie übriggeblieben in dem sonnenwarmen Hof. Obwohl Jolka sich über Annas Unaufmerksamkeit ärgerte, folgt sie ihr jetzt in den Park.

Warum? Jolka weiß es nicht, vielleicht weil Pani Anna ihr leid tut. Denn Jolka kennt keinen Menschen, der nicht einfach in seinem Elternhaus herumgehen kann.

Pani Anna sucht etwas im Park. Mit jeweils der gleichen Schrittzahl mißt sie eine bestimmte Richtung von der großen Linde ab. Mal weiter links, mal weiter rechts. Das sieht töricht aus. Und plötzlich beginnt sie abgebrochene Äste wegzuzerren, vergilbtes und verrottetes Laub fortzuschieben. Darunter ist ein Weg zu erkennen. Ein Weg, von dem Jolka bisher nichts wußte.

Wäre Anna der Kurier-Ahne nicht begegnet, hätte sie kaum noch nach dem Geisterweg gesucht. Gespenster gehörten in ihre Kindheit, in der Volksrepublik Polen ist nichts mehr mit ihnen anzufangen. Aber nun war der Kurier-Ahne höchstpersönlich gekommen, und der Brief lag sicher in Julas Buch. Gleich nach dem Verlassen von Julas Häuschen hatte Anna in ihre Handtasche gesehen. Der Brief der Zarin war nicht mehr drin! Jula hatte kein Wort darüber verloren, hatte, wie gesagt, nach dem Verschwinden des Ahnherrn ihre Suppe weitergelöffelt, als wäre nichts vorgefallen. Selbst für das Buch zeigte sie kein Interesse und auch nicht mehr dafür, ob Anna aufgegessen hatte oder nicht. Mundfaul und müde blieb sie in ihrer Ecke hocken, und als Anna nach dem Kurier-Ahnen fragte, verdrehte sie ihre milchigen Augäpfel und behauptete nicht zu wissen, von was Anna da redete.

So angestrengt sich Anna auch zu erinnern versucht, sie kennt keine Person, hat auch nie von jemand aus ihrer Familie gehört, dem der Kurier-Ahne persönlich begegnet wäre. Es gab immer nur die Geschichte, daß er für Katharina die Große Briefe transportiert hätte. Offizielle und heimliche. Und letztere sollen ihn in solche Schwierigkeiten gebracht haben, daß er schließlich hinterrücks in seinem eigenen Park erstochen worden war. Zwischen Zeitungspapier und Naphthalin wurde seine messerdurchfetzte Uniform in einer der vielen Truhen von Generation zu Generation aufgehoben, im Frühjahr wie im Herbst gelüftet, um abermals eingemottet zu werden. Schon als Kleinkind hatte Anna ihren Zeigefinger mit Vorliebe durch das schräg in das Rückenstück der Uniform geritzte Loch gesteckt.

Laß das, hatte dann Annas Mutter gesagt und das Kleidungsstück in der Frühlingssonne gewendet, du machst das Loch nur noch größer! Einmal hatte Anna heimlich den Uniformrock angezogen, war damit in den Park marschiert, und Lora, als Übeltäter verkleidet, hatte ihr hinterrücks eine Mohrrübe durch die Unglücksstelle in der Uniform gejagt. Aber da der Rock zu groß und zu weit war, fuhr die Mohrrübe seitlich in Höhe von Annas Taille vorbei und nahm so dem Spiel die Ernsthaftigkeit.

Blieb der Geisterweg, der dafür sorgte, daß die Legende von der Ermordung des Kurier-Ahnen weder einschlief noch an Wahrscheinlichkeit verlor. Es machte der Familie Spaß, Fremde und Gäste davon zu überzeugen, daß auf Grund des Unrechts, das hier an einem Ahnen begangen worden war, kein Tier den Weg überquerte. Da war nichts zu machen! Und heute, im sozialistischen Polen, wo der Park jedermann als Durchgang von der Dorfstraße zum Schloß dient, heute, nachdem Anna dem Kurier-Ahnen persönlich begegnet ist, geht es ihr mehr denn je um die Überprüfung der alten Geisterkraft.

Was machen Sie da? fragt Jolka neugierig. Immer wieder hat sie gehört, daß die Niemka gekommen sei, um ihr Gold und Silber auszugraben.

Was suchen Sie? Anna hat mittlerweile eine Strecke des ehemaligen Gartenweges freigemacht.

Hast du Angst vor Gespenstern? fragt sie Jolka so selbstverständlich, als handelte es sich dabei um die Furcht vor tollwütigen Hunden oder brütenden Wildschwänen.

Gespenster? Jolka lächelt höflich, die muß ich erst einmal sehen!

Gestern traf ich eines, sagt Anna und erzählt Jolka die Geschichte vom Kurier-Ahnen.

Er stand plötzlich in Julas Küche und winkte mir zu!

Warum?

Jolka reißt die Augen auf, um sie gleich wieder zuzukneifen. Ob Pani Anna sie an der Nase herumführen will?

Warum, wiederholt sie vorsichtig, warum soll so ein feiner Mann als Gespenst in Julas Küche kommen?

Vielleicht, weil ich wieder hier bin! antwortet Anna, ohne den Brief zu erwähnen, der nun auf Veranlassung des Kurier-Ahnen in Julas schwarzem Buch liegt und von dem Anna nicht weiß, wie sie ohne Julas Mitwisserschaft an ihn herankommen soll. Wer garantiert Anna, daß die Alte nicht ihre greisen Hexenfinger mit im Spiel hat?

Sie sagen gar nichts mehr! unterbricht Jolka, die noch eine Menge über den Kurier-Ahnen wissen möchte, vor allem, warum er sich ausgerechnet wegen Pani Anna blicken läßt.

Hier ist er erstochen worden! Anna zeichnet einen Kreis in den von Unkraut überwucherten Weg. Die einen glauben, daß er nicht alle Briefe richtig abgeliefert hatte und deswegen sterben mußte. Die anderen sagten, daß er selbst ein Geliebter der Zarin war und das Opfer eines eifersüchtigen Nebenbuhlers wurde.

Das muß ich Suszko erzählen, flüstert Jolka und starrt auf den Kreis im Sand. Großvater sagt immer, bei Suszko weiß das halbe Dorf eher über die Briefe Bescheid, als der, an den sie geschrieben sind!

Sie tippt in das von Anna gesäuberte Rund.

Genau hier?

Anna nickt.

Woher wissen Sie das? Das kann eigentlich niemand wissen!

Doch, sagt Anna, ich kann es dir beweisen!

Und ohne eine weitere Erklärung beginnt sie Käfer zu suchen. Totengräber, ein Mistkäfer und zwei Schnecken.

Paß auf, wenn wir die jetzt hier loslaufen lassen, wirst du sehen, daß sie alle die Stelle meiden!

Die Köpfe dicht nebeneinander hocken sie beide auf dem Erdboden. Wirklich, es ist wie verhext. Kurz vor der von Anna angezeichneten Stelle wenden sich die Tiere seitlich. Und ein von Jolka in den Kreis gesetzter Käfer bleibt mit aufwärtsgestellten Fühlern bewegungslos, als wäre er in Stein gehauen.

Siehst du, sagt Anna.

Ich glaube es nicht, flüstert Jolka, so etwas kann ich nicht glauben!

Dann hol Fratczaks Hund oder die Katze von der Pawlakowa. Von mir aus auch ein Huhn. Welches Tier du willst, keines wird hier über die Stelle laufen! Nicht einmal ein Pferd bekommst du über den Weg!

Am verrücktesten spielt sich Fratczaks Hund auf. Verschlafen und nur mit Wurst gelockt, trottet er hinter Jolka her. Anna stellt sich abseits, um den Hund nicht abzulenken. Plötzlich bleibt er eine Armlänge vor dem Kreis stehen und macht einen Bogen.

Führ ihn, befiehlt Anna.

Jolka knotet ihren Gürtel um den Hals des Hundes. Es ist nichts zu machen! Die Schnauze aufwärtsgerichtet, krallt er die Pfoten ins Gras, und sein Fell stellt sich vom Nacken bis herunter zum Schwanz in einer schmalen Bahn hoch. Die Lefzen ziehen sich von den Zähnen, und als Jolka nicht mit Zerren aufhört, heult der Hund langgezogen und dünntönig los. Die Katze der Pawlakowa faucht, und Jolka bekommt eine Schramme ab. Zum Lachen sind nur die Hühner. Denen vergeht das Gakkern wie das Weglaufen. Sie bleiben aufgeplustert sitzen, mit knallroten Kämmen und verdrehten Augen, als hätten sie geradewegs in den Rachen eines Fuchses gesehen.

Glaubst du nun an den Kurier-Ahnen? fragt Anna.

Jolka nickt. Meinen Sie, er zeigt sich mir auch einmal? Jetzt, wo ich im Schloß wohne, so wie Sie früher?

Anna lächelt. Am liebsten würde sie Jolka küssen.

Ich weiß es nicht, sagt sie zärtlich, aber du kannst mit dem, was du jetzt weißt, Wetten gewinnen. Das ist doch auch etwas, oder nicht?

Und die Geschichte von dem Kurier-Ahnen, darf ich die dazu erzählen?

Wenn du willst!

Es ist nicht Zofias Art, untertags in die Kirche zu gehen, schon gar nicht während der Arbeitszeit. Deshalb hat sie auch Pani Pawlakowa gegenüber eine Ausrede gebraucht.

Die Ruhe des späten Vormittags liegt über dem Dorf. Die Frauen gehen ihrer Arbeit im Garten und in der Küche nach, die Männer sind auf den Feldern oder bringen die Maschinen für die kommende Ernte in Ordnung. Sensen werden gedengelt, Messer geschärft, Säcke gezählt und die Scheunen gekehrt.

Mit dem Raps, nach der Witterung zu schließen, wird man in Ujazd nächste Woche beginnen können.

Zofia sehnt sich nach der Kirchenstille. Dort will sie ungestört ihre Gedanken ordnen. Vielleicht auch beten, vielleicht! Wenn Jula die Tür verschlossen hat, muß Zofia zu Hochwürden gehen und um den Schlüssel bitten. Das tut sie nicht gern. Hochwürden ist neugierig und steckt seine Nase in aller Leute Angelegenheiten. Weiß der Himmel, ob er nicht auch noch auf die Idee kommen wird, sie nach der Niemka zu fragen.

Mittlerweile ist jedem im Dorf bekannt, wen Anna noch von früher kennt. Trotzdem hat bisher noch niemand Zofia gegenüber eine Bemerkung gemacht, die Ludwik betraf. Das mag auch daran liegen, daß sie mit den Dorfbewohnern wenig zusammenkommt. Wenn man im Kombinat wohnt und arbeitet, ergibt sich das so. Und bei der Pawlakowa ist über Anna nichts herauszubekommen. Hin und wieder eine Bemerkung. Zum Beispiel, daß die Niemka in den letzten Tagen mit einem Tonbandgerät herumläuft und Interviews macht.

Es gibt nichts, was sie nicht wissen will, sagte die Pawlakowa und gab gleichzeitig zu verstehen, daß sie selbst zu keinerlei Auskünften bereit sei. Denn, so erklärte sie, ein Deutscher kann nie eines Polen Bruder sein!

Seit fünfhundert Jahren steht die Kirche im Dorf, aus Feldsteinen gebaut mit einem Dach, das sich vom hohen First bis in Mannshöhe hinunterzieht. Zehntausende kleiner Ziegelchen, die das Haus des Herrn decken. Ein Dach, das beherrscht und in seiner Wuchtigkeit Zuflucht verspricht. Der hölzerne Turm daneben, grau, unansehnlich, mit schiefer Tür ohne Schloß in der Angel, umschließt das Geläut. Wenn Jula zwischen den Ketten hängt, dann biegt sich das Gebälk, kracht und quietscht im Schwung der Glocken, daß Hochwürden nicht umhin kann, den Herrn um das Wunder einer Erneuerung zu bitten.

Erleichtert stellt Zofia fest, die Tür zum Gotteshaus ist offen. Dämmriges Licht. Weihrauchdurchzogene Ruhe. Christus hängt blaßgesichtig am rechtsseitig aufgestellten hölzernen Kreuz. Sein Blick ist gesenkt, sein Leib unterhalb der Rippen aufgestochen. Nur wenig gemaltes Blut. Hände und Füße mit Nägeln durchbohrt, halten den Körper in der bekannten Stellung fest. Nichts, was hier Hoffnung geben könnte.

Über dem Altar die Muttergottes. Sie lächelt mit segnender Hand, das fröhliche Kleinkind auf dem Arm, als ginge sie der erwachsene Sohn, eine Körperlänge von ihr entfernt, überhaupt nichts an. Auf der anderen Seite des Kirchenschiffs hängt der heilige Sebastian mit Stricken gefesselt, von Pfeilen durchbohrt und mit im Schmerzensschrei geöffnetem Mund. Pausbäckige, Trompete blasende Engel umringen ihn. Und unterhalb der Orgel ist auf den alten Fresken eine brodelnde Hölle zu sehen. Teufel neben Teufel geht dort mit Feuer und siedendem Wasser der Menschheit zu Leibe. Rundum Mord und Totschlag, über dem goldgefaßt und allmächtig das Auge des Herrn blickt.

Lieber Gott!

Zofia bleibt stecken. Das so ernsthaft vorgenommene Gebet kommt nicht in Gang, die Anrede stimmt nicht. Stumm sitzt sie in der Bank, und keine Hoffnung zwingt sie in die Knie. Nur mühsam falten sich ihre Hände in alter Gewohnheit. Hier ist keine Hilfe zu erwarten, war nie welche für Zofia zu holen. Schon als Kind nicht. Mutter und Vater, auch die Geschwister waren in der Hölle von Majdanek und Auschwitz verbrannt. Schon damals hatte kein Beten genützt, und trotzdem wollte Zofia ihren guten Glauben nicht aufgeben, kam her, um mit der Bitte für ihr Seelenheil dafür zu sorgen, daß die Niemka wieder abfuhr.

Ihre Gegenwart war Zofia von Tag zu Tag unerträglicher geworden. Ebenso Ludwiks Verschlossenheit, mit der er jedem Versuch eines Gesprächs über Anna begegnete, oder die Fahrigkeit, die ihn überfiel, wenn er sie zufällig traf. Fahrigkeit und Schärfe, abwechselnd mit auserlesener Höflichkeit, das war ungewöhnlich bei ihm. Zofia wurde den Verdacht nicht los, daß Ludwik sich mit Anna traf, heimlich und mit einer Vergangenheit beschäftigt, in der Zofia nichts zu suchen hatte.

Eine wachsende Unsicherheit bemächtigte sich ihrer. Daß sie kein Kind von Ludwik hatte, vergrößerte ihre Unfähigkeit, die richtigen Schlüsse zu ziehen. So hatte sie mit der Zeit einen Haß entwickelt, der Anna für alle Unstimmigkeiten zwischen Zofia und Ludwik verantwortlich machte. Sie sollte möglichst auf dem schnellsten Weg verschwinden, diese Niemka.

Noch einmal: Lieber Gott!

Stechendes Licht zerreißt die Dämmerung. Ein Schrei von Zofia. Beinah hätte es sie auf die Knie geworfen. Mit geschlossenen Augen kann sie nicht anders, als einen Augenblick lang an einen göttlichen Wink zu glauben. Es fehlt bloß noch die Stimme, die von oben zu ihr sprechen wird.

Durch den Schrei vom anderen Ende des Kirchenschiffes erschreckt, fährt Anna herum. Zofias aufgelöstes Gesicht, mit geschlossenen Augen, ist ihr zugewandt. Die Hände voller Innigkeit ineinandergebogen, gibt sie ein sehr schönes Bild ab. Entschuldigung, flüstert Anna, ich wollte Sie nicht erschrecken! Es tut mir leid!

Zofias Gesichtsausdruck verändert sich wie unter einem gezielten Hieb, und eine Röte fährt ihr bis unter die Haarwurzeln, so daß Anna die Situation noch peinlicher wird. Sie hatte Zofia in die Kirche kommen und auf der letzten Bankreihe Platz nehmen sehen. Und weil Anna nicht stören wollte, hatte sie eine Weile hinter dem Kanzelsockel gewartet. Erst nachdem ihrer Meinung nach Zofia mit ihrem Gebet fertig war, drückte Anna auf den Auslöser der Kamera.

Das steinerne Grabmal des Kurier-Ahnen flammte im Blitzlicht auf. Für den Bruchteil einer Sekunde sah sie den in Stein gehauenen Totenkopf, Inschrift, Name und Datum. Dann verfiel alles wieder im dämmrigen Kirchenlicht. Zugleich Zofias Schrei!

Eine schreckliche Scham stopft Zofia die Kehle zu. Am liebsten würde sie weglaufen und das Gebet wie den Schrei ungeschehen machen. Die Niemka ist mit ihrem Fotoapparat Zeuge, steht da, freundlich und höflich, sogar mit einer Entschuldigung auf den Lippen.

Zofia wünscht sich, aufstehen, ebenfalls eine Höflichkeit sagen und alles mit einer Nichtigkeit erklären zu können. Aber nichts da! Sie bleibt weiterhin vollkommen steif sitzen. Gerade daß sie die Hände auseinander bekommt und sie, wie als Kind, gehorsam vor sich auf die Bank legt.

Auch Zofias Frage ist nicht beabsichtigt. Geradezu vorwitzig springen ihr die Worte aus dem Mund.

Was haben Sie da fotografiert?

Die Niemka stellt spontanes Mitleid zur Schau. Sie lächelt, und, wie Zofia findet, lächelt sie falsch und über die Maßen eingebildet.

Das macht die Sache einerseits schlimmer, andererseits findet Zofia dadurch endlich die Kraft aufzustehen.

Anna, die Zofia im ersten Augenblick damit beruhigen wollte, daß es nicht ihre Art sei, Leute beim Gebet zu fotografieren, ist für Zofias entschlossenes Aufstehen dankbar.

Sehen Sie, sagt Anna und legt Zofia eine Hand auf die Schulter, während die andere auf das Grabmal des Kurier-Ahnen zeigt, das ist einer meiner Vorfahren! Die daneben auch!

Unmöglich, sich gegen diese lässige Bestimmtheit zu wehren. Zofia, immer noch mit Annas Hand auf der Schulter, läßt sich durch den Mittelgang schieben.

Sehen Sie, hier kann man auf den Grabinschriften nachlesen, daß die Besitzer von Ujazd die Kirche dem heiligen Nikolaus geweiht hatten. Unter dem König Sigismund wurde sie evangelisch und im Jahre 1701 wieder der katholischen Kirche unterstellt. Seither ist sie dem heiligen Sebastian geweiht. Kein Mensch weiß warum! Anna redet, als gebe es für Zofia nichts Interessanteres als die Kirchengeschichte von Ujazd. Die beharrliche Stimme mit dem schweren deutschen Akzent füllt das ganze Kirchenschiff, setzt sich in Zofias Ohr fest und hinterläßt dort einen Schmerz unbekannter Art. Nichts, was diesen Fremdenführerredefluß anhält. Selbst der Kelch des Allerheiligsten, aus dem Hochwürden an die hundertmal das in Wein verwandelte Blut Jesu genippt hatte, selbst der ist eine Spende dieser hier begrabenen Vorfahren der Niemka.

Sie waren bis ins 18. Jahrhundert Polen. Ujazd wurde erst

1773 deutsch. Ehrlich gesagt, so genau habe ich das früher auch nicht gewußt...

Wieder ein Lächeln. Diese Niemka konnte allem Anschein nach gar nicht damit aufhören. Alles hielt sie für lächelnswert!

Entschuldigen Sie, Zofia bemüht sich nicht sonderlich um Freundlichkeit, ihre Stimme ist abweisend, entschuldigen Sie, aber mich interessiert das nicht!

Aber es gehört zu der Geschichte von Ujazd!

Am liebsten hätte Zofia geantwortet, daß es für sie eine wichtigere Geschichte von Ujazd gibt. Nämlich, daß Ludwik hier verhaftet und im Lager so zusammengeschlagen wurde, daß sie nie mehr Kinder von ihm empfangen wird.

Sie bleibt neben der Niemka stehen und schweigt sie an, die Stille der Kirche hinter sich.

Warum lehnen Sie mich ab? fragt Anna plötzlich leise, Sie kennen mich doch gar nicht!

Es sieht so aus, als erwarte Anna keine Antwort. Sie packt das Stativ zusammen und steckt den Apparat zurück in das Lederetui. Kleine und ungewöhnliche Geräusche innerhalb einer Kirche. Sie sind Deutsche, sagt Zofia langsam und mit Überlegung, nun ihrerseits ein Lächeln in den Mundrändern, meine Erfahrungen mit Deutschen sind nicht gut!

Annas Kamera ist verpackt. Zofias Gebet unterbrochen. Kein Grund mehr für beide, in der Kirche zu bleiben. Zofia hält Anna die Tür auf: Proszę Pani!

Die Andeutung einer Verbeugung, obwohl es mehr ein Nicken des Kopfes ist, oder auch nur ein Senken der Augenlider, vielleicht gar nichts? Anna weiß mit diesen stillen Gesten umzugehen. Dafür hat sie in ihrer Jugend einen Blick bekommen, den Blick für unantastbare Verachtung.

Darauf war sie hereingefallen. Zofia hatte ihr mit einem zwiespältigen Bitteschön die Türe geöffnet, Anna war hindurchmarschiert, selbstverständlich und wie in alten Zeiten ohne einen Dank.

Wer hat nun wen übers Ohr gehauen?

Dumpfe Mittagshitze, die ihnen entgegenschlägt, die Haut einhüllt und Anna wie Zofia angenehm ist. Gackernde Hühner auf den Gräbern. Hochwürdens Hühner, die ein Loch im

Zaun gefunden haben und jetzt um die Grabsteine herum im Schatten der Kastanien scharren. Schscht... schscht... Zofia scheucht das Viehzeug zurück, ohne daß Anna dazu kommt, ihr zu helfen.

Plötzlich liegt wieder Annas Hand auf Zofias Schulter. Nicht so leicht wie vorhin. Nein, griffiger.

Ich habe es satt, sagt Anna und dreht mit einer einzigen Handbewegung Zofia zu sich herum. Ich habe es satt, für alles verantwortlich gemacht zu werden, was Deutsche im Krieg mit Polen gemacht haben!

Zu laut, viel zu laut sagt das Anna in die Friedhofsruhe. Sogar das Gackern der Hühner auf den Grabstätten ist verstummt. Theatralisch bleibt das Gesagte zwischen den Frauen hängen und veranlaßt Zofia, um so leiser zu antworten.

Nicht für alles!

Für was?

Gut, die Frage ist gut. Zofia hat kaum damit gerechnet und der Niemka nicht soviel Mut zugetraut. Aber jetzt ist sie gestellt und macht die zugestopfte Kehle frei.

Ludwik!

Zu spät! Anna hätte sich nicht mit Zofia auf ein solches Gespräch einlassen dürfen. Die Eifersucht springt dieser Frau ebenso schnell von der Zunge wie aus den Augen. Weiß der Himmel, was ihr Ludwik erzählt hat, was Staszak oder die Pawlakowa.

Andeutungen, Gerüchte! Soll sie also loslegen, die kleine polnische Gans, zu schnattern und zu zischen beginnen, es wird Anna nichts ausmachen, gar nichts!

Von weitem wirkt ihr Gehabe wie das von Freundinnen. Schritt für Schritt gehen sie langsam nebeneinander den Kirchhofweg entlang. Die Bewegungen, mit denen sie ihre Füße voreinander setzen, die Pfarrmagd grüßen oder plötzlich stehenbleiben, drücken Gemeinsamkeit aus.

Kopfschüttelnd sieht ihnen Hochwürden aus seinem Arbeitszimmer nach und gesteht sich ohne Umstände ein, daß er neugierig ist. Also klappt er seine Lektüre zu, kein Brevier, sondern eine Fachzeitschrift für Briefmarken, und begibt sich hinaus auf den Hof. Die Hühner haben sich mal wieder auf dem Friedhof zu schaffen gemacht, plärrt ihm die schwerhörige Pfarrmagd entgegen.

Schon gut, schon gut! Hochwürden hebt beschwichtigend beide Hände und macht sich, für einen Pfarrherrn ungewöhnlich geschickt, daran, das Loch im Zaun zu flicken.

Wieso kennen sich die beiden? fragt er die Magd. Und muß die Frage wiederholen.

Ich weiß es nicht, antwortet die Magd, was geht mich das an!

Zofia spricht schnell. Sie hat alles parat, was ihrer Meinung nach zu sagen ist. Nicht ein Wort, nach dem sie suchen müßte. Keine Frage, die Anna stellen könnte. Mit ihrer Kamera bepackt, läuft sie neben Zofia her, unfähig, eine Unterbrechung herbeizuführen. Zofia ist gründlich und läßt nichts aus.

Bis zu der Zeit seiner Verhaftung, so hatte sie begonnen, wissen Sie ja wohl am besten, wie es ihm gegangen ist!

Mit einem Grashalm zwischen den Zähnen nickt Anna ein amüsiertes Ja, nicht bereit, sich von Zofia an die Wand spielen zu lassen. Aber dann nimmt die Erzählung eine Wendung, die in der Art des Berichtes, wie durch die Tatsache selbst, ihre Wirkung auf Anna nicht verfehlt. Für Zofia geht die Rechnung auf.

In kurzen, abgehackten Sätzen eröffnet sie Anna das Bild eines Lagers, wie es Ludwik erlebte. Dabei spricht sie beispielsweise nur von Schlägen, nicht von brutalen, unmenschlichen Schlägen, vom Hunger, nicht von rasendem Hunger, von Verhören, nicht von Verhören unter Folterung, und sie spricht Wörter wie »Tod« und »sterben« ohne Hinzufügung eines Adjektivs aus. Alles bleibt karge Tatsache: Prügel, Schmerz, Ohnmacht, Tod. Wer überstand, hatte gewonnen. Zofias Eltern und Geschwister hatten zum Beispiel nicht gewonnen, die hatte man allesamt in die Gaskammern geschickt.

Ludwik hingegen hatte in gewisser Weise gewonnen, weil er am Leben geblieben ist. Zofia bleibt stehen. Sie will wissen, wie diese Frau aussieht, wenn sie von Ludwiks Schicksal erfährt, von seinem Leid, für das Zofia Anna verantwortlich macht. Weil er ein Stockpole war, weil er Leuten zur Flucht verhalf, haben sie ihn im Lager zum Krüppel geschlagen.

Zum Krüppel? fragt Anna und wappnet sich innerlich gegen die zu erwartende Übertreibung, denn wie ein Krüppel sieht Ludwik nicht aus.

Sie haben ihn wie einen Sack über einen Holzbalken gebunden und dann mit verschiedenen Gegenständen auf ihn eingeschlagen. Sein Rücken bis herunter zu den Oberschenkeln war zerfetzt. Wochenlang konnte er nur auf dem Bauch liegen. Nach dem Krieg stellte man in einer Klinik fest, daß er nie Kinder haben würde. Sie haben ihn im Lager zeugungsunfähig geschlagen!

Die Augen der Niemka werden groß. Der Grashalm fällt ihr aus dem Mund. Kein Lächeln mehr. Sie murmelt etwas auf deutsch, was Zofia nicht versteht. Zum erstenmal findet Zofia, daß sie alt aussieht. Mit Befriedigung stellt sie in Annas Kinnpartie ein Zittern fest. Es wächst herauf in die Unterlippe, wo es die Zähne endlich unter Kontrolle bekommen. Das kostet Anna über die Maßen viel Anstrengung. Noch mehr Anstrengung kostet sie aber das, was sie jetzt sagt: Und Sie, Sie meinen, daß ich die Schuld trage, nicht wahr?

Schuld!

Mehr Ausruf als Frage. Zofia hebt Arme und Schultern, weder zu einem Ja noch zu einem Nein bereit. Ein Urteil steht ihr nicht zu, sagt sie, aber es wäre ihr lieber, wenn Anna sie danach nicht fragen würde.

Und warum haben Sie es mir dann erzählt?

Weil Sie zurückgekommen sind! Deshalb!

Ich bin nicht zurückgekommen, verstehen Sie das doch, ich bin hierhergekommen, aber nicht zurück, das ist ein Unterschied! Die Luft dringt beim Sprechen dick und warm in den Mund. Alles heiß, klebrig. Kein Wort ist mehr zurückzunehmen, jedes weitere kann das Mißverständnis nur verschlimmern.

Ich will nicht mehr reden, sagt Anna, fragen Sie Ludwik nach der Schuld, die ich Ihrer Meinung nach habe!

Zofia bemüht sich um Gleichmut. Sie weiß genau, daß Ludwik nicht mit ihr über Anna spricht, und erführe er, was sich hier zwischen ihr und der Niemka abgespielt hat, gäbe es einen Bruch, der nicht wiedergutzumachen wäre. Unbehagen steigt in ihr hoch. Jetzt muß sie sehen, wie sie aus der Sache wieder herauskommt, die sie sich eingebrockt hat.

Also fährt Zofia in ihrem Bericht über Ludwik fort, ohne daß Anna danach gefragt hätte. Zofia weiß nicht einmal, ob ihr die Niemka zuhört.

Wieder gehen sie dicht nebeneinander und sind jetzt schon kurz vor dem Kiosk und in der Nähe der Bank, auf der Jula zu sitzen pflegt. Eigentlich hätte Anna jetzt eine andere Richtung einschlagen können. Aber nein, sie trottet nach wie vor neben Zofia her, als könnte sie sich nicht von ihr trennen.

Bruchstücke von dem, was Zofia sagt, bleiben in ihrem Gedächtnis hängen. Alles klingt über die Maßen vorteilhaft. In Lublin hatte Ludwik die Akademie für Landwirtschaft besucht und später, bei einer Reise nach Westpolen, Pani Pawlakowa getroffen. Die setzte sich für ihn ein, und so hatte er seine Laufbahn im Kombinat Ujazd begonnen und es dann auf Grund seiner Tüchtigkeit bis zum stellvertretenden Direktor gebracht.

Ada grüßt aus dem Kiosk. Wen? Anna weiß es nicht. Hingegen gilt Kirkors Winken eindeutig ihr. Er ruft etwas von einer neuen Wodkasendung, die er hereinbekommen habe und die eine Probe wert sei.

Ich muß ins Büro, sagt Zofia unvermittelt. Keine der Frauen weiß, wie sie sich von der anderen verabschieden soll. Sie stehen sich Augenblicke gegenüber, wehrlos, müde und von dem Wunsch erfüllt, einander nie begegnet zu sein.

Kirkors Wodka ist nicht von besonderer Qualität. Aber das ist Anna gleichgültig. Obwohl es verboten ist, hat er ihr ein großes Glas über die Ladentheke geschoben.

Was niemand weiß, macht keinen heiß, sagt er und nimmt seinerseits einen kräftigen Schluck. Als die Fedeczkowa den Laden betritt, um frische Mettwurst zu holen, versteckt Kirkor Annas Glas hinter dem Käsekasten.

Die Fedeczkowa kauft noch mehr. Anna hört nicht hin. Der Wodka vergrößert die Bilder ihrer Phantasie. Wenn die Fedeczkowa aus dem Laden ist, wird sie noch einen trinken. Nur die Augen darf Anna nicht schließen, und heute nacht wird sie nicht schlafen.

Was hat Zofia gesagt? Ludwiks Rücken sei bis herunter zu den Oberschenkeln zerfetzt gewesen!

Die Fedeczkowa verläßt den Laden. Kirkor holt das Glas

hinter dem Käsekasten hervor und reicht es ihr über die Theke. Nazdrowie, Pani Anna!

Schweine. Wohin das Auge blickt, Schweine. Rosaborstig liegt Leib neben Leib, auf der einen Seite sonnenwarm, auf der anderen erdkühl, im sommerlich ausgetrockneten Schlamm, regungslos. Fliegen an den haarlosen Bäuchen zwischen den Zitzen und in den Winkeln der Augen. Über allem der dicklich sanfte Geruch von Schweinejauche. Ein Tag des Friedens vor dem Abtransport in die Schlachthöfe. Über dem blitzblauen Himmel jagen Schwalben nach Insekten. Gezirpe der Jungen in den trichterförmigen Nestern entlang der Stallwand. Breitschwänzig, ohne anzustoßen, segeln die Vögel mit dem Futter im Schnabel durch die Fenster. In den Ställen die gleiche Ruhe, hin und wieder ein Quieken zwischen grunzendem Stöhnen. Die starken Ferkel tun sich am Gesäuge der Säue leichter als die schwachen. Die kommen nicht durch, verrecken ohne Eingreifen des Schweinemeisters und landen auf dem Misthaufen. Aus mickrigen Ferkeln werden weder gute Mastschweine noch passable Zuchttiere.

Jadwiga betritt den Stall. Da gibt es kein Mucken, kein erschrecktes Herumrasen, höchstens ein bellendes Grunzen, mit dem eines der eintausend Tiere beginnt. Dann pflanzt sich das Grunzen fort und wird zur aufmüpfig quiekenden Unruhe. Jadwiga beginnt mit der Arbeit.

In ihren zu großen Gummistiefeln schlurft sie am Gestänge der Außengehege entlang. Sie ist vom Dorf gekommen, von zu Hause, von Fratczak, Martha und den Kindern.

Wir wollen mit, betteln die Kinder Tag um Tag und hängen an Jadwigas Schürze oder mogeln sich hinter ihr her bis zu den Ställen. Während Jadwiga in der Futterküche ihrer Tätigkeit nachgeht, die Kartoffeln mit dem Kraftfutter mischt und die Milch mit der Kleie, machen sich Marthas Kinder ans Werk. Sie schleichen sich an die Kojen und schlagen mit Stökken gegen das Gestänge, um Leben in die Bude zu kriegen. Mit zwei, drei Sprüngen sind die Tiere dann draußen, jagen durch die Laufklappen, stoßen mit rundschnäuzigen Nüstern die Holzlatte hoch, zwängen sich durch, um der vermeintlichen Gefahr zu entgehen. Draußen aber steht der Pulk der Staszakschen Kinder, der gegen das Außengehege schlägt und dadurch die Tiere wieder zurückjagt. Ein lustiges, aufmöbelndes Spiel, welches auch die letzte Sau auf die Beine bringt.

Jadwiga hat das nicht gern. Sie liebt ihre Schweine und mag ihnen vor der Zeit keine Furcht einflößen. Ihr leiser schlurfender Schritt, ihre Worte, unverständlich und kosend, ihre Hand, die ohne Lärm die Futterklappen hochstellt, ihr beruhigendes Lachen kommt ohne die Kinder besser zur Wirkung.

Ohne mich, so flüstert Jadwiga ein um das andere Mal, während sie die Futtereimer durch die schmalen Gänge schleppt, ohne mich wärt ihr nur halb so fett!

Die Tröge füllen sich, und Jadwigas gute Worte gehen im Geschmatz der Tiere unter. Morgen müßt ihr dranglauben, morgen gehts ab in den Schlachthof!

Die Ställe sind von Westen nach Osten gebaut, die Gehege nach Süden hin. An der Vorderfront des Mittelstalles steht unter Umgehung einer Vorschrift der staatlichen Schweinezucht ein Plüschsofa.

Rundlehnig, blumig gemustert, mit hängenden Sprungfedern, aber intakten Lehnen, dient es Jadwiga zum Schlaf. Hin und wieder benützt es auch der Schweinemeister, bis er seine Flasche Bier ausgetrunken hat. Jadwiga hingegen verbringt nach getaner Arbeit längere Zeit auf dem Sofa. Dann hört sie dem Fressen der Tiere zu, denkt an den Speck, den sie ansetzen und an den Tod, den sie dessentwegen sterben. Sie horcht dem stampfenden Wühlen der Eber nach, die sich Tag für Tag schnaubend in ihren Schlammlachen suhlen, weit weg von der Gefahr, verwurstet zu werden.

Die Gummistiefel von den Füßen gestreift, die Beine auf dem abgewetzten Plüsch, liegt Jadwiga zwischen eintausend kombinatseigenen schmatzenden Schweinen auf einem Sofa.

Um die Zeit, die Sofazeit, kommt kein Mensch in die Ställe. Das ist die Stunde von Jadwigas rückwärtsgerichteten Träumen. Wobei es ihr zugute gehalten werden muß, daß sie sich besser an Angenehmes als an Unangenehmes erinnert.

Weder Fratczak noch Martha, nicht einmal die Deutschen, unter denen sie zur Zwangsarbeit verpflichtet wurde, kommen besonders schlecht weg. Über dem Verlust der Liebe hat Jadwiga das Hassen verlernt. Sie wehrt sich nicht mehr gegen den Alltag, es sei denn, sie träumt auf dem Sofa.

Dann kann es schon hin und wieder passieren, daß die Welt unwirklich wird, wie Jadwiga wohl weiß, aber schön. Das Schicksal rückt in eine Gerechtigkeit, die gut und gottesfürchtig zugleich ist. Passiert es aber, daß Fratczak in ihrer Nähe auftaucht, gar auf dem Plüschsofa Platz nehmen will, um sich in der Abendsonne zu wärmen, wird Jadwiga böse. Giftig und voller Grimm weist sie ihn aus dem Gelände, und einmal verlangte sie gar, daß er sich im Büro Stiefel und Kittel holen sollte, um nicht Krankheit und Tod einzuschleppen. Das war natürlich Unsinn, aber Fratczak betrat von dem Tag an die Ställe erst, wenn Jadwiga vom Kombinatshof verschwunden war. Dann allerdings konnte es sein, daß er mit seinem Stock aufs Gestänge der Kojen klopfte, um an der Nervosität der Tiere deren Gesundheit zu überprüfen, wie er es Anna seinerzeit vorgeführt hatte.

Jadwigas Sofazeit hat längst begonnen. Das Schmatzen der Tiere schirmt sie von der Außenwelt ab. Die Träume von der ausgleichenden Gerechtigkeit, so wie sie sich Jadwiga vorstellt, fangen mit der Hochzeit an, mit der Liebe zu Fratczak. Ein schöner Mann war der früher, und auf dem Tanzboden von Nowawieś der begehrteste Tänzer. Hoch hinaus wollte er, ein reicher Bauer werden, mit eigenen Zuchtstuten, Milchleistungskühen und einem Stall voller Schweine. Aber Fratczak war nur ein Landarbeiter, und wenn er sich auch wie viele Polen zwischen den Kriegen mit Schmuggeln Geld verdiente, so reichte es nie im Leben zu einem eigenen Hof.

Nacht für Nacht betrieb er in den Sümpfen von Gola seinen Pferdehandel, während sich die Grenze in Zawada besser für Schweinfleisch eignete und in Ujazd das Geschäft mit Mohn außerordentlich gut lief. Die Zöllner hatten Einsehen und machten bei Fratczak ein Auge zu.

Als er mit der Zeit begriff, daß sein Verdienst an den geschmuggelten Pferden, dem Schweinefleisch, der Butter und den Hühnern für den Erwerb eines Hofes nicht ausreichte, sah er sich unter den Bauerntöchtern von Nowawieś und Umgegend um.

Aber auch hier hatte sich Fratczak falsche Chancen ausgemalt. Einen Landarbeiter wollte kein Bauer im Dorf zum Erben, keine Bauerntochter zum Mann. Es stand schlecht um den pfiffigen Fratczak, da nützte alles Tanzen nichts, nicht der Ruf, der mutigste Schmuggler zu sein, und nicht die Tatsache, daß die Bauern ohne Fratczak nur die Hälfte ihrer Ware ins Reich absetzen würden. Er war und blieb ein Dworus!

Nur Jadwiga sah das anders. Fratczak gefiel ihr, und je mehr er sich um die Gunst der Mädchen von Nowawieś bemühte, um so mehr wartete sie darauf, daß er auch ihr den Hof machen würde. Obwohl sie die letzte war, um die er sich bemühte, sagte sie auf der Stelle ja.

Was du nicht vor der Hütte hast, sagte Fratczak und fuhr ihr flink über die zu flach geratene Brust, das hat dein Vater hinterm Haus! Das kränkte Jadwiga nicht, denn sie war sich keiner eigenen Vorzüge bewußt.

Sie hatte sich im Lauf ihres Lebens daran gewöhnt, stets die letzte zu sein. Als Kind in der Schule, später beim Tanz und, wie die anderen im Dorf tuschelten, auch bei der Verteilung der Schönheit hatte sie nicht zu den ersten gehört. Da war es nicht weiter verwunderlich, wenn sie auch zu den letzten gehörte, die ein Mann zu seiner Frau machen wollte.

Allein, der Vater machte einen Strich durch die Rechnung. Er wollte seine Tochter keinem Dworus zur Frau geben. Fratczak kam für den Alten als Erbe des Hofes nicht in Frage, auch wenn Jadwiga ein Mauerblümchen war, klein und häßlich, und es ganz so aussah, als wollte sich kein anderer Freier einstellen.

Aber der Vater hatte weder mit Jadwigas Eigensinn gerechnet noch mit Fratczaks Beharrlichkeit. Die beiden hielten wie Pech und Schwefel zusammen, und als Jadwiga dem Vater drohte, ihn zu verlassen, um wie Fratczak auf dem Gut in Lohn zu gehen, gab er nach, machte aber das Erbe von der Geburt eines Sohnes abhängig.

Daran sollte es nicht liegen, wenns nach ihm ging, hatte Fratczak den künftigen Schwiegervater beruhigt, und seine

Hand war dabei Jadwiga hinterrücks zwischen Rock und Bluse gefahren, so kräftig und vielversprechend, daß sich ein kleiner Schrei nicht vermeiden ließ.

Das hatte ihr Angst gemacht, und sie sprach mit Hochwürden im Beichtstuhl darüber. Kurz und stockend erwähnte sie dabei auch Fratczaks Hand und bat um Rat, wie sie dem Angstgefühl am besten zu Leibe rücken könnte. Hatte sie sich falsch ausgedrückt oder war es die Frage als solche, die Hochwürden verstummen und wohl auch etwas aus der Fassung geraten ließ? Es dauerte lange, bis aus dem stoffverspannten Rund des hölzernen Beichtstuhles eine Antwort kam.

Sprich mir nach, meine Tochter, hieß die Antwort, und Jadwiga sprach nach:

Im Gefühl meiner Verschuldung und in Reue über meine vielen Versündigungen beuge ich mich mit meinem Priester nieder, klopfe an meine Brust und bekenne in Bitterkeit meines Herzens vor Dir, o Gott, und vor dem ganzen Himmel, daß ich gesündigt habe in Gedanken und Worten. Es ist dies meine Schuld – meine größte Schuld . . .!

Danach war die Angst geblieben. Jadwiga bekam kein Kind, und damit blieb die Aussicht, den Hof zu bewirtschaften, in Frage gestellt.

Hin und wieder denkt Jadwiga zur Sofazeit an Fratczaks damalige Bemühungen, mit ihr ein Kind zu zeugen.

Da war die Hochzeit. Schon im Brautkleid hatte sie die Angst beschlichen, von der Hochwürden als einziger wußte. Diese lächerliche, nicht zu beschreibende Angst, die außer ihr allem Anschein nach kein Mädchen kannte und die Jadwiga nur in den Augen einer zum ersten Mal besprungenen Kuh, einer jungen Sau oder einer Stute wiederzufinden glaubte.

Zitternd, mit hervorquellenden Augen ließen sie sich begatten, eingepfercht in Holzkojen und an den Köpfen festgehalten. Den Stuten wurde der Schweif beiseite gezogen, und man verhinderte sorgsam ein Auskeilen, um dem Deckhengst die Gelegenheit zu geben, in der gewünschten Eile aufzusteigen. Sein Glied, rosa und riesenhaft, fuhr mit gewohntem Schwung in den bis dahin noch unberührten Leib des Tieres, fuhrwerkte darin herum, bis nach Meinung des Hengsthalters und des Stutenbesitzers der Samen abgegangen war. Die Tiere wurden getrennt, und man goß der Stute einen Eimer kaltes Wasser zwischen die Hinterbeine. Erschrocken klemmte das Tier den Schwanz über die Scheide, und damit war die Befruchtung gesichert.

Bis auf den Eimer mit kaltem Wasser kam sich Jadwiga in der Nacht nach der Hochzeit nicht anders vor.

Fratczak fiel ohne Zärtlichkeit über sie her, schob ihr das Hemd hoch und die Beine auseinander. Sein Glied, das aufrecht unterhalb seines Nachtkittels hervorragte, hatte für Jadwiga eine schlimme Ähnlichkeit mit dem eines Bullen, eines Ebers oder dem eines Hengstes. Rosa und riesenhaft, natürlich nicht so groß. Aber groß genug, um ihr weh zu tun.

Als Fratczak in sie hineinfuhr, schrie sie unwillkürlich auf. Fratczak schien das zu gefallen. Er wollte sogar wissen, ob es richtig schmerzte, denn so müßte es sein! Später wurde das besser!

Und er schob sich in ihr auf und ab, schnell wie ein Hund. Er rollte über sie hinweg, stampfte und zuckte, verlagerte sich, um Luft zu holen und kletterte abermals auf sie hinauf. Er faßte sie unterhalb der Kniekehlen und drückte ihr die Schenkel hoch. Als sie festgenagelt in seinem Griff, unbeweglich wie die Stuten in den Deckboxen, dalag, ging es erst richtig los. Fratczak hieb sein Glied in sie hinein. Es klatschte und glitschte, schnell und immer schneller. Sein Stöhnen war viel lauter als Jadwigas Wimmern, und deshalb hörte er wohl auch nicht damit auf, bis es soweit war. Jadwiga dachte, sie würde bersten, auseinanderbrechen, von Fratczak aufgespießt und mit seinem Samen, der jetzt endlich in sie hineinschoß, wie ein Regenfaß aufgefüllt.

Das war es also!

Schwitzend und außer Atem fiel Fratczak von ihr herunter zur Seite. Jadwiga beschlich der schreckliche Gedanke, nun ein Ferkel, ein Kalb oder ein Fohlen unter dem Herzen zu tragen. Und dabei blieb es. Fratczak wurde immer rabiater und mühte sich zwei- bis dreimal in der Woche auf ihr ab, um ein Kind zu zeugen, während Jadwiga, trotz aller auferlegten Gebete und Vorsätze, die Vorstellung nicht loswurde, ein Tier gebären zu müssen. Nach einem Jahr war Jadwiga noch immer nicht schwanger, und Fratczak blieb auf dem Gutshof von Nowawieś der Dworus, der er war. Der Schwiegervater zeigte sich unerbittlich, erst der Sohn, dann der Hof! sagte er und ließ den Schwiegersohn unüberhörbaren Spott fühlen.

Jadwiga versuchte, ihre Unfruchtbarkeit mit Fügsamkeit, vor allem aber mit außerordentlicher Demut wettzumachen, so daß sie Fratczak mit der Zeit näherrückte und sie sich aneinander gewöhnten. Bevor Jadwiga dazu kommt, sich dem zweiten Kapitel ihres Lebens zuzuwenden, nämlich der Kriegszeit, breitet sich im Stall Unruhe aus. Das gewohnte Schmatzen der Tiere wird durch erschrecktes Grunzen unterbrochen. Ein Fremder! Jadwigas Füße gleiten in die Gummistiefel. Sie läßt sich nicht gern auf dem Sofa beim Träumen erwischen.

Dzień dobry!

Es ist die Niemka. Mit der hat Jadwiga am wenigsten gerechnet. Sie befürchtet Fragen. Fragen, warum sie hier neben dem Schweinestall auf dem Sofa liegt und träumt.

Sie haben keinen Kittel und keine Gummistiefel an! protestiert Jadwiga, um sich Anna vom Halse zu schaffen.

Nein, das hab ich nicht. Ich will auch nicht in die Ställe, ich wollte Sie besuchen!

Mich?

Jadwiga sieht staunend zu, wie Anna sich auf das Sofa setzt, als wäre sie in einer Wohnstube.

Ihr Mann hat mir von Ihnen erzählt, sagt Anna. Die Tiere haben sich wieder beruhigt und legen sich zum Schlafen zurecht. Nicht ein Windzug hebt den schweren Geruch nach Jauche und Schweinemist weg. Eine einzige Dunstglocke, in deren Mitte sie sitzen. Was wird Fratczak erzählt haben? Jadwiga weiß, daß ihm die Niemka hin und wieder nachts einen Wodka in den Kuhstall bringt und sie gemeinsam einen trinken.

Jadwigas ängstliches Schweigen macht Anna nichts aus. Sie hat Zeit, und unterm freien Himmel ist nichts da, was drängt. Sie hatte sich den einen oder anderen Anfang zurechtgelegt, um diese Frau zu veranlassen, ihre Geschichte zu erzählen. Aber gegen alle Erwartungen wollte nichts passen, keine einzige Frage.

Jadwiga sitzt neben ihr, die Füße in den zu großen Gummistiefeln, jeden Augenblick bereit davonzulaufen.

Das schweigende Gesicht ist Anna zugewandt, als hinge jede weitere Bewegung von deren Befehl ab. Anna fallen Fratczaks Worte ein: Schön war sie nicht, aber Augen hatte sie, rund und dunkel wie die einer jungen Kuh.

Nun, dunkel sind sie, aber nicht mehr rund. Sie liegen tief im Schädel, mit dünnhäutigen, bläulich schimmernden Lidern. Der Mund, zu groß, reißt das leicht fleckige Gesicht auseinander und lächelt selten. Das sieht man. Überhaupt ist es Unbeweglichkeit, die Jadwigas Gesichtsausdruck beherrscht.

Sie kamen später als die anderen von der Zwangsdeportation nach Hause zurück, nicht wahr? fragt Anna.

Ich war die letzte. Jadwiga schließt sofort wieder den Mund, als gäbe es nichts weiter Erwähnenswertes darüber zu sagen. Anna weiß nicht warum, aber sie flüstert die nächste Frage. Unwillkürlich legt sich ihre Hand auf Jadwigas Arm.

Was hat Fratczak gesagt, als Sie vor der Tür standen?

Und weil aus Jadwiga keine Antwort herauskommt, sie sich lediglich Annas mitleidiger Geste entzieht, fügt Anna eine Entschuldigung an. Sie will, sagt sie, nicht taktlos sein!

Taktlos? Jadwiga kann damit nichts anfangen. Eher sieht es aus, als wenn ihr die Entschuldigung der Niemka nicht ganz geheuer vorkäme.

Nichts, sagt Jadwiga endlich, nichts hat er gesagt! Er war nämlich nicht da!

Und Martha?

Martha war zu Hause, mit dem zweiten Kind im neunten Monat schwanger!

Und?

Ich bin wieder gegangen. Sollte ich der Frau den Mann nehmen? Den Kindern den Vater?

Jadwiga schweigt sich aus über Marthas Schreck, über deren Gezeter und die Drohungen am Schluß. Sie schweigt über die Stunde, in der sie auf den Gleisen westlich von Zawada gelegen und den lieben Gott um einen Zug gebeten hatte, der ihr den Kopf vom Leib trennen sollte, nicht ahnend, daß diese Strecke seit Kriegsende nicht mehr befahren wurde. Und Jadwiga sagt auch nichts über Fratczaks Tränen, wie er zum ersten Mal in ihren mageren Armen weinte, als er sie bat, am

Leben und bei ihm zu bleiben. Um seinetwillen, der Kinder und der unschuldigen Martha wegen. Das alles sagt Jadwiga nicht.

Aber Sie sind wiedergekommen?

Jadwiga steht auf. Im ersten Augenblick glaubt Anna, daß die Frage unbeantwortet bleibt. Stumpf schlurfen Jadwigas Gummistiefel über den Erdboden.

Ja, ich bin zurückgekommen, sagt Jadwiga mit einer kleinen Genugtuung in der Stimme, Fratczak wollte es!

Gegen Jadwigas ausgemergelte, ewig in Gummistiefeln daherschlurfende und nach Schweinestall riechende Erscheinung wirkt Martha in der blumigen Kittelschürze proper. Dick ist sie mit ihrem ausladenden Hinterteil, dem mächtigen Busen und den fleischig gemütlichen Armen, in denen das jüngste von Fratczaks Kindern hängt. Ein Nachkömmling, wie Martha sagt, mit dem niemand gerechnet hat, der aber nun aller Sonnenschein ist. Der Nachkömmling zieht den mitgebrachten Kaugummi fadenartig aus seinem Mund, bis das Zeug in klebrigen Schleifen über seinem Kinn hängenbleibt.

Fratczak schläft, Jadwiga ist bei den Schweinen, die Kinder sind bei der Arbeit. Nur Martha mit dem Nachkömmling im Arm hat für ein Interview Zeit. Das Tonbandgerät nimmt sich auf dem Küchentisch ungewohnt aus, stört Martha aber nicht. Von Anfang an hat sie zu Anna Vertrauen und nimmt kein Blatt vor den Mund. Ihrer Meinung nach gibt es nichts zu verbergen, Anna soll nur fragen und von dem Schmalzgebackenen nehmen.

Ohne Umschweife gelangen sie zum Thema. Den Nachkömmling fest im Griff, erzählt Martha den Ablauf ihres Lebens aufs Band. Mit sechzehn Jahren von den Deutschen verschleppt, landete sie in Castrop-Rauxel, wo sie auf einem Gut Fratczak kennenlernte. Als Waise war sie mit ihm zusammen nach Polen zurückgekehrt, und weil er seit Jahr und Tag nichts von Jadwiga gehört hatte, waren sie zusammengezogen. Das war zur damaligen Zeit in Polen nichts Besonderes. Wer wußte schon, wer noch lebte und wer nicht!

Als Jadwiga zwei Jahre nach Kriegsende immer noch nicht

zurückgekommen war, wollte Fratczak sie für tot erklären lassen. Martha und er lebten lange genug wie Mann und Frau, das wußte jedermann im Dorf, und die Kinder brauchten einen Vater.

Der Nachkömmling schiebt erneut einen Kaugummi zwischen die Zähne und zeigt sich unersättlich.

Na, sagt Martha und lächelt Anna über den Tisch weg behäbig zu, dann stand sie eines Tages vor der Tür, die Jadwiga!

Martha schickt dem Lächeln ein Seufzen nach und streicht ein paar Krümel vom Tisch.

Was sollte ich da sagen? Fratczak war ja nicht da! Und ich, ich hatte mit ihr nichts zu schaffen. Die Kinder noch weniger! Der Nachkömmling rutscht Martha aus dem Arm und läuft vor die Tür. Das hinterläßt eine Stille, in der nur das leise Surren des Tonbandes zu hören ist. Was sollte ich machen? Vielleicht mit meinem Kind davon? Schwanger war ich ja auch noch. Sie können von mir denken, was Sie wollen, aber ich hab gesagt, sie soll gehen! Zwei Frauen und ein Mann, hab ich gesagt, das geht nicht gut!

Sie hat nur auf das Kind gestarrt und auf meinen Bauch. Das war nicht zum Aushalten. Ich habe ihr Essen angeboten, aber sie wollte nichts nehmen. Schließlich hat sie ihren Karton in die Hand genommen und ist wieder gegangen.

Wer nicht kommt, braucht nicht zu gehen, hat sie dazu gesagt und weg war sie.

Fratczak hat sie zurückgeholt, hat gesagt, daß man das nicht mit ihr machen kann, und daß er vielleicht Schwierigkeiten mit der Behörde bekommt.

Gut, hab ich gesagt, ich bin kein Unmensch, aber ich geh nicht fort, ich bin die Mutter deiner Kinder! Wenn du dir noch eine Frau leisten kannst, dann ist das deine Sache!

Martha sagte Frau, meinte aber Magd. Nichts erzählt sie jetzt von der Kammer neben der Küche, die sie Jadwiga herrichtete, und nichts von den Tränen, die sie sich zusammenheulte, als Fratczak erstmals die Nacht in der Kammer verbrachte, statt neben ihr im Bett.

Was sein muß, muß sein, hatte er am Tag drauf gesagt, pachtete einen Acker und schickte Jadwiga aufs Feld. Umsonst ist nichts auf der Welt!

Piotrs Pfirsiche nehmen Farbe an. Kein Tag, an dem er nicht hinaus zu den Bäumen fährt und nach ihnen sieht. Dann legt er sich unter die Zweige zwischen die schlanken Stämme auf den Rücken und beginnt, die Früchte zu zählen. Körbe voll Pfirsiche aus Ujazd, wer wird das glauben? Pfirsiche aus Polen!

Vergessen ist die Mühe, sind die Stunden, die er sich um die Ohren geschlagen hat, wenn er mitten in der Nacht aufstand und sein Feuer auf dem Feld machte, um dem Frühling einzuheizen. Daß er sich zum Gespött der Dorfbewohner machte, daß der Stiefvater ihn auslachte, war ihm gleichgültig. Stunde um Stunde schürte er die Glut und ließ den Rauch in Windrichtung durch die Bäume streichen, um die Blüten vor dem Frost zu schützen. Dieses Jahr ist der Lohn der schlaflosen Nächte abzusehen. Kein Frost hatte die Blüten gebräunt, und trotz des Unwetters neulich hingen noch genug Früchte an den Zweigen, um den Spöttern das Maul zu stopfen. Piotr hatte es sich lange überlegt, bis er Anna zu einer Besichtigung seiner Plantage einlud, aber dann wollte er doch, daß sie sich selbst davon überzeugte, was es zu deutschen Zeiten in Ujazd nie und nimmer gegeben hatte.

Doch, Piotr, sagt Anna, während sie neben ihm die Baumreihen entlanggeht, es hat früher in Ujazd Pfirsiche gegeben!

Unmöglich, das wüßte meine Mutter! Niemals hat hier ein Pfirsichbaum gestanden!

Piotr stößt mißmutig seine Schuhspitzen in den dunklen Erdboden. Was die Niemka da sagte, nahm ihm alle Fröhlichkeit, ähnlich wie das Gerede des Stiefvaters.

Aber auch Staszak und Pan Janik behaupten, daß hier noch nie Pfirsiche gewachsen sind. Und Jula zum Beispiel, die müßte es doch wissen! Ich glaube Ihnen nicht!

Piotr bleibt stehen und steckt störrisch die Hände in die Taschen. Eben noch hätte er Anna am liebsten jeden Zweig, jede Frucht einzeln gezeigt. Vorbei. Der Ärger darüber, daß seine Pfirsiche in Ujazd nichts Neues sein sollen, steht ihm im Gesicht, und er ist versucht zu sagen, daß das wieder mal typisch für das Gerede der Deutschen sei. Die behaupteten natürlich, zu ihren Zeiten sei alles möglich gewesen.

Er braucht gar nichts zu sagen, Anna liest ihm auch so die Enttäuschung aus den Augen.

Sei doch froh, sie schubst ihn lächelnd mit dem Ellbogen in die Seite, keiner kann behaupten, daß es nur ein verrückter Einfall von dir ist.

Immer noch mißtrauisch, fragt Piotr: Sind sie hier an dieser Stelle gewachsen?

Nein, hier war die alte Schafschwemme mit einem ausgetrockneten Teich und einer Wiese. Daß hier Pfirsiche wachsen, hätte ich nie geglaubt!

Wo dann?

Im Park, an der Südseite der Gartenmauer, neben dem Gewächshaus. Ein Baum war es, und der blieb von drei Seiten geschützt, so lange, bis ihn in einem Winter der Frost erwischte, da hätte ihm auch dein Feuer nicht geholfen!

Meinen Sie, das kann meinen Bäumen ebenso passieren?

Natürlich, wenn es kalt genug wird!

Piotr sieht seine Bäume an, als müßten sie auf der Stelle einer nach dem anderen splitternd umfallen, egal ob vor Hitze oder vor Kälte. Er greift zwischen die Blätter und betastet die noch farblosen Früchte.

Das war vor vierzig oder fünfzig Jahren, Piotr! Damals sind auch die Kirschbäume erfroren, die Nußbäume und alle Birnensorten, die mein Vater gepflanzt hatte. Er wurde immer traurig, wenn er davon erzählte!

Ja, sagt Piotr, das versteh ich! Und nach einer Pause: Hat Ihr Vater drüben in Westdeutschland Obstbäume? Dort ist es doch wärmer und der Frost nicht so stark!

Er ist schon ziemlich lange tot, sagt Anna und sieht zwischen den Pfirsichzweigen hindurch bis zum Schloß, er mochte keine Bäume mehr! Weder Obstbäume noch andere. Manchmal hatte ich das Gefühl, daß ihm alles egal war, nachdem er hier wegmußte.

Schweigend schreitet Piotr seine Bäume ab. Ich versteh das, sagt er nach einer Weile, mir würde das auch so gehen!

Anna geht neben ihm her, Reihe für Reihe, ohne daß ihnen noch etwas einfiele, was über die Pfirsiche zu sagen wäre. Mein Stiefvater, sagt Piotr, als sie am Ende der kleinen Plantage angelangt sind, der will mir sein Land nicht lassen, wenn ich keine männlichen Erben habe. Eher gibt er es dem Staat, sagt er.

Dein Vater spinnt! antwortet Anna. Sie hat sich auf die Erde gesetzt und legt sich jetzt hin, das Gesicht dem Himmel zugewandt. Meinem Vater, fährt sie fort, hätten keine zehn Söhne etwas genützt! Als es nämlich ans Erben ging, war gar nichts mehr da! Anna lacht ein bißchen vor sich hin, was Piotr verlegen macht. Was soll er darauf antworten? Am besten nichts.

Mach das deinem Stiefvater klar, oder soll ich dir dabei helfen?

Nein! Piotr erschrickt.

Im Dorf, sagt er und setzt sich in einigem Abstand neben sie, da mögen Sie nicht alle, wissen Sie das?

Anna blinzelt in die Blätter, ohne auch nur einmal Piotr anzusehen. Die Leute verstehen nicht, wieso Sie so lange im Dorf sind und was Sie eigentlich in Ujazd wollen!

Über das Dorf schreiben, das sage ich jedem, der es wissen will. Ich bin Journalistin.

Das glaubt keiner!

Du auch nicht? Anna setzt sich auf, und ihr Gesicht ist unversehens dicht vor Piotr.

Mir ist es egal, was Sie machen!

Und warum mag man mich nicht?

Das geht mich nichts an! antwortet Piotr. Fragen Sie den alten Staszak, der kann es Ihnen sagen!

Und du?

Ich habe Ihnen doch gesagt, mir ist es egal, was Sie machen! Meine Mutter hat Sie gern!

Piotr macht eine unbeholfene Bewegung zu seinen Pfirsichen hin. Deshalb wollte ich Ihnen ja auch meine Bäume zeigen!

Anna nickt. Müde sieht sie aus, auch ein bißchen hoffnungslos, wie sie da auf der Erde sitzt.

Wissen Sie, sagt Piotr, mich geht es nichts an, aber Sie hätten Sabina nicht gleich so ein Kleid schenken sollen!

Es ist von meiner Tochter!

Piotr wischt sich über den Mund: Wissen Sie, auch wenn das Kleid sehr schön ist, versteht nicht jeder, so ein Geschenk anzunehmen!

Aber du hast mein Geschenk auch angenommen!

Anna ist ärgerlich, Piotrs Worte kommen ihr hochmütig vor.

Sie sind schließlich meine Patin! fügt er noch hinzu.

Und Sabina, sagt Anna grob, die hat sich sehr gefreut!

Ja, die vielleicht!

Eigentlich wollte Piotr damit sagen, daß Sabina sich immer freut, wenn einer nett zu ihr ist. Aber so, wie er sich ausgedrückt hat, klang es abfällig. Verlegen betrachtet er seine Füße. Sie müssen mich richtig verstehen, sagt er. Anna antwortet, daß sie richtig versteht, aber sie denkt an etwas ganz anderes. Das sieht er ihr an. Meine Tochter ist ein halbes Jahr jünger als du, sagt sie plötzlich, als müßte das für Piotr von besonderem Interesse sein.

Beinahe wäre sie hier geboren, so wie du!

Ist sie aber nicht, sagt Piotr und hat wieder das Gefühl, in eine Unterhaltung zu geraten, der er nicht gewachsen ist.

Jetzt haben Sie ja meine Pfirsichbäume gesehen, sagt er und steht auf, um sich davonzumachen.

Ja, ja, sie werden schon wachsen, deine Pfirsiche! Anna pflückt eine der grünen Früchte.

Zum Andenken, erklärt sie und steckt den unreifen Pfirsich in die Tasche.

Ich sammle Andenken – besonders solche, die man nicht kaufen kann!

Wieder so eine Äußerung, mit der Piotr nichts anzufangen weiß. Er hätte jetzt gern ein Werkzeug, das er auf die Schulter legen könnte, oder ein Fahrrad, mit dem man einfach wegradelt. Bis zum Dorf ist es eine Viertelstunde Weg, und der Gedanke, daß Jurek oder Józef ihn mit der Niemka über die Felder laufen sieht, ist ihm unangenehm. Einschmeichler, würden sie sagen und behaupten, daß er hinter den Geschenken aus Westdeutschland her wäre!

Warum sagst du nicht du zu mir, fragt Anna in Piotrs Schweigen, immerhin bin ich deine Patin!

Ich Sie duzen?

Piotr schüttelt ungläubig den Kopf. Er nimmt ihre Aufforderung nicht ernst. Rhythmisch setzt er einen Fuß nach dem anderen in die Radspur des Weges. Die Niemka zu duzen, das ist fast zum Lachen!

Ich kenne Sie doch gar nicht, sagt er leise und ist froh, in der Ferne jemanden winken zu sehen. Ein Kind. Es fuchtelt wild mit den Armen. Wenn er das Ohr seitlich hält, hört er die Stimme. Das Kind ruft seinen Namen.

Es ist etwas passiert, sagt er in schlimmer Vorausahnung, mir ist noch nie jemand aufs Feld nachgelaufen!

Nein, das ist Jolka, die kommt mir entgegen!

Anna winkt zurück, geht schneller und überholt Piotr. Vor ihm wird sie das Kind in die Arme nehmen, einfach so.

So rennen sie aufeinander zu, komisch anzusehen und erst an Heiterkeit verlierend, als Jolkas Worte zu verstehen sind.

Du sollst kommen, Piotr, eure Sau ist am Verferkeln, und bei Janina gehts auch los.

Also, was ist, Anna will Jolka in die Arme nehmen, gehts um die Sau oder um Janina?

Piotr ist schneller, reißt Jolka mit einem Griff zu sich herum und schüttelt sie hin und her. Noch mal, schreit er ganz außer sich, was ist los?

Das Kind kommt, Pani Perkarowa meint, Janina schafft es nicht mehr bis ins Spital, sagt Jolka pikiert und reibt sich den schmerzenden Arm, und eure Sau verferkelt! Dein Vater sagt, wenns der Teufel will, wird erst die Sau und dann der Enkel verrecken!

Piotr läuft, was die Schuhe halten, querfeldein über den Rübenschlag vom Kombinat und zertritt die noch jungen Pflanzen.

Komm, sagt Anna zu Jolka, wir holen Jula!

Hand in Hand, als wenns dann schneller ginge, versuchen sie Piotr nachzukommen. Nur über die Rüben laufen sie nicht, sondern nehmen den Weg am Friedhof vorbei zum Kombinatshof, wo Annas Auto steht.

Da gibts nichts, die Sau muß geschlachtet werden. Mit blutendem Hinterteil liegt sie im Stroh, ein Dutzend Ferkel um sich herum. Niemand weiß, was passiert ist.

Gerissen, sagt der Veterinär und gibt dem alten Perka keine Hoffnung mehr. Die Infektionsgefahr ist zu groß.

Stecht sie ab, mit den Ferkeln werden wir sehen, was zu

machen ist! Der Veterinär wäscht sich die Hände in der Küche, wo Töpfe voll Wasser auf dem Herd stehen. Eilig schlurft Jula auf und ab.

Mal sehen, lacht der Veterinär und läßt die Seife von einer Hand in die andere flutschen, ob Ihr mehr zuwege bringt als ich!

Jula tippt grinsend auf ihren Leberfleck, habt Ihr Perka nach dem Schlachter geschickt?

Weg ist sie, in der Stube der jungen Perkas verschwunden, von wo aus Janinas Stöhnen zu hören ist, unaufhaltsam und in immer kürzeren Abständen.

Macht Euch fort, keift Jula, als der alte Perka ins Haus kommt, Ihr erfahrt es noch früh genug!

Perka trollt sich zurück in den Stall, wo der Schlachter mittlerweile eingetroffen ist, um die Sau abzustechen.

Ein schönes Durcheinander, mault Perka, während er Eimer und Wannen zusammenträgt, weil er dem Schlachter statt den Weibern zur Hand gehen muß. Jolka hockt in der Ecke der Scheune, die Ferkel unter der Schürze verborgen. Sie sollen nicht sehen, wie die Muttersau kopfabwärts mit aufgeschlitztem Leib ohne Herz, ohne Magen und Gedärme am Balken hängt, und wie der Schlachter mit schweren Axthieben das Tier in zwei Hälften teilt.

In der Stube ist für Sekunden Stille. Mit geübtem Griff hält Jula den Säugling in die Höhe, bis er zu krähen anfängt, laut und kräftig, daß es durchs geöffnete Fenster bis zur Scheune hin hörbar ist. Piotr und Elka stehen um das Bett herum und starren das nackte Kind an. Sie können Janinas Lächeln nicht begreifen. Anna verläßt unauffällig die Stube, um in der Küche abzuwarten, wie sie es dem alten Perka beibringen werden.

Das Gekräh des Säuglings lockt den Alten aus der Scheune. Es ist soweit! brüllt er, wirft seine Mütze in die Luft, was bisher noch niemand beim alten Perka beobachten konnte, und prescht zum Fenster, wo das Gekrähe mittlerweile in ein Wimmern übergegangen ist. Nun? schreit Perka und steckt seinen Kopf in die Stube. Seine Hände, noch mit Blut beschmiert, hinterlassen rote Spuren.

Nun, ist es ein Sohn?

Keine Antwort. Elka und Piotr stehen wie angewurzelt mit zusammengefalteten Händen und starren aufs Bett, was Perka als Zustimmung deutet. Zeigt ihn her! ruft er Jula zu, ich will den Erben von meinem Hof sehen!

Macht Euch fort und seht zu, daß der Schlachter zur Taufe gute Wurst auf den Tisch bringt!

Ehe sichs Perka versieht, schlägt ihm die Alte das Fenster vor der Nase zu. Das Glas klatscht ihm beinahe ins Gesicht.

Verdammte Hexe!

Also geht er in die Küche, einen Wodka holen.

Pani Anna, sagt er und kann nicht mehr sagen, weil ihn die Rührung ankommt. Mit den verschmierten Fingern stellt er zwei Gläser auf den Tisch. Das muß begossen werden. Auch der Schlachter wird seinen Anteil bekommen und erst recht Piotr, wenn er aus der Stube zurückkommt.

Anna sagt nichts, während der Alte sich über Piotrs Glück dußlig redet. Die Hinterbuglerin hat einen Sohn zuwege gebracht.

Von der Stube her sind Geräusche zu hören, aber weder Piotr noch Elka lassen sich sehen.

Durch das Herdfeuer ist es heiß in der Küche. Die Fliegen taumeln im Kreis um die Dickmilch. Ewig Fliegen, denkt Anna, nichts als Fliegen, wo man hinsieht!

Wo bleiben Elka und Piotr?

Ich weiß es nicht!

Der Wodka steht in den Gläsern. Perka sieht Anna an.

Was ist los? fragt er plötzlich. Die Stille im Haus ist ihm nicht geheuer. Was ist los, Pani Anna?

Er setzt sich hin und holt seine Zigaretten aus der Tasche. Das alles dauert lange, viel zu lange. Anna fällt kein einziges Wort zur Klärung der Lage ein.

In Perka beginnt ein bedrohliches Mißtrauen zu wachsen, das ihn böse macht. Seine Faust knallt auf den Tisch. Das dröhnt durchs Haus, sicher auch bis hinein in die Stube. Zumindest jetzt wäre es an der Zeit, daß sich Piotr oder Elka sehen lassen würden. Es ist doch ein Junge? Perka beugt sich vor und fummelt mit den Händen die Tischkante entlang, bis er die Ecken zu fassen kriegt. Eine einzige Bewegung und der

Tisch flöge mitsamt dem Wodka durch die Küche. Anna ist klar, daß es dann dabei nicht bleibt. Perka wird alles zertrümmern, was ihm in seiner Enttäuschung unter die Finger kommt.

Es ist ein Junge, sagt sie ruhig, ein schönes kräftiges Kind! Sie hebt das Glas hoch. Trinkt, Pan Perka, trinkt!

Anna gießt dem Alten einen Wodka nach dem anderen ein. Bis Elka und Piotr mit dem Neugeborenen aus der Stube kommen, ist der Alte besoffen.

Karol wird er heißen, jawohl – Karol! Und Perka wankt auf wackeligen Beinen hinaus, um mit dem Schlachter den Rest der Flasche zu leeren.

Jesusmaria, sagt Elka und ahnt mehr, als sie begreift, was sich hier abgespielt hat. In ihr äderchenüberzogenes, sonst gerötetes Gesicht zieht graue Blässe, während sie den Säugling automatisch hin und her schaukelt.

Piotr läßt sich schwer auf die Bank am Fenster fallen. Sein Blick, seine Bewegungen sind langsam, und auch die Worte kommen unnatürlich langgezogen aus seinem Mund: Was haben Sie ihm gesagt, Pani Anna?

Die Dramatik der beiden geht Anna auf die Nerven. Irgendwie mußte ich ihn beruhigen. Wenn er nüchtern ist, kann man ihm die Wahrheit sagen! Oder sollte ich abwarten, bis er in die Stube gekommen wäre, um dort herumzukrakeelen?

Das hätten Sie nicht tun dürfen! sagt Piotr, und Elka seufzt ein Jesusmaria hinterher.

Warum regt ihr euch auf? Was soll er schon groß machen, wenn er erfährt, daß es ein Mädchen ist? In ein paar Tagen ist seine Enttäuschung verraucht. Wenn ihr so vor ihm kuscht, bildet er sich noch mehr ein!

Es gibt Dinge, sagt Piotr langsam, die gehen einen Fremden nichts an, und da soll man sich nicht reinmischen!

Und ihr, wo wart ihr? Aus Angst vor dem Alten habt ihr euch gar nicht erst aus der Stube gewagt. An mir bliebs hängen, mit ihm zu reden...

Still, Anna, du hast immer noch nicht gelernt, deinen Mund zu halten!

Niemand hat gehört, daß Jula in die Küche gekommen ist.

Wenn sie will, denkt Anna, schleicht sie wie eine Katze herum, stößt nirgendwo an und hebt die Beine, ohne daß die Pantinen über den Boden schlurfen. Aber jetzt tut sie so, als könnte sie keinen Schritt allein machen. Ihre harten Finger legen sich um Annas Handgelenk und zerren sie hoch.

Es ist nicht mehr wie früher, krächzt sie. Den Rest des Satzes zermahlt sie zwischen ihren zahnlosen Kiefern, hinter schmatzenden Lippen.

Komm, sagt sie, nachdem sie ihren Kram in ein Tuch gebunden hat, jetzt kannst du mich mit deinem feinen Auto nach Hause fahren! Wer weiß, wie oft ich noch Gelegenheit dazu habe!

Wenn ihr wollt, sage ich eben Perka, daß ich ihn angelogen habe. Mir ist es egal! Wegen Janina hab ichs doch gesagt, kapiert das denn keiner?

Komm, komm! Ungeduldig trippelt Jula vor dem Küchentisch auf und ab, während Elka nach wie vor den Kopf schüttelt, nur hin und wieder leise Jesusmaria sagt, aber schon mit einer gewissen Ergebenheit.

Mitten im Sommer, wenn das Korn seine Höhe hat, aber noch nicht reif ist, wenn die Frühäpfel sonnengelb im Gras herumliegen, die Erdbeerernte vorbei ist und die Weichselkirschen gepflückt werden müssen, dann ist es auch Zeit, die Wintergerste vom Feld zu holen. Danach kommt Weizen, Hafer, Roggen dran, und kaum sind die Strohschober aufgeschichtet, die Stoppelfelder geschält, ist das Korn verkauft, geht es ans Buddeln der Frühkartoffeln. Kein Tag ohne Arbeit. Wo es keinen Mähdrescher einzusetzen gibt, läuft die Dreschmaschine Stunde um Stunde bis in den späten Abend hinein.

In Ujazd ist Hochbetrieb. Die Traktoren des Kombinats tukkern durchs Dorf, verlieren Korn in den Kurven und locken dadurch die Hühner auf die Straße. Pferde ziehen die Erntewagen über die Felder der Bauern, manchmal sogar im Trab. In den Gärten pflücken die Kinder das Obst, und die Großmütter kochen Marmelade und Saft.

Scheuer und Scheunen füllen sich. Jeder hat alle Hände voll zu tun. Bei Staszak ist auch diesmal die Jugendorganisation eingesprungen. Barbara hat Streuselkuchen gebacken, und Jacek geht es nicht anders als bei der Heuernte. Er ärgert sich, weil es fremde Jungen und Mädchen sind, die ihm zur Hand gehen. Die letzte Ernte, die er so einbringen wird, das weiß er. Beim Gedanken an den Winter hat Jacek in der letzten Zeit hin und wieder ans Sterben gedacht, obwohl er sich nach wie vor rüstig fühlt. Barbara hat er nichts davon gesagt.

Bei Lenarts sieht es schlimm aus. Die Ernte muß vom Kombinat eingeholt werden, das steht fest. Wenn Marek Lenart sich weiterhin keine Arbeit sucht, wird er auch sein Wohnrecht verlieren. So heißt es, obwohl bisher niemand etwas von einer dementsprechenden behördlichen Anweisung gehört hat. Franko und der Kleine sind schmutziger denn je. Und die Fedeczkowa hat nach dem Kirchgang erzählt, daß sie Franko neulich mit einer Zigarette im Mund gesehen hätte.

Der Kleine hingegen säße den ganzen Tag vor dem Fernseher und würde immer magerer. Von Sabina gibt es nach wie vor keine Spur, was nach Meinung vieler Bewohner von Ujazd nicht anders zu erwarten war. Nur Jula droht mit dem Krückstock, wenn in ihrer Gegenwart jemand über das Mädchen herzieht.

Seid still, kräht sie mit verdrehten Augen und tippt an ihren Leberfleck, damit ich nicht aus eurer Seele lesen muß. Dann stieben die so Angeredeten auseinander, und vor allem Suszko bemüht sich, so schnell wie möglich auf seinem Fahrrad davonzukommen.

Bei Jureks Eltern hat sich die Stimmung im Laufe der letzten Zeit zum Vorteil hin entwickelt. Sie sitzen nicht mehr Abend für Abend im Dunkeln, und Kantecki läßt sich auch wieder auf der Dorfstraße sehen, zumal ihn bisher niemand auf die Geschichte bei Sawkos Beerdigung angesprochen hat. Selbst die Kanteckowa hat auf dem Weg zur Kirche und zurück keine Hinterhältigkeiten zu spüren bekommen. Die Leute sind eben doch besser, als man denkt.

Nur bei Perkas hat es mit dem Alltag seine besondere Bewandtnis. Der Alte weiß immer noch nicht, daß es sich bei seinem Enkelkind um ein Mädchen handelt. Das ist und bleibt ein Wunder, dem niemand traut. Aber des alten Perkas Jähzorn hat ihm mit den Jahren, die er in Ujazd wohnt, so viel Respekt eingebracht, daß sich keiner die Finger verbrennen will. Das ist Pfirsichperkas Angelegenheit. Karol oder Karola, irgendwann wird der Alte schon dahinterkommen. Bisher jedenfalls war das nicht der Fall, und das lag am Wodka. Den hatte er in seiner Freude über den Enkelsohn in solchen Mengen in sich hineinlaufen lassen, daß für den Schlachter herzlich wenig übrigblieb. Den ärgerte das, und als das Schwein in zwei Hälften geteilt vom Balken genommen werden mußte, halste der Schlachter eine der Hälften dem betrunkenen Perka auf.

Der Alte hielt dem nicht stand. Er torkelte durch die Scheune, einmal wegen des Gewichts, dann auch wegen des Wodkas. Einen Augenblick lang bewegten sich seine Füße in großer Geschwindigkeit über den Erdboden, wohl um den Sturz aufzufangen. Aber das half nichts mehr.

Jolka, die das Unglück kommen sah, wollte ihren Augen nicht trauen. Erst sah es aus, als tanzte der alte Perka Polka. Wirklich, er hüpfte mit dem halben Schwein auf dem Hals von einem Scheunenbalken zum anderen, stieß sich ab, drehte sich unverhofft und knallte dann hin. Ein Geräusch, als wenn ein Kürbis heruntergefallen wäre. Das war des alten Perkas Kopf, der zuerst auf dem Boden gelandet war und deshalb alles abkriegte. Die Schweinehälfte rutschte über ihn weg und verdeckte seinen halben Oberkörper. Weil Jolka glaubte, daß Perkas Kopf wie ein heruntergefallener Kürbis aufgebrochen sei, schrie sie fürchterlich. Der Schlachter kam, zog das Schwein weg, und Perka lag da, als ob er schliefe. Kein Blut, keine Schramme, nichts. Die Augen geschlossen, machte er auf Jolka einen friedlichen Eindruck. Aber diese Friedlichkeit konnte nichts Gutes verheißen.

Ist er tot?

Nein, sagte der Schlachter, Gott sei Dank ist er nicht tot!

Immerhin kostete dieser Sturz den alten Perka acht Tage seiner Besinnung. Als er aufwachte, war das Enkelkind getauft.

Ihr hättet warten sollen, bis ich wieder gesund war, murrte er zwar, sah aber ein, daß nach altem Brauch ein im Haus geborenes Kind nicht ungetauft über die Schwelle getragen werden darf, und kein Mensch wußte, wann er sein Bewußtsein wiedererlangen würde. Das also ist der Grund, warum Perka bis jetzt nicht erfahren hat, daß Karol in Wirklichkeit Karola ist. Kommt Zeit, kommt Rat, hatte Elka gesagt, und darauf wartet sie bis zur Stunde noch.

Im Kombinat verläuft alles mit mehr Aufregung. Das Trokkengebläse ist Tag und Nacht in Gang. Die Traktoren rollen vom frühen Morgen bis in die späte Nacht über den Hof und kippen das Korn zu meterhohen Haufen auf das Kopfsteinpflaster. Von dort wird es in dicken Rohren in die Kammern der Magazine geblasen. All das macht ungewohnten Lärm und nimmt der Ländlichkeit Ruhe und Frieden.

Ludwik ist mehr denn je auf den Feldern. Im Büro sitzen die Buchhalterinnen unter Aufsicht von Pani Pawlakowa über den Lohnabrechnungen, und Jodko wiegt anhängerweise das Korn vor und nach dem Trocknen, bevor es zur Stadt in die Zentrale gebracht wird. Auch samstags und sonntags wird gearbeitet. Die Felder werden leer und bis zum Wald hin übersichtlich. Dunkel liegen die abgeernteten und bereits gepflügten Schläge zwischen dem sich schwer wiegenden Roggen, den immer größer werdenden Rüben und den angehackten Kartoffelfurchen. Licht und Farben melden den August an. Die Lamellen der Champignons werden auf den Wiesen schwarz, und die längst geschlossenen Mohnkapseln färben vom dunklen Grün zum hellen Braun hinüber. Nur im Wald wird es stiller. Die Blaubeeren sind vom Kraut gesammelt, und die Pilze sind noch nicht aus dem Boden.

Im Kombinat läßt sich Anna nur noch während der Mittagsmahlzeiten blicken. Jeder hat sich an ihre Anwesenheit gewöhnt. Man könnte nicht sagen, daß der Ton herzlicher geworden wäre, dafür sorgen Pani Pawlakowa ebenso wie Zofia. Von der Frau des Direktors ist bekannt, daß sie von Grenzdeutschen nichts hält. Da will sich niemand Ärger einhandeln, und deshalb wurde wohl auch Annas abermalige Bitte, ihr Elternhaus besichtigen zu dürfen, bis zur Ankunft des Direktors zurückgestellt.

Nur Jodko läßt sich hin und wieder auf einen Schwatz mit der Niemka ein und findet insgeheim, daß man von Pani

Anna zu Unrecht einen so großen Abstand hält. Einmal hat er sich auch schon mit seiner Frau besprochen, allein schon um Jolkas Drängen nachzugeben. Wollen wir die Niemka zum Kaffee bitten?

Nein, hatte Halina gesagt, besser nicht, sonst macht uns die Pawlakowa Schwierigkeiten!

Dabei war es geblieben. Nein, Anna hatte im Kombinat keinen Kontakt gefunden. Um so mehr konnte man sie in der letzten Zeit bei Kowaleks sehen. Dort fühlt sie sich wohl, und Friedels Erzählungen von der guten alten Zeit bleiben unerschöpflich. Von dem Brief der Zarin wurde nicht mehr gesprochen. Man könnte nicht sagen, daß er vergessen ist, ganz im Gegenteil, aber keiner der drei erwähnt ihn mehr.

Statt dessen lenken Friedel und auch Kowalek mit großer Zielstrebigkeit die Gespräche auf Westdeutschland. Man schmiedet Pläne und bittet Anna um Rat, ohne daß Tomek oder Janka ins Gespräch gezogen werden.

Die Kinder, sagt Friedel, die erfahren es noch früh genug! Und schiebt Annas Mahnungen beiseite, die Sache mit allen Familienmitgliedern zu besprechen.

Samstagabend im Klub. Aus den geöffneten Fenstern des Schlosses ist bis in den Park Gelächter zu hören, auch Musik, und von der Westseite her das Klicken aneinanderschlagender Billardkugeln. In der Bibliothek sitzt wie allabendlich Pani Banaśowa und gibt Bücher aus. In der Kaffeestube achtet der Kulturleiter darauf, daß alles seine Ordnung hat, und es hat alles seine Ordnung. Das Fotolabor ist trotz Erntezeit gut besetzt. Die Jugendorganisation plant in der oberen Etage weitere Einsätze für die Ernte. Die Faulenzer hängen um die Billardtische, und drüben im Musikzimmer lernt Bolko unermüdlich die Grundgriffe der Gitarre. In der Bibliothek ist es still, weil Pani Banaśowa keine Unterhaltung erlaubt. Behäbig hockt sie hinter ihrer Kartei, jederzeit bereit, ein Buch zu empfehlen oder von einem anderen abzuraten. Im Sommer wird in Ujazd wenig gelesen. Das weiß Pani Banaśowa, und sie nutzt die Ruhe, um ihrem Mann einen Brief zu schreiben. Lange überlegt sie, was aus Ujazd in die USA erzählenswert wäre. Daß die Kühe gut angekommen sind, hat er telefonisch erfahren, auch vom Beginn der Ernte hat ihm Ludwik Janik berichtet. Bleibt Privates, die Freude auf seine baldige Rückkunft, vielleicht noch das eine oder andere über die Niemka, die in den Augen von Pani Banaśowa ein Fremdkörper in Ujazd ist.

Pani Banaśowa schreckt zusammen, als die gepolsterte Bibliothekstür heftig aufgerissen wird.

Józef?

Grußlos rennt Janka an Pani Banaśowa vorbei und die Bücherregale entlang. Józef ist nicht da.

Es ist niemand hier, Janka, sagt Pani Banaśowa und läßt Vorwurf aus ihrer Stimme heraushören.

Entschuldigung!

Janka ist verlegen. Ihr fröhliches Gesicht ist farblos. Die Lippen zucken, und alles sieht ein bißchen zu groß aus. Die Nasenlöcher, der Mund und die holzbraunen Augen.

Ist etwas passiert? fragt Pani Banaśowa, auch in der Hoffnung, ihrem Brief noch eine Neuigkeit hinzufügen zu können.

Nein, sagt Janka, es ist nichts passiert!

Aber dann überlegt sie es sich anders, beugt sich über die Karteikarten bis dicht vor Pani Banaśowas Gesicht und fragt zurück: Was ist mit der Niemka?

Was soll mit ihr sein? Pani Banaśowa wird neugierig, das sieht man. Sie hat sich hinter ihren Karteikarten erhoben und umkreist den Schreibtisch. Das ist selten, denn Pani Banaśowa bewegt sich sonst nur, wenn es notwendig ist.

Ich meine nur so, sagt Janka, jetzt ängstlich vor der unerwarteten Wißbegier der Frau Direktor. Mit der winzigen Andeutung eines Knickses läßt sie Pani Banaśowa neben ihrem Schreibtisch zurück. Es wäre nicht gut, gleich hier mit den Neuigkeiten herauszuplatzen. Es wäre vor allem nicht gut für die Eltern.

Janka rennt zurück an dem Kaffee trinkenden Kulturleiter vorbei, den sie erst gar nicht nach Józef zu fragen braucht. Der gibt keine Auskünfte. Da hätte er seiner Meinung nach viel zu tun, und er hebt auch dann die Schultern, wenn der Gesuchte neben ihm steht. Diese Fragerei will er nicht zur Gewohnheit werden lassen. Was ihn aber keinesfalls daran hindert, seinerseits zu fragen.

He, Janka, ruft er, durch ihre Ungeduld und Blässe neugierig gemacht, was ist denn mit dir los?

Nichts!

Und schon ist sie nebenan zwischen den Billardspielern verschwunden.

Józef, Józef, wo ist Józef!

Bist du verrückt, schreit Jurek, weil sie ihm an das Queue gestoßen ist und damit die Partie versaut hat.

Ich muß Józef sprechen!

Der ist im Park und wartet auf dich!

Wahrscheinlich hat ihn schon Tomek informiert. So wie die drei unter der Linde miteinander diskutierten, kann sie sich das denken. Komm mit! Janka zieht Jurek hinter sich her. Komm mit, du mußt es wissen, aber du darfst es niemandem weitersagen, versprichst du das?

Jurek verspricht es, kommt auch mit, obwohl er lieber seine Partie zu Ende gespielt hätte. So aufgeregt hat er Janka noch nie erlebt. Du zitterst ja, sagt er, und Janka muß sich zusammennehmen, um nicht in Gegenwart der anderen Jungen und Mädchen mit ihrer Neuigkeit herauszuplatzen.

Aber Tomek hat schon gequatscht. Renata heult. Riesengroße Tropfen kullern aus ihren Augenwinkeln. Das Gesicht quillt von Schluchzer zu Schluchzer mehr auf, wird dicklich und rot.

Wein nicht so, sagt Tomek unbeholfen, noch sind wir ja nicht weg!

Ihr wißt es also, sagt Janka und kann nicht weitersprechen. Renatas Heulerei macht die ganze Angelegenheit dramatischer, als sie schon ist.

Unbemerkt liegt Jolka bäuchlings im alten Lindenstamm, der sich nur ein paar Meter über dem Erdboden in eine Krone mächtiger Äste teilt und dadurch eine ungeahnte Fläche freigibt. Annas Baumhaus, nunmehr von Jolka in Beschlag genommen.

Du mußt nur achtgeben, hatte Anna zu Jolka gesagt, daß dich nie jemand sieht, wenn du hinaufkriechst. Dabei hatte sie auf die Hubbel und kleinen Auswüchse in der Rinde hingewiesen, mit deren Hilfe jedes Kind in Blitzgeschwindigkeit zwischen den stämmigen Ästen unsichtbar wird. Und so war Jolka am heutigen Samstag nach dem Abendbrot sicher und schnell wie eine Katze hier oben gelandet. Drei Handgriffe, die man wissen muß, ermöglichen das Unmögliche, nämlich den alten Lindenbaumstamm aufwärts zu klettern. Ein unbezahlbares Geheimnis!

Jolka sieht von oben auf die Großen herab. Da ist Tomeks Wuschelkopf neben Józefs glattgescheiteltem Haar und Renatas schön nach innen gelegter Frisur. Alles in einer Entfernung, um zielgerecht spucken zu können. Schon spitzt Jolka die Lippen, Speichel hinter den Zähnen, den sie mit der Zunge gegen den Gaumen zu einem Rund formt. Ein Atemzug, und er sitzt, wie von einem Vogel fallen gelassen, in Jankas schneckennudeligen Löckchen. Einfach so hineingesetzt! Pfui Teufel! sagt die, obwohl Vogeldreck Glück bringt.

Tomek und Janka sollen mit ihren Eltern nach Westdeutschland umsiedeln, so haben es die alten Kowaleks besprochen, und Janka hat sie dabei belauscht. Heimlich, so wie Jolka es jetzt Wort für Wort zu hören bekommt.

Allein die Vorstellung macht Jolka betroffen. Weg von zu Hause? Jolkas Meinung nach müßte es eher Janka sein, die heulen sollte, und nicht Renata. Aber Renata heult immer, das weiß jeder.

Janka heult nicht, aber sie ist sehr aufgeregt, und es könnte sein, daß sie noch zu heulen anfängt.

Ich will nicht, sagt sie und kriegt Józef hinterm Rücken am Arm zu fassen, ich will hier nicht weg!

Der hält sie ganz fest und meint, daß man das abwarten müßte, immerhin wäre das eine Frage der Behörde und nicht der Eltern.

Wenn du gehst, flennt Renata schon wieder los und hängt sich unvorhergesehen an Tomeks Hals, dann geh ich auch!

Ihr Gesicht, das inzwischen die Farbe eines Himbeerpuddings hat, ist mitleiderregend. Mit kleinen heftigen Bewegungen drückt sie ihr Taschentuch an die Augen und knüllt es dann in der Hand zusammen.

Mit so einer, denkt Jolka, kann sich Tomek auf allerhand

gefaßt machen. Janka, die von der Angelegenheit viel mehr betroffen ist, gefällt ihr besser.

Janka sagt, daß sie sich das nicht gefallen läßt und daß sie bleibt, wo sie bleiben will, und zwar bei Józef. Tomek fehlen die Worte. Er streichelt in Renatas Himbeerpuddinggesicht herum und ist blaß.

Ich kann ja nicht einmal Deutsch, sagt er schließlich.

Und weil jetzt da unten einen Augenblick lang keiner etwas sagt, kann Jolka nachdenken, was sie alles vermissen würde, müßte sie aus Ujazd weg. Sie kann sich nichts vorstellen, außer Angst und ein heilloses Durcheinander von all dem, was man tragen müßte. Und was ist nicht zu tragen? Nicht mitzunehmen in einem Wagen, in der Eisenbahn oder auch in einem Flugzeug?

Ohne daß Jolka es merkt, graben sich ihre Fingernägel in das feuchte Innere des Baumes. Sie kratzt Ritzen und Kerben, bis ihre Hände schwarz sind und am Zeigefinger sogar blutig. Nie, nie will ich hier weg!

Das ist eine politische Frage, sagt jetzt Jurek. Auch ihm geht Renatas Heulerei auf die Nerven. Man könnte das Ganze mit Kowaleks ältestem Sohn Leon besprechen oder vielleicht Auskunft bei der zuständigen Behörde einholen.

Aber davon wollen Tomek und Janka nichts wissen. Die Eltern hätten nach Kriegsende genug Schwierigkeiten gehabt, allein wegen des Großvaters. Nein, die Geschwister wollten Vater und Mutter keiner Gefahr aussetzen.

Und die Niemka?

Jolka beugt sich im Geäst der Linde gefährlich weit vor. Blickte jetzt einer hoch, sähe er ihren Kopf wie einen Lampion zwischen den Lindenzweigen. Aber es sieht keiner rauf.

Die Niemka, sagt Janka, die steckt dahinter! Bevor die kam, haben die Eltern nie von Umsiedlung gesprochen!

Wie oft die schon da war, bekräftigt Tomek Jankas Verdacht, das geht auf keine Kuhhaut!

Habt ihr Beweise? fragt Józef.

Nein, Beweise haben wir nicht. Aber denken könnte man es sich schon, und wer weiß, was sie drüben für Beziehungen hat!

Langsam reden sich alle fünf in eine Wut auf Anna, bis kein

gutes Haar an ihr bleibt. Ein Wort gibt das andere. Ein böses Bild, was da entsteht.

Von Neid ist die Rede und von Rache, vor allem aber davon, daß die Niemka ohne Rücksicht auf Verluste vorgeht. Das munkeln auch die Alten im Dorf. Und schließlich wird es ihr egal sein, ob einer aus Ujazd weg muß oder nicht! Renata stellt sogar die Behauptung auf, daß der Niemka es nur recht sein könnte, wenn die Menschen hier weg müßten, weil dann die Deutschen leichter wieder zurückkönnten! Obwohl diese Ansicht bei den Freunden keine Zustimmung findet, entschließt man sich, Pani Anna das Handwerk zu legen.

Jolka hat es plötzlich nicht mehr aushalten können. Sie sprang auf, hastig und von der Idee besessen, denen da unten widersprechen zu müssen, und bereit, die Unerreichbarkeit für immer aufzugeben. Ein harter Entschluß für Jolka, die sich gerade erst hier oben ein eigenes Reich geschaffen hat: Ein Reich zwischen Himmel und Erde, in dem kein Erwachsener etwas zu sagen hat, wo zwar Rufe, sogar Befehle hindrangen, aber der Gehorsam verweigert werden konnte – wußte doch niemand, wo sie war. Ein Schrei, eine Art Wutschrei ist es, den sie ausstößt, und weil sie dabei aufspringt und ihre Schuhsohlen auf der glitschigen Baumrinde ins Rutschen kommen, verliert sie die Balance, ohne daß ihre Hände im Geäst den notwendigen Halt finden können.

Wie ein überdimensionaler Vogel fällt Jolka aus der Linde. Und weil sie im Schreck die Arme ausbreitet, sieht es sekundenlang aus, als wollte sie über die Köpfe der Fünf hinweg auf und davon fliegen. Statt dessen landet sie zu deren Füßen. Während Janka und Renata stumm vor Entsetzen rückwärtsspringen, greifen Jurek und Józef geistesgegenwärtig nach der vom Baum fallenden Jolka und bremsen ihren Fall.

Jolka heult so, daß alle glauben, es ist etwas passiert, und niemand auf den Gedanken kommt, sie nach ihrem merkwürdigen Aufenthaltsort zu fragen.

Tut dir etwas weh? Bist du verletzt?

Alle reden durcheinander, fassen Jolka an, drehen an ihren Gelenken, bewegen Kopf, Arme, Beine, und weil alles gut funktioniert, stellen sie das Kind endlich auf die Füße.

Ihr seid gemein! sagt Jolka und wischt sich mit den von der

Baumrinde schmutzigen Händen die Tränen weg, hundsgemein seid ihr! Fragende Blicke rundum. Erst versteckt sich die kleine Kröte da oben, belauscht die Erwachsenen, fällt herunter, wird aufgefangen und nun plärrt sie, daß alle gemein sind.

Ein Schock, sagt Jurek, sie hat natürlich einen Schock. Ist klar, wenn man von so hoch herunterfällt!

Was ihr über Pani Anna sagt, ist gemein! Und wenn ihr der eins auswischt, erzähl ich allen Leuten, was ihr gesagt habt!

Ungeheuerlich! Janka, der die Hand lockerer sitzt als das Mundwerk, verspürt Lust, Jolka eine zu knallen.

Deine Freundschaft mit der Niemka ist nichts Neues, zischt sie, aber ich laß mich von dir nicht erpressen!

Trotzdem kann niemand verhindern, daß sich Unsicherheit ausbreitet. Wer weiß, was Jolka alles mitgekriegt hat? Ihrem trotzigen Auftreten nach ist es mehr als genug. Auf die schnelle überlegt jeder, was er gesagt hat. In jedem Fall können die alten Kowaleks in Schwierigkeiten geraten!

Du verstehst überhaupt nicht, von was wir reden, sagt Jurek ruhig.

Sähe Janka nicht so wütend aus, wäre Jolka vielleicht auf ihn hereingefallen. Aber so bleibt sie mißtrauisch und läßt niemand aus dem Auge. Tomek zum Beispiel hat den Mund offen und knallrote Ohren. Seine einwärts gekehrten Füße kratzen unentwegt Sand zur Seite, bis ein richtiges Muster entsteht. Renata dicht neben ihm hat das Heulen eingestellt. Nur an den länglichen Wülsten unterhalb der Augen kann man ungefähr ablesen, wieviel Tränen geflossen sind. Schwer zu sagen, ob sie ärgerlich ist oder ein schlechtes Gewissen hat. So wie sie dasteht, ihre Marzipanarme ineinander verschränkt, verheißt es Jolka nichts Gutes. Für alle vernehmlich zieht sie Luft durch ihre vom Putzen verschwollenen Nasenlöcher und sagt: Paß bloß auf!

Na und Józef? Der sagt gar nichts. Der macht auch kein Gesicht, aus dem man schlau werden könnte. Der überlegt und überlegt, wie aus der Sache herauszukommen ist.

Was weißt du denn von der Niemka? fragt er langsam und wehrt Janka ab, die dazwischenfunken will. Jolka ist seine

Nichte, und er weiß, daß mit diesem hartnäckigen Luderchen nicht gut Kirschen essen ist.

Also sag schon, Jolka!

Sie ist nicht so, wie ihr sagt!

Und warum nicht?

Józef beugt sich zu Jolka herunter. Sie hat es gern, wenn er ihr seine großen Hände um die Schultern legt. Manchmal faßt er von beiden Seiten zu und hebt sie einfach hoch. Das macht Spaß. Józef ist immer nett, und Józef hat sie noch nie ausgelacht oder gesagt, daß sie dummes Zeug redet. Ein Grund also, Józef zu antworten.

Sie hat mir alles erzählt, flüstert Jolka in Józefs Ohr, und weil die anderen so genau zuhören, zieht sie Józef ein Stück beiseite. Sie würde das nicht machen, Józef, glaub mir!

Was würde sie nicht machen?

Weißt du, die will hier nicht mehr wohnen!

Józef ist enttäuscht. Für die Zeit, die Jolka nach Aussage seines Schwagers Jodko bei der Niemka herumhängt, ist das Ergebnis dürftig! Als wenn es je einen Deutschen gegeben hätte, der bei seinem Besuch in Polen öffentlich zugegeben hätte, daß er zurückgehen wolle.

Das kann jeder sagen, Jolka, widerspricht Józef, ich würde das an Stelle der Niemka auch sagen!

Aber sie hat mir ihr Baumhaus gezeigt!

Jolka, seufzt Józef, das ist kein Grund!

Kein Grund?

Jolka kaut auf ihrem Pferdeschwanz herum. Józef versteht einfach nichts.

Józef, sagt sie, wenn die Niemka zurück ins Schloß wollte, dann könnte ich ja nicht mehr zu Hause wohnen, und das, hat sie gesagt, das will sie nicht! Also will sie auch nicht, daß Janka und Tomek weg müssen!

Auch das macht nicht den richtigen Eindruck auf Józef, so daß Jolka hinzufügt: Was du nicht willst, das man dir tu, das füg auch keinem andern zu!

Das hat sie gesagt?

Nein, sie nicht – Jula!

Janka kann sich nicht mehr beherrschen und haut Jolka eine herunter.

Ich werde dir mal etwas sagen! Erzähl, was du willst, aber deiner Niemka wird es nicht gut bekommen, das versprech ich dir!

Es sieht ganz so aus, als wollte Janka ein zweites Mal zuschlagen, aber es sieht auch so aus, als suchte sie nur jemanden, an dem sie ihre Wut und Ratlosigkeit auslassen kann.

Józef fällt ihr in den Arm und zerrt sie weg.

Hau ab, flüstert er Jolka zu und gibt dem Kind mit dem Ellbogen einen Schubs, und halt den Mund!

Während Jolka mit fliegendem Pferdeschwanz davonrennt, sich nicht umdreht und jetzt zusehen muß, wie sie mit ihrer eigenen Wut zu Rande kommt, ist es Janka, die zu heulen anfängt. Sie versucht nicht mehr, sich zusammenzunehmen. Ihr Gesicht verändert sich auch nicht wie das von Renata. Ihre Tränen laufen wie Wasser aus tropfenden Wasserhähnen. Es hat keinen Zweck, sie abzuwischen.

Józef, sagt sie leise, ich will nicht von hier weg. Ich will hier bleiben, bei dir!

Fest legt sie die Arme um seinen Hals und bleibt dicht an ihn gedrückt unter der Linde stehen. Es sieht rührend aus, und Tomek fühlt einen Kloß in der Kehle wachsen.

Scheiße! sagt Jurek, das alles ist Scheiße, nichts weiter!

Und nur um etwas Komisches zu sagen, fügt er noch hinzu, daß die Niemka vielleicht auch Sabina versteckt, um sie mit nach Westdeutschland zu nehmen. Für solche wie Lenarts Sabina gebe es drüben sicher ein besseres Tätigkeitsfeld als in Ujazd! Niemand lacht.

Scheiße, sagt Jurek also wieder und kickt einen Stein von der Linde zur Platane hinüber, nichts als Scheiße!

Es gibt zwei Gründe dafür, daß bei Kirkor soviel Männer auf dem Mäuerchen sitzen. Einmal, weil es tagsüber geregnet hat und damit das Einholen der Ernte unterbrochen ist, zum andern, weil Kirkor neuen Wodka hat. Trotzdem trinken die meisten Bier oder billigen Roten. Aber der Wodka ist ein Thema, allein, weil er zu teuer ist. Kirkor macht sich nichts aus dem Vorwurf. Weder hat er den Schnaps gebrannt, noch setzt er die Preise fest.

Laßt nur Besuch kommen, sagt er, oder macht einen Kaufvertrag, kriegt einen Enkelsohn wie der alte Perka, und schon kommt ihr nach einer Flasche von dem Neuen gerannt!

Perka, krächzt Fratczak vergnügt, willst du nicht einen auf den kleinen Karol ausgeben?

Viel zu schade für eure versoffenen Kehlen, gibt Perka zurück, euch reicht der Rote genausogut, wenn ihr einen laden wollt! Aber der Scherz kommt ihm nicht so launig über die Lippen, wie er das möchte. Irgend etwas liegt in der Luft, was er nicht begreift. Die Wodkas, die er schon auf Karols Geburt ausgeben mußte, sind nicht mehr zu zählen. Soviel hat noch keiner bei Kirkor für einen Enkel spendiert, und jedesmal ist Mordsstimmung. Kaum aber kommt Piotr dazu, ist die Sache wie verhext. Der Spaß hört auf, das Lachen wird leiser, und der eine oder andere verdrückt sich gar.

Das mußt du schon mir überlassen, wie viele ich auf das Wohl deines Sohnes ausgebe, hatte er einmal wütend geschrien, als Piotr sagte, er soll es doch gut sein lassen.

Beinahe wäre es zu Handgreiflichkeiten zwischen den beiden gekommen. Piotr hat recht, sagten die anderen darauf und wollten sich keinen mehr ausgeben lassen, du hast zu lange im Krankenhaus gelegen, dir bekommt der Schnaps nicht, und wir haben genug!

Das ist meine Sache, schrie er, so wie es auch mein Enkelsohn ist! Danach trat diese eigentümliche Stille ein, die Perka unruhig macht.

Außer Fratczak und Lenart forderte ihn in der letzten Zeit niemand mehr auf, einen auszugeben. Und wäre heute nicht die neue Lieferung gekommen, hätte sicher auch Fratczak nichts gesagt. Aber der wußte nicht, wie er anders zu einer Probe kommen sollte. Also mußte der Enkelsohn herhalten, von dem jeder außer Perka wußte, daß es eine Enkeltochter war.

Eigentlich hatte Perka sich vorgenommen, mit der Sauferei auf den kleinen Karol ein Ende zu machen. Mittlerweile gab es kaum einen, der nicht sein Glas auf den Erben des Perka-Hofs gehoben hätte. Ausgerechnet der versoffene Nachtwächter mit seinen zwei Frauen, der selber in jungen Jahren mit der Jadwiga keinen Sohn zusammengebracht hatte, ausgerechnet der verlangte jedesmal einen besonders großen Schluck.

Vater, mischt sich Piotr ein, das muß nicht sein! Wie lange willst du eigentlich noch Lagen schmeißen?

Schon ist Perka in Wut. Dem Sohn zum Trotz und um der Stimmung, die er insgeheim befürchtet, vorzubeugen, schickt er den Nachtwächter nach einer Flasche Wodka.

Bleibt hier, Fratczak, sagt Piotr und packt den Nachtwächter am Schlafittchen, wenn ihr Wodka trinken wollt, zahlt ihn euch selbst, aber nicht auf Kosten meines Vaters!

Schweigen rundum, irgendwann hat jeder Scherz ein Ende.

Piotr hat recht, sagt Jacek Staszak, dessen Gewohnheit es nicht ist, sich in anderer Leute Angelegenheiten zu mischen, Perka hat genug für euch bezahlt!

Perka ist verblüfft. Ausgerechnet Jacek setzt sich für ihn ein? Und er fragt sich, warum die Männer plötzlich alle still sind und ihn angaffen.

Da ist doch etwas, sagt er laut, irgend etwas ist doch los!

Wieder antwortet Jacek, während Fratczak blöd grinst. Piotr wird blaß und schaut Jacek auf den Mund, als würde gleich Furchtbares zu hören sein.

Ja, Perka, sagt Jacek, du wirst schon noch draufkommen!

Du lieber Gott, das muß man gesehen haben, wie Perka, durch Staszaks Worte aufgestachelt, hochspringt. Er dreht sich im Kreis, daß man Angst haben muß, er fällt wieder auf den Kopf. Fratczak versucht einen Witz, aber niemand lacht. Perka bleibt vor Piotr stehen. Du weißt etwas, sagt der Alte ruhig und wird knallrot im Gesicht. Ein böses Zeichen, das wissen alle. Vielleicht wäre es gut, wenn Piotr dem Vater hier, wo alle dabei sind, sagt, was los ist. Dann kann der Alte nicht so herumwüten.

Sags ihm, flüstert Suszko.

Was soll er sagen, schreit Perka und macht einen Stiernakken, was soll er mir sagen?

Piotr rührt sich nicht von der Stelle. Er bleibt ruhig, zieht den Kopf ein und erwartet einen Schlag. Aber das wagt Perka nicht. Sein Gesicht rückt nur dem von Piotr näher. Auge in Auge stehen sie sich gegenüber, daß es einem kalt den Rükken herunterlaufen kann. Plötzlich reckt sich der Alte kerzengerade auf.

Du brauchst mir nichts mehr zu sagen, zischt er, während

seine Augäpfel seitlich hin und her zittern, weil er zu dicht vor Piotr steht, verlaß dich drauf, ich kriegs raus!

Der alte Perka geht breitbeinig fort, laut schlurfend, und jeder kann sich denken, was er vorhat.

Kaum ist Perka fort, kommt Anna auf Kirkors Laden zu. Noch ist kein Wort unter den Männern gewechselt worden, zu beschäftigt waren sie, dem Alten nachzusehen, wie der von der Kurve der Dorfstraße zu seinem Hof einbog.

Kirkor, der als Geschäftsmann schon seine Kunden davonrennen sieht, bringt von der Ladentür aus, in der er weißgekittelt herumlungert, das Gespräch mit der Niemka in Gang. Wenn er es geschickt anlegt, wird sie diejenige sein, die eine Lage schmeißt, denn kleinlich ist sie nicht.

Pani Anna, sagt er fröhlich zwinkernd, wie wärs mit einem von der neuen Sorte?

Auch Fratczak zwinkert. Soll gut sein, der neue Wodka!

Und Suszko, der das Gesicht von Kirkor beobachtet hat und sich daraufhin gleichfalls eine Chance auf Wodka ausrechnet, schiebt seine Amtsmütze von hinten nach vorne und sagt: Trinken Sie einen mit auf die Gesundheit, Pani Anna?

Anna trinkt einen mit, und Suszkos Rechnung geht auf, auch die von Fratczak und Kirkor. Anna kauft eine Flasche von dem Neuen, hockt sich unter die Männer und läßt die Flasche rundgehen.

Vom Kiosk her sehen die Frauen zu und schütteln die Köpfe. Obwohl Pani Fedeczkowa ihrer Tochter Renata versprochen hat, wie ein Grab zu schweigen, kann sie angesichts der Niemka, die dort mit den Männern auf dem Mäuerchen Wodka trinkt, den Mund nicht halten. Langsam, unter bedeutungsvollen Seufzern, gibt sie das Ungeheuerliche weiter. Kowaleks wollen umsiedeln, und die Niemka hat die Finger im Spiel.

Jacek, der es vorgezogen hatte, bei der Wodkarunde nicht mitzuhalten, um Barbara das Brot nach Hause zu tragen, erfährt die Sache, kaum daß die Fedeczkowa mit ihren Vermutungen und Ahnungen zu Ende gekommen ist.

So eine ist das also, sagt er, läßt Barbara mit dem Brot stehen und begibt sich wieder zurück zu Kirkor.

Dort ist mittlerweile Stimmung. Anna ist guter Laune, und

als Staszak vom Kiosk wieder zurückkehrt, um sich neben die anderen Männer aufs Mäuerchen zu setzen, freut sie sich.

Sie fühlt sich nicht mehr fremd. Daß die Kombinatsangestellten sie nicht mögen, macht ihr nichts aus, und mit Ludwiks Gegenwart findet sie sich ab. Nachdem sie von Zofia weiß, was ihm im Lager geschehen ist, bemüht sich Anna, ihm aus dem Weg zu gehen. Hin und wieder begegnen sie sich, höflich grüßend wie Fremde und selten mit einem Blick füreinander. Ludwik scheint es nicht weiter schwerzufallen. Manchmal sind seine Augen auf sie gerichtet. Ohne sie wahrzunehmen, schaut er einfach, wie durch Glas, durch sie hindurch. In solchen Augenblicken muß Anna an Vera denken, Ludwiks Tochter.

Hundertmal hat sie sich überlegt, ob sie ihm die Wahrheit sagen soll und hundertmal hat sie nein dazu gesagt. Ludwik wird es ebensowenig erfahren wie Vera.

Was bleibt, ist das Dorf, Julas Küche, der Kurier-Ahne, Elkas Zuneigung und Friedel Kowaleks Anhänglichkeit. Selbst Staszaks störrisches Mißtrauen wird für Anna etwas Vertrautes.

Piotr, sagt Anna und reicht ihm die Flasche hinüber, du bist weiß wie Kirkors Kittel, was ist mit dir los?

Erst will Piotr nicht antworten. Aber dann fällt ihm ein, daß sie es ist, der er seine mißliche Lage zu verdanken hat. Sie hat den Vater belogen, und er muß jetzt die Lüge ausbaden.

Mein Vater, sagt er, glaubt immer noch, was Sie ihm bei der Geburt unseres Kindes gesagt haben!

Staunende Blicke gehen von einem zum anderen. Das wußte niemand. Er hat sich selbst den Enkelsohn eingebildet! widerspricht Anna. Aber Sie haben ihm beigepflichtet. Sie haben mit ihm auf einen Jungen angestoßen, der kein Junge ist. Wenn er jetzt die Wahrheit erfährt, wird es noch schlimmer!

Ach was, sagt Anna in Wodkalaune, du nimmst das zu ernst, hättest du mir die Sache überlassen, wäre längst alles mit deinem Vater in Ordnung gebracht!

Anna bemerkt nicht, daß Jacek Staszak nach Worten sucht.

Ihnen ist in Ujazd schon immer zu viel überlassen worden, sagt er schließlich und steht plötzlich vor Anna.

Wieso?

Keiner kümmert sich mehr um Piotr. Alle starren nur Jacek und die Niemka an. Die hat die Flasche wieder in der Hand, wollte sie wohl Jacek reichen, behält sie jetzt selbst, als müßte sie sich daran festhalten.

Sie haben schon früher die Sachen zu gründlich in Ordnung gebracht, lassen Sie heute die Finger davon! fährt Jacek fort.

Du lieber Gott – Kirkor sieht abermals das Geschäft flötengehen und Suszko die nächste Runde Wodka. Fratczak rückt seitlich weg. Er möchte nicht hineingezogen werden, wenn Jacek Staszak der Niemka droht. Das geht ihn nichts an.

Es nützt nichts, daß Kirkor das Gespräch mit der Bemerkung »fürs Gewesene gibt der Jude nichts« in eine andere Richtung bringen will. Alle, wie sie nebeneinander auf dem Mäuerchen sitzen, möchten wissen, was Jacek Staszak da gemeint hat.

Einen Augenblick scheint es, als wäre der Niemka die Luft weggeblieben. Aschfahl hockt sie da, wie ausgestopft, und hat Fratczaks Meinung nach nichts mehr zu lachen. Suszko hingegen denkt, daß er an ihrer Stelle weggehen würde. Sie braucht sich nur in ihr Auto zu setzen und Gas zu geben, statt sich von Jacek bedrohen zu lassen. Wer hat eigentlich keinen Dreck am Stecken, da hat Kirkor ganz recht. Fürs Gewesene gibt der Jude nichts!

Aber die Niemka macht sich nicht davon, weder zu Fuß noch mit dem Auto. Im Gegenteil, sie nimmt einen ordentlichen Schluck aus der Flasche und steckt zu Suszkos Leidwesen den Korken obendrauf. Das hat Jacek Staszak nun erreicht.

Von der Kirche her schallt das Sechsuhrgeläut herüber. Kaum haben sich die Ohren auf das Glockengeläut eingestellt, fragt Anna laut und vernehmlich, was Jacek Staszak ihr vorzuwerfen habe, und sagt, daß sie sich nicht eher wegrühre, als bis er mit seinen Vorwürfen herausrücke.

Angst hat die Frau nicht und ein schlechtes Gewissen auch nicht, denkt Kirkor.

Jacek ist anderer Meinung.

Haben Sie nicht dafür gesorgt, daß Ludwik Janik eingesperrt wurde? War er Ihnen nicht plötzlich im Weg?

Was redet Ihr da, sagt Kirkor versöhnlich, sowas darf man niemandem vorwerfen, wenn man es nicht beweisen kann! Ludwik Janik hat das nie behauptet, also könnt Ihr es auch nicht behaupten!

Dann fragt doch mal den Herrn Stellvertretenden Direktor, wie er damals zu Pani Anna gestanden hat!

Jacek schluckt und kaut, als hätte er noch eine Menge zu sagen.

Sagen Sie es, Jacek Staszak! Annas Stimme ist leise. Man kann sie kaum verstehen, was Fratzak ärgert. Hier geht es immerhin um einen Chef im Kombinat, und wer möchte da nicht etwas wissen. Gedanken müßte man bei denen lesen können, dann wäre es einfach.

Ludwik Janik wurde verhaftet, sagt Anna, weil er zwei Polinnen versteckt hat. Und der Dorfpolizist hat ihn erwischt. Ich habe nichts für ihn tun können, obwohl ich Ludwik gut kannte, wenn Sie das meinen?

In der Pause, die jetzt entsteht, sehen sich Kirkor und Suszko an. Wenn Jacek jetzt sagt, daß Ludwik Janik mit der Niemka was gehabt hat, dann wäre das allerhand. In Fratczaks Hirn spukt gar die Frage, ob die Niemka nicht vielleicht überhaupt wegen dem Stellvertretenden Kombinatsdirektor in Ujazd aufgekreuzt ist. Da gäbe es eine Menge zu denken, und ein Schluck aus der Flasche würde dabei helfen. Aber die Flasche ist verkorkt und zu wie Jaceks Mund, aus dem kein Wörtchen mehr herauskommt.

Ich habe auch Elka gut gekannt, sagt Anna, ich bin Piotrs Patin, und Kowaleks kenne ich seit meiner Kindheit! Annas Stimme wird sicherer. Man könnte fast den Gedanken vergessen, der jedem bei Jaceks Anspielung kam. Nein, zwischen der Niemka und Ludwik Janik, da war nichts. Das hatte sich einen Augenblick lang nur so angehört.

Überhaupt, was hat Jacek gegen Pani Anna? Stimmt es nicht, daß sie Patin von Piotr ist und überall im Dorf gern gesehen?

Ihr seid ein Griesgram, Staszak, mischt sich Kirkor ein, Ihr laßt an niemanden ein gutes Haar, nicht mal an Euren Kindern! Gebt doch einmal Frieden!

Das ist wahr. Staszak sollte sich das hinter die Ohren

schreiben. Suszko nickt dem Freund zu und würde gern etwas Ähnliches sagen. Nur kommt er nicht mehr dazu, denn Kirkors Worte haben Staszak erst richtig in Rage gebracht. Er grapscht nach Piotr und zerrt ihn am Arm bis vor die Niemka.

Und wie haben Sie bei Perkas alles in Ordnung gebracht? Der Alte denkt heute noch, daß er einen Enkelsohn hat! Wenn er den Hof dem Staat überschreibt, kann sich Piotr bei seiner Patin bedanken! Jacek stößt Piotr wieder zur Seite.

Und Kowaleks, giftet Jacek weiter, da bringen Sie die Sache auch in Ordnung, nicht wahr? Umsiedlung in die Bundesrepublik! Wissen Sie denn überhaupt, ob die Kinder von Kowaleks hier weg wollen?

Das ist nicht meine Angelegenheit, antwortet Anna und wird zum zweitenmal aschfahl im Gesicht. Trotzdem versucht sie ein Lächeln.

Glauben Sie vielleicht, ich kann etwas bei den Behörden ausrichten? Das ist genauso idiotisch wie Ihr Verdacht, daß ich an Ludwik Janiks Verhaftung die Schuld tragen soll!

Anna steht auf, nickt in die Runde und geht weg, ohne noch ein einziges Wort zu sagen. Und was noch erstaunlicher ist, sie hat den Wodka von der neuen Sorte stehen lassen, dicht neben Fratczak, sozusagen direkt zu seinen Füßen. Während die Männer aus Jacek herausholen, was der über Kowaleks weiß, angelt sich Fratczak die Flasche und nimmt einen ordentlichen Schluck und kurze Zeit später den zweiten.

Vom Osten her hat sich ein Wind aufgemacht und trocknet das Korn. Morgen wird die Ernte weitergehen. In den Pappeln und Eschen am Rande der Dorfstraße nimmt das Rauschen zu. Blatt an Blatt reibt sich in den Pappeln, dreht sich knisternd und versilbert den Baum. Selbst in den staksigen Bäumen, die Annas Vater gepflanzt hat, säuselt es leicht.

Anna läuft den schwarzen Weg längs der Parkmauer entlang. Schwarzer Weg, der heute grün ist, von Unkraut überwuchert und zu nichts mehr nutze. Pferdekutschen fahren hier nicht mehr, die Herrschaft ist passé! Dickbramsig schnauben die Bullen hinterm Zaun, das Hinterteil in Windrichtung gekehrt, tellergroße Fladen um sich herum. Nichts da von Vollblutjährlingen, die wiehernd auf der anderen Seite des Gatters auf und ab galoppieren. Auch sie sind passé! Annas Schritt knirscht nicht auf schwarzem Kies, sondern schleicht über Löwenzahn, Grasbüschel und Brennesseln hinweg, lautlos. Bei Kirkor ist sie gerade noch mit einem blauen Auge davongekommen. Aber Staszak wird den Mund nicht halten, wird alles, was er weiß, herausplaudern und ein Gerede in Marsch setzen. Ein Gerede über Ludwik und sie. Aber das ist es nicht, was Anna Angst macht. Das muß Ludwik durchstehen, Ludwik mit seiner Zofia.

Vielmehr gehts um Kowaleks! Hier hat jemand gequatscht und sie in Gefahr gebracht. Aus ist es mit der vertrauten Gegenwart, die im Laufe der Wochen aus der Vergangenheit gewachsen ist.

Und Piotr schiebt ihr die Schuld für seine familiären Querelen in die Schuhe.

Immer mehr tritt die bange Frage in den Vordergrund, wer etwas von dem Brief des Kurier-Ahnen weiß, der in Julas schwarzem Buch steckt? Hat die Alte das Geheimnis nicht für sich behalten können, oder hat Friedel Kowalek in ihrer Einfalt geplaudert? Weiß der Himmel, was um sie herum für Gerüchte wachsen, von denen sie nichts weiß und gegen die sie sich nicht wehren kann. Bald wird es heißen, sie hätte die Kowaleks zur Umsiedlung bewogen. Schnell konnte das gehn, sehr schnell, und aus wäre es mit ihrer Arbeit in Polen – dieser Arbeit, die sie immer noch nicht begonnen hatte, die bis jetzt nur aus Vorsätzen bestand. Jedes Gespräch, kaum angefangen, war von der Vergangenheit aufgerollt und eingewikkelt worden.

Am Ende des schwarzen Weges, der im Laufe der Jahrzehnte grün geworden war, ist sich Anna darüber im klaren, daß es unter ihren Notizen und Tonbändern nichts gibt, was sie zu Hause einer Zeitung oder Rundfunkanstalt anbieten kann. Nichts, was man in der Bundesrepublik nicht längst wüßte, nichts, was nicht in einem anderen Dorf auch geschehen könnte.

Am Ende des schwarzen Weges ist für Anna nichts weiter übriggeblieben als ihre eigene Geschichte.

Vor dem Schloßportal ist Hochbetrieb. Im Jugendklub spielt eine Kapelle. Durch den Park dringen ein paar Takte Musik, hören auf, beginnen von neuem, immer nur Takte ohne Anfang und Ende. Der ehemals schwarze Weg führt zum Schloß und nirgendwo anders hin. Anna muß vorbei an den Blicken von Tomek, Renata, Józef und Janka. Bohrende Blicke, wie Anna findet, da nützt auch kein höfliches Grüßen, kein schnelleres Gehen.

Pani Anna, ruft Jurek plötzlich, als sie fast schon an der Auffahrt vorbei ist. Entschuldigen Sie, Pani Anna, aber wissen Sie vielleicht, wo Sabina ist?

Nein, sagt Anna, woher soll ich das wissen?

Es ist nicht die Frage allein, die sie mißtrauisch macht. Eher die Art und Weise, wie sich der Kreis der jungen Leute auflöst und wie sie ein Spalier bilden, durch das sie hindurch muß. Kopf an Kopf stehen sie da, auch Janka und Tomek. Spießrutenlaufen. Von irgendeiner Seite wird der erste Hieb kommen. Oder ist alles nur Einbildung? Keine bohrenden Blicke, nur neugierige?

Wir dachten nur, sagt Jurek ohne Freundlichkeit, weil Sie in Ihrem Auto jeden mitnehmen, der es will!

In einigen Gesichtern taucht Grinsen auf. Jurek hat es der Niemka gegeben. Im Grunde weiß jeder, daß sie keine Ahnung hat, wo Lenarts Sabina sein könnte. Es ist nur wegen dem, was über Kowaleks erzählt wird. Da macht es nichts, wenn sie von Jurek ein bißchen in Verlegenheit gebracht wird. Was ist schon dabei!

Plötzlich drängt sich Jolka vor, schubst und boxt sich zwischen Tomek und Renata hindurch, sieht zu, daß sie auch noch wie aus Versehen Janka mächtig auf den Fuß tritt und ist schon neben Anna. Hand in Hand gehen sie im gleichen Takt, obwohl Jolkas Beine für die Schrittlänge zu kurz sind. Ich komme mit Ihnen, flüstert sie Anna zu, und ihre Sommersprossen tanzen auf ihrem verschmitzt lächelnden Gesicht. Ja, sagt Anna, wir könnten eine Autotour machen, willst du? Es sieht so aus, als wenn sich Jolka die kleine Schadenfreude, die gerade aufgekommen ist, mit der Niemka teilen wollte. Das macht Janka ganz fuchsig. Ihre braunen Augen werden hell wie Kirschkerne. Sie stößt Józef in die Rippen und nickt Jolka nach, was bedeuten soll, daß Józef seine Nichte zurückholen soll.

Jolka! ruft der auch gehorsam und mit strenger Stimme den beiden hinterher, Jolka, komm sofort zurück!

Aber Jolka kommt nicht, hält nur Annas Hand fester, schwenkt ihren roten Pferdeschwanz im zu großen Takt des Schrittes von einem Ohr zum anderen.

Noch einmal Józefs Ruf, noch strenger, noch lauter. Doch Jolka dreht sich nur um und streckt Józef die Zunge heraus.

Wohin wollen wir fahren? fragt Anna so laut, daß es jeder hören kann.

Nach Zawada zu den Fischteichen, antwortet Jolka, und dann erzählen Sie mir eine Geschichte von früher!

Im Kombinat findet heute eine ungewöhnliche Unterhaltung am Mittagstisch statt. Von Kirkor und Suszko weiß Józef, was sich auf dem Mäuerchen zugetragen hat. Und jetzt wissen es alle.

Die Niemka hat sich bei Perkas eingemischt. Über Kowaleks gehen Gerüchte, daß die Niemka die Familie zur Umsiedlung überreden will und, was man vielleicht noch wissen sollte, Józefs Vater behauptet, daß die Niemka seinerzeit für die Verhaftung des Herrn Stellvertretenden Direktors verantwortlich gewesen sei.

Pani Pawlakowa nickt beim Löffeln der Suppe in kleinen Abständen vor sich hin, ohne auch nur ein einziges Mal aufzublicken. Die Sekretärinnen und der Kulturleiter unterbrechen ihr Essen und sehen sich sprachlos an.

Zofia schiebt ihren gefüllten Teller beiseite.

Kann Staszak das beweisen? fragt sie, und jeder der Anwesenden denkt: Warum fragt sie nicht ihren Mann?

Alle Blicke richten sich auf Ludwik Janik.

Da gibts nichts zu beweisen, sagt Ludwik.

Das läßt keinen Widerspruch aufkommen, auch keine weiteren Fragen. Das Löffeln setzt wieder ein. Die Buchhalterinnen essen am schnellsten und reden kein Wort mehr.

Dann kommt Anna, und das Grüßen ist leiser als sonst.

Der einzige freie Platz ist am Tisch der Pawlakowa und des Ehepaares Janik. Anna setzt sich Pani Pawlakowa gegenüber. Längst könnte man aufstehen und seiner Wege gehen. Aber jedesmal, wenn Ludwik aufstehen will, hat Pani Pawlakowa etwas zu sagen.

Anna merkt, daß die Leute nicht von dem reden, woran sie denken. Sie hört zu essen auf, legt den Löffel in den halb geleerten Teller und fragt, was los sei.

Uns ist unverständlich, was Sie so lange in unserem kleinen Dorf hält, sagt Pani Pawlakowa, darüber sprachen wir gerade! Sie sagt es höflich, kalt und glatt.

Das wissen Sie doch, antwortet Anna, das weiß jeder in Ujazd! Die Zigarettenspitze Pani Pawlakowas wandert in ihren Mund und bleibt dort bei allem weiteren, was sie sagt, zwischen den Zähnen stecken. Ein blaues Wölkchen nach dem anderen zieht aus ihren Lippen, kriecht über die Wand und nebelt alles ein. Atemzug für Atemzug, obwohl es im Eßraum des Kombinats nicht üblich ist zu rauchen.

Sie müssen nicht denken, daß Sie hier die erste deutsche Journalistin sind! Uns fällt nur auf – und dabei zieht sie das Wort »uns« ungewöhnlich in die Länge –, uns fällt auf, daß Sie offenbar nichts anderes interessiert als Ujazd. Waren Sie schon einmal in Glogów, in der Kupferhütte, oder in Lubin? Kennen Sie Racot, das größte Warmblutgestüt Europas, wo im Augenblick ein Fernsehteam Ihres Landes einen Film macht? Fahren Sie während der Messe nach Poznań? Haben Sie sich Rydzyna angesehen, das Barockstädtchen, dessen Schloß früher die berühmteste Eliteschule Polens beherbergte? Kennen Sie die Geschichte der Windmühlen von Osieczna oder vielleicht die der Bürger von Leszno zur Zeit der Okkupation?

Bevor Anna antworten kann, winkt Pani Pawlakowa ab. Nichts kennen Sie, gar nichts!

Entschuldigen Sie, sagt Anna mit der gleichen Höflichkeit und Glätte in der Stimme, geht Sie das etwas an?

Pani Pawlakowa pafft Wölkchen. Ludwik sitzt etwas zu gerade auf seinem Stuhl, während Zofias breitflächiges Gesicht völlig bewegungslos ist. Nur Pani Banaśowa kratzt in ihrem Kompottglas herum.

Plötzlich beugt sich Zofia vor und sagt: Sie sollten abfahren!

Das hat niemand erwartet. Es ist unhöflich und bedarf zumindest einer Erklärung. Im Dorf spricht man über Sie, sagt

Pani Pawlakowa und versucht, damit Zofias Worten die Schärfe zu nehmen.

Józef beobachtet vom Nachbartisch, wie Anna das Besteck weglegt. Jede Bewegung ist langsam. Sogar ihre Serviette legt sie mit Sorgfalt zusammen. Ihr gefüllter Teller steht dampfend zwischen dem abgegessenen Geschirr der anderen, ein plötzliches Ärgernis.

Warum essen Sie nicht? fragt Pani Banaśowa und schiebt den Teller wieder ein Stück zu Anna.

Nein danke! Anna sieht Ludwik an. Ludwik, sagt sie, und nennt ihn erstmals in aller Öffentlichkeit beim Vornamen, warum sagst du nichts?

Und weil Ludwik nichts sagt, vor sich hinstarrt, als wäre sie nicht da, nur die Schultern hebt, steht sie auf. Schade, sagt sie.

Mit energischen Schritten geht sie durch den Raum und verläßt grußlos die Runde. Die Tür fällt ins Schloß.

Nimmst du sie etwa in Schutz? fragt Zofia spitz.

Sie ist auf Einladung der Behörden hier, sagt er, sie ist ein offizieller Gast des Kombinats.

Irgend jemand stellt klappernd das Geschirr zusammen, und Pani Banaśowa überlegt, ob sie sich ein zweites Mal vom Nachtisch nehmen soll.

Komm, Zofia. Ludwik steht auf. Draußen sagt er, du mußt wissen, was du sagst, Zofia! Vergiß das nicht, hörst du?

Es tut mir leid, Ludwik!

Aber er hat sich schon umgedreht, um mit Jodko die Lagerung der weiteren Ernte zu besprechen.

In Annas Zimmer sieht es wild aus. Nichts liegt auf seinem Platz, selbst die Bücher hat sie vom Schrank gerissen und auf den Fußboden gefeuert. Auf Sofa und Bett stehen aufgeklappte Koffer, in die sie wahllos Sachen wirft. Dabei schimpft sie Flüche vor sich hin, polnische und deutsche, einer so saftig wie der andere, von denen die meisten Pani Pawlakowa und Ludwik gelten. Polackenpack!

Da nützt kein Blick auf die vertrauten Felder, die alten Birnbäume und Eichen, die Waldkette am Horizont, die Störche auf dem Schornstein der ehemaligen Gutsbrennerei. Anna will nach Hause, dahin, wo sie hergekommen ist, und am liebsten sofort. Morgen wird sie abfahren, morgen früh, noch bevor die ersten Traktoren über den Gutshof tuckern.

Es klopft. Und weil Anna nicht antwortet, klopft es ein zweites und drittes Mal.

Prosze!

Jolkas Kindergesicht, rotbackig, strahlend, blauäugig.

Ich habe keine Zeit, sagt Anna unfreundlich, die Hände voll Kleider, die sie in den Koffer knüllt. Was herunterfällt, läßt sie liegen und schiebt es mit dem Fuß beiseite.

Anna!

Mit dem Rücken zur Tür bleibt sie stehen, horcht der Stimme nach, dem kurz gesprochenen Doppel-N ihres Namens, wie es nur im Deutschen üblich ist. Die Sachen fallen ihr aus der Hand.

Oskar. Da steht er, selbstverständlich und vertraut in seiner schlampigen Eleganz, und sagt: Komm her, Mädchen! Annas Arme legen sich fest um seinen Hals, und er wird verlegen. Ihre kleinen warmen Küsse, die sie ihm ins Gesicht setzt, nehmen kein Ende.

Du weinst? fragt Oskar und wischt ihr mit beiden Daumen die Tränen ab, das paßt gar nicht zu dir!

Was glaubst du, was hier alles nicht zu mir paßt! sagt Anna.

Ich bin froh, daß du da bist, und sie kramt aus all dem Durcheinander eine Wodkaflasche hervor.

Die neue Sorte! erklärt sie.

Oskar schnappt nach dem ersten Schluck nach Luft. Trinkst du das öfters?

Jolka steht noch immer in der Tür, von Anna vergessen, von Oskar unbeachtet. Sie hockt sich in der Nähe des Kachelofens auf die Erde. So hat sie Pani Anna noch nie erlebt. Einmal die Unordnung im Zimmer, die halbgepackten Koffer, und nun dieser Mann, den sie so umarmt hat, wie es sonst nur die Mutter mit dem Vater macht. Dabei weint und lacht Pani Anna abwechselnd, daß es Jolka ganz unheimlich wird. Sie schimpft, das ist auch in der fremden Sprache festzustellen. Namen wie Pawlakowa, Ludwik, Jula und Staszak fallen, und keiner von ihnen hat in Pani Annas Mund einen guten Klang.

Dann hört Jolka ihren eigenen Namen. Pani Anna schimpft nicht mehr und spricht weiter, bis dieser Mann auf Jolka zeigt. Komm her, Jolka, sagt Anna und nimmt sie in den Arm.

Ist das Ihr Mann? fragt Jolka.

Nein, sagt Anna, das ist nicht mein Mann, das ist ein Freund! Jolka gefällt dieser Freund nicht, obwohl er aus seiner Jackentasche Kaugummi hervorholt und ihn Jolka wie einem kleinen Hündchen hinhält. Dann tätschelt er ihr den Hinterkopf.

Was will denn dieser Rotfuchs? fragt er Anna.

Sie wollte wissen, ob du mein Mann bist!

Schick sie weg! lacht er, ich mag nicht, wenn man mich so anglotzt.

Oskar häuft kleine, flache, in Aluminium gewickelte Streifen in Jolkas Hände.

Okay, sagt er und klatscht in die Hände, jetzt ist es genug!

Jolka versteht, was gemeint ist. Um ihre Verachtung auszudrücken, hätte sie dem fremden Herrn am liebsten den Kaugummi vor die Füße geschmissen, aber da es ein Freund von Pani Anna ist, bleibt es bei der Andeutung eines Knickses als Dank. Jolka legt alle Kaugummis flugs zurück auf den Tisch, wirbelt herum, daß ihr der rote Pferdeschwanz waagerecht vom Kopf absteht und rennt zur Tür. Doch in der Tür bleibt sie stehen, die Klinke in der Hand, und besieht sich noch einmal das Durcheinander.

Fahren Sie weg, Pani Anna?

Ja, Jolka, ich fahre nach Hause!

Vom Hof her hört Jolka die Stimme des Vaters nach ihr rufen, gleich darauf auch die Stimme der Mutter. Es wird Zeit, zu gehorchen, sonst gibt es ein Donnerwetter. Behutsam schließt Jolka die Tür.

Was hast du der Kleinen gesagt?

Daß ich nach Hause fahre!

Anna beginnt wieder mit dem Packen. Und weil Oskar nichts sagt, ihr nur zusieht und es sich auf dem wackligen

Sessel bequem macht, als hätte er viel Zeit, fährt sie nach einer Pause fort: Sie machen mich hier fertig.

Oskar findet Anna mager und ihre Bewegungen fahrig. Unentwegt streicht sie die Haare aus dem Gesicht. Er kann sich nicht daran erinnern, sie jemals ungeschminkt gesehen zu haben. Diese Anna ist fremd und ein wenig rührend in ihrer Mutlosigkeit. Mit gutmütigem Spott ist da nichts mehr zu machen.

Vielleicht hast du dich selbst fertiggemacht, sagt Oskar. Du fährst nicht nach Hause, er gießt ihr einen Wodka ein, du fährst mit mir nach Posen!

Ich will nicht!

Hör mal zu, deinetwegen bin ich auf die Messe nach Posen gefahren. Ich wollte dich sehen. Du warst am Telefon so traurig!

Wirklich?

Zieh dich schick an, schmink dich und sieh zu, daß deine Haare nicht nach Kuhstall stinken. Er blickt aus dem Fenster. Flach wie ein Flugplatz. Ich schlafe ein, wenn ich nur hinsehe. Hat das alles deinem Vater gehört?

Alles was du siehst!

Ein bißchen verkommen, nicht wahr? Sieh dir doch bloß den Verputz vom Schloß an. Und der Park, ein Jammer mit den zementierten Wegen und elektrischen Lampen!

Das ist der Durchgang zum Klub. Innen sind die Räume gut genutzt. Da gibt es ein Billardzimmer, eine Bibliothek, einen Fernsehraum ...

Du lieber Gott, Anna, interessiert dich das wirklich?

Anna schließt mitten im Satz den Mund.

Der Sportwagen hat Jodkos Interesse erregt. So einen Wagen hat er noch nie gesehen, Fratczak schon gar nicht, auch Ludwik ist der Wagentyp nicht bekannt. Man rätselt über den Preis, den Benzinverbrauch, die PS-Zahl und die Höchstgeschwindigkeit. Das ist ein anderer Wagen als der von Pani Anna!

Aber auch Pani Anna ist plötzlich eine andere, wie sie da städtisch und elegant mit dem fremden Mann über den Hof kommt. In so einem Aufzug kennt sie niemand in Ujazd, und

Fratczak kann sich kaum vorstellen, derselben Pani Anna im Stall beim Kalben einer Kuh und einer halben Flasche Roten sein Leben erzählt zu haben. Jodko fehlen aus anderen Gründen die Worte. So wie die Niemka jetzt aussieht, kann man darauf schließen, daß sie Geld hat. Wer Geld hat, hat aber auch Dollars, und wer Dollars hat, dem kann man sie abkaufen. Das ist eine klare Sache. Jodko will sich ein Haus bauen. Nicht eines der Eigenheime, wie man sie über das Kombinat bekommen kann. Nein, Jodko will ein Haus nach seinem Geschmack. Dazu braucht man Steine, gute Steine, Zement, guten Zement, und das gibts für Dollars auf dem Schwarzmarkt. Und daß die Niemka Dollars haben könnte, ist ihm zu spät eingefallen!

Ludwik, sagt Anna, ein Freund aus Westdeutschland.

Oskar und Ludwik geben sich die Hand.

Dzién dobry!

Guten Tag!

Du siehst gut aus, sagt Ludwik und geht zu Jodko, um zu fragen, ob das Pferd schon angespannt sei.

Nein, sagt Jodko erschrocken, das sei ihm nicht aufgetragen worden.

Wer war das? fragt Oskar, während er über das Desinfektionsgatter zwischen den Pfeilern fährt. Der Torf spritzt, die Hühner flattern gackernd zur Seite.

Das war der Stellvertretende Direktor des Kombinats!

Und was wollte er?

Er sagte, daß ich gut aussehe!

Der alte Perka steht in seiner Hofeinfahrt, den Kinderwagen schaukelnd, und grüßt mit der Mütze dem davonfahrenden Auto nach. Paß auf, Karola, murmelt er, einmal wirst du auch in so einem feinen Auto fahren!

Nachdem der alte Perka damals von Kirkors Laden allein und voller Mißtrauen nach Hause marschiert war, hatte er sich entschlossen, der Sache auf den Grund zu gehen. Er nahm sich Zeit und wartete auf eine günstige Gelegenheit, die sich bereits am folgenden Tag ergab. Janina und Piotr hatten sich aufgemacht, um die Luzerne neben den Pfirsichen zu mähen,

Elka fuhrwerkte in der Küche herum und ließ sich nicht sehen, während das Kind unterm Apfelbaum lag und schlief. Hübsch war es anzusehen mit dem zur Seite geneigten Köpfchen, die runden Bäckchen von der Sonne rosa gefärbt, zwischen denen der winzige Mund traumselig in saugender Bewegung zuckte. Die nach oben gekehrten Fäuste, nicht größer als zwei Kartoffeln, lagen rechts und links der Ohren. Für Perkas Hände alles zu klein, um daran zu rühren. Er könnte gar etwas an dem kleinen Körperchen verrenken. Trotzdem, der Versuch mußte gemacht werden. Das Mißtrauen war von Tag zu Tag und bei jedem Schluck Wodka auf das Wohl des Enkels gewachsen. Und heute, so meinte der alte Perka, war das Maß voll.

Wach auf, sagte er und stieß den Kinderwagen ein Stück durch die Wiese. Der Säugling öffnete so schnell die Augen, daß Perka erschrak.

Nun, nun! sagte er und hielt verlegen dem ernsten Kleinkinderblick stand. Dabei fing er mit einem kuriosen Geflöte an, summte und schmatzte feuchtlippig, um das Kind vom Brüllen abzuhalten. Wart ab, sagte er zwischendurch und spitzte schon wieder die Lippen, wart ab!

Der ernsthafte Blick des Enkels gefiel dem alten Perka. Das Kind muckste sich nicht. Es ließ sich die Bettdecke wegziehen, das Wickeltuch aufschlagen und die Windeln vom Hinterteil ziehen. Unverwandt sahen sich Enkel und Großvater an, bis der Säugling nackt im Wagen lag, zwischen den winzigen Strampelbeinen nichts weiter als ein allerliebstes, wohlgepolstertes Schlitzchen.

Gott sei bei mir, sagte der alte Perka, glotzte sich die Augen aus dem Kopf und legte, wie um sich zu vergewissern, seinen großen Zeigefinger dahin, wo er den Beweis für einen Enkelsohn suchte. Nichts, es war und blieb ein Schlitzchen, aus dem es jetzt, von der lästigen Hülle befreit, fröhlich warm sprudelte.

Du bist mir ein schöner Karol, sagte der alte Perka in drohender Verblüffung und wischte sich die Hand an der Hose ab. Vielleicht wäre es zu einem Wutausbruch gekommen, aber just in dem Moment jauchzte das Enkelkind auf, kniff die Augen in Heiterkeit zusammen und zeigte den zahnlosen

Kiefer, der nicht weniger trostlos aussah als der des Großvaters, wenn er sein Gebiß vor dem Essen aus dem Mund nahm.

Da soll doch der Teufel das Pack holen, sagte der alte Perka, schnappte nach Luft und fing an, sich von seinem Schreck zu erholen. Das Kind jauchzte, quiekte, zwinkerte und strampelte mit den Beinen, bis Morus, der Hund, zu bellen anfing. Da war es aus mit der Fröhlichkeit. Die kleine Karola verzog den eben noch lachenden Mund und setzte zu einem kleinen erbärmlichen Schrei an.

Nun, nun, wiederholte der Großvater, begann wieder mit Flöten, Summen und Schmatzen, wickelte sorgfältig das ein, was er nicht gefunden hatte, nahm das Kind auf den Arm und schaukelte es sanft hin und her.

Wart ab, flüsterte er und begann langsam ein großes Gekicher, wart ab, du und ich, wir werden uns einen Mordsspaß machen – wart ab!

Von Ujazd nach Poznań sind es keine hundert Kilometer. Anna kennt die Strecke. Da ist der Marktplatz von Leszno mit dem wuchtigen Rathaus in der Mitte, ein wenig zu wuchtig für die kleine Stadt. Fährt man einmal darum herum, kann man sich in aller Ruhe die Richtung aussuchen, in der die Reise weitergehen soll. Wroclaw, Glogów, Poznań oder Jarocin. Vom Lesznoer Marktplatz gehts ab, an allen vier Ecken, zwischen den breitdächrigen Barockhäusern stehts geschrieben und verführt den Reisenden, das Ziel neu zu wählen, vielleicht der Sonne nach oder dem Klang des Städtenamens auf dem Wegweiser folgend. Der Marktplatz von Leszno mit seinem Rathaus ist der Nabel der Welt, und die Straße nach Wroclaw, zu deutsch Breslau, ist nicht breiter als zwei Peitschenlängen.

Nach Poznań gehts links von der Sonne weg nach Norden, an den sanften Hügeln von Smiegiel vorbei, Hügeln, die sozusagen nicht in die Landschaft passen und nur durch die Windmühlen auf den Kuppen einen Sinn zu bekommen scheinen. Eine halbe Stunde später Kościan, das für den Autofahrer nur aus der riesigen gotischen Pfarrkirche besteht, weil die Straße nicht durch den Ort führt. Wer will schon nach Kościan!

An die zwanzig Kilometer weiter, immer noch Richtung Norden, führt schnurgerade die Straße nach Steszew und in Z-Form durch Steszew hindurch. Graue eintönige Häuser, kaum zwei Stockwerke hoch, in denen sich die Steszewer lieber aufhalten als auf der Straße, denn die ist immer leer. Keine Arbeiter, keine Frauen, keine alten Leute, nicht einmal Kinder sind in Steszew zu sehen, und Anna schießt, nicht zum erstenmal, der Gedanke durch den Kopf, ob die Bürger von Steszew vielleicht alle im Lipno-See ertrunken seien.

In Poznań angekommen, fährt Oskar die Glogowska stadteinwärts. Das Pflaster ist holprig, graue Mauern alter Vorstadthäuser rahmen die sonnenlose Straße ein, in der kaum Läden zu finden sind. Die Glogowska ist nicht zum Spazierengehen gedacht. Von der Glogowska aus macht man sich zur Arbeit auf oder kommt von der Arbeit zurück. Da ist die Stalingradzka, an deren Ende das Hotel Polonez liegt, schon eine andere Straße. Alleebäume rechts und links machen das Licht freundlich, der Ostwind weht den Benzingeruch der Autos vom Asphalt. Dickbramsig erhebt sich in ungezählten Stockwerken das Polonez, ebenso pompös wie die großen Hotels in Düsseldorf oder Zürich, in Amsterdam, Straßburg oder Ost-Berlin. Dicke Teppiche, gepolsterte Türen, lautlose Fahrstühle, lautlos pendelnde Glastüren schlucken alle Heiterkeit. Wer in so einem Hotel allein ist, ist wirklich allein. Na, sagt Oskar, das ist doch etwas anderes, nicht wahr?

Ja, sagt Anna, ich fühle mich fast wie zu Hause!

Ich muß telefonieren, sagt Oskar und läßt Anna einen Augenblick warten. Fast jede Zelle ist besetzt. Hinter den gläsernen Bullaugen der Mahagonitüren tauchen Köpfe auf, an den Ohren angewachsen Telefonhörer. Ernste Gesichter, besorgte, zufriedene im taubstummen Geflüster, hin und wieder auch ein Lachen, immer das schwarze Ding am Ohr.

Ein kleines Geläut zieht Annas Aufmerksamkeit von den Telefonzellen weg auf einen Boy. Er trägt eine Livree ohne Wappenknöpfe und Kokarde. Über den Kopf ist ein Käppi gestülpt, die Weste ist kurz und in Wespenform geschnitten. Von der Taille aufwärts reihen sich die Knöpfe bis zu den Schultern.

Der Boy läutet, was das Schellchen in seiner Hand hergibt, und Anna denkt an Jula, die, zwischen ihren Glocken an den Ketten hängend, die Aufmerksamkeit Tag für Tag auf den Herrgott lenkt, der seine Schäfchen ruft. Der Boy hat es einfacher. Seine Glocke ist leicht zu läuten, und jeder, der das Klingeln hört, kann auf der Tafel in der Hand des Jungen lesen, daß ein Mister Müssig gesucht wird.

Hier, sagt Oskar und drückte Anna einen Zimmerschlüssel in die Hand, geh rauf, mach dich hübsch und freu dich!

Die Zimmertür im zehnten Stock fällt leise ins Schloß, Annas Schritt versinkt im tomatenroten Velours. Ein breites Bett, Schreibtisch, ein hochlehniger Sessel, Stehlampe und grüne Vorhänge bis hinab zum Fußboden. Im Bad hängen Handtücher in allen Größen über silbrigen Stangen an taubengrauen Kachelwänden, und der Spiegel über dem Waschbecken schönt im sanften Licht der Lampen Annas Fältchen unter den Augen weg.

Vom zehnten Stock des Hotel Polonez ist Ujazd, hinter den Feldern, am Rande der Stadt Poznań, nicht mehr vorstellbar. Anna wird fröhlich.

Da siehst du, sagt Oskar später in der Halle, dir fehlt bloß eine vernünftige Umgebung! Dreh dich mal um!

Schlank, groß, blond, in knappen Jeans und durchsichtiger Bluse, steht Vera vor ihr. Die schlaksige Haltung ist Annas Haltung. In Veras hochgestecktem Haar sitzt sinnlos eine riesengroße Sonnenbrille.

Veras Arme legen sich um Annas Hals, Arme mit dem vertrauten winzigen Geruch nach Vanille. Ein Lachen, kichernd und glucksend, wie es nur Vera lacht. Zwei großgeschminkte Augen strahlen vor Freude.

Ist das eine Überraschung? fragt Oskar.

Bestürzung. Anna sagt nichts, starrt nur auf Vera, als hätte sie ihre Tochter noch nie gesehen.

Alte Anna, sagt Vera und streichelt die Mutter, du siehst mickrig aus. Was ist los mit dir?

Warum bist du gekommen?

Oskar erzählte, du wärst am Telefon ganz durcheinander gewesen. Da bin ich eben mitgefahren.

Anna nickt. Ich muß etwas trinken, sagt sie. Ihre Stimme ist spröde.

Der kleine Boy mit der Wespenlivree wird von Oskar um drei Whiskys geschickt.

Während Oskar in Ujazd war, hat Vera in einem Geschäft ein Krakauer Wolltuch gesehen, einen Lederkoffer, billiger als in Westdeutschland, und vor allem gefällt ihr der moderne Schmuck in dem Geschäft am Wolności-Platz.

Hast du den gesehen?

Anna hat ihn nicht gesehen. Wenn sie ehrlich sein soll, hat sie überhaupt noch nicht darüber nachgedacht, daß man sich in Polen etwas kaufen könnte.

Mit Anna ist irgend etwas, sagt Oskar zu Vera, als sie beide einen Augenblick allein sind. Auf der Fahrt hierher hat sie kaum ein Wort gesprochen. Das Material, das sie in diesem Dorf zusammengetragen hat, ist kümmerlich, wirklich kümmerlich... Was will sie denn eigentlich ihren Auftraggebern erzählen?

Ein Achselzucken. Anna ist zurückgekommen. Vom Ende der Halle ist wieder das Glöckchen zu hören. Eifrig zeigt der livrierte Boy seine Tafel.

Für dich, sagt Vera zu Oskar, du wirst gerufen!

Weder sie noch Oskar können verstehen, warum Anna plötzlich lacht.

Ich finde das komisch, sagt sie, und sieht vor sich Jula statt des Boys die Glocken läuten.

Ich finde das nicht komisch, sondern normal! antwortet Oskar. In jedem vernünftigen Hotel wird man auf diese Art ausgerufen!

Natürlich, sagt Anna, du hast ganz recht!

Bazar-Café im Bazar-Hotel. Ein gewöhnliches Kaffeehaus, mit kleinen runden Tischchen und jeweils vier Stühlen drum herum. Nichts deutet auf die Geschichtsträchtigkeit dieses alten, im Jahre 1838 erbauten Gebäudes, in dem sich zu Zeiten der deutschen Herrschaft in Posen das polnische politische und gesellschaftliche Leben konzentrierte. Hier nahm der Posener Aufstand seinen Lauf, als der Politiker und spätere Ministerpräsident Paderewski gegen den Willen der Deutschen im Dezember 1918 auf der Fahrt von Danzig nach Warschau in Posen Station machte und stürmisch gefeiert wurde. Hier, vor dem Bazar-Hotel am Wolności-Platz, wo im Dezember 1918 12000 Kinder vergeblich die Friedfertigkeit des polnischen Anspruchs beweisen sollten, und preußische Offiziere ihre Grenadiere mit dem Lied »Die Wacht am Rhein« in die Büros des Volksrats schickten und in ihrem Sinn für Ordnung sorgten, obwohl Posen an der Warta liegt. Heute merkt man von alledem nichts mehr.

Posener Aufstand, fragt Vera, was war das? Paderewski, wer war der? Vera wartet die Antwort nicht ab. Wie findest du den Schmuck, steht er mir?

Ja, natürlich!

Vera interessiert sich nicht für polnische Geschichte. Für sie ist Poznań eine schöne alte Stadt, das genügt. Überhaupt gefällt ihr Polen, sagt sie, und daß man sich hier wohl fühlen könnte.

Wohl fühlen? Was ist hier zum Sich-Wohlfühlen?

Keine Ahnung, sagt Vera und löffelt an ihrer Eisportion, sei doch froh!

Anna ist nicht froh. Sie sucht Veras Gesicht nach Ähnlichkeiten mit Ludwik ab, findet den kleinen Dünkel im Zug der Mundwinkel, eine Handbewegung und den direkten Blick.

Du starrst mich die ganze Zeit nur an, sagt Vera, ist dir die Reise so aufs Gemüt geschlagen? Oder fehlt dir Julian?

Kaffeehausgeräusche. Drüben kichern drei Mädchen. Vera fiele zwischen ihnen nicht auf. Sie sieht aus, als gehöre sie hierher. Gegenüber liest ein Mann mit Baskenmütze Zeitung. Die Kellnerin trägt Kaffeetassen und Eisbecher, Limonaden und Teegläser zu Dutzenden auf ihrem Tablett zwischen den Tischchen hindurch. Die Gäste warten geduldig. Wechselgeld ist gefragt. Vor der Glastür stehen weitere Gäste nach frei werdenden Tischen an. Die Kellnerinnen haben viel zu tun. Julian ist zu weit weg, sagt Anna langsam. Er mag Polen nicht besonders. Er paßt hier nicht her.

Der Mann mit der Baskenmütze hat seine Zeitung ausgelesen, macht den Stuhl frei, auf dem jetzt eine dickbusige Frau Platz nimmt. Sie zündet sich eine Zigarette an und bittet Anna um die Karte.

Du paßt noch weniger hierher! sagt Vera.

Wieso? fragt Anna zurück. Die dickbusige Frau wird neugierig.

Vera lacht ihr Lachen. Sieh dich an, sieh dir zu, hör dir zu – alles ist negativ, Mist, rundweg zum Heulen. Macht dir hier denn gar nichts Spaß? Hier ist es doch prima! Die Leute sind nett, nicht so hektisch wie bei uns, es gibt nur halb soviel Autos auf den Straßen, schöne Lokale, und das, was es zu kaufen gibt, ist billiger, die historischen Stadtteile werden wieder aufgebaut, und wenn du sagst, wo du herkommst, hast du schneller Kontakt als sonstwo! Und dann die Landschaft, die Seen, die Ruhe – alles wie aus dem Bilderbuch!

Die Frau gegenüber schlürft ihren Tee und blickt Anna und Vera unverwandt an. Sie möchte sich in das Gespräch mischen, legt sich auch Worte zurecht, traut sich aber nicht recht. Anna erzählt Geschichten von Ujazd, von Elka, dem Enkelsohn, der eigentlich eine Enkeltochter ist, von Jula, die die guten Geister nicht verlassen, von Staszak, dessen Mißtrauen im Laufe der Jahre größer geworden ist als sein Verstand, von dem Nachtwächter Fratczak und seinen zwei Frauen, erzählt von Jolka, dem Schloßkind, von Jurek und seiner Sabina, die spurlos verschwunden ist. Einfach weg, sagt Anna. Kein Mensch weiß, wohin! Alles genau wie aus dem Bilderbuch, sagt Anna spöttisch, sogar die Landschaft stimmt, die Enten auf der Dorfstraße, die Kornblumen in den Feldern, der holzgeschnitzte Christus unter der Dorflinde und die Grabsteine meiner Vorfahren in der Kirche.

Vielleicht hätte Anna noch anderes erzählt, ungereimt und für Vera nicht zusammensetzbar, wenn nicht in diesem Augenblick die dickbusige Frau doch etwas gesagt hätte.

Sie werden entschuldigen, sagt sie, und bietet ihre Zigaretten an. Halbdeutsche sei sie, nicht mehr jung und deshalb mit dem vertraut, was Anna da erfahren habe, denn alles brauche seine Zeit.

Nehmen Sie Ihre Tochter mit, Pani, machen Sie sie bekannt mit den Menschen, die jetzt in Ihrer früheren Heimat wohnen, erzählen Sie ihr, was war, und zeigen Sie ihr, was jetzt ist!

Sie steht auf, zahlt, und schon wird ihr Platz wieder besetzt.

Klasse, sagt Vera, die Dicke hat recht, ich komme mit nach Ujazd!

Abends sitzen sie zu dritt im Smakosz und lassen es sich schmecken. Oskar hat die Plätze reservieren lassen.

Alles wie zu Hause, sagt Vera, nur der Wodka wird hier besser ausgeschenkt. Fröhlich plappert sie vor sich hin, nichts gibt es, was ihr nicht gefällt. Schon längst hat sie beschlossen, Anna nach Ujazd zu begleiten.

Du hast mich nicht einmal gefragt, protestiert Anna müde.

Sie denkt an Karrenberg, wo sie mit Oskar Austern gegessen hatte. Drei Dutzend. Die Schalen hatten sich wie Feldsteinhaufen auf ihren Tellern gehäuft. Steinhaufen, an die sie sich noch gut aus ihrer Kindheit erinnern konnte, und die sie bei Staszak hinter der Scheune wiedergefunden hatte. Bei Karrenberg wußte sie noch nicht einmal den polnischen Namen von Rohrdorf. Irgend etwas mit U, hatte sie damals gesagt.

Ich hab keinen Hunger mehr!

Wenn du dich weiter so benimmst, sagt Vera, wird dich Oskar morgen früh in eine dieser komischen Milchbars schikken. Da kannst du dann für Brötchen und ein Ei Schlange stehen, statt mit uns im Polonez zu frühstücken.

Oder, sagt Oskar, wir schicken dich allein mit dem Bus nach Ujazd zurück.

Mit dem Bus?

Über das Fußende hinweg verläßt Oskar das Bett. Anna schläft noch. Sie liegt ganz am Rande des Betts, auf der Seite, mit angezogenen Beinen. Die Hände hat sie unter dem Kinn gefaltet. Wenn er jetzt vorsichtig die Decke von ihr zieht, könnte er jede der Bewegungen, die sie im Schlaf macht, voraussagen. Jahrelang war Anna immer auf die gleiche Weise neben ihm aufgewacht. Ihr Körper schiebt sich genüßlich nach hinten, bis in die Mitte des Bettes, während sich Arme und Beine weit vorstrecken und ihr Körper die Form eines großen U einnimmt. Sie soll nicht aufwachen, sie soll weiterschlafen, kindlich und vertraut, damit er sie in aller Ruhe betrachten kann. Als er Anna kennenlernte, war sie Ende Zwanzig, mit Wilhelm verheiratet, hatte ein Kind und langweilte sich. Wilhelm jagte seit dem Verlust seiner ostelbischen Güter nach Geld und vermehrte es sorgfältig, ohne Mühe und Skrupel zu scheuen. Anna behauptete damals, er ginge dermaßen geizig mit seiner Zeit um, daß er sommers wie winters den Hut nicht abnehme, um sich unnötigen Aufwand zu ersparen. Er aß und schlief in großer Regelmäßigkeit, übte jedes Wochenende den Beischlaf aus, kleidete Anna gut, da er auch sie als Teil seines Besitzes betrachtete, und redete – wenn nicht vom Geld – von der Heimat, die es zurückzuerobern galt.

Das alles erfuhr Oskar, lange nachdem sie sich kennengelernt hatten. Er traf sie auf einem Fest, da war sie beschwipst und flirtete mit ihm von einem Tischende zum anderen, an der Nase ihres Mannes vorbei. Später sah er sie bei Karrenberg wieder und machte ihr eine altmodische Liebeserklärung. Er überließ es dem Zufall, sie wiederzusehen. Das hatte Anna so beeindruckt, daß sie, wohl mehr aus Neugier als aus Liebe, ihren Wilhelm verließ und zu ihm zog.

So hatte sie auch später, als sie von Oskar zu Julian zog, diesen Schritt mit der Neugier auf die große Liebe bemäntelt, und jetzt saß sie hier in Polen, wißbegierig, was es mit der Vergangenheit auf sich hatte. Wenn du es jetzt nicht herausfindest, murmelt Oskar zärtlich, schaffst du es nie.

Anna schläft weiter, Arme und Beine so weit ausgestreckt, daß sie über die Bettkante hängen.

Erst die Geräusche aus dem Bad machen sie wach. Oskar pfeift, singt. Oskar bekundet gute Laune und verbraucht viel Wasser.

Im Hotelzimmer wacht man immer auf die gleiche Art und Weise auf.

Als Oskar sich zu ihr ans Bett setzt, ist er bereits angezogen. Anna ist ihm dankbar.

Sag mir, was ich dir alles erzählt habe!

Sei nicht albern, Anna, geh dich duschen!

Was habe ich dir erzählt?

Langsam schiebt Oskar seine Hände unter Annas Schultern, hebt sie ein bißchen hoch und küßt sie.

Bitte, Oskar, sagt Anna leise, sei mein Freund!

Fast wäre sie mit der Stirn gegen die Bettkante gefallen, so plötzlich läßt er sie los. In sein Gesicht fährt eine Röte, wie sie es noch nie an ihm gesehen hat.

Okay, sagt er, aber laß mich rauchen, auch wenn dir vor dem Frühstück davon übel wird.

Okay!

Oskar raucht in tiefen Zügen und bläst den Zigarettendunst ins Zimmer, bis Anna hustet.

Deine Geschichte ist kitschig, sagt er schließlich, verdammt kitschig. Das einzige, was mich dabei erheitert, ist Wilhelms Rolle! Den trifft noch nach dreißig Jahren der Schlag!

Oskar fängt an zu lachen, lacht, bis ihm die Tränen kommen, kleine, muntere Lachtränen.

Hör auf, bittet Anna.

Entschuldige! Er hebt die Schultern, immerhin ist es dein Spiel, das da gespielt wurde.

Dann habe ich dir nicht alles erzählt!

Du hast mir alles erzählt, haargenau, und ich habe keine Lust, mir noch einmal anhören zu müssen, was man mit deinem Herrn Ludwik gemacht hat. Auch von Zofia will ich kein zweites Mal etwas hören, mir reicht, was ich weiß!

Er braucht sie nur anzusehen, wie sie da unter der Bettdekke sitzt, blaß und wehrlos, und schon kommt der Wunsch in ihm hoch, sie in sein Auto zu packen und nach Hause zu fahren, zu sich nach Hause, um sie nie wieder wegzulassen.

Wer kennt außer dir noch diese Geschichte?

Niemand!

Auch Julian nicht?

Auch Julian nicht!

Oskar ist wütend. Er bleibt, Anna den Rücken zugewandt, vor dem Fenster stehen, zupft an der Gardine, schiebt sie auf und zu und brüllt plötzlich los: Warum hast du mir deine verdammte Geschichte nicht zu Hause erzählt?

Anna nimmt Oskars Schelte hin.

Gut, sagt Oskar, es war meine Idee, dich nach Polen zu

schicken. Eine journalistische Arbeit, habe ich mir gesagt, ist für dich besser, als wenn du allein zu Hause herumhängst und dich ärgerst, daß Julian ohne dich nach Mexiko gefahren ist. Glaubst du im Ernst, ich hätte dir Ujazd vorgeschlagen, wenn ich deine Kinderliebesgeschichte gekannt hätte?

Immer noch kein Wort von Anna.

Oskar begreift allmählich das Ausmaß dessen, was sie so lang mit sich herumgeschleppt hat.

Sag mal, Anna, sagt er fassungslos, bist du noch Ujazd gefahren, um dir zu beweisen, daß du alles vergessen hast?

Anna steigt ohne Hast aus dem Bett und geht ins Bad. Sauberes warmes Wasser, das über sie wegläuft, alles wegspült und wegschwemmt, Anne könnte stundenlang so mit geschlossenen Augen dastehen. Unter der Dusche fallen Tränen nicht auf.

Dann zieht sie sich an und schminkt sich, ein neuer Tag hat begonnen.

Anna, sagt Oskar, ich nehme dich mit nach Hause. Du brauchst nicht nach Ujazd zurück, nur zu mir!

Zu dir?

Anna versteht ihn nicht.

Zu dir? wiederholt sie. Warum?

Weil ich gerne mit dir Austern esse. Und weil dir Enttäuschungen nicht stehen.

Ich weiß, sagt sie.

Was?

Daß ich zurück nach Ujazd fahre.

Vera hat verschlafen. Anna und Oskar sitzen am Frühstückstisch, als sie herunterkommt.

Gut geschlafen? Vera blickt von Anna zu Oskar und wieder zurück.

Wir haben sehr gut geschlafen, sagt Oskar.

Und was machen wir jetzt?

Ihr fahrt mit dem Bus nach Ujazd! Heute oder morgen, das ist mir egal. Ich muß nach Warschau.

Ja, sagt Anna, wir zwei fahren mit dem Bus nach Ujazd, da

wolltest du doch gestern noch hin. Wenn nicht, nimmt dich Oskar sicher auch mit nach Warschau!

Nein, Anna, ich komme mit dir, aber ihr zwei seid komisch!

Das stimmt, sagt Oskar, wir sind sehr komisch!

Der Bus ist voll. Alle Busse in Polen sind voll. Und nicht nur das, sie sind unbequem, altmodisch und schlecht gefedert.

Jetzt, auf der Rückfahrt von Poznań über Leszno nach Ujazd, sieht alles anders aus als vor zwei Tagen. In Steszew, auf der Z-förmigen, sonst menschenleeren Straße sind Kinder zu sehen, Frauen auf Fahrrädern, alte Leute vor den Haustüren und Männer, die auf den Bus warten. Es scheint also niemand im Lipno-See ertrunken zu sein.

Und bei Kościan, wo viele Leute aussteigen, liegt das Gestüt Racot. So hört es Anna im Bus. Das größte Gestüt Europas mit 800 Pferden und 100 polnischen Ponys, berichtet ein junger Mann, der dort arbeitet. An die achtzig bis hundert Reitpferde gehen von Racot aus jährlich ins Ausland. Und im zweihundert Jahre alten Schloß ist ein Gästehaus mit Reitschule für Ausländer. Amerikaner kommen dahin, Schweden, Franzosen, Engländer und natürlich auch Deutsche.

Hast du das gewußt? fragt Vera, nachdem Anna übersetzt hat.

Nein, Anna hat es nicht gewußt. Sie wußte nicht einmal, daß Racot schon 1918 ein Gestüt war. Es lag ja damals im Polnischen.

In Smigiel wird ein Teil der Windmühlen elektrisch betrieben, und den Marktplatz von Leszno hält Vera für einen sehr typischen Marktplatz des 16. Jahrhunderts, den man unbedingt gesehen haben muß.

Seitdem der alte Perka wußte, daß es sich bei seinem Enkelkind nicht um einen Karol, sondern um eine Karola handelte, legte er ein sonderbares Verhalten an den Tag. Er ließ keine Gelegenheit aus, seinen Enkelsohn herumzutragen. Er zeigte dem Säugling die Schweine, die Gänse, die Enten. Er fuhr ihn im Kinderwagen zu den Feldern, nahm das Kind auf den Arm und zeigte ihm, was einmal sein Grund und Boden sein würde. Er redete mit dem Kind und zwinkerte ihm zu, mal mit dem linken, mal mit dem rechten Auge, daß es der Familie immer unheimlicher wurde. Selbst Elkas ständig wiederholter Trost, kommt Zeit, kommt auch ein Rat, wollte keine Beruhigung mehr bringen. Der Alte schien an seinem Karol mit einer so verbiesterten Verliebtheit zu hängen, daß die Lüge, die man ihm vorgesetzt hatte, die Sache von Stunde zu Stunde nur noch verschlimmern konnte.

Am Ende, so weint Janina nachts ihren Jammer in die Kissen, würde der Alte, wenn er dem Schwindel auf die Schliche gekommen wäre, die Kleine gar erschlagen.

Unsinn, sagt dann Piotr und legt seine Hand unter ihren Hals, der ihm so schmal vorkommt wie der eines Schwanes, was er ihr aber nie sagt, Unsinn, Janina, Vater ist kein Totschläger, nur ein Dickkopf!

Aber Janina läßt sich nicht beruhigen. Jedesmal, wenn der Alte dem Säugling zuzwinkert, jedesmal, wenn er das Kind durch Ställe und Hof trägt, wächst ihre Angst.

Nachdem der Alte gar noch darauf bestanden hat, dem nächsten Bad des Enkels beizuwohnen, um das Kind nackt zu besichtigen, ist bei Janina an Schlaf nicht mehr zu denken.

Morgen, sagt sie zu Piotr, morgen sagst du dem Vater, daß es ein Mädchen ist! Soll er uns vom Hof treiben, mir ist es egal! Wir können bei meinen Eltern wohnen. Du kannst mit Jodko reden, mit Pani Pawlakowa oder Pan Janik. Auf dem Kombinat wird Arbeit genug für uns sein!

Piotr liegt auf dem Rücken und sagt kein Wort. Es ist heiß in der Stube. Die Fenster sind zwar weit geöffnet, aber zu klein, um die Kühle der Nacht bis zu den Ehebetten dringen zu lassen. Zwischen den Federn hängt noch die Hitze des Tages, drückt durch Inlett und Bettbezug und bringt die Haut zum Schwitzen. Piotrs Körpergeruch mischt sich mit dem von Janina.

Wenn er die Wahrheit erfährt, sagt Piotr mit trockener Stimme, wird er uns den Hof nehmen!

Dann nimmt er uns eben den Hof, wir sind nicht darauf angewiesen. In meinem Dorf haben sie allen Leuten den Hof genommen!

Sie sind freiwillig gegangen, Janina!

Freiwillig geht keiner von zu Hause weg, nur wenn es nicht

anders geht. Wenn nicht hier, wirst du in Glogów in der Kupferhütte Arbeit finden!

Und meine Pfirsiche, flüstert Piotr, was wird aus meinen Pfirsichen? Wer schützt sie vor Frost, wer wird sie ernten?

Janinas Vorschlag, daß er in der Kupferhütte arbeiten solle, ist so ungeheuerlich, daß Piotr die Luft wegbleibt. Den ganzen Tag in einer Fabrik mit Maschinen, Getöse und Metall. Keine Erde, keine Vögel, keine Sonne, keine Blumen, nur Totes um sich herum, nichts, was wächst und was man beobachten kann, wie es wächst! Piotrs Hände werden kalt, obwohl die stickige Luft von der Stubendecke herunterschlägt und genug Wärme verursacht. Seine Füße werden rund wie die von Elefanten und groß genug, um bequem vor einer Maschine zu stehen. Aber sie verlieren die Beweglichkeit, die Leichtigkeit, die nötig ist, um einem Pflug zu folgen, den Takt des Sensenschwunges einzuhalten oder die gelegte Kartoffel in die Erde zu drücken. In der Fabrik braucht man seine Füße nur, um auf den Beinen zu bleiben, zu nichts weiter. Stehen immer auf derselben Stelle!

Ein kleiner Schrei schreckt Piotr aus seinen Vorstellungen auf. Karola! Sie quakt und piepst, schluchzt und wimmert mit solcher Hartnäckigkeit, daß Janina aufsteht und sie zu sich ins Bett holt.

Für sie mußt du es machen, du darfst ihre Seele nicht mit einer Lüge belasten.

Selbst in den frühen Morgenstunden schläft Piotr nicht ein. Immer wieder legt er sich Sätze zurecht, überlegt sich den Ort, wo er dem Vater die Wahrheit sagen wird, und malt sich seine Tätigkeit als Dworus auf dem Kombinat oder als Arbeiter in der Fabrik aus. Das alles meint Piotr ertragen zu können, nur nicht den Gedanken, daß seine Pfirsichbäume den Besitzer wechseln sollen.

Nein, sagt sich Piotr zum wiederholten Male, seine Pfirsiche wird niemand anderer ernten!

Obwohl er nicht geschlafen hat, steht er auch nicht eher auf, als es alltags in der Familie Perka üblich ist. Er füttert wie gewohnt das Vieh, trägt die Milchkannen zur Dorfstraße, wo sie später vom Milchwagen abgeholt werden, und trifft alle Vorkehrungen, die für einen Erntetag notwendig sind. Gesprochen hat er bisher mit niemandem, nicht einmal Janina hat er einen guten Morgen gewünscht. Nur die kleine Karola hat er heimlich auf den Arm genommen und ein wenig hin und her gewiegt.

Für dich, Karola, hat er gesagt, für dich!

Mehr fiel ihm nicht ein, und schließlich konnte das Kind ihn ja auch nicht verstehen.

Zwei Stunden später sitzen sie in der Küche beim Frühstück. Der alte Perka hält das Kind wie ein Püppchen auf dem Schoß, während er seinen Milchkaffee schlürft.

Mein Karol, mein Junge, sagt er und fängt diesmal schon am frühen Morgen mit seiner Zwinkerei an, was werden wir noch für Spaß miteinander haben!

Und er beginnt davon, daß die gesamte Familie von Glück sagen könnte, daß Janina, die Zabuczaka, tatsächlich einen Sohn zuwege gebracht hätte, obwohl er, der alte Perka, ihr das eigentlich nicht zugetraut hätte.

Das sagt er jeden Morgen, läßt den Säugling dabei auf dem Knie hüpfen und sieht triumphierend von einem Familienmitglied zum anderen. Er mag es, wenn sie alle, wie sie da sitzen, die Augen niederschlagen und wenn ihnen die Brotbrokken im Hals stecken bleiben, wenn Elkas rötliches Gesicht weiß wird und ihre Seufzer den Kaffee in ihrer Tasse von allein kaltblasen. Janina, das schmalschultrige Ding mit Armen nicht dicker als Ziegenbeinen, feingliedrig wie eine Städterin, die jedesmal aufspringt und ihm das Kind vom Schoß nimmt, als würde er es geradewegs fallen lassen. Nun, und Piotr, der sich in nichts weiter verrät als in der auffallenden Langsamkeit, mit der er sein Brot schneidet oder Milch in seine Tasse gießt. Insgeheim, das muß der Alte zugeben, genießt er die Situation von Tag zu Tag mehr.

Aber heute reagiert Piotr anders. Seine Bewegungen werden nicht wie üblich langsamer, wenn der Alte den Enkel ins Spiel bringt. Er legt sein Messer beiseite, schiebt die Tasse weg, um für seine Hände eine freie Fläche auf dem Tisch zu haben.

Du hast keinen Enkelsohn, Vater, sagt er, du hast nie einen gehabt. Du hast eine Enkeltochter!

Und um das Gesagte zu bekräftigen, vielleicht auch, weil

der Alte sich nicht äußert, schlägt Piotr auf die freigeschobene Stelle vor sich auf den Tisch.

Von mir aus überschreib den Hof dem Staat! Er steht auf, sieht nicht rechts und links, verläßt das Haus, nimmt sich die bereitgestellte Axt über die Schulter und verschwindet, ohne das große Gelächter zu hören, das aus des alten Perkas Mund heraussprudelt. Nun, nun, sagt er und läßt den Säugling hüpfen, hab ich dirs nicht gesagt, daß wir Spaß haben werden?

Du hast das gewußt? flüstert Janina und vergißt, dem Alten das Kind vom Knie zu nehmen.

Von Anfang an hab ichs gewußt, lügt der Großvater munter drauflos und kann seiner Freude gar nicht genug Ausdruck geben, wie er jedermann reingelegt hat.

Während sich unter den Frauen Erleichterung ausbreitet und Elka die Tränen des Glücks nicht mehr zurückhalten kann, fängt Piotr zwischen seinen Pfirsichbäumen ein schreckliches Wüten an. Es kracht und splittert. Ein Bäumchen nach dem anderen schlägt er um.

Mit solcher Kraft haut er zu, daß hin und wieder ein einziger Hieb für das Umknicken eines Stammes genügt. Die halb reifen Früchte fliegen von den Ästen, treffen Piotrs Kopf und Rücken und hopsen in kleinen Sprüngen über den Boden, bis die ganze Erde davon übersät ist. Hin und wieder flucht Piotr, meistens aber schweigt er, weil all seine Kraft durch die Arme beansprucht wird.

Man könnte nicht gerade behaupten, daß sich der Himmel verdunkelt, aber je mehr Piotr in seinen Obstbäumen herumwütet, um so mehr verschwindet die Sonne im regengrauen Gewölk. Dazu weht auch noch der Wind von Westen.

Da kann der Morgen noch so schön beginnen, wenn der Wind gegen die aufgehende Sonne bläst und auch nur das kleinste Wölkchen vor sich hertreibt, dann können die Bewohner von Ujazd mit Regen rechnen. Das weiß jedes Kind.

Ein Grund, warum Jolka, die frühzeitig mit dem Rad in die Wiesen von Zawada auf der Suche nach Champignons gefahren war, wieder kehrtmachte. Auf dem Weg nach Hause, der an Piotrs Pfirsichbäumen vorbeiführt, sieht sie, was hier vor sich geht.

Pfirsichperka, ruft sie ganz außer sich und stolpert über die unreifen Früchte, über die Äste und Stämme hinweg auf ihn zu, bist du verrückt?

Es dröhnt und prasselt um den wildgewordenen Piotr herum, so daß sich Jolka nicht näher traut. Also fragt sie ihn noch einmal schreiend, ob er wohl verrückt geworden sei!

Verschwinde, brüllt Piotr mit einem Gesicht, rot wie Johannisbeergelee, und Jolka kommt es vor, als wolle er mit der Axt auch auf sie losgehen.

Da rennt sie zurück zum Rad und fährt so schnell sie kann zu Perkas, um dort zu berichten, was Piotr Schreckliches anrichtet.

Selbst dem alten Perka ist das unheimlich. Im beginnenden Regen macht er sich auf den Weg, quer über den Rübenschlag des Kombinats, wo er große Fußspuren hinterläßt.

Als der Alte bei den Pfirsichbäumen ankommt, ist er bis auf die Haut naß. Piotr hat ihn kommen sehen, breitbeinig und in Pantinen, weil der Alte vergessen hatte, sich Schuhe anzuziehen. Die Erdklumpen spritzen nur so unter seinen Füßen weg. Kein Mensch hätte je geahnt, daß der alte Perka so schnell rennen kann.

Die Obstplantage sieht inzwischen nicht anders aus als früher die Schonungen drüben im Wald, nachdem die sowjetischen Panzer durchgewalzt waren. Eine Stätte des Unglücks und der nicht wiedergutzumachenden Verwüstung. Nicht mehr als zehn Bäumchen sind verschont geblieben.

Der Regen hatte Piotrs Zorn gelöscht und einer großen Müdigkeit Platz gemacht. Er stand und stand auf der Stelle, so wie er es sich vorstellte, wie er in der Fabrik vor der Maschine stehen müßte, bis seine Füße Elefantenfüße werden würden.

Und weil er so lange im Regen auf der Stelle steht, das Gesicht dem Dorf zugewandt, sieht er auch den alten Perka über die Rüben galoppieren.

Erst wollte Piotr wieder nach der Axt greifen und mit letzter Kraft auch noch dem Rest der Bäume den Garaus machen. Aber als er den Alten schon aus der Ferne krächzen hört und trotz der schlechten Sicht seine herumfuchtelnden Arme wahrnimmt, läßt er davon ab.

Piotr, schreit jetzt der Vater, endlich angekommen, was

versündigst du dich an dem, was Gott hat wachsen lassen, du verdammter Bengel!

Gott? lacht Piotr höhnisch zurück, ich hab die Pfirsiche über den Winter gebracht und du, du willst sie mir nehmen. Aber du kriegst sie nicht, und das Kombinat kriegt sie auch nicht, niemand, verstehst du das, Alter? Ich werde im Kombinat arbeiten oder in der Fabrik stehen, und du kannst dir deine Kartoffeln allein aus der Erde buddeln, kannst dich mit dem alten Staszak zusammentun, und dann könnt ihr sehen, wie weit ihr mit eurer Dickköpfigkeit kommt!

Piotr schwingt schon wieder die Axt. Der Enkelsohn, der eine Enkeltochter ist, das sollte der Preis für meine Arbeit sein, nein...

Er holt zum Schwung aus. Die Behendigkeit des Alten ist erstaunlich, und er schafft es, daß die Axt nicht den Stamm trifft, sondern dicht daneben in die Erde saust.

Was glaubst du, weshalb ich hier rausgelaufen bin, he?

Piotr hebt die Schultern, was weiß ich, sagt er, in jedem Fall bekommt keiner meine Pfirsiche!

Der alte Perka muß genau hinsehen, wenn er unterscheiden will, ob Piotrs Gesicht nur vom Regen naß ist, oder ob sich auch ein paar Tränen daruntergemischt haben. Jetzt könnte er seine Brille gebrauchen. Und weil er sie nicht bei sich hat, hält er seine Augen dicht vor das Gesicht seines Stiefsohnes. Tatsächlich, es könnte sein, daß Piotr weint.

Du hättest nicht lügen dürfen, sagt der Alte.

Die Niemka hat gelogen, antwortet Piotr trotzig, ich habe geschwiegen!

Ach was, die Niemka, die geht das alles nichts an. Es war in erster Linie eure Lüge und nicht die der Niemka! Aber der alte Perka läßt sich nicht bescheißen, ich weiß schon lange, daß es ein Töchterchen ist!

Schon lange?

Schon lange! Der Alte schlägt das Wasser aus der vom Regen schwer gewordenen Mütze, um den Sohn nicht ansehen zu müssen, ich wollte nur wissen, wie lange du mich für dumm verkaufen wolltest, und dafür sollten mir du und die Weiber büßen!

Der Regen läuft Piotr durch den Kragen die Brust hinunter.

Also hast du es nicht so gemeint, wie du immer gesagt hast?

Gemeint, gesagt, gesagt, gemeint, papperlapapp! Jetzt kannst du dir neue Bäume pflanzen. Vor zwanzig Jahren hat sie Dzitko gesetzt, und du machst mir nichts, dir nichts Kleinholz daraus, nicht mal zum Brennen wird es gut sein. Und die Früchte?

Der Alte hebt eine Handvoll der noch harten und grünen Dingerchen vom Boden, drückt sie zwischen den Fingern, ohne daß auch nur ein Tröpflein Saft herausquillt. Nicht einmal Schnaps werden wir davon haben! Nicht einmal das, und ich hatte schon fast geglaubt, du schaffst es, in Polen das gleiche Zeug wachsen zu lassen wie in Kalifornien!

Vater und Sohn sind noch nicht zu Hause, da ist es im Dorf schon herum. Der Alte weiß, daß sein Karol eine Karola ist, und Pfirsichperka hat mit der Axt seine Plantage zusammengeschlagen. Die Feczkowa kommt vom Fenster nicht weg und verteilt die Nachricht vom einen Ende des Dorfes zum anderen, in welche Richtung der Weg der Vorbeikommenden auch führt.

In den letzten vierundzwanzig Stunden waren im Kombinat Ujazd ungewohnte Aktivitäten ausgebrochen. Trotz Ernte hatte Pani Pawlakowa dafür gesorgt, daß zwei Leute von den Feldern wegblieben und sich mit der Pflege des Rasens, der Rosen, der Ziersträucher und mit der Säuberung des Springbrunnens vor der Einfahrt zum Schloß beschäftigten. Da wurde jetzt alles auf Vordermann gebracht. Und nicht nur da!

Pani Banaśowa ließ die Fenster im ehemaligen Kavaliershaus auf Hochglanz bringen und stellte Blumen in das Zimmer ihres Mannes. Sie war beim Friseur gewesen, und die Haare rahmten ihr rundliches hübsches Gesicht in ordentlichen Wellen ein. Dünner geworden war sie nicht, obwohl sie es sich vorgenommen hatte. Ihren fülligen Körper hält nach wie vor ein strammes Korsett zusammen, das dafür sorgt, daß zumindest ein Ansatz von Taille sichtbar wird. Teresa Banaśowa freut sich auf ihren Mann. Auch wenn sie ihre eigenen Aufgaben hat, die sie voll in Anspruch nehmen, so stellt sich ihr der Alltag letztlich nur an der Seite ihres Mannes als sinnvoll dar.

In der Werkküche, in der der Herr Direktor ißt, wenn auch in einem Extrazimmer und nicht in Gegenwart der Kombinatsangestellten, ist Hochbetrieb. Pani Banaśowa tummelt sich in ungewohnter Beweglichkeit und bringt die Küchenfrauen auf Trab.

Pani Pawlakowa war nicht beim Friseur, dafür hat sie länger als sonst vor dem Kleiderschrank gestanden, um schließlich den Rock und die Bluse zu wählen, von denen sie wußte, daß Adam Banaś sie einmal aufmerksamer als sonst betrachtet hatte. Vielleicht war es Zufall, aber Pani Pawlakowa hatte es sich in ihrem glücklosen Leben angewöhnt, Zufälle nicht für selbstverständlich zu halten. Ob sie wollte oder nicht, sie mußte sich zugeben, daß auch sie sich auf des Direktors Rückkehr freute. Das drückt sich, außer in ihren Gedanken, in der akkuraten Sortierung der Post, in der Exaktheit der Buchführung und der pünktlichen Erledigung all der Dinge aus, die sie glaubt, selbständig im Sinne von Adam Banaś erledigen zu können.

Ihre Gedanken sind keineswegs so akkurat. Sie sind wirr und beschäftigen sich vor allem nächtens mit der Vergangenheit. Nämlich mit der Zeit, als Adam Banaś noch nicht verehelicht war und sie gemeinsam den Aufbau des Kombinats in Angriff nahmen und auf Grund ihrer Erfolge Orden und Anerkennung erhielten, wobei Adam Banaś stets der größere Teil der Ehren zuteil wurde. Wanda Pawlakowa war das recht, denn insgeheim zahlte sich für sie der Erfolg der Arbeit auch als Erfolg ihres Herzens aus. Sie liebte Adam Banaś, liebt ihn auch heute noch. Früher hatte er – nicht anders als der Forstgehilfe Kowalek – zweimal wöchentlich den Beweis für seine Liebe erbracht. Meist wortlos und schnell, hin und wieder auch hingebungsvoller, wie es Wanda empfand, und in Verbundenheit durch die gemeinsame Aufgabe, den Aufbau der Volksrepublik Polen.

Hatte sich Adam Banaś seiner Pflicht Wanda gegenüber entledigt, dann pflegt er sie zu verlassen, indem er ihr eine gute Nacht wünschte, auf den morgigen Arbeitstag hinwies und sein eigenes Zimmer aufsuchte. Damals sah Wanda Pawlakowa ein, daß das im Interesse der Volksrepublik Polen so sein mußte. Nachdem aber Adam Banaś Teresa aus Warschau geheiratet hatte und demzufolge Nacht für Nacht neben ihr verbrachte, war Wanda nicht mehr einsichtig. Es blieben die gemeinsame Arbeit, die Orden, die Ehren, das Ansehen. Alles das weiß Wanda Pawlakowa, danach ordnet sie ihr Leben und ihre Gefühle ein, die für niemand mehr zugänglich sind. Ihre Hingabe für Adam Banaś offenbart sich in der Exaktheit ihrer Arbeit, in verläßlicher Ordnung und äußerster Pünktlichkeit. Seine Zufriedenheit mit ihrer Tätigkeit krönt den Ablauf ihres Alltags, ein Lob von ihm macht sie froh, während jeder Tadel, mag er auch noch so geringfügig sein, ihr die Schamröte ins Gesicht treibt.

Anna ist einen Tag vor den Vorbereitungen mit Vera in Ujazd angekommen. Als der Bus in der Nähe von Kirkors Laden hielt und sie mit ihrem Gepäck ausstiegen, schlug Anna vor, Vera solle drüben auf der Bank mit den Koffern warten, bis Anna sie mit dem Auto abhole.

Vera sitzt in ihren Jeans mit hochgezogenen Beinen auf der Bank, das Gesicht in der Sonne, die Augen hinter den apfelgroßen dunklen Brillengläsern versteckt, und wartet.

Die Hälse recken sich im Vorbeigehen und hinter den Fenstern. Die Frauen tuscheln am Kiosk. Wer im Bus saß, weiß, daß das Mädchen zu Pani Anna gehört. Aber wer sie ist, das hat noch niemand erfahren können. Suszko, der bei Kirkor im Laden steht, kann seine Neugierde kaum zügeln.

Die Tochter, sagt Kirkor, Pani Anna soll doch eine Tochter haben, und das wird sie sein!

Hör zu, sagt Suszko und schiebt seine Mütze über dem Schädel hin und her, daß seine bläßliche Kopfhaut zu sehen ist.

Wenn du mir einen Roten spendierst, werde ich es herausbekommen, und wenn sie die Tochter von Pani Anna ist, bringe ich sie dir mit!

Zwei Rote, sagt Kirkor und gönnt dem Angeber eine richtige Abfuhr.

Suszko rückt die Jacke zurecht und im Spiegelbild von Kirkors Schaufenster auch die Mütze. Dann stelzt er wie ein Storch auf Julas Bank zu, macht eine geradezu zierliche Verbeugung und sagt:

Dzień dobry szanowna pani!

Jesusmariaundjosef, sagt Fratczaks Martha und schlägt die Hände vor der Brust zusammen, da seht euch doch einer mal den Suszko an! Der hat vor nichts Respekt, wenns um Weiberröcke geht!

Lächelnd erwidert Vera Suszkos Gruß auf polnisch, das einzige Wort außer danke und bitte, das sie gelernt hat. Das gibt Suszko Antrieb für einen Schwall von Sätzen, unterstützt von ausdrucksvollen Gesten.

Beispielsweise zeigt er mit beiden Händen auf sein Herz, breitet mit unmißverständlicher Herzlichkeit seine Arme aus und dreht sich im Kreis, während er auf Häuser, Straße und Felder weist.

Vera versteht kein Wort. Vom Laden her ist Kirkors Lachen zu hören, auf den Gesichtern der Frauen am Kiosk ist hämisches Grinsen zu erkennen. Also wird er etwas anderes probieren. Er fragt, ob Vera die Tochter von Pani Anna ist, und weil Vera den Namen ihrer Mutter versteht und auch das Wort Matka, reimt sie sich den Rest zusammen und nickt.

Das bringt Suszko ganz aus dem Häuschen. Mit kreisförmig gekrümmtem Zeigefinger und dem Daumen beschreibt er Veras Brille, schiebt die Hände hoch, daß beinahe, aber wirklich nur beinahe, seine Mütze herunterfällt. Vera versteht und nimmt die Brille ab.

He, Kirkor, schreit Suszko, sieh dir das an, genau wie Pani Anna. Einen Roten habe ich mir schon verdient!

Erst wenn du sie mir in den Laden bringst, schreit Kirkor zurück, während Fratczaks Martha zum zweiten Mal die Hände über ihrer Brust zusammenschlägt.

Suszko zeigt auf Kirkors Laden und ahmt das Trinken aus einer Flasche nach. Und weil Vera nicht recht weiß, was das alles soll, setzt Suszko noch einmal seine Schauspielkunst ein, diesmal etwas sorgfältiger. Er beginnt mit einer Verbeugung, tut so, als hätte er ein Glas in der linken Hand, während er mit der rechten aus einer Flasche etwas hineingießt, sagt na zdrowie und hält sich unter lebhaften Schluckbewegungen verzückt den Magen fest. Proszę, Pani, Proszę!

Vera sieht sich um. Hinter ihr die neugierigen Augen dreier Frauen am Kiosk, die sie unverwandt anschauen. Vor ihr der

Mann mit der Beamtenmütze, der sie mit seiner Schauspielkunst und der fröhlichen Aufforderung, mit ihm einen Schnaps zu trinken, weil sie Annas Tochter ist, zum Lachen bringt. Der Mann im weißen Kittel in der Ladentür gegenüber scheint ein Freund der Beamtenmütze zu sein. Sie werfen sich Worte zu, lustige Worte voller Zischlaute und weich singender Vokale.

Okay, sagt Vera, warum eigentlich nicht?

Den Roten, sagt Suszko zu Kirkor, den kannst du dem Fräulein nicht anbieten, da mußt du einen von der neuen Sorte spendieren, wenn du Ehre einlegen willst!

Kirkor spendiert von der neuen Sorte und schenkt die Gläser ordentlich voll. Na zdrowie kann auch Vera sagen, und in Ermangelung der deutschen Sprache singt Kirkor jetzt den Refrain eines deutschen Landserliedes vor, den Vera nie gehört hat und der ihr völlig unverständlich bleibt.

Plötzlich steht Jula in der Tür, klopft mit ihrem weißen Stöckchen gegen die Gurkentonne, kräht Kirkor und Suszko ein Schimpfwort zu, vielleicht eine Drohung. Alle Fröhlichkeit verfliegt.

Die alte Hexe, denkt Suszko, sie kann einem auch jeden Spaß verderben, während Kirkor eher der Meinung ist, daß die Weiber am Kiosk die Alte herübergeschickt haben.

Was darfs sein? fragt Kirkor, ganz Kaufmann. Aber Jula kümmert sich nicht um Kirkor, nicht um Suszko. Sie trippelt auf Vera zu, um sie herum, nickt mit ihrem Vogelkopf unter dem graubraunen Tuch, das die gleiche Farbe hat wie dieser beerengroße Leberfleck zwischen den diesigen Augen.

Wie sie riecht, denkt Vera. Als wäre sie tausend Jahre alt.

Soso, murmelt Jula und legt ihre schwieligen krummen Hände auf Veras Arm, soso!

Sie fährt mit den Fingern aufwärts bis zu Veras Schultern, abwärts bis zu den Handgelenken.

Das ist die Anna! sagt sie auf deutsch und kichert in sich hinein, beugt sich vor, starrt Vera an und fährt fort: Nicht nur die Anna! Dann dreht sie sich um, tut so, als wäre Vera damit für sie erledigt und keift zu den Männern hinüber, daß sie Kirkor wie Suszko den Teufel an den Hals schicken würde, vor allem aber Suszko!

Anna ist mit dem Auto gekommen und lädt das Gepäck ein.

Nett sind die Leute hier, sagt Vera, als sie zum Schloß fahren, und lustig! Nur die alte Hexe war mir ein bißchen unheimlich! Kennst du sie gut?

Ja!

Anna hat im Büro die Erlaubnis erhalten, daß auch Vera mittags in der Werkküche essen kann.

Selbstverständlich, hatte Pani Pawlakowa gesagt, ohne von ihren Büchern aufzublicken, und noch hinzugefügt, daß der Herr Direktor zurück sei und ab nun alles Weitere von ihm und seinen Anweisungen abhänge.

Wenn Sie damit die Besichtigung meines Elternhauses meinen, dann können Sie ihm gleich sagen, daß ich nun darauf verzichte, weil Sie es mir untersagt haben. Ich habe es so lange von außen angestarrt, daß ich es nicht mehr von innen sehen möchte. Der Keller, in dem ich zu Mittag esse, genügt mir, und in den Klubräumen war ich, wie Sie sicher wissen!

Kein Wort darüber, daß Jolka sie herumgeführt hatte, kein Wort, daß sie der Kulturleiter dabei erwischte, und kein Wort darüber, daß Pani Pawlakowa das natürlich alles weiß.

Das Essen ist besser als sonst, obwohl es nie schlecht ist, wie Anna beteuert. Suppe, Braten mit Klößen und Salat, zum Nachtisch Pudding mit Schlagsahne. Jeder kann soviel essen wie er will.

Was kostet das? fragt Vera und rechnet sich aus, daß das Essen umgerechnet fünfzig Pfennig kostet.

Anna sitzt so, daß sie die Tür im Auge hat. Jedesmal, wenn die Klinke heruntergedrückt wird, wenn sich ein Fuß durch die Tür schiebt, ein Gesicht erscheint, eine Stimme zu hören ist, fährt sie zusammen.

Was ist los, Anna?

Nichts!

Der Raum füllt sich. Józef ist da, die stummen Sekretärinnen schlingen ihr Essen herunter, werfen hin und wieder einen neugierigen Blick auf Vera, so wie Wochen zuvor auf Anna. Pani Pawlakowa, die sich mit einem knappen Gruß begnügt hat, löffelt ihren Nachtisch zu Ende, als Ludwik und Zofia hereinkommen. Anna hat den Augenblick dieser Begegnung absichtlich im Kreis der Öffentlichkeit gewählt, um gewappnet zu sein, so wie Ludwik bei ihrer Ankunft gewappnet war.

Wie alles in Ujazd hatte sich auch herumgesprochen, daß die Niemka mit ihrer Tochter aus Poznań zurückgekommen war.

Der einzige, der es bisher nicht wußte, der wohl auch noch keine Zeit hatte, über die Gegenwart von Anna nachzudenken, ist Direktor Banaś. Seit seiner Ankunft in Ujazd gibt es für ihn wichtigere Dinge zu bedenken. Vielleicht mag es auch daran liegen, daß weder seine Frau noch Ludwik oder Pani Pawlakowa das Bedürfnis hatten, dem Direktor von Anna zu berichten.

Die Tür wird heftig aufgestoßen. Die Tischgäste widmen sich mehr denn je ihrem Essen. Józefs Gespräch mit einem seiner Kollegen aus Kolsko bricht ab und beginnt erst wieder, nachdem der Auftritt von Herrn Direktor Banaś und Frau vorüber ist. Imposant sind sie schon, diese beiden stattlichen Figuren, die grußlos an den Tischen vorbei hinter der Küchentür verschwinden. Nur Anna und Vera streift ein Blick, kurz und etwas befremdet, so, wie man in seiner gewohnten Umgebung einen unbekannten Gegenstand wahrnimmt.

Wie gesagt, die Tür wurde heftig aufgestoßen. Das liegt an Pani Banaśowas fülligem Körper, an dem der Arm ihres Mannes nicht ganz vorbeireicht, wenn er, hinter ihr stehend, die Tür vor ihr öffnen will. Dazu braucht es eines gewissen Schwungs, und der scheint den Anwesenden bekannt zu sein.

Du lieber Himmel, raunt Vera ihrer Mutter zu, wer ist denn das? Banaś überragt seine füllige Frau um zwei Kopflängen. Sein mächtiger Oberkörper steckt in einer saloppen Wildlederjacke, die offensichtlich westlichen Ursprungs ist. Auf dem Kopf trägt er einen amerikanischen Hut, den er beim Herabsteigen der Stufen in die Hand nimmt, so daß sein grobschlächtiger Vierkantschädel zum Vorschein kommt. Direktor Banaś trägt ein resedafarbenes Hemd, unter dessen Kragen ein Schlips gebunden ist, auf dem sich unzählige hellblaue Elefanten tummeln. Vera hat es genau gesehen.

Unter dem schweren Schritt des Direktors ächzt jede einzelne Stufe, wobei aber gesagt werden muß, daß die Bewegungen des Mannes, genau wie sein Blick, von verwirrender Schnelligkeit sind.

Ist das der Herr Direktor? fragt Anna eine der stumm schluckenden Sekretärinnen, die die Frage mit einem Nicken beantwortet.

Und warum grüßt er nicht?

Erschreckte Blicke. Der Herr Direktor grüßt nie, wird Anna höflich Bescheid gegeben.

Er ißt in der Küche? staunt Anna.

Ein Lächeln. Nein, natürlich ißt er nicht in der Küche! Dahinter ist eine Stube, die ist für ihn, seine Frau und seine Gäste bestimmt. Anna weiß genau, was das für eine Stube ist. Dort nahmen früher die Dienstboten, Kutscher und das Küchenpersonal ihre Mahlzeiten ein, während der Herrschaft eine Etage höher in der jetzigen Bibliothek serviert wurde.

Ißt er auch etwas anderes als Sie und wir? fragt Anna leise weiter. Die Sekretärinnen sehen sich an, unschlüssig, ob die Niemka zu dieser Frage wohl ein Recht hat. Pani Pawlakowa sieht von ihrem Platz aus herüber; obwohl sie kaum ein Wort verstanden haben kann, weiß man es nie so genau bei ihr. Wer will schon Ärger! Schweigen also. Nur eine, die jüngste der Mädchen, kann Annas Lächeln nicht widerstehen und nickt ein Ja.

Sag schon, wer das war, fragt Vera ungeduldig.

Der Zarewitsch von Ujazd!

Anna wollte mehr sagen, wollte Vera eigentlich klarmachen, wie lächerlich ähnlich ihr das Verhalten des Direktors und das eines Großgrundbesitzers in früheren Zeiten vorkam.

Da geht abermals die Tür auf. Zum letzten Mal, wie Anna wohl weiß, denn bis auf Ludwik und Zofia sitzen alle Mittagsgäste am Tisch. Zofia grüßt mit ihrer leisen, tiefen Stimme, immer ein wenig unsicher seit dem Gespräch zwischen ihr und Anna in der Kirche. Von Annas Tochter nimmt Zofia keine Notiz. Sie setzt sich neben Pani Pawlakowa an den ge-

genüberliegenden Tisch. Anders Ludwik. Seine Hand bleibt auf der Türklinke liegen. Seine ruhigen, stets disziplinierten Gesichtszüge geraten außer Fassung.

Mach doch die Tür zu, sagt Zofia freundlich, stellt die Suppenterrine auf den Tisch und schöpft Ludwiks Teller voll. Endlich läßt Ludwik die Tür ins Schloß fallen. Sein Schritt hat nicht die gewohnte Sicherheit.

Unverwandt starrt er Vera an. Die Ähnlichkeit mit Anna reißt ihn auf eine Weise in die Vergangenheit zurück, mit der er nicht gerechnet hat.

Dzień dobry, grüßt Vera, belustigt über das Interesse, das sie nicht nur im Kaufmannsladen, sondern auch hier auslöst.

Das ist meine Tochter, sagt Anna auf deutsch. Sie spricht es ganz ruhig aus, ohne Lächeln.

Anna sitzt neben Anna! Ludwik braucht nur die Hand auszustrecken, und er wird die eine oder andere der harten schmalen Hände zwischen seinen Fingern fühlen. Er braucht nur noch eine Sekunde länger stehenzubleiben, und eine von beiden wird irgend etwas sagen, weil sie ungeduldig ist. Er braucht nur zu lächeln, und aus ihren Augen wird komplizenhafte Heiterkeit sprühen. Eigentlich braucht er nur abzuwarten!

Schon fühlt er Veras Hände, nicht ganz so hart, wie er sie sich vorgestellt hat, auch nicht ganz so schmal. Schon hört er ihre Stimme: Endlich mal jemand, der Deutsch kann! Und schon blitzt eine Fröhlichkeit in ihrem Blick auf, die er gut kennt, nur vergessen hatte.

Wie lange werden Sie in Ujazd bleiben? fragt er.

Solange meine Mutter hierbleibt, antwortet Vera.

Die Stube hinter der Küche wies früher außer einem Kalender keinerlei Schmuck an den weißgetünchten Wänden auf, und das Mobiliar bestand aus einem mit gemasertem Linoleum belegten Tisch und zwölf Holzstühlen. Heute sieht sie gemütlich aus. An den holzgetäfelten Wänden hängen zweiarmige Leuchter mit stoffbespannten Schirmchen. Ein Teppich sorgt für gedämpfte Akustik, und Stühle wie Tisch sind in der Schreinerei von Zawada angefertigt. Rundum hängen Ehren-

und Leistungsurkunden des Kombinats, zwischen den ebenerdigen Fenstern ein in Glas gerahmtes Großfoto einer schwereutrigen Kuh mit Namen Minerwa, die 1964 die meisten Preise eingeheimst hatte, aber den Milchleistungen der Kombinatskühe von heute in keiner Weise mehr standhalten könnte. Seine Suppe schluckend, sitzt Direktor Banaś am Tisch, während ihm seine Frau zusieht. Lange hat sie dieses Schlucken nicht gehört, denkt sie. Laut wie ein Pferd. Er spricht nicht. Adam Banaś spricht nie, wenn er Hunger hat und sich ans Essen macht. Appetit zu haben und vernünftige Dinge zu sagen, ist seiner Meinung nach zweierlei. Erst wenn der Magen den Verstand in Ruhe läßt, kann man sich wieder ans Denken machen. So löffelt er schweigend die von der Küchenfrau servierte Brühe mit Einlage in sich hinein, sagt nicht bitte, nicht danke, sieht nicht die frische Schürze und nicht die nach Vorschrift gestärkte Haube, hinter der die Frau bis auf ein paar Löckchen am Rande der Schläfen ihr Haar verbirgt: Smacznego! Der Herr Direktor läßt es sich schmecken. Teresa Banaśowa ißt keine Suppe. Mit ihrem Mann in der Eßstube allein gelassen, wartet sie auf seine Fragen.

Und er fragt: Wer sind die fremden Frauen da draußen?

Die Niemka mit ihrer Tochter!

Adam Banaś nickt, das hatte er sich gedacht.

Aus Westdeutschland? fragt er.

Seine Frau nickt. Die Schwester aus der DDR hast du mit ihr verwechselt! Sie ist die Journalistin mit der Einladung unserer Behörden! Das sagt Teresa nicht ohne Spott, und sie kann es sich nicht verkneifen, ihren Mann lächelnd daran zu erinnern, daß seine Bemühungen, der ehemaligen Gutsbesitzerstochter einen eindrucksvollen Empfang zu bereiten, an die Falsche geraten sind.

Kurze Zeit später sitzt er hinter seinem wuchtigen Schreibtisch, die hängenden Lider nach unten gezogen, hat weder einen Blick für seine Frau, noch für Pani Pawlakowa oder Ludwik Janik.

Unverhofft brüllt er in die abwartende Stille, ohne daß einer der Anwesenden sonderlich erschrickt. Sein Kopf ist rot, seine Hände schlagen sein ledernes Notizbuch auf die Tischplatte, so daß eine der metallenen Lettern seines Namenszuges beschädigt wird. Die Augen, jetzt weit offen, nehmen sich einen nach dem anderen vor.

Warum ist sie nicht in einem unserer Gästehäuser untergebracht? dröhnt die Stimme des Direktors durch das ehemalige Arbeitszimmer des Herrn Major. Sein Drehstuhl fährt den schweren Körper von rechts nach links. Warum in dieser verdammten Bruchbude von Verwalterhaus, das nicht einmal ein vernünftiges Bad hat? Wer hat das veranlaßt?

Warum nicht? widerspricht Wanda Pawlakowa, in der Bruchbude wohnt auch Pan Janik und seine Frau. Ich sah keine Veranlassung, die Niemka besser unterzubringen als einen Angestellten des Kombinats. Sie hat sich auch nicht beschwert. Besichtigungen und Gespräche wurden bis zu Ihrer Rückkehr zurückgestellt, da es keine Anweisungen gab!

Und Sie, dröhnt des Direktors Stimme weiter, jetzt Ludwik zugewandt, Sie haben den Unsinn unterstützt?

Es hat noch nie zu meinen Aufgaben gehört, für die Unterkunft von Gästen zu sorgen, sagt er. Mir ist lediglich Ihre behördliche Genehmigung für einen Aufenthalt in Ujazd bekannt.

Und du, schreit der Direktor nun seine Frau an, du hättest doch wenigstens die Situation überblicken können!

Teresa Banaśowa hat sich noch nie von der Lautstärke ihres Mannes beeindrucken lassen. Eher sieht es so aus, als ob seine Aufregung sie belustige.

Wie du weißt, lächelt sie, halte ich nichts von Grenzdeutschen, von dieser Pani Anna schon gar nichts. Sie scheint sich im Dorf sehr wohl zu fühlen, macht Geschenke, fährt die Leute in ihrem Auto herum, trinkt bei Kirkor mit den Männern Wodka und, wie ich höre, soll sie sogar bemüht sein, den Kowaleks bei deren Umsiedlung nach Westdeutschland behilflich zu sein!

Wieder knallt das Buch auf den Tisch. Einer der Buchstaben springt ab und rutscht über die Schreibtischplatte.

Da haben wirs! Den Direktor hält es nicht mehr auf dem Sessel, und er fragt nun in gefährlicher Ruhe, ob denn hier außer ihm keiner bis drei zählen könnte.

Pani Pawlakowa seufzt mit zitternder Brust unter der Bluse, Teresa läßt das Lächeln nicht bleiben, während Ludwik mit unbewegtem Gesicht Notizen macht und zu verstehen gibt, daß ihn das Thema nach wie vor nichts angeht.

Da haben wirs, wiederholt Direktor Banaś, einen westdeutschen Gast so zu behandeln, zumal wenn es die Tochter eines ehemaligen Gutsbesitzers ist, das kann nur eines zur Folge haben, nämlich, daß sie die hiesigen Zustände auf der ganzen Linie schlechtmachen wird. Mir, sagt der Direktor und zupft seinen Elefantenschlips zurecht, mir sind solche Artikel in westdeutschen Zeitschriften und solche Radiosendungen zur Genüge bekannt!

Ich glaube nicht, daß Pani Anna zu dieser Art Journalisten gehört, an die Sie denken, sagt Ludwik bedächtig, ohne den Blick zu heben.

Warum nimmt sie dann Verbindung mit Leuten auf, die umsiedeln wollen, bietet Hilfe an, wie meine Frau sagt! wettert der Direktor weiter. Macht sich im Dorf beliebt, wird wahrscheinlich bei der alten Hexe herumlungern, bei Perkas und Konsorten, vielleicht noch dem Lenart Schnaps bringen, nur weil er der Sohn des früheren Kutschers hier war!

Nein, sagt Pani Pawlakowa, dem Lenart hat sie keinen Schnaps gebracht, aber der Tochter hat sie Kleider geschenkt!

Na also!

Und Direktor Banaś, der jetzt die Meinung vertritt, daß in diesem Fall mehr denn je Hopfen und Malz verloren ist, läßt die Beteiligten wissen, daß er für die Niemka nicht zu sprechen sei. Hingegen sollte Józef Staszak damit betraut werden, eine Führung durch die Kombinatsgüter vorzunehmen. Eventuelle Fragen nach landwirtschaftlichen Erträgen, Zuchtleistungen, personeller Struktur sowie sozialen Errungenschaften sollte Ludwik Janik beantworten.

Er kennt die Pani von früher, sagt Wanda Pawlakowa, er war hier Traktorfahrer und wurde dann verhaftet!

Direktor Banaś hebt nur kurz den Blick, sieht zu Ludwik hinüber: Das weiß ich!

Nein, Vera hat keine Lust, Anna auf dem Rundgang durch das Kombinat zu begleiten. Landwirtschaft interessiere sie nicht, lacht sie und will lieber schwimmen gehen.

Du findest allein nicht hin!

Dann nehme ich die rote Prinzessin mit! Deine kleine Freundin, Jolka, sie wird mir den Weg zeigen!

Du kannst kein Polnisch und sie kein Deutsch!

Das ist doch lustig, was glaubst du, wie wir uns amüsieren!

Der Magaziner Jodko hat nichts dagegen, daß Jolka mit Vera nach Gola fährt. Im Gegenteil, Jolka bringt sogar ein Körbchen mit Äpfeln, hartgekochten Eiern und einem Sandkuchen mit. Stolz hebt sie die Serviette hoch.

Dobry, to jest dobry!

Und wie das dobry ist, sagt Vera, los, komm!

Nimm wenigstens eine Karte mit, sagt Anna, damit du weißt, wo du hinfährst!

Die Fröhlichkeit der beiden mutet sie seltsam an. Pani Jodkowa hat Jolka nie ein Picknickkörbchen mitgegeben, wenn Anna mit dem Kind weggefahren war. Wie selbstverständlich Jolka zu Vera in den Wagen steigt, wie sie sich einigen, was links und rechts heißt, und schon lachen, ehe sie überhaupt wegfahren.

Anna kommt es vor, als wären Ujazd und seine Bewohner wie ausgewechselt. Ewig gibt es etwas zu lachen, und zwar auch da, wo Anna bisher nichts Vergnügliches finden konnte. So zum Beispiel bei Tisch, wenn Jodko Witze erzählt, die Anna übersetzen muß, oder wenn Vera ihre drei polnischen Worte radebrecht, Schüsseln und Teller aus der Durchreiche serviert und Direktor Banaś mit einem halb zugekniffenen Auge und Hallo, Boß, begrüßt. Da läuft selbst ein Lächeln über das Gesicht von Pani Pawlakowa.

Nur bei Jula ist Vera das Lachen vergangen.

Ich mag sie nicht, sagt sie nach dem Besuch zu Anna, sie stinkt und ist eine Hexe! Es würde mich nicht wundern, wenn sie mich plötzlich in eine Gans verwandelte!

Mich auch nicht, antwortet Anna mürrisch.

Anna hat Vera eine Menge von Jula erzählt, und es lag ihr am Herzen, daß Veras erster Besuch in Ujazd der Alten galt. Vera saß auf der Fensterbank am wachstuchbedeckten Küchentisch und nippte an einem Tee, der ihrer Meinung nach scheußlich schmeckte.

Muß ich den trinken? flüsterte sie Anna zu, während sich Jula am Herd zu schaffen machte.

Ja, sagte Anna, trink ihn!

Jula trippelte in der Küche von Ecke zu Ecke, murmelte vor sich hin und machte den Eindruck, als paßte ihr etwas nicht. Einmal blieb sie vor Vera stehen, starrte sie lange an und sagte: Es ist nicht gut, wenn du hierbleibst. Dann wandte sie sich zu Anna und fuhr fort: Warum hast du sie hergebracht?

Ihre Stimme hörte sich unfreundlich an. Sie fingerte an ihrem Leberfleck herum, hielt den Kopf dabei so, als ob sie mit dem rissigen braunen Hubel zwischen ihren Augen in Veras Seele sehen könnte und flüsterte: Paß auf dein Herz auf und auf das anderer Leute!

Wie soll ich das machen? fragte Vera amüsiert, ich versteh nicht, was Sie meinen!

Jula zeigte Unruhe, ging zögernd zu dem großen schwarzen Buch, knotete mühselig die Schnüre auseinander, fing an, darin zu blättern und kam so der Stelle, in der der Zarinnenbrief lag, immer näher. Blatt für Blatt!

Halt, rief Anna plötzlich, hör auf!

Eine Weile war nichts weiter zu hören als Julas Gekicher, aber sie hatte aufgehört zu blättern und ließ jetzt ihre Finger über die Zeilen gleiten. Kreuz und quer, von oben nach unten und umgekehrt. Ihre Fingerkuppen kratzten beflissen über das Papier, ein Geräusch, bei dem Vera eine Gänsehaut bekam.

Dann hielt die Alte inne, hob ihre Greisenhände hoch, schüttelte sie ein wenig, kam mit nach außen gekehrten Handflächen auf Vera zugeschlurft und strich gleichmäßig über deren Kopf, Arme und Leib, als gelte es, Annas Tochter einzubalsamieren. Dabei ein unheimliches Gemurmel, was auch ein Schmatzen sein konnte. Eine merkwürdige Kälte und Wärme zugleich gingen von Julas Berührungen aus und ließen Vera stumm vor Entsetzen werden.

Wenn du nicht achtgibst, sagte die Alte, wird dich das Gute überholen! Red nicht so viel!

Wieder ein Kichern aus dem zahnlosen Mund dicht vor Vera, mit dem Geruch nach Kräutern, Pflanzen und Säuernis.

Wenn du nicht achtgibst, wiederholte Jula, lachst du dir die

Seele aus dem Leib, und weil Vera immer noch nicht versteht, fügt Jula nun unwillig hinzu, sie solle die Menschen um sich achten, wenn sie nicht die Dunkelheit fürchte!

Ein hilfloser Blick von Vera zu Anna. Und weil es Jula nicht gelang, sich Vera verständlich zu machen, verabschiedete man sich bald. Mit Verwunderung sah Vera zu, wie das alte Hutzelweib Anna in ihre Arme schloß und ihr etwas ins Ohr flüsterte. Was hat sie gesagt, wollte Vera wissen, aber Anna gab Julas Bemerkung nicht weiter, daß Vera eine Lüge in die Wiege gelegt worden sei, und schwieg schlecht gelaunt, worauf ein kleiner Streit zwischen Mutter und Tochter entstand.

Anna fährt im kombinatseigenen Wagen neben Józef von Dorf zu Dorf, von einem ehemaligen Gutshof zum anderen. Es ist nicht Józefs erste Führung mit ausländischen Gästen. Er kennt die Stellen, wo es zu halten gilt, um dem Gast ein eindrucksvolles Bild einzuprägen. Er weiß, welche Gebäude bei einer Besichtigung zu vermeiden sind, weil sie verfallen sind und noch nicht erneuert werden konnten. Und Józef weiß auch, daß es gerade diese Gebäude sind, die hin und wieder als Beispiel für polnische Wirtschaft zitiert werden und alles das abwerten, was aufgebaut wurde. Anna langweilt sich. Ich kenne das alles, was Sie mir zeigen, sagt sie.

Ich weiß, antwortet Józef, ohne die von ihm vorgesehene Fahrt abzukürzen.

Und warum zeigen Sie es mir dann?

Weil der Chef es verlangt! Er sagt, Sie wollen in Westdeutschland über Ujazd berichten. Da müssen Sie vielleicht etwas mehr wissen als über die Familie Perka, über Jula, den Nachtwächter mit seinen zwei Weibern, den versoffenen Lenart oder über meinen Vater, der verbissen an seinem Land festhält, weil ihm das Krummlegen auf ein paar Hektar eigenem Grund mehr Freiheit bedeutet als der gesamte Fortschritt unseres Landes!

Und weil Anna schweigt und kein sonderliches Interesse an den von Józef heruntergeschnurrten Zahlen über Aufstieg und Leistung des Kombinats zeigt, ändert er plötzlich doch die vorgeschriebene Route. Statt in die Fasanerie und den kombinatseigenen Reitstall zu fahren, auf den Direktor Banaś bei Besichtigungen besonderen Wert legt, dreht Józef um, fährt zurück nach Kolsko und von dort Richtung Stadt. Am Rande des Dorfes, auf halber Strecke zur Stadt hin, liegt eine kleine Neubausiedlung mit zehn Einfamilienhäusern, dahinter eine Reihe mit Zweifamilienhäusern. Dazwischen Gärten und am Ende ein paar Rohbauten. Graue, großporige, aufeinandergemauerte Steine, an denen gerade der Umriß des späteren Hauses zu erkennen ist. Ein kleiner Zementmischer, Drecklöcher, herumliegende Balken und Rohre lassen die Baustelle verlassen und trostlos aussehen und, wie Anna findet, ein wenig armselig.

Das wird mein Haus, sagt Józef, während er aus dem Wagen steigt, ich möchte, daß Sie es sich ansehen. Ich möchte Ihnen alles ganz genau zeigen!

Also gut. Anna folgt Józef gehorsam zur Baustelle, obwohl es ihrer Meinung nach nichts sonderlich Eindrucksvolles an diesem simplen Gemäuer gibt.

Das sind Eigenheime, die man als Kombinatsangestellter bauen kann, sagt Józef, dafür kann man einen sehr günstigen Kredit aufnehmen, und Grund und Boden, Steine und deren Transport werden einem umsonst gegeben, ebenso Wasseranschluß, Notargebühren und der Bauplan . . .

Józef sieht Anna an. Sie hören mir nicht zu, sagt er, ist das nicht interessant für Sie?

Nein, sagt Anna und setzt sich auf den Mauerrand einer Fensteröffnung, eigentlich nicht!

Da drüben liegt Ujazd, sehen Sie die Turmspitze vom Schloß? fragt Józef.

Ja.

Hier wird das Schlafzimmer sein, sagt Józef, wenn ich aufwache, kann ich von meinem Bett aus nach Hause sehen! Er lacht ein wenig verlegen. Ich bin nämlich da geboren.

Im ersten Augenblick wollte Anna sagen, daß auch sie dort geboren ist, aber dann läßt sie es und nickt nur. Irgendeinen Grund muß Józef haben, daß er sie hierhergefahren hat. Sie wartet ab, bleibt am Fenster sitzen, über sich den Himmel, den Blick auf die Turmspitze von Ujazd gerichtet. Józef wird jeden Morgen, wenn er aufwacht, vom Bett aus nach Hause sehen können. Eine komische Vorstellung. Aber Józef hat noch mehr Vorstellungen, wie Anna jetzt erfährt. Erst redet er langsam, ist immer noch etwas verlegen, stockt hin und wieder und wirft Anna prüfende Blicke zu, ob sie etwa lacht. Anna lacht nicht und sie hört ihm auch zu, viel aufmerksamer als vorher. Und weil sie so zuhört, so zusieht, vergißt er sie.

Er schreitet die halb hochgemauerten Wände auf und ab, legt Steinchen und Hölzchen zur Abgrenzung der Räume und zeichnet mit der Fußspitze den Platz der zukünftigen Möbel auf.

Schlafzimmer und Wohnzimmer getrennt und nicht wie bei den Alten am Fußende der Ehebetten die Wohnzimmermöbel. Einen Wohnzimmerschrank mit Schiebetüren und Bücherregal wird er kaufen, keinen Glasschrank und kein Büfett, und überall werden Blumen stehen, weil Janka Blumen liebt. Von der Küche aus wird er eine kleine Terrasse in den Garten bauen, auf der man im Sommer sitzen kann. Die Wände dürfen nicht gestrichen sein, sondern mit einer Tapete beklebt. Eine Tapete mit viel Blau, weil Blau Jankas Lieblingsfarbe ist. Das wird schön, sagt Józef aus seinen Träumen auftauchend, das müssen Sie doch zugeben!

Anna gibt es zu, obwohl sie nicht alles verstand, was Józef vor sich hingemurmelt hat. Sie hatte ihn beobachtet, wie er in seiner Versonnenheit in dem leeren Geviert umhergestelzt war, von einem Dach über dem Kopf träumte, von Schlaf- und Wohnzimmern redete, von einer Frau, die Blumen und die Farbe Blau liebt. Józef war auch an den Fensteröffnungen stehengeblieben, hatte erzählt, daß das Mädchen, das er heiraten will, in der Stadt bei der Post arbeitet, und daß von hier aus der Weg dorthin nicht weit sei. Er hatte auch aus dem westwärts gerichteten Fenster auf Kolsko gezeigt, wo er für eintausend Schafe verantwortlich ist.

Für Józef, so scheint es Anna, ist nicht nur das Haus wichtig, sondern auch der Ort, wo es steht. Eine Blicklänge von Ujazd, von der Stadt und von Kolsko entfernt!

Wieviel Bäume, fragt Anna plötzlich, stehen auf der Chaussee zwischen Ujazd und der Stadt?

Das weiß ich nicht, lacht Józef.

Dreißig auf der rechten Seite von Ujazd gesehen und dreiunddreißig auf der Linken!

Wieso haben Sie die gezählt?

Weil ich sechs Jahre lang von Ujazd in die Stadt zur Schule gefahren oder gelaufen bin! antwortet Anna, da habe ich sie eben einmal gezählt, vielleicht auch öfter, jedenfalls habe ich die Zahl der Bäume behalten!

Und was, fragt Józef, ohne sich irgend etwas dabei zu denken, was steht unter dem in Glas gerahmten Bild der Mutter Gottes an der Napoleonspappel Richtung Nowawieś?

Das weiß ich wiederum nicht! lächelt Anna.

Da steht: Hier wurde am 29. September 1939 Jersy Duda von den Deutschen erschlagen! Der Herr möge seiner Seele gnädig sein! Er starb als Pole für Polen!

Die Tafel, sagt Anna langsam, ist nach meiner Zeit angebracht worden.

Das stimmt, Józefs Stimme ist freundlich, aber ich kenne sie so gut wie Sie die Zahl der Bäume von Ujazd bis zur Stadt!

Können wir gehen? fragt Anna, ich habe Ihr Haus gesehen und es gefällt mir gut! Ich wünsche Ihnen Glück!

Sie rutscht von der Fenstermauer herunter, klettert über Steine und Zementsäcke, bis sie zum Auto kommt, und steigt ein.

Entschuldigen Sie, sagt Józef, ich wollte Sie nicht beleidigen!

Das können Sie auch gar nicht, sagt Anna, denn als dieser Jersy Duda totgeschlagen wurde, war ich ein Kind!

Józef beugt sich vor, um den Wagen zu starten.

Wissen Sie, sagt er, ich hab Sie danach nicht gefragt, weil Sie Deutsche sind, sondern weil Sie wie ich hier geboren sind. Natürlich ist die Gedenktafel später angebracht worden, daran habe ich nicht gedacht!

Sie fahren durch die Stadt Richtung Ujazd an den dreiundsechzig Chausseebäumen entlang. Józef hat noch etwas zu sagen.

Sie haben mir vorhin Glück für mein Haus gewünscht, sagt er, den Blick vorwärts gerichtet und die Hände fest um das Steuerrad gelegt, so fest, daß auf den Knöcheln blutleere Flecken entstehen, das hängt auch von Ihnen ab!

Von mir?

Anna ist nach Lachen zumute. In einem Atemzug wird ihr hier die Verantwortung für Tod und Glück zugeschoben.

Vielleicht nehmt ihr uns Deutsche zu wichtig! sagt sie mit freundlichem Spott, was habe ich mit Ihrem Glück zu tun?

Weil Janka Kowalek und ich heiraten möchten. Aber ihre Eltern wollen nach Westdeutschland umsiedeln, ihre Kinder mitnehmen, und Sie, so hat mir Janka erzählt, Sie haben versprochen zu helfen!

Das ist nicht wahr!

Józef hat mit ihrem Widerspruch gerechnet. Er geht nicht darauf ein und redet jetzt von der Leber weg: Janka will aber nicht nach Deutschland und Tomek auch nicht. Sie sind hier zu Hause und wollen hier bleiben. Sie sind Polen!

Das müssen sie wissen! sagt Anna, das geht mich nichts an!

Aber wenn Sie Ihre Hilfe anbieten und die alten Kowaleks darauf bestehen, nach Deutschland zu gehen, und Janka mitnehmen wollen?

Dann werden sich Janka und Tomek entscheiden müssen, aber nicht ich!

Würden Sie denn von zu Hause wegwollen?

Ich war hier auch zu Hause, Józef, antwortet Anna, und ich konnte mich damals im Gegensatz zu Janka nicht entscheiden, also weiß ich nicht, warum Sie sich so aufregen!

Zur gleichen Zeit ist am Ufer des Golaer Sees der übliche Nachmittagsbetrieb. In den Fahrradständern ist kein Plätzchen mehr frei, am Eiskiosk stehen die Kinder Schlange, und am Strand dröhnen die Transistorradios. Vera und Jolka waren schwimmen und liegen jetzt auf der Decke, den Freßkorb von Pani Jodkowa zwischen sich. Was Vera auf deutsch sagt, redet Jolka auf polnisch nach. Ein paar Kinder aus Ujazd umringen die beiden in respektvoller Entfernung.

Wer ist das, Jolka, wollen sie wissen, du verstehst doch gar nicht, was sie sagt!

Sie ist meine Freundin, sagt Jolka, quatscht sie nicht an!

Hat sie Kaugummi?

Natürlich hat sie Kaugummi.

Die Kinder rücken näher, lachen höflich mit, wenn Vera lacht, ohne aufdringlich zu sein oder gar betteln zu wollen. Nein, sie sind nur neugierig, staunen und würden am liebsten alles anfassen, was da auf der Decke der Niemka herumliegt. Eine Spraydose, aus der weißer Schaum herauskommt, mit dem die Niemka erst sich selbst und dann Jolka einschmiert. Und plötzlich hat einer der kleinen Jungen einen weißen Stips auf der Nase. Alle wollen so einen Stips. Kschscht . . . sagt Jolka, seid nicht so aufdringlich, und winkt die Ujazd-Kinder von der Decke weg. Aber Vera holt sie wieder zurück und setzt sie rund um sich herum. Was dann passiert, das hat noch niemand gesehen, auch Jolka nicht. Vera holt einen Fotoapparat aus ihrer Tasche. Nun gut, alle Kinder sind schon einmal fotografiert worden. Kaum sehen sie den Apparat in Veras Hand, setzen sie sich ordentlich hin, halten die Hälse gerade und machen ernste Gesichter. Rundköpfig, blauäugig, blond, könnten sie fast allesamt Geschwister sein.

Na zdrowie, ruft Vera, weil es das einzige Wort ist, das sie flüssig sagt, und aus ist es mit den ernsten Mienen. Kleine zahnlückenfröhliche Münder, die ein Lachen herausprusten, daß die Erwachsenen sich erstaunt umdrehen.

Und jetzt paßt auf, sagt Vera.

Keines der Kinder versteht ihre deutschen Worte, aber alle passen auf. Die Niemka dreht einen Hebel und läßt jeden an dem Apparat horchen. Da drinnen tickt es wie in einer Uhr. Und als alle gehorcht haben, zieht sie ein Stück Papier aus der Kamera, wedelt es hin und her, und es ist das Foto, das sie eben gemacht hat!

Wer das zu Hause erzählt, wird keinen Glauben finden. Höchstens der, der das Bild bekommt, und wer bekommts?

Als Vera nach Hause fährt, hat sie das Auto voller Kinder, und jedes von ihnen hält ein Bild in der Hand. Ein Bild, auf dem es selbst drauf ist, rundköpfig und blauäugig, eines wie das andere.

Bei Kowaleks ist die Stimmung schlecht. Friedel will der Haushalt nicht mehr so recht von der Hand gehen. Die einfachsten Geräusche lassen sie zusammenzucken, und ist die Zeit da, wo Stefan Kowalek von der Arbeit zurückkommt, steht sie hinterm Fenstervorhang und starrt unbeweglich die Straße hinunter, bis sie ihn erkennt. Genau beobachtet sie seinen Gang, die Bewegung seiner Arme, ob und wen er grüßt.

Ist er dem Haus näher, forscht sie in seinem Gesicht nach der zu erwartenden Hiobsbotschaft. Kündigung oder nicht?

Seitdem Anna das erste Mal bei Kowaleks war, schlief das Ehepaar Kowalek nicht mehr so gut wie früher. Jeder mit seinen Gedanken für sich, lagen sie nächtens nebeneinander in ihren Ehebetten, die Köpfe durch mächtige Kissen nach oben abgeknickt, die Hände über dem Federbett gefaltet, hin und wieder auch ein Gebet einschiebend, daß alles gutgehen möge. Beide haben sie Angst vor der Zurückstellung des Antrags, vor dem Verlust der Arbeitsstelle, vor den Gerüchten, die, einmal ins Rollen geraten, zum Steinschlag werden und alle Abschiedsgefühle zunichte machen. Angst vor all dem, was sie vor Betreten der achthundert Kilometer weit entfernten deutschen Heimat, die sie bis zum heutigen Tag nie gesehen haben, erwartet. Nur weg, sagen sich die Kowaleks, denn hier haben sie nichts mehr verloren und nichts mehr zu suchen.

Und wenn sie es in ihrem schweigenden Nebeneinander geschafft haben, nach dem Löschen des Lichtes ihre Ängste in der Hoffnung auf das kommende Glück zu ersticken, dann schlafen sie ein. Und ihre kaum unterschiedlichen Träume von einem Leben in Saus und Braus, gemessen an dem, was sie bisher gewohnt sind, machen ihnen für den kommenden Tag Mut. Worte finden sie wenige dafür. Hin und wieder kommt es vor, daß Friedel ihre Hände auseinanderlöst und nach Kowalek greift. Es wird schon werden, sagt sie dann, es wird schon werden!

Das alles änderte sich schlagartig, als Janka eines ihrer Gespräche belauscht hatte und die Eltern danach zur Rede stellte. Herrje, gab das ein Durcheinander! So etwas war bisher in der Familie Kowalek noch nie dagewesen. Einer fiel dem anderen ins Wort, und selbst als Stefan Kowalek mit der Faust auf den Tisch schlug, brachte das weder Janka noch Tomek zu Einsicht und Vernunft. Sie gingen nicht mit, schrien sie, wollten bleiben, wo sie hingehörten, nämlich da, wo sie geboren seien, in Polen. Wir sind Deutsche, hatte Friedel Kowalek eingewendet und die Geschichte vom Heil-Hitler-grüßenden Großvater angebracht. Nur in unserem Vaterland können wir anständig leben!

Ihr Volkswagendeutsche, hatte Janka darauf gebrüllt, dann haut doch allein ab, um im gleichen Moment die Kränkung, die sie den Eltern zugefügt hatte, zu bereuen.

Uns geht es hier gut, bemühte sich Tomek die Angelegenheit wieder ins Lot zu bringen, obwohl auch er wußte, daß für die Eltern schon ein Körnchen Wahrheit an der Sache war.

Ich kann ja nicht einmal Deutsch! erklärte Tomek.

Das wirst du lernen, beruhigte ihn Friedel, und wenn du studierst, bist du drüben wer! Hier – sie zieht verächtlich die Schultern hoch –, hier sind alle gleich! Seht euch die Anna an! Mit nichts ist sie weg, und jetzt hat sie ein schönes Auto und Zeit, drei Monate hier Urlaub zu machen. Und wie fein sie angezogen ist, was sie schon von der Welt gesehen hat, das müßtet ihr euch einmal anhören! Wenn wir erst drüben sind, wird sie uns helfen, so wie ihre Mami und ihr Papi unsereinem immer geholfen haben!

Aber weder Janka noch Tomek hatten die Argumente der Mutter eingeleuchtet. Im Gegenteil, die Tatsache, von zu Hause weg zu müssen, hatte beide in großen Schrecken versetzt, und der Schreck war es dann, der sie dazu verleitet hatte, die Sache auszuplaudern. So lief das Gerücht von Haus zu Haus und wurde nicht nur allein von der Fedeczkowa in Ujazd verbreitet.

Aber bis jetzt kommt Stefan Kowalek immer noch unveränderten Ganges von der Arbeit zurück, biegt um die Straßenecke, grüßt, wen er sonst zu grüßen pflegt, wird wieder gegrüßt, und auch sein Gesichtsausdruck ist wie seit Jahr und Tag von der gleichen teilnahmslosen Müdigkeit gezeichnet. Friedels Nervosität ist demnach, zumindest was ihren Mann Stefan Kowalek betrifft, unbegründet.

Guten Abend, sagt er, gibt es was Neues?

Nein, sagt Friedel erleichtert, schiebt ihm die Pantoffeln zu und weiß auf Grund seiner Frage, daß es auch bei ihm nichts Neues gibt.

Die Kinder? fragt Kowalek weiter.

Nicht da, antwortet Friedel, es sind Ferien, vielleicht auf Ujazd oder am Golaer See, was weiß ich!

Sie sind zu wenig zu Hause! sagt Kowalek, stülpt sich die Pantoffeln über und hängt sein Jackett an die Tür. Aus seiner ewig schmurgelnden Pfeife zieht schwadenblau der Rauch durch die Küche.

Sie sind zu wenig zu Hause, wiederholt er mit einer gewissen Sturheit, die Friedel seufzend zur Kenntnis nimmt, denn damit steuert Kowalek geradewegs und ohne jegliche Umstände auf das Familienthema zu. Er schlürft den Kaffee, tunkt das in Streifen geschnittene Brot in die Tasse, saugt sekundenlang mit an den Gaumen gepreßter Zunge die gesüßte Flüssigkeit aus dem Brot, schluckt.

Und wenn sie nicht mitkommen?

Sie werden mitkommen, eifert Friedel Kowalek, sie müssen mitkommen! Sie werden doch nicht an ihrem Glück vorbeigehen wollen!

Und zur Bekräftigung zählt sie zum ungezählten Mal die Vorteile der beidseitigen Verwandtschaft in Westdeutschland auf, holt Fotos vor, die sie mittlerweile schon in der Schürzentasche parat hat.

Kowalek winkt ab, kenn ich, sagt er, mir gehts um die Kinder, ich möchte nicht ohne sie alt werden!

Laß nur der Janka Zeit! Sie wird schon beigeben und den Eltern folgen, vielleicht wird auch die Anna mit ihr reden. Der werden die Kinder glauben müssen!

Aber Anna redete weder mit Janka noch mit Tomek, wie Friedel sich das wünschte. Wie es schien, wollte sie auch nicht in der Art helfen, wie Friedel Kowalek das von Annas Mami und Papi gewohnt war. Die Sache lief anders und erfüllte nicht die Erwartungen der alten Kowaleks, sondern brachte eher mehr Beunruhigung.

Anna kam ohne Vera, obwohl Kowaleks damit gerechnet hatten, die Tochter kennenzulernen, die so alt war wie Leon, Kowaleks Ältester. Nein, sie haben keine Gelegenheit, Vergleiche zu ziehen.

Anna sitzt in der Küche, inzwischen vertraut genug, um nicht mehr ins Wohnzimmer gebeten zu werden. Kowaleks Pfeife gurgelt in die Stille der Pausen zwischen Annas Gerede, gurgelt laut und ärgerlich. Das alles ist nach Kowaleks Ansicht etwas, was Friedel angezettelt hat, und nun soll sie auch sehen, wie sie aus der Sache wieder herauskommt!

Schwierigkeiten, sagt Anna, Schwierigkeiten hätten sie ihr

gemacht und herumposaunt, daß sie der Familie Kowalek bei der Umsiedlung behilflich sein wollte!

Und, fragt Friedel hastig und mit flinken Augen, stimmt das etwa nicht? Du hast es uns doch versprochen. Willst du jetzt einen Rückzieher machen?

Wenn ihr drüben seid, habe ich gesagt, da kann ich euch vielleicht helfen! Aber ihr seid noch in Polen, und das hier ist allein eure Entscheidung!

Aber wir haben uns entschieden, Anna!

Eure Kinder auch?

Wie sollen sie das können, Anna, du mußt mit ihnen reden! Mir wollen sie ja nicht glauben!

Im Park von Ujazd, unter der Linde, aus der Jolka eine Woche zuvor wie ein Vogel heruntergeflogen war, sitzt Vera und stellt sich alles das vor, was Anna ihr von früher erzählt hat. Nichts entspricht der Wirklichkeit, nicht der verwahrloste Park mit den sterbenden Ulmen, zwischen denen es kaum Wege gibt und keine Blumen, und auch nicht das Schloß mit seiner ramponierten Fassade.

Das Schloß ist kein Schloß, der Park kein Park mehr. So ist das nämlich, arme Anna!

Da sitzt die Tochter der Niemka, sagt Józef.

An sich hat Ludwik Janik in den Klubräumen nichts zu suchen. Trotzdem trinkt er heute dort seinen Kaffee. Aus dem Fenster heraus kann er Vera beobachten. Erst war sie durch den Park geschlendert, hatte dann mit der Tochter des Magaziners auf der Wippe am Spielplatz geschaukelt, und jetzt sitzt sie schon eine ganze Weile unter der Linde, unbeweglich und, wie es aussieht, auch ein wenig gelangweilt. Die Beine weit ausgestreckt mit einwärts gebogenen Fußspitzen, unverkennbar Annas Haltung.

Er muß es sich eingestehen, ob er will oder nicht: Er ist Vera hinterhergelaufen. Erst über den Hof an den Ställen vorbei, immer in einem gewissen Abstand, wobei jeder Schritt, den er vorwärts machte, ihn in die Vergangenheit stolpern ließ. Es ging nicht um die Ähnlichkeit von Veras Haltung mit der von Anna, nicht darum, daß der Gang der gleiche war oder daß irgendeine Bewegung von Vera Ludwik außer Fassung brachte, nein, er selbst war es, den er nicht begriff.

Ging er nicht schneller, schlurfte nicht sein Schritt, als hätte er wie vor fünfundzwanzig Jahren schwere Holzpantinen an den Füßen? Roch nicht sein Körper so, als wäre er geradewegs von schwerer Feldarbeit gekommen? Und schlug dieses Mädchen da vor ihm nicht den Weg entlang der Weichselkirschenbüsche zur Napoloenspappel ein?

Plötzlich pfiff Ludwik durch die Zähne. Zärtlich und grillenleise, so wie er sich Anna früher bemerkbar gemacht hatte.

Jetzt würde sie sich vor ihm umdrehen, lächeln und warten. Vielleicht die Arme auseinanderbreiten, ihn umarmen. Er würde ihre Haut spüren, die kurzen Küsse und die zärtliche Langsamkeit ihrer Hände.

Na, so was! Unmöglich, daß Vera sich verhört hat: Der stellvertretende Direktor hat ihr nachgepfiffen. Leise wie eine Grille, aber gepfiffen hat er, sonst würde er jetzt nicht so verlegen mitten auf dem Weg stehen. Oft scheint er das nicht gemacht zu haben. Und weil ihr seine Verlegenheit Spaß machte, weil seine Art sie anzusehen ihr gefiel, deutete sie auf sich selbst und lächelte ihm mit hochgezogenen Brauen zu, was bedeuten sollte, ob er sie gemeint habe.

Ludwik schüttelte den Kopf und rührte sich nicht von der Stelle, stand da ein paar Meter entfernt, sagte kein Wort und sah sie mit ernsthafter Ausdauer an.

Schade! stellte Vera etwas spöttisch fest, ging zurück, dicht an ihm vorbei, so dicht, daß er einen Schritt zurückwich. Beinahe wäre er gestolpert. Ein Lächeln, seitlich aus den Augenwinkeln heraus, richtete sich kurz auf ihn. Eine Vertrautheit ging von Vera aus, die ihn unsicher und ärgerlich zugleich machte.

Ich möchte Sie von Ihrem Spaziergang nicht abhalten, rief er ihr leise und ein wenig ruppig nach.

Wieder blieb sie stehen, diesmal statt eines Lächelns Staunen im Gesicht.

Wie kommen Sie denn darauf?

Ludwik antwortete nicht, ging seinerseits weiter, machte aber nur einen kurzen Bogen über den Rübenschlag und ließ Vera nicht aus den Augen. Als sie im Park verschwand, setzte er sich in der Kaffeestube ans Fenster, von wo er sie weiter beobachten konnte. Da sitzt die Tochter der Niemka, hatte Józef gerade gesagt und damit versucht, ein Gespräch in Gang zu bringen.

Ja, ja, antwortet Ludwik, ohne rechtes Interesse zu zeigen.

Wir möchten mit ihr reden, Pan Janik, fährt Józef fort.

Dann macht das doch!

Sie kann kein Polnisch!

Ihre Mutter kann es!

Wir wollen ohne ihre Mutter mit ihr reden!

Warum? Ludwik rührt in seinem Kaffee. Rhythmisch klimpert der Löffel gegen die Tassenwand.

Es ist uns wichtig, sagt Józef langsam, zu erfahren, was sie über die Umsiedler in der Bundesrepublik weiß! Wir wollen Sie bitten, uns zu dolmetschen! Ich würde Pani Anna vielleicht vertrauen, aber Janka nicht! Sie sagt, die Alten steckten sowieso zusammen, denen dürfte man kein Wort glauben!

Und wenn sie nicht mit euch reden will? versucht Ludwik die Angelegenheit von sich wegzuschieben.

Sie wird mit uns reden! antwortet Józef.

Tomek und Renata haben noch eine zweite Bank herangetragen, und so sitzen sie einander gegenüber. Auf der einen Seite Józef, Janka und Ludwik, auf der anderen Seite Tomek, Renata und Jurek. Warmes lindgrünes Sommerlicht, ein bißchen Wind, ein bißchen Vogelgezwitscher aus den verwilderten Bäumen und Sträuchern. Kein Geruch von Blumen, sondern von Unkraut, Schattengewächsen und vermodertem Laub an der sonnenlosen Mauer drüben.

Ludwik sieht Vera zu, wie sie sich zurechtsetzt, hin und wieder seinen Blick auffängt und ihn zurückgibt, als hätte alles viel Zeit. Das, so geht es Ludwik durch den Kopf, das ist nicht Annas Ungeduld! Fragen über Fragen, die in erster Linie Józef und Janka auf dem Herzen haben, die aber immer weniger werden, weil Veras Antworten nicht befriedigen. Besser gesagt, Vera weiß mehr oder weniger nichts über Umsiedler aus der Volksrepublik Polen. Sicherlich, sie würden aufs erste in einem Lager untergebracht, die Kinder hätten die Möglichkeit, Deutsch zu lernen, aber sobald die Alten eine Arbeit hätten, würden ihnen die entstandenen Unkosten für den Deutschunterricht wieder abgezogen.

Vera weiß auch, daß manche polnische Jugendliche sich nicht anders als Gastarbeiter in der Bundesrepublik fühlen. Aber das hätte sie alles von ihrer Mutter gehört.

Und Sie selbst? will Janka wissen, was haben Sie selbst für Erfahrungen mit polnischen Umsiedlern gemacht?

Ich kenne keine!

Haben Sie sich dafür interessiert?

Ehrlich gesagt, nein, man liest höchstens mal in der Zeitung von ihnen! Manchmal erfährt man auch durch Berichte im Fernsehen, daß sie hier alles verkaufen, Schwierigkeiten haben, bis sie drüben sind, aber was dann aus ihnen wird, darüber habe ich mir noch nie Gedanken gemacht.

Würden Sie an unserer Stelle nach drüben gehen?

Bisher hatte Vera ohne zu überlegen geantwortet, und ihr Interesse war weit mehr auf Ludwik gerichtet als auf die Fragen, die er im Auftrag der jungen Leute an sie stellte. Ihre Blicke hängen immer länger ineinander fest.

Also: Würden Sie an unserer Stelle von hier weg in die Bundesrepublik gehen? wiederholt Ludwik Janik auf Jankas Drängen.

Ich glaube nicht, wenn ich Pole wäre. Vielleicht, wenn ich mich als Deutsche fühlte, aber ich weiß nicht, wie man sich als Deutsche fühlen kann, wenn man das Land nicht kennt, nicht die Menschen, nicht einmal die Sprache?

In der Bundesrepublik gibt es viele Ausländer...

Vera sieht zu Ludwik hinüber. Kein Lächeln, keine Ermunterung. Ich weiß nicht, sagt sie leise, bei uns wird man euch für Ausländer halten, ebenso wie ich hier eine Ausländerin bin! Da helfen euch weder deutsche Mütter noch Großväter und Tanten.

Und weil eine Stille eingetreten ist, in der man nur das Zwitschern der Vögel hört und das Geschnatter von Jodkos Gänsen, die Jolka hinter der Parkmauer zum Teich treibt, fügt Vera noch hinzu, daß ihre Mutter auch von hier sei und auch nicht wieder zurück wollte!

Und Sie? fragt Ludwik, ohne daß jemand um diese Frage gebeten hätte, würden Sie gern hier leben!

Aber nein, ich bin Deutsche, lacht Vera, eine Deutsche, wie sie im Buche steht!

In den ersten Tagen hatte Jurek Sabinas Verschwinden nichts ausgemacht. Sie ging ihn nichts mehr an, doch hatte er den Streit mit ihr beim Tanz nicht verwunden.

Er braucht nur die Augen zu schließen, und schon sieht er sie am Arm des Briefträgers durch den Saal segeln, sieht die breitfingrige Hand auf ihrem nackten Rücken, mal weiter oben, mal weiter unten.

Erst später hat er die Mullbinden an ihren Füßen gesehen, die streifenförmigen Blasen.

Dann verrauchte seine Wut immer mehr, ohne daß er dafür eine Erklärung fand. Erst suchte er Sabina heimlich, später ohne Vorsicht, so daß jeder im Dorf darüber sprach. Es hätte nicht viel gefehlt und den alten Kanteckis wäre nichts weiter übriggeblieben, als ihre Schmach abermals in die dunkle Küche zu tragen. Aber nun, wo Sabina fort war, unauffindbar, wie man im Dorf sagte, war es mit der Schadenfreude der Leute vorbei. Sogar Suszko verlor die Lust an seinen Witzeleien. Kein Mensch hatte Sabina aus Ujazd verjagen wollen. Die alten Kanteckis ausgenommen, wäre jeder bereit, Jurek auf der Suche nach ihr zu helfen, wenn man wüßte wie.

Jurek war noch nie in Julas Haus gewesen. Er kommt auch nicht von der Dorfstraße her, sondern pirscht sich hinter den Häusern, an den Feldrainen und den zehn staksigen Pappeln entlang bis zum Gartenzaun. Julas Garten ist nicht einer der üblichen Gärten. Ein Kräuterbeet, eingebettet in einer von Ziegen abgegrasten Wiese. Keine Blumen, kein Gemüse. Julas Kräfte werden durch das Läuten der Glocken genug beansprucht. Die Katzen streichen lautlos aus der Tür und strekken sich mit hochgezogenem Buckel. Alles ist hier leise. Nicht einmal die Hühner gackern. Bewegungslos stehen die Ziegen im Gras, die schrägen Augen unverwandt auf Jurek gerichtet. Über den sauber gefegten Hof huscht eine Maus, ohne daß sich eine der Katzen regt. In den Ästen der Weide über dem Strohdach gurren Wildtauben. Aus der offenstehenden Küchentür kriecht muffige Wärme, gemischt mit dem Duft von frischgekochten Weichselkirschen. Auf dem Herd klappert der Kochtopfdeckel über den brodelnden Blasen.

Jula?

Das Haus ist leer. Wie in vielen Gärten von Ujazd wachsen auch bei Jula Weichselkirschen. Hellrot leuchten sie im Gesträuch und sind schwierig zu pflücken. Da seh sich einer Jula an. Blind wie sie angeblich ist, steht sie unter den Ästen auf einem schiefen Stuhl, zwischen den Pantinen eine Schüssel, in die Stück für Stück stengellos die Früchte fallen. Die gichtigen Finger, rot vom Saft, grapschen zwischen den Blättern herum und lassen nicht eine der Kirschen hängen.

Soll ich euch helfen? fragt Jurek, Zeit hab ich genug!

Soso, krächzt Jula mit spöttischem Unterton, ohne sich umzudrehen von dem wackligen Stuhl herunter, das wird eine schöne Hilfe geben.

Warum nicht, fragt Jurek zurück und rührt sich nicht vom Fleck, denn das Kirschenpflücken käme ihm jetzt gerade recht. Also hilft er der Alten vom Stuhl, nimmt die Schüssel weg und trägt sie in die Küche.

Später, als er auf dem Stuhl zwischen Zweigen und Blättern steht, eine halbe Mannslänge über der Alten und ihren Leberfleck in Bauchnabelhöhe, fühlt er sich sicherer. Jetzt kann er nach Sabina fragen. Eine Handvoll Kirschen nach der anderen wirft er in die Schüssel.

Du läßt zuviel hängen, kräht Jula und fuchtelt mit ihrem Stöckchen in der Luft herum.

Entweder du machst die Arbeit richtig, oder du läßt es bleiben.

Hört zu, Jula, sagt Jurek, während er Kirsche für Kirsche aus dem Geäst klaubt. Ihr wißt, warum ich hier bin, nicht wahr?

Ich weiß gar nichts, kichert Jula und trippelt um den Stuhl herum, ich sehe und höre weniger als du. Meine Knochen sind krumm und meine Füße langsam, was soll ich wissen?

Jurek pflückt die Schüssel voll. Wenn Jula sich dumm stellt, ist nichts aus ihr herauszuholen. Da kann er noch viele Schüsseln voll Kirschen pflücken.

Pani, beginnt er abermals und blickt Jula auf den knusprigbraunen Leberfleck, wo ist Sabina?

Fort ist sie, weil du sie dir aus der Seele geflucht hast. Warum fragst du noch? Jetzt ist es zu spät. Ich weiß nichts.

Die Kirschen fliegen vom Stuhl aus der Schüssel, fallen, wie vom Himmel geregnet, in die Wiese, zwischen Julas Pantinen. Jurek hebt Jula an den Schultern hoch und läßt sie nicht los, obwohl sie mit den Füßen zappelt und ein Mordsgezeter anfängt.

Sagt es, schreit er außer sich, ich muß es wissen!

Muß? kräht Jula empört und hängt wie ein Püppchen in Jureks Griff, der Teufel wird dich für deine Dummheit holen.

Und als wenn der Teufel hier tatsächlich seine Hand im Spiel hätte, geht plötzlich ungewohnter Lärm los. Die bisher stummen Ziegen beginnen zu meckern, die Hühner gackern, und sogar die Katzen maunzen erbärmlich.

Verfluchte Hexe, entfährt es Jurek, während er Jula wieder auf den Boden stellt und sich daranmacht, die ausgeschütteten Kirschen einzusammeln. Er kniet im Gras, die Ziegen und Hühner um sich herum, die Nase nicht gerade im Dreck, aber dem Erdboden ungewöhnlich nahe. Vielleicht zu nah, denn der Blick verschwimmt ihm zwischen Grashalmen und Kirschen, und die unbewachsenen Fleckchen nehmen Formen an. Aus Erdkrumen und Steinen formt sich ein Bild, nicht größer als ein Kuhfladen, silbern und ebenholzfarben, das Gesicht der Schwarzen Madonna von Częstochowa. Heilige Mutter Gottes mit der Narbe im dunkelhäutigen Gesicht. Jurek bleibt die Luft weg. Seine Finger fahren über das Gras, um zu überprüfen, was hier Stein und Silber ist, was Ebenholz und was Erde.

Erde ist es – Gras. Die Schwarze Madonna von Częstochowa ist ebenso plötzlich verschwunden, wie sie zwischen den herumliegenden Weichselkirschen aufgetaucht ist.

Jula, schreit Jurek, was bedeutet das?

Aber Jula ist nicht mehr da, scheint weggegangen zu sein, lautlos und ohne ein Wort zu sagen. Nicht einmal das Schüsselchen hat sie mitgenommen. Es sieht eher so aus, als wenn Jurek mit der Nase im Gras eingeschlafen wäre. Die Sonne steht nicht mehr hinter der Weide, sondern hängt kürbisgroß und wie aufgeknüpft zwischen den staksigen Pappelstämmen.

Częstochowa!

Der Sekretär des ZBoWiD hat für Anna ein Treffen organisiert. Vier ehemalige Teilnehmer der polnischen Armee des Zweiten Weltkrieges wollen sich mit Anna unterhalten.

Der polnische Blitzkrieg von der anderen Seite, sagt Anna zu Vera, das ist für mich wichtig, kommst du mit?

Nein, Vera kommt nicht mit. Der deutsch-polnische Blitzkrieg interessiert sie nicht.

Ich fahre nach Kolsko, sagt sie, Herr Janik hat mich eingeladen.

Ludwik Janik hat dich eingeladen, wozu?

Zum Reiten.

Das geht doch gar nicht, sagt Anna, und die Stimme rutscht ihr weg. Sie muß sich räuspern.

Wieso denn nicht? Im Kombinatsstall stehen acht Pferde, da wird schon eins für mich dabeisein.

Jetzt erst fallen Vera Annas fahrige Bewegungen auf. Sie legt ihre Notizhefte von einer Seite des Tisches auf die andere, kramt herum und sucht, ohne etwas zu finden.

Warum fährst du nicht mit, sagt sie, muß das ausgerechnet heute sein?

Vielleicht hat der Typ an einem anderen Tag keine Zeit.

Der Typ, denkt Anna. Vom Hof her hört man es hupen.

Komm mit, bittet Anna leise, es würde mich freuen.

Warum? Mir gefällt der Herr stellvertretende Direktor, und reiten möchte ich auch.

Vera betrachtet ihre Mutter mit einer Neugierde, die Anna unerträglich ist.

Was ist mit dir los?

Nichts!

Okay, dann bis später. Am Abend sind wir wieder zurück.

Schritte auf der Treppe, die Haustür schlägt zu, dann die Autotür. Der Motor springt an. Ein Traktor biegt in den Hof, und sein Getucker überlagert jedes weitere Geräusch.

Der Kombinatsstall von Kolsko hat weißgekalkte Wände und rotgestrichene Trenngitter zwischen den einzelnen Boxen. Jedes Pferd hat seinen Namen, der auf einem Täfelchen über der Futterkrippe steht. Links vom Stall gehts in die Sattelkammer. Das ist eine andere Sattelkammer als die des Direktors Banaś. Hier riecht es nach Pferdedecken, Leder, Zaumzeug, Hafer und Heu. Und statt eines französischen Cognacs gibt es Wodka, den roten von der billigen Sorte. Man sitzt nicht auf lammfellbespannten Bänken, sondern auf Sätteln, rund um eine mächtige Baumstammscheibe.

Na zdrowie!

Vera kippt zwei Wodkas. Die leeren Gläser knallen auf den Tisch.

Noch einen?

Nein, danke!

Der Reitlehrer trägt einen roten Rock, und jeder der Anwesenden hat eine Reitermütze auf dem Kopf, denn das ist Vorschrift. Józef sagt, daß er für Vera ein Pferd satteln wird. Welches?

Den Kominiarz schlägt Ludwik vor, und weil Vera das Pferd vorher sehen will, geht er mit ihr hinüber in den Stall.

Kominiarz ist ein kleiner kohlrabenschwarzer Trakehner mit lebhaften Augen, in denen bei jeder Bewegung das Weiße zu sehen ist.

Der rollt mir zu sehr mit den Augen, sagt Vera, und möchte lieber Turek, den großen Fuchs, reiten.

Angst, fragt Ludwik und zeigt auf Kominiarz, als fürchte er sich vor ihrer Ablehnung.

Was heißt Kominiarz auf deutsch?

Schornsteinfeger.

Ludwik steht nahe neben Vera. Bewegte sie sich, würden ihre Schultern seinen Arm berühren. Vera bewegt sich nicht. Von oben gesehen zieht sich ihr Scheitel seitlich über die Mitte des Kopfes hinweg. Ihre Schultern sind nicht wie bei Anna nach vorn gebeugt, sondern gerade und kräftig. Die geschminkten Wimpern verdecken die Augen, zucken wie kleine Flügel, während die Frage offenbleibt, ob sie nun Kominiarz reiten will oder nicht.

Ich habe keine Angst, sagt sie, bewegt sich nun doch und

berührt Ludwiks Arm, und sie bleiben nebeneinander stehen, ohne daß einer des anderen Berührung ausweicht.

Ich habe nie Angst.

Józef Staszak, der Sattel und Zaumzeug bringt, bleibt unschlüssig stehen. Der Herr stellvertretende Direktor hat ein Lächeln im Gesicht, das Józef noch nie an ihm gesehen hat. Und erst das Fräulein. Die blitzt mit den Augen und lacht Herrn Janik an, daß Józef der Mund offen bleibt.

Also gut, sagt das Fräulein zu Józef, ohne daß der ihr Deutsch versteht, ich setz mich auf den Schornsteinfeger.

Sie zeigt auf Kominiarz, und auch Józef bekommt jetzt ein Lächeln ab, das ihm außerordentlich gefällt.

Über dem Reitplatz liegt schräg die Nachmittagssonne. Es ist ein warmes Augustlicht, durchzogen mit dem Geruch von Früchten, reifem Korn und bloßgelegter Erde. Am Himmel segelnde Störche.

Hier zwitschern Vögel, sagt Vera, die habe ich noch nie gehört.

Józef führt den gesattelten Kominiarz aus dem Stall.

Können Sie allein aufsteigen? fragt Ludwik höflich und bietet Vera seine Hilfe an. Er möchte für einen Augenblick ihren Fuß spüren, das Gewicht ihres Körpers, bis sie im Sattel sitzt.

Doch Vera steigt allein aufs Pferd. Józef und der rotberockte Kombinatsreitlehrer gehen zur Mitte des Platzes, um von dort aus die Reiterei des deutschen Fräuleins zu begutachten.

Kominiarz ist unruhig, scharrt, daß der Sand unter seinen Hufen wegsprizt, und es wäre wirklich besser, sie ritte los. Statt dessen sieht sie Ludwik an, ernst und ohne die gewohnte Fröhlichkeit. Sie wird etwas sagen, denkt Ludwik und greift unwillkürlich nach dem Trensenring des Pferdes, irgend etwas wird sie sagen, das nur mich angeht.

Aber seine Bewegung war zu schnell. Kominiarz scheut, bricht aus und drückt sich krachend in das buschige Ebereschengehölz.

Der Reitlehrer, Józef und die übrigen Männer in der Mitte des Platzes sehen erschrocken herüber. Kominiarz wiehert obendrein, und durch sein Rückwärtsgerangel sind eine Menge Äste abgebrochen. Einer davon hat sich im Sattelzeug verfangen. Ein kleiner Zweig mit zwei Dolden voll rot leuchtender Ebereschenfrüchte, geeignet als Vogelfraß, zum Brennen von Schnaps oder zum Kettenaufziehen für kleine Mädchen.

Ruhig, Schornsteinfeger, bleib ruhig, solange ich auf dir sitze, verstehst du?

Vera nimmt einen Zweig, bricht ihn in der Mitte durch, steckt Kominiarz den einen Teil seitlich ans Kopfzeug, daß die roten Beeren bei jeder Bewegung des Tieres auf und ab wippen, den anderen Teil des Zweiges reicht sie Ludwik.

Hier, sagt sie und beugt sich zu ihm hinunter, das ist für Sie.

Seitdem die Niemka von Poznań zurückgekommen ist, versucht der alte Perka, sie zu erwischen. Ehrlich gestanden, kann er es kaum mehr erwarten, sie in Verlegenheit zu bringen. Nicht, daß er sie kränken möchte, nein, das will der alte Perka ebensowenig, wie er das Abholzen von Piotrs Pfirsichbäumen gewollt hatte. Nur die Lügerei möchte er ihr heimzahlen. Die hatte ihn mehr gewurmt als die Tatsache, daß der erhoffte Enkelsohn eine Enkeltochter ist.

So steht er im Hoftor, sobald es ihm die Zeit erlaubt, und schaukelt die kleine Karola im Kinderwagen hin und her, den Blick auf die Dorfstraße gerichtet. Kaum daß er Annas Auto erkennt, steuert er das Kind im Wagen über das Kopfsteinpflaster auf die Mitte der Dorfstraße zu.

Er winkt mit der Mütze, lacht und bedeutet Anna anzuhalten.

Nun, sagt Anna, ein kräftiges Kind, euer Enkelchen.

Ja, nickt Perka, wollt Ihr es mal in seiner ganzen Beschaffenheit sehen?

Und ehe Anna eine Ausrede hat, zieht Perka sie schon aus dem Auto. Mit einem Ruck hebt er das Federbettchen weg, und das nackte Kind streckt munter die Beine in die Luft.

Sehen Sie, sagt Perka mit bedächtigem Kopfschütteln, daß unsereins keinen Verstand hat, das hat man mir mein Leben lang beigebracht, daß Sie aber als Dame aus der Bundesrepublik einen Jungen nicht von einem Mädchen unterscheiden können, das hätte ich nicht geglaubt. Perka deckt Karolas Beinchen wieder zu, schiebt den Wagen davon, immer noch kopfschüttelnd, als wäre die Welt nicht zu begreifen.

Im ZBoWiD-Büro stehen Blumen auf dem Tisch. Weiße und rote Nelken. Tee ist vorbereitet und auch Gebäck. Man wartet auf ein Gespräch. Man wartet auf Geheiß des ZBoWiD-Sekretärs auf die Niemka, die, wie es hieß, für die ehemaligen Widerstandskämpfer und Soldaten Polens Antibiotika aus der Bundesrepublik mitgebracht hatte. Eine Geste des Dankes und der Höflichkeit, hatte der Sekretär gesagt.

So sitzen sie um den Tisch, zwei von ihnen frühere Leutnants, in der traditionellen Uniform der Widerstandskämpfer. Beide sind an die achtzig Jahre alt, und beide tragen sie die Orden, die sie als Auszeichnung für ihre Tapferkeit während des Ersten Weltkrieges und danach erhalten haben. Die Teilnehmer des Zweiten Weltkrieges tragen Zivil. Vier Männer von ihnen gehören zu dem berühmten Ulanenregiment, das westlich von Leszno die deutsche Grenze überschritt und sechs Kilometer weit ins damalige Deutsche Reich einmarschierte und sieben deutsche Soldaten gefangennahm. Das war der Anfang des Krieges am 1. September 1939.

Das ZBoWiD-Büro liegt an der Straße nach Kolsko. Anna ist zeitig losgefahren. Der alte Perka hat sie nicht weiter aufgehalten. Sie fährt schnell, schmuddelige Staubwolken hinter sich lassend, die das Gras am Rand der Chaussee gelb machen und die Radfahrer zum Husten bringen. Anna sieht auf die Uhr. Wer in Polen ist schon pünktlich? Nach Kolsko sind es keine acht Kilometer. Der Reitstall liegt direkt an der Straße. Sie muß nicht einmal aussteigen, um Vera zu sehen und Ludwik, der ihr beim Reiten zuschaut.

Niemandem könnte sie jetzt erklären, warum sie mit rücksichtsloser Geschwindigkeit nach Kolsko gefahren ist, warum sie die Männer im ZBoWiD-Büro warten läßt und warum ihr Mund bis in die Kehle hinunter trocken ist.

Schon von weitem sieht sie Vera auf dem kleinen Trakehner, der Annas früherem Pferd so ähnlich sieht. Bis zur Straße hin hört sie Veras aufmunterndes He, Schornsteinfeger, bevor sie über ein Hindernis setzt. Józef und der Kombinatsreitlehrer nicken sich anerkennend zu. Das deutsche Fräulein kann reiten, das muß man ihr schon lassen. Schon will Anna wenden, zurück in die Stadt fahren, um ihre Verabredung einzuhalten, da sieht sie Ludwik. Er lehnt an der Umzäunung. Er lacht. Er winkt Vera zu und ruft etwas. Er winkt mit einem Ebereschenzweig, und jetzt sieht Anna am Kopfzeug des Pferdes den gleichen Zweig.

Rote Beeren, die wie Klatschmohn leuchten. Klatschmohn, der damals die Aufmerksamkeit des Dorfpolizisten auf Anna und Ludwik gelenkt hatte.

Die Gesichter von Vera und Ludwik sind einander zugewandt, als wären sie allein auf dem Reitplatz. Vera steigt ab, und sie gehen nebeneinander her dem Stall zu, das Pferd zwischen sich. Anna folgt ihnen quer über die Wiese. Stör ich?

Ihre Schritte waren nicht zu hören, ihre unerwartet lauten Worte haben die beiden erschreckt.

Du bist hier? fragt Vera. Sie hat das Gefühl ertappt worden zu sein, und Annas Blick ist ihr unangenehm.

Ja, wie du siehst.

Du bist mir nachgefahren? Veras Stimme klingt streitsüchtig, oder willst du auch reiten?

Sie drückt der Mutter die Zügel in die Hand. Anna überprüft die Höhe der Hindernisse, die Größe des Platzes und taxiert die Beweglichkeit ihrer Beine. Wird sie ohne Hilfe aufsteigen können? Sie dreht das Pferd seitlich weg, um es zu probieren. Kominiarz senkt den Kopf. Sein Körper ist warm. Der vertraute Geruch nach Pferdeschweiß und Leder macht Anna entschlossen.

Wir werden dir zusehen, sagt Vera und zieht den kleinen rotfruchtigen Ebereschenzweig aus dem Kopfzeug.

Wahrscheinlich reitest du viel besser als ich.

Anna starrt auf die Zweige in den Händen der beiden, die jetzt daran herumzupfen.

Nein, sagt sie, ich habe nicht vor zu reiten. Bring das Pferd zurück in den Stall.

Vera gehorcht mit spöttischer Miene. Der Ebereschenzweig fällt herunter, bleibt liegen, wo er ist, ohne daß sie sich danach bückt. Die Pferdehufe klappern über das Pflaster vor dem Stall. Dann ist es still. Anna hebt den Zweig auf, schüttelt den Sand heraus.

Das halt ich nicht aus, sagt sie leise.

Was?

Das, sagt sie und schnippt über den Zweig, daß ein paar Beeren wegfliegen. Aus Ludwiks Gesicht ist alle Fröhlichkeit weggewischt. Sein Mund, so zusammengepreßt, sieht häßlich aus. Die Augen, bernsteinfarben, wie Anna früher fand, blikken müde über sie hinweg. Seine Stimme klingt gelangweilt und stumpf.

Willst du mir wegen deiner Tochter eine Szene machen?

Und weil Anna nicht antwortet, nur stumm dasteht, ihm allein mit ihrer Gegenwart auf die Nerven geht, fährt er fort: Für mich hat sie nichts mit dir zu tun – gar nichts!

Wenn sie jetzt schreien und endlich die Wahrheit herausbrüllen könnte, sie ihm ins Gesicht schleudern, um das nachzuholen, was er damals im Heu der Reitbahn nicht hören wollte.

Aber Anna schreit nicht, brüllt keine Wahrheit heraus, schluckt sie wieder herunter und ist froh, daß es um sie herum so ruhig ist. Der Reitlehrer baut die Hindernisse um. In einer Viertelstunde beginnt der Anfängerkurs. Die Wolken am Himmel ziehen von Westen nach Osten. Morgen wird es regnen. Bis zum Auto sind es nur ein paar Schritte. Anna verabschiedet sich nicht.

Die weißen und roten Nelken liegen immer noch auf dem Tisch. Die Niemka ist nicht gekommen. Fast eine Stunde hat man gewartet und sich die Zeit mit Erinnerungen vertrieben. Erinnerungen, die der eine so gut vom anderen kannte wie seine eigenen. Heldengeschichten von den Verlierern eines Krieges, der nicht länger als ein paar Tage dauerte. Immer noch wußten sie die Namen der volksdeutschen Familien, die vor Kriegsausbruch nachts ihre Söhne über die Grenze ins Reich schickten, um Waffen zu holen. Zollhäuser wurden überfallen, und in der Nacht zum 1. September 1939 ging in allen Grenzdörfern eine wilde Schießerei zwischen Polen und Deutschen los. Als dann aus heiterem Himmel die Kasernen von Leszno und der Hauptbahnhof beschossen wurden, gab der General Abraham einem Bataillon und zwei Zügen den Befehl zur Überschreitung der deutschen Grenze. Ein Unternehmen von sechs Stunden ohne Tote, auf eine gelungene Provokation hin, die eine Handvoll polnischer Offiziere mit dem Leben bezahlen mußten. Sie wurden kurze Zeit später von der Gestapo erschossen.

Einer von ihnen ist übriggeblieben, sitzt da mit den weißen und roten Nelken für die Niemka. Er blieb am Leben, weil er seinen Namen und Offiziersgrad verschwieg und in Kauf nahm, sechs Jahre lang keinen Kontakt mit seiner Familie aufzunehmen. Das wollte der Zugführer der Niemka erzählen.

Nun ist sie nicht gekommen. Der Tee ist getrunken, das Gebäck steht unberührt in Kristallschüsselchen auf dem weißen Tischtuch. Auch das große Album mit den Fotos aller Widerstandskämpfer wird nicht aufgeschlagen, liegt mit dem leicht verblichenen Lederdeckel inmitten der Runde. Weiß der Himmel, ob es noch Deutsche gibt, die ein Interesse an den Geschichten und Schicksalen dieser Polen haben. Heute wäre eine Gelegenheit gewesen, davon zu berichten.

Ja, sagt nach längerem Schweigen einer der Soldaten zu dem Zugführer, der von seiner Familie sechs Jahre lang für tot gehalten wurde, es ist wirklich schade, daß du der Niemka nicht erzählen kannst, weshalb die polnische Armee so weit ins Reich eingedrungen ist, wirklich, das ist schade.

Wäre mein Zug nicht gewesen, antwortet der Zugführer bedächtig, dann stünde das Denkmal unserer ermordeten Kameraden nicht vor den Toren der Stadt.

Wie oft das der Zugführer in den letzten dreißig Jahren gesagt hatte, das war gar nicht mehr zu zählen. Nur wie es dazu gekommen war, das erzählte er nicht so oft.

Und weil sie alle immer noch warteten, auch Zeit hatten, forderten sie den Zugführer auf, der Wahrheit die Ehre zu geben und nicht dem Mut.

Gelächter.

Ihr kennt die Geschichte, sagt der Zugführer, obwohl er weiß, daß er jetzt um die Erzählung nicht mehr herumkommt. So beginnt er mit Schwung und militärischer Genauigkeit:

Auf Befehl des Generals überschritten wir gegen sechzehn Uhr die Grenze, um für den Beschuß auf Leszno Rache zu nehmen. Aus den Zollhäusern flüchteten die Deutschen schnell wie die Mäuse vor der Katze. Rechts der Chaussee zogen wir ohne Feindberührung weiter bis zum ersten deutschen Dorf. Das war leer wie eine Scheune im Frühjahr, und die Suppe in den Tellern war noch warm. Nach kurzer Zeit brach Feuer aus . . . Durch Beschuß, sagten die einen, angesteckt, sagten die anderen. Aber es waren kaum Wohnhäuser, die brannten, vor allem Strohschober und hin und wieder eine Scheune.

Und bei wem brannte es nicht?

Beim Wiesnerbauer, sagte der Zugführer, der war ein Polenfreund, dem fehlte danach nicht eine Gabel Stroh, dem hätte jeder von uns noch was hingetragen. Aber Krieg ist Krieg, und der Zugführer befand sich im Vormarsch auf die Stadt. An den Panzerfallen, aufgetürmten Eggen und Pflügen vorbei schossen sie auf die Stadt, ohne einer feindlichen Gruppe zu begegnen. Danach stellte sich Ruhe ein. Auch das Artilleriefeuer schwieg.

Das, so sagt der Zugführer, machte ihnen Mut, und sie glaubten allesamt, wie sie da waren, dem sicheren Sieg entgegenzumarschieren. Den Blick nach vorn gerichtet, krochen sie über Eggen und Pflüge, Panzerfallen und Stacheldraht hinweg, bis sie die Stille um sie herum unnatürlich anmutete. Darauf drehte sich der Zugführer um und sah rote Raketen aufsteigen, was laut Befehl des Generals das Zeichen für den Rückzug war. Sie hatten nach Ansicht des Zugführers zu lange nach vorn und zu wenig nach hinten gesehen.

Heute, dreißig Jahre später, bedeutet das unbedachte Vorpreschen des Zuges Heldentum, und die Stelle, an der sie sich damals befanden, ist eine Gedenkstätte geworden. Aber damals löste es einen gewaltigen Schreck aus und ein Rennen ums Leben, zurück über die Eggen und Pflüge – mitten in die Gewehre des wartenden Feindes hinein. Was es dann noch zu erzählen gibt, paßt nicht zu Tee und Gebäck. Man geht. Die Blumen bleiben auf dem Tisch zurück.

Schade, sagt der Zugführer, wenn ich gewußt hätte, daß wir umsonst warten, wäre ich lieber nicht gekommen.

Als Anna die schmalen Stufen im lichtlosen Flur hinaufhastet, ist es zu spät. Die Tür des ZBoWiD-Büros ist verschlossen. Nur der Tabakgeruch läßt darauf schließen, daß hier etliche Leute längere Zeit gewartet haben müssen.

Die Straßen von Częstochowa sind breit, von dunkler, glänzender Farbe und so eben, daß sich keine Murmel zwischen den Steinen verstecken könnte, kein Zement und kein Teer. Die Straßen von Częstochowa sind mit Hartklinkersteinen gepflastert, deren Oberfläche über die Jahrzehnte hinweg von den Sohlen der Pilger blankgewetzt sind.

Auf der Fahrt von Leszno hierher hatte Jurek nur einsilbig geantwortet. Mal ein Ja, mal ein Nein, wie es sich ergab, worauf Anna ihn mit ihren Fragen in Ruhe gelassen hatte. Nicht einmal ihr Auto fand sein Interesse, obwohl er sich insgeheim immer gewünscht hatte, einmal mitfahren zu dürfen.

Er saß auf dem hinteren Sitz und starrte zwischen den Köpfen der beiden Frauen durch die Windschutzscheibe, die Straße entlang, Kilometer um Kilometer. Was die Niemka und ihre Tochter redeten, konnte er nicht verstehen. Wenn er lange genug an Sabina dachte, konnte es passieren, daß sich ihm wiederum das Bild der wundertätigen Madonna zeigte. Es tauchte aus der Straße auf und tauchte weg, ähnlich wie auf Julas Wiese unter den Weichselkirschen. Das war zum Verrücktwerden.

Vielleicht hätte er doch lieber den Bus nehmen sollen, sich von den Alten ablenken lassen, die mit ihren Geschichten und Legenden über die Wunder der Schwarzen Madonna eine feierliche Stimmung verbreiteten, der sich niemand entziehen konnte. Aber die Schlange an der Bushaltestelle hatte sich auf dem Bürgersteig an die hundert Meter lang gezogen, und es sah nicht aus, als ob für jeden Platz im Bus sei. Plötzlich sprach ihn die Niemka aus ihrem Auto heraus an: Willst du nach Częstochowa, Jurek? und weil er dachte, daß sie bloß aus Höflichkeit fragte, war er verblüfft, als sie auf sein Nicken hin ausstieg, den Sitz zurückklappte und ihn zur Mitfahrt einlud.

Ich kann mit dem Bus fahren, hatte er noch gesagt, als er schon im Auto saß.

Natürlich kannst du das, aber mit uns bist du schneller und billiger da!

Da war er mitgefahren, wortkarg und in seine Gedanken versunken. Lassen Sie mich bitte hier aussteigen, sagt Jurek an der Stelle, wo ein Polizist die Kraftfahrzeuge links einweist, während die Fußgänger in dichten Trauben, Kolonnen und Gruppen zum Kloster hinauf, die Hartklinkersteine wetzend, der Schwarzen Madonna zustreben. Anna steigt aus. Du suchst Sabina, nicht wahr? fragt sie mit einem Blick auf die Tausende von Menschen und fährt in ganz selbstverständlichem Ton fort: Du wirst sie schon finden.

Glauben Sie? fragt Jurek zurück, und Anna antwortet, daß er sich ja sonst die Reise hätte sparen können.

Wieso fährt ein vernünftiger Junge an einen Wallfahrtsort, will Vera später wissen, bei uns machen das nur die Alten.

Du bist eben nicht bei uns.

Jurek läßt sich dem Kloster zuschieben. Alles, was er sieht, sind Menschen. Sie schubsen sich, drängen, haben es eilig, wollen die Predigt des Kardinals Wyszyński hören und die Hochmesse nicht verpassen. Nach ein paar Minuten Wegstrecke erhebt sich mächtig das gewaltige Paulinenkloster, umgeben von einer meterhohen Wehrmauer, von deren Zinnen ein paar hundert Polen im Jahre 1644, mit dem Segen der Schwarzen Madonna versehen, Tausende von Schweden in die Flucht trieben. Jurek befällt ein eigentümliches Gefühl. Noch nie hat er so viel Menschen auf einem Haufen gesehen, weder beim Erntedankfest noch beim Nationalfeiertag in Warszawa. Er hört nicht die Rufe der Händler, riecht nicht die gebratenen Würste und kümmert sich weder um Bettler noch um Betende. Er geht schnell und ohne jemanden zu berühren zielstrebig von einem Ende des kilometerlangen Platzes zum anderen. Er sucht nicht nach der bestmöglichen Stelle, von der aus er den Kardinal sehen kann, er bleibt auch nicht stehen, als die Hochmesse beginnt. Er geht und geht, sieht nicht rechts und nicht links und benimmt sich so, als hätte er in Częstochowa nichts zu suchen.

Es heißt, das Gesicht der wundertätigen Madonna sei durch Kerzenlicht geschwärzt. Es heißt auch, der Evangelist Lukas habe sie gemalt, und die Mutter Konstantins des Großen, die heilige Helena, habe das Marienbild in Jerusalem entdeckt.

Von dort kam es fünfhundert Jahre später nach Konstantinopel, wiederum fünfhundert Jahre später nach Belz im ruthenischen Rußland, und von dort brachte es Ladislaus von Opole 1382 nach Częstochowa.

Das alles weiß Sabina nicht, wußte es nie, hatte auch nicht so gut wie ihr Nosorożec in der Schule aufgepaßt.

Sabina glaubte auch so an die Wundertätigkeit und Güte der Madonna. Sabina kümmert nicht die in Jahrhunderten erprobte Fähigkeit der Muttergottes, jeweiliges Kriegsgetümmel zugunsten der Polen zu entscheiden, sei es gegen die Schweden oder gegen die Russen. Sabina weiß nicht einmal etwas von der Herkunft der Narben auf der rechten Wange des Mariengesichtes. Wie ein langgezogenes H wirken die drei Säbelhiebe, die ein wilder Hussit aus der Rotte des einäugigen Johannes Ziska der Gottesmutter versetzte. Am Ostertag des Jahres 1430 hatte er das Gnadenbild entwendet und auf einem Wagen zur Grenze gefahren. Dort aber blieben die Pferde stehen, rührten sich nicht von der Stelle und waren weder durch Zureden noch durch Peitschenhiebe zum Weitergehen zu bewegen. In seinem Zorn warf der Hussit das auf Ebenholz gemalte Madonnenbild mit solcher Wucht vom Wagen, daß es in drei Stücke zersprang. Und weil das Antlitz der Muttergottes dabei unverletzt blieb, stieß er in seiner schrecklichen Wut mit dem Säbel hinein und fiel zur Strafe für den verübten Frevel auf der Stelle tot um.

Das alles ist Sabina nicht geläufig, und selbst wenn es so wäre, sind ihre Gedanken in Częstochowa mit anderen Dingen beschäftigt. Mit Dingen, die mehr Sabinas Schicksal betreffen als die Geschichte der Schwarzen Madonna.

Wenn die Madonna nicht hilft, sagte sich Sabina auf dem Wege nach Częstochowa, gibt es keine Hoffnung mehr. Sie dachte an den Brief an die Matka, in dem sie schrieb, daß sie nicht mehr heimkehren würde. Sollte der Vater sich totsaufen, die Mutter den Hof in Schutt und Asche legen, Franko auf die schiefe Bahn geraten und der Kleine mit der Zeit verrückt werden, ihr war es egal.

In der folgenden Nacht hatte sie auf dem Sofa in Julas Küche geschlafen, ein wenig gekrümmt, aber ganz ruhig, bis in die frühen Morgenstunden hinein. Dann hatten die Katzen sie geweckt, hatten sie mit ausdrucksloser Anspannung angesehen, als hätte alles noch viel Zeit. Alles war still, nicht einmal die Äste der alten Trauerweide strichen über den Dachfirst.

Später kam Jula aus ihrer Kammer geschlichen, schlurfend im Grau des Morgenlichtes und ohne Kopftuch. Die Katzen folgten ihr mit kurzem Miauen in den Hof. Die Tür zur Kammer stand einen Spalt offen, während sie sonst stets verriegelt war. Hier ließ Jula niemanden herein. Wenn man gerade schlecht auf die Künste der Alten zu sprechen war, wuchs sich der Tratsch zu dem Gerücht aus, daß sich des Teufels Zuhause auf Erden in Julas Kammer befände.

Sabina stand auf. Die Augen, von der Dunkelheit geschärft, nahmen jeden Gegenstand wahr. Im Hof zerkrähte der Hahn das Ende der Nacht. Jula kam noch immer nicht vom Hof zurück. Lautlos schlüpfte Sabina über den ausgetretenen Fußboden der Küche, schob sich durch den Spalt und rechnete mit dem Teufel.

Da ist eine Lagerstatt, vielleicht auch ein Bett, mit Flickendecken und allerhand Stoffzeug gefüllt, in deren Mitte eine Mulde zu sehen war, in der Jula zu schlafen schien. Im Raum war Kräuterduft, durchsetzt von dem sanften Geruch nahenden Todes. Nichts, was hier an den Teufel erinnerte.

Aber dann entschlüpfte Sabina doch ein Schrei, klein und spitz, gerade noch mit der Hand zu ersticken. Ihre Augen erkannten gegenüber der Lagerstatt, hochkant stehend und geradewegs gemütlich an die Wand gelehnt, einen Sarg. Ein schöner Sarg, mit verschnörkelter Randverzierung und Beschlägen, so fein, wie Sabina bisher noch keinen gesehen hatte. Er stand so, daß man ihn nur anzutippen brauchte, und er kippte geradewegs über die schlafende Jula, tot oder lebendig, sargte sie ein, ohne Nagel und Hammer, verkehrt herum, wie es vielleicht des Teufels Art war.

Jesusmariaundjosef, rief Sabina, und ihre Zehen krampften sich vor Entsetzen über dem Lehmfußboden, lösten sich und schoben sich Schritt für Schritt auf das Gehäuse zu. Ihre Hände glitten über das Holz, welches sich wie ein Stückchen blankgewienertes Parkett anfaßte. Sabina machte sich an dem Deckel zu schaffen, schob und rückte, bis er das Innere freigab. Ein schönes weißes Polster und eine Decke aus Leinen, zart und weich, gestickt und mit Spitzen umnäht, wie ein Taufkissen. Wenn Jula sich auch ihr Leben lang nicht zum Schlaf zudecken konnte, so würde sie doch im Tode nicht anders als eine Königin oder eine Heilige ruhen.

Vom Hof her war noch immer kein Schritt zu hören, und das Tageslicht machte sich mehr und mehr breit. Über der Lagerstatt hing als einziger Wandschmuck ein Bild der Schwarzen Madonna, der wundertätigen. Nicht etwa klein wie eine Postkarte, nein, groß, leuchtend in Gold und Silber. Sie trug eine strahlende Krone auf dem Haupt, und das Gewand war mit Juwelen bestickt.

Heilige Muttergottes, sagte Sabina und fiel vor Schreck auf die Knie. Das Bildnis nahm fast die ganze Wand ein, und während die halbgeschlossenen Augen der Gottesmutter mit geduldiger Ernsthaftigkeit auf Sabina ruhten, fing das Jesuskind an zu lächeln, nickte auch ein kleines bißchen dabei. Sabina schloß die Augen, konnte das Wunder nicht ertragen und murmelte in aller Eile ein Vaterunser, blieb auf halber Strecke stecken und wechselte in ein Ave Maria über. Die Worte flogen nur so von den Lippen, während Sabina ihr Gesicht in Julas verlumptem Bettzeug barg, die Hände über dem Kopf gefaltet. Das sah schon merkwürdig aus. Aber Jula fand nichts dabei, störte sich nicht daran, daß Sabina in der Kammer herumschnüffelte und sicherlich auch den Sarg begutachtet hatte.

Geh zu ihr nach Częstochowa, flüsterte Jula, sie wird helfen.

Sabina fuhr hoch. Vor lauter Beten hatte sie die Alte nicht kommen hören. Da stand sie mit ihrem tuchlosen Kopf, von dem ein grauer Zopf herunterhing, dünn wie ein Weidenzweig und säuberlich geflochten. Im muffigen Kittel, die abgelatschten Pantinen über den verknöcherten Füßen, grinste sie zahnlos, blickte blicklos Sabina an und fummelte an ihrem Leberfleck herum.

Bete du nur und hör nicht auf zu glauben!

Im selben Augenblick glänzte die Wundertätige nicht mehr in Gold und Silber, mit Perlen und Juwelen an der Wand, sondern hing im Blechrähmchen, nicht breiter und höher als ein Dachziegel und nur mühsam erkennbar. Auch das Jesuskind lächelte und nickte nicht. Es war ganz klein, nicht größer als ein halber Däumling.

Komm, komm, sagte Jula und zog Sabina in die Küche, iß und trink, der Weg nach Częstochowa ist weit!

Tage hatte Sabina gebraucht, bis sie in Częstochowa ankam, aber sie spürte weder Hunger noch Müdigkeit. Seit dem frühen Morgen des Wallfahrtstages hält sie sich in der Kapelle auf. Nicht etwa, daß sie die ganze Zeit betet, nein, eigentlich sitzt sie nur da, die Hände unter den Knien auf das schmale Holzbänkchen gepreßt, den Blick auf die Schwarze Madonna geheftet.

So wie sie dahängt, die Wundertätige, genauso hatte Sabina sie in Julas Kammer an der Wand gesehen. Im Kerzenlicht schimmert und blitzt das Gold und das dunkle Anlitz doppelt hell. Fast erdrückt der Prunk das schmale Gesicht. Immer wieder wandert Sabinas Blick auf das perlenbestickte und mit Juwelen besetzte Gewand, das es in sechs Ausführungen gibt. An jedem Gründonnerstag früh um vier Uhr kommen die Paulinenmönche und kleiden die Muttergottes um. Eine Frau muß schöne Kleider haben, sagt sich Sabina, auch wenn sie eine Heilige ist.

Sie murmelt ein Ave, und weil sie nun mit dem Muttergottesantlitz, dem Prunk und all der Feierlichkeit der Kapelle vertraut genug ist, macht sie sich daran, ihre Wünsche zu formulieren.

Nosorożec – ich will meinen Nosorożec wiederhaben!

Hat sie Stunden in der Kapelle verbracht oder Minuten? Jetzt wird sie geschubst, die Kapelle füllt sich. Alle Pilger wollen die Schwarze Madonna sehen, um ihre Gnade und Hilfe bitten. Wenn jeder so lange wie Sabina in der Nähe des Altars verweilte, hätten die Frommen das Nachsehen.

Das Flüstern und Murmeln nimmt zu. Wer nicht die Hände faltet, schlägt in Andacht das Kreuz. Die Hinteren schieben die Vorderen zur Seite. Das Kerzenlicht, hundertfach flakkernd, ist von himmlischem Glanz. Wer hat je schon einmal soviel Gold und Silber gesehen?

Das Gesicht der Madonna mit den Narben macht Sabina Hoffnung.

Wer selbst so gelitten hat, wird die Leiden anderer lindern. Aber es sind viele Bittende. Sabina fragt sich beim Anblick der wachsenden Masse, ob die Muttergottes von Częstochowa bei all ihrer Wundertätigkeit wirklich in der Lage ist, auch nur einen Bruchteil der Gebete zu erfüllen.

Zweifel steigen in Sabina auf, Hunger meldet sich, und die kaum vernarbten Brandblasen fangen wieder an zu schmerzen. Weiß der Himmel, warum sie hierher gekommen ist und wie sie wieder nach Ujazd zurückkommen wird. Als Jurek endlich durch die Menschenmenge bis zur Kapelle vorgedrungen ist, hat Sabina ihr Bänkchen verlassen und ihre Gebete aufgegeben.

Auf dem Platz vor dem Altar in Höhe der Wehrmauer, von wo aus der Primas Polens, Kardinal Wyszyński, seine Predigt hält und die Hochmesse zelebriert, sind an die dreihunderttausend Gläubige versammelt. Junge und Alte, Männer, Frauen und Kinder hören über Lautsprecher, daß die Mutter der Kirche aus dem Königreich von Josna Góra durch die Welt wandere, um die Gläubigen vor Unbill zu schützen. Aber es bleibt nicht bei der Zusicherung von Liebe und Güte. Ganz plötzlich wettert die Stimme des Kardinals durch die Mikrophone über den Platz, daß den Pilgern Hören und Sehen vergeht. Damit hatten sie nicht gerechnet, und der eine oder andere kniet nieder, als er seine Sünden so unvorgesehen ausgesprochen hört. Anna kann Vera die Worte gar nicht so schnell übersetzen, wie sie mit kraftvoller Stimme über die Köpfe der Gläubigen fegen. Da heißt es, daß das Evangelium Christi das Leben beschützt und daß sich der Mensch nicht durch Abtreibung an einer Regulierung der Geburten versuchen soll. Das christliche Familienleben, übersetzt Anna flüsternd weiter, muß der Demoralisierung und den Auswüchsen der Jugendmode ein Gegengewicht setzen.

Ist es wegen des Geflüsters oder wegen Veras ausgeschnittener Bluse? In jedem Fall treffen Anna und Vera giftige Blikke. Aber schon gehts im Text weiter. Das Evangelium, so sagt der Kardinal, lebt in der Verteidigung der Nüchternheit, der moralischen Ordnung, und ist gegen Trunkenheit. Vera gibt einen der giftigen Blicke zurück. Sieht da nicht aus der Tasche eines Betenden ein Wodkafläschchen hervor? Nach dem

Hochamt der Segen des Kardinals. Hunderttausende fallen in die Knie, senken den Kopf und fühlen die Gnade der Königin von Polen, der Schwarzen Madonna von Częstochowa, in ihren Herzen.

Wundersame Stille, in die sanft der Wind von Osten weht, während die Gebete aufwärts zum klaren Augusthimmel steigen.

Danach leert sich der Platz. Die Pilger streben den Andenkenhändlern zu, kaufen Rosenkränze, Muttergottesbildchen und kleine Figuren. Im Klosterhof schwenkt ein Priester den Weihwasserpinsel und segnet das soeben Gekaufte. Vor den Beichtstühlen, kleinen kölzernen Paravents, bilden sich Schlangen. Ohne Beichte keine heilige Kommunion, und auf die will keiner in Częstochowa verzichten.

Wie an den Beichtstühlen, so häufen sich auch die Menschen an den Gulaschkanonen und Würstchenbuden. Und dort, wo am meisten los ist, steht grün angestrichen mit lustigen roten Rädern ein Wägelchen. Nur sitzt kein Kind darin. Ein Mann hockt im lächerlich kleinen Rechteck des Kastens, besser gesagt, der Torso eines Mannes. Ohne Arme und Beine, nicht größer als ein Regentönnchen, sitzt er einsam im Getümmel. Niemand, der ihn wegschiebt, niemand, der ihn hergeschoben hat. Kopf und Rumpf wie vom Himmel gefallen zwischen den Pilgern. Neugierige Blicke, auch mitleidige, und ab und zu ein paar Złoty.

Der Mann schließt die Augen, streckt seinen Hals so weit nach vorn, bis seine Lippen ein Gestell berühren, an dem eine Mundharmonika befestigt ist. Kleine zarte Töne, die lauter werden und schließlich einen Choral zu Ehren der Muttergottes hören lassen. Der Kopf wetzt an dem Gestell hin und her. Die geschlossenen Augen erlauben es den Umstehenden, ihre Neugierde zu befriedigen.

Guck einer an, wie der Krüppel Mundharmonika blasen kann!

Schön spielt er, so ganz ohne Hände, nicht wahr?

Eine Andacht breitet sich aus, die wohl dem friedlichen Gesichtsausdruck des Mannes zuzuschreiben ist. Die Złotys klimpern ins Kästchen – Geldstück für Geldstück. Erst als der Krüppel die Augen wieder öffnet, große braune, spöttische

Augen, gehen die Leute weg und sparen sich weitere Bemerkungen. Nur die Kinder bleiben stehen. Anna und Vera gehen an den Beichtstühlen vorbei, an den Holzverschlägen, wo die Totenmessen bestellt und bezahlt werden, sie verharren wie alle anderen vor dem Bild der Schwarzen Madonna und lassen sich treiben.

Das Kloster wirkt auf sie wie ein Ameisenhaufen, in dem jeder zielstrebig eine bestimmte Tätigkeit ausübt. In den geöffneten Sakristeien wechseln die Priester ihre Gewänder. Gläubige liegen auf Knien, Betende unterstützen ihre Wünsche mit geweihten Kerzen. Auf der anderen Seite der gewaltigen Wehrmauer erheben sich bronzen auf mächtigen Zementsockeln, gegen den Himmel von weitem erkennbar, die zwölf Stationen der Leiden Christi. Rund um die Wehrmauer ziehen sie sich, bis zur Kreuzigung. Überlebensgroß hängt da der Herr, für die Sünder der Welt festgenagelt.

Gegenüber den Stationen, auf der anderen Seite des breiten Kieswegs, verbreitet sich Heiterkeit unter schattigen Bäumen auf grüner Wiese und kleinen Hügeln.

Hier wird Mitgebrachtes gegessen. Nachdem die Seele rein ist, hat der Magen Hunger. Wurst, Speck, Brot. Hier und da floppt der Korken einer Flasche. Wer die Möglichkeit hat, am 26. August zur Wallfahrt nach Częstochowa zu kommen, der vergißt auch das Feiern nicht.

So etwas habe ich noch nie gesehen, sagt Vera, der Papst sollte mit seinem Vatikan nach Polen ziehen, findest du nicht?

Anna nickt. Ohne zuzuhören geht sie auf den Kiesweg aufwärts, den Blick mal über den Wehrgraben auf die Bronzefiguren, mal auf die im Gras ruhenden und essenden Menschen gerichtet.

Aus einem Sakristeifenster weht ein Hauch von Weihrauch, mischt sich mit dem Geruch von Knoblauchwurst und zieht weg, so schnell wie er gekommen ist.

Was hast du, Anna, du bist unerträglich, weißt du das?

Ja!

Vera kann sich nicht besinnen, daß Anna je zugegeben hätte, unerträglich zu sein.

Es hängt mit dem Reiten zusammen, bohrt Vera weiter, du hast dich über mich geärgert.

Sie sind bei der Kreuzigung angelangt und müssen umkehren oder die Treppen am hinteren Klosterhof vorbei abwärtssteigen. Hier ist kein Weihrauchgeruch, und hier sind keine essenden, viel weniger betende Menschen. Hier riecht es nach Ställen. Wahrhaftig, selbst im Paulinenkloster der Schwarzen Madonna von Częstochowa gibt es Schweine. Auch Mönche essen Fleisch.

Warum, fragt Vera hartknäckig, warum hast du dich über mich geärgert? Annas Stimme ist pelzig, da nützt kein Räuspern. Sie beginnt ihren Satz zweimal, aber dann ist er klipp und klar ausgesprochen.

Ludwik Janik und ich, sagt sie, wir haben uns früher sehr gern gehabt.

Da ist ein Schweigen zwischen den beiden, in das nur das Grunzen der Tiere aus den tiefgelegenen Ställen dringt.

War er auf eurem Gut?

Traktorfahrer, sagt Anna, später wurde er verhaftet.

Hast du gewußt, daß er jetzt in Ujazd ist?

Nein, sagt Anna, das habe ich nicht gewußt.

Anna und der Herr stellvertretende Direktor – einen Atemzug lang ist Vera nach Lachen zumute.

Und jetzt, fragt sie mit einer Neugier, die sie kaum verheimlichen kann und die Anna bestürzt, und jetzt?

Anna antwortet nicht, wischt sich nur über den Mund und hebt die Schultern hoch.

Anna, sagt Vera plötzlich leise, liebe, liebe Anna, wie kannst du das denn aushalten?

Ich weiß es nicht.

Erzähl mir von dir, von damals, willst du?

Nein!

Gemeinsam gehen sie die Stufen hinunter. Der Platz, auf dem die Hunderttausende standen, ist leer, der Hochaltar verlassen. Die Mikrophone werden abgebaut. Nur bei den Gulaschkanonen, den Würstchenbuden und Andenkenständen ist noch Betrieb. Bis herauf zum Klosterhof ist jetzt das Mundharmonikaspiel des Krüppels zu hören.

Der hölzerne Schöpflöffel kratzt über den Boden des Kesseltopfs. Noch eine Portion, sagt die Frau und fährt mit der Innenseite ihres Unterarmes über die schwitzende Stirn. Der

Erbsenbrei klatscht lauwarm und dickflüssig in den Pappteller.

Besser als nichts, wenn man Hunger hat, sagt die Frau und kassiert Sabinas letzten Złoty.

Nichts mehr da?

Nein, junger Mann, absolut nichts mehr!

Sabinas Mund hält in der schluckenden Bewegung an. Nichts von dem pampigen Erbsenbrei rutscht ihr die Kehle herunter, er quillt statt dessen zurück über Zunge und Zähne, als würde er immer mehr. Das war Jureks Stimme. Er steht drüben auf der anderen Seite. Und weil ihr Mund voll ist, kann sie nicht rufen, läuft nur auf ihn zu, den Teller vor sich in den ausgestreckten Händen. Jurek, der den Mund nicht voll hat, könnte an sich etwas sagen, sie wenigstens beim Namen nennen. Aber nein, er nimmt ihr den Teller ab, wobei sich ihre Finger berühren. Langsam und bedächtig beginnt er zu essen.

Nosorożec, sagt Sabina endlich, und dann noch einmal: Nosorożec!

Jurek wirft den Pappteller in die Abfalltonne. Sein Arm schiebt sich über Sabinas Schulter. Irgendwo in der Nähe ihres Ohres, zwischen ihren Haaren, fühlt sie seine Nosorożec-Nase.

Komm mit mir, sagt er.

Wohin?

Nach Katovice!

Bei Kowaleks in der Stube wird nicht gesprochen. Man hört das Scharren der Kartons, das Schnappen der Schrankschlösser, das Auf- und Zuschieben einer Schublade. Friedel Kowalek überprüft, was mit ins Reich zu nehmen und was zu veräußern ist.

Muß das gerade heute sein, fragt Kowalek in das Geräume hinein, ausgerechnet heute?

Seine Pfeife gurgelt zwischen zwei, drei Atemzügen lauthals und läßt in ihm den Gedanken aufkommen, daß im Reich der Tabak besser schmeckt. Irgendwann muß ein Anfang sein, antwortet Friedel.

Kowalek schweigt. Er weiß, daß von heute auf morgen die Ausreisepapiere kommen können, daß es aber auch ebensogut noch ein oder zwei Jahre dauern kann.

Nichts weiß man, sagt er.

Recht hast du, Stefan, nichts Gewisses weiß man nicht. Laß Janka ihre Verlobung feiern. Wenn es soweit ist, wird sie sich noch überlegen, ob sie mit Vater und Mutter heim ins Reich geht, oder ob sie bei ihrem Schafmeister bleiben will. Was sind das schon für Eigenheime, die mit Steinen gebaut werden, daß du Suppe durchblasen kannst, was für Fußböden, was für Dachziegel?

Solche, mit denen du ein Haus bauen kannst.

Aber du kannst dir hier nichts aussuchen, nichts wählen, nichts vergleichen. Was es gibt, das mußt du nehmen, und dann kannst du noch dem Herrgott danken, wenn du es bekommst.

Im Reich, Friedel holt Luft und setzt sich zu ihrem Mann an den Tisch, im Reich kannst du wählen. Wenn du ein Glas haben willst, eine Lampe, einen Teppich, dann gibt es in den Kaufhäusern ganze Etagen voll und immer wieder andere Formen, andere Muster, andere Größen, und gefällt dir nichts, gehst du in ein anderes Kaufhaus, in eine andere Etage. So ist es im Reich!

Lampe ist Lampe, sagt Kowalek.

Aber Wurst ist nicht Wurst, Käse nicht Käse, Kleid nicht Kleid. Du hast keine Ahnung, Stefan, wie gut es uns drüben gehen wird. Die Anna – das hat sie uns für den Brief zugesagt –, die wird uns behilflich sein, und bei meiner Schwester werden wir wohnen. Nicht einmal ins Lager werden wir müssen.

Ich weiß nicht, sagt Kowalek und denkt an die Verlobung seiner Tochter Janka, ich weiß nicht, ob das alles gutgehen wird.

Du bist gesund, hakt Friedel ein, unsereins hat das Arbeiten von Kind auf gelernt, da ist es egal, wo du anpackst.

Und die Kinder, Friedel, wie wird es mit den Kindern?

Sie sind jung, Stefan. Sie werden bald so gut Deutsch wie Polnisch sprechen. Das Reich wird ihre Heimat sein, wie es früher unsere gewesen ist.

Jankas und Józefs Verlobung findet im Klubhaus statt. Wenn die Anwesenden ehrlich sind, müssen sie zugeben, daß das hier eigentlich kein richtiges Fest ist. Wer im Dorf hat je schon seine Verlobung wo anders als im Elternhaus gefeiert?

Weder ist ordentlich aufgetischt noch sind Vater und Mutter der Braut und des Bräutigams zugegen. Kaffee gibt es, Kuchen, Limonade und Bier. Das ist alles. Die Frau Direktor hat durch Jolka ein Blumengebinde mit einem Glückwunsch geschickt, und Józef konnte am Vormittag im Büro bei Pani Pawlakowa den Kontrakt für sein Eigenheim unterschreiben. Trotzdem, Stimmung wollte nicht aufkommen. Da nützt keine Musik und kein Bier. Selbst das von der Fedeczkowa angefertigte Kleid macht die Braut nicht glücklich. Hand in Hand sitzt sie neben dem Bräutigam im Kreis der Freunde und sieht eher nach Weinen als nach Lachen aus.

Jetzt sind wir verlobt, sagt Józef, jetzt werden sie dich nicht mit nach Deutschland nehmen.

Die beiden Ringe blitzen noch ohne jeden Kratzer an den Fingern.

Aber sie ist noch nicht volljährig, wispert Renata und bringt das bisher Unausgesprochene zur Sprache, genau wie Tomek nicht volljährig ist. Sie werden euch mitnehmen!

Unaufhörlich laufen Tränen über Renatas Gesicht und tropfen vom Kinn weg auf den Fußboden, hin und wieder auch auf ihren Rock. Es hat keinen Zweck, sie abzuwischen, es kommen einfach zu viele nach.

Jolka, die bisher die Gelegenheit wahrgenommen hat, so viel Kuchen zu essen und Limonade zu trinken, wie es möglich ist, rutscht auf ihrem Stuhl herum. Hier geht etwas vor, was sie nicht begreifen kann.

Erst hat es geheißen, Pani Anna hätte die ganze Geschichte angezettelt, aber inzwischen haben Janka und Tomek zugegeben, daß die Eltern Kowalek schon längst aussiedeln wollten. Nun ist es soweit, der Antrag ist gestellt, und Kowaleks bieten unter der Hand das eine oder andere zum Verkauf an. Vorsorge muß sein.

Ihr seid blöd, sagt Jolka in die vertrackte Ratlosigkeit. Und weil alle sie schweigend ansehen, fügt sie altklug hinzu: Ich würde nicht vom Schloß wegziehen, ich würde mir zu helfen wissen.

Schlaukopf, sagt Bolko. Alle lachen, und Renatas Tränenstrom versiegt. Józef schüttelt den Kopf.

Dummes Zeug, Jolka, warum mußt du immer nur dummes Zeug reden. Dummes Zeug, gibt Jolka zurück, wieso denn? Macht es doch wie Jurek und Sabina – genauso, dann werdet ihr schon sehen.

Eine Stille tritt ein, die an des alten Sawkos Begräbnis erinnert und jeden der Anwesenden nur an das eine denken läßt, nämlich an die Sache mit Jurek und Sabina auf dem Friedhof.

Warum sagst du das, fragt Janka, während sie rot wird. Wahrhaftig rot wie ein Hahnenkamm, und wiederum denkt sich jeder in der Runde seinen Teil.

Erst ist Sabina abgehauen, besteht Jolka auf ihrer Meinung, und jetzt ist Jurek weg. Jula meint, alles wird gut, es braucht nur seine Zeit. Und was Jula sagt, das stimmt.

Gekicher, das in erster Linie Janka und Józef gilt, wobei Jolka feststellt, daß Janka mittlerweile ein Gesicht wie eine Tomate hat.

Ich geh Jula fragen, ruft Jolka, vielleicht hat sie einen Rat für euch!

Die Küchentür ist offen. Die Hühner sind nicht eingesperrt, drücken sich am Zaun in den Sand, und nur die Gänse haben von allein den Weg in den Stall gefunden.

Jula, ruft Jolka, Jula?

Im Küchenherd ist das Feuer aus. Die Ofentür ist sperrangelweit offen. Wenn der Wind in den Schornstein bläst, wirbelt Asche herum.

Was eine Hexe ist, hatte Jolka mal am Kiosk gehört, die hat ihren Ziegenbock im Kachelofen.

Ein schneller Blick hinein ins Ofenloch. Nein, da ist kein Zicklein zu sehen, paßte ja auch nicht hinein. Dann erst entdeckt Jolka, daß auch die Tür zur Kammer offen ist und daß die Spiegelscherbe an der Wand mit einem schwarzen Spitzentuch verhängt ist. Nie hat jemand bei Jula so zart geklöppelte Spitzen gesehen. Weder Weihnachen noch Ostern hatte sie ihren Kopf mit einem so vornehmen Tüchlein bedeckt.

Auf dem Küchentisch stehen in einem alten Messingleuchter zwei neue Kerzen. Streichhölzer liegen daneben, so, als sollte derjenige, der hier hereinkommt, die Dunkelheit vertreiben. Jolka zündet die Kerzen an, obwohl ihr die Angst mehr im Nacken sitzt als die Neugier. Den Leuchter über sich haltend geht sie wie an einem Schnürchen gezogen zur Kammer.

Jesusmariaundjosef!

Mit der freien Hand schlägt Jolka das Kreuz. Da liegt Jula gerade wie ein Brett auf dem Rücken, zwischen Spitzen, Damast und Leinen, und nicht etwa in ihrem Bett, sondern in einem Sarg.

Mitten im Zimmer steht das Ding, groß und wuchtig, als hätte es jemand heimlich durch die Tür geschoben und dann Jula hineingelegt. Schön sieht sie aus und ganz ruhig, ohne Lächeln und ohne Grimm um die Lippen. Die gelbliche Haut, wie Seide über den Knochen gefältelt, ist sauber gewaschen. Unter den Nägeln der im Gebet verschlungenen Finger ist nicht ein Körnchen Staub. Das Haar, zu zwei gerade gelegten Zöpfen geflochten, paßt nicht recht zum gewohnten Bild. Die Augen geschlossen, sieht es aus, als hätte sich Jula schlafen gelegt. Und weil der Sarg weit besser eingerichtet ist als ihr dürftiges Lager, hat sie eben diesen gewählt.

Jolka geht einen Schritt näher, hält das Licht tiefer, und siehe da, Jula hat die Augen gar nicht ganz zu, hat einen winzig kleinen Spalt offengelassen, unter dem sie jetzt Jolka anschielt. Unentwegt, so als könnte sie erst jetzt, wo sie tot ist, richtig sehen.

Plötzlich hat Jolka das Bedürfnis, Jula anzufassen, ihr Gesicht zu berühren, vielleicht auch nur die Hände, die Starre zu spüren, das Tote. Immer dichter beugt sich Jolka herunter zu dem Blick der toten Jula.

Jula, flüstert Jolka, bist du gestorben?

Und weil sich das Augenspältchen nicht schließen will, eher den Eindruck vermittelt, daß noch nicht alles getan ist, legt Jolka ihren kleinen, nicht ganz sauberen Zeigefinger darauf, drückt sanft zu, schiebt das kühle, wimpernlose Lid über den unverwandten Blick, ohne dabei Schauer zu empfinden.

Merkwürdig faßt sich Julas totes Augenlid an, anders als Jolka es sich vorstellte. Mit Zärtlichkeit und Verwunderung fühlt Jolka die stumpfe Kühle der Haut, die nie wieder warm sein wird. Jetzt erst entdeckt Jolka das Papier. Vergilbt wie Julas Haut schaut ein Stückchen davon unter den Händen hervor. Eine längliche, verschnörkelte Handschrift ist zu erkennen, eine Handschrift, wie Jolka sie noch nie gesehen hat und von der sie keinen Buchstaben entziffern kann.

Eine Botschaft, denkt Jolka, Julas letzte Botschaft.

Sie stellt den Leuchter ab, mitten auf den Boden in der Kammer, so daß die Schatten unheimlich groß über die schmucklosen getünchten Wände tanzen. Ein Schrei, Jolka rennt hinaus, stößt sich an der Ofentür das Knie auf, schreit noch mehr, bis die Hühner gackernd über den Hof fliegen.

Jolka schreit bei jedem Schritt, den sie von Julas Häuschen über den Wiesenpfad zur Straße rennt. Schreit, schreit, daß es einen erbarmen kann und daß es die Bewohner von Ujazd auf die Straße treibt. Jula ist tot!

Kaum ist Anna mit Vera von Częstochowa zurückgekommen, wird Anna zu Pani Pawlakowa gebeten. Das war in den Monaten, die sich Anna bisher in Ujazd aufgehalten hatte, noch nie vorgekommen.

Anna klopft.

Proszę!

Die Angeln der zweiflügeligen Tür zu dem ehemaligen Arbeitszimmer des Herrn Major verursachen noch immer das gleiche Geräusch. Wer hier hereinkam, der hatte nicht mit Gemütlichkeit zu rechnen. Im Arbeitszimmer des Herrn Major wurde gearbeitet. Da wurde rechts neben der Tür, die Hände auf dem Rücken, Rapport erstattet, während der Herr Major mit kleinen Schritten das Zimmer durchquerte. Hin und her, in den Pausen die Stirn kurz an die Frontseite des Bücherschranks gelehnt, und wenn er nach links ging, an das mannshohe Regal hinter seinem Schreibtisch, in dem er Akten und Zeitungen verwahrte. Der Major ist tot. Anna ist hier nicht mehr zu Hause, und Pani Pawlakowa hat auch einen ganz anderen Schreibtisch. Nur das Knarren der Türangel, das ist von früher geblieben.

Warum setzen Sie sich nicht?

Nein, danke.

Anna bleibt rechts neben der Tür stehen. Das bringt Pani Pawlakowa in Verlegenheit.

Bitte, sagt sie und pafft den üblichen Zigarettendunst in die Gegend, Sie wollen doch wohl nicht stehen bleiben?

Anna setzt sich, trinkt von dem angebotenen Tee, wartet und schweigt. Hier, sagt Pani Pawlakowa und reicht Anna ein Stück Papier. Es ist schweres gelbliches Papier, länglich gefaltet, und zeigt große verschnörkelte Buchstaben, Worte, die Anna genau kennt.

Der Brief des Kurier-Ahnen.

Nicht er, nicht Jula, nicht die Kowaleks haben ihn in Besitz, sondern Pani Pawlakowa. Ihr bohrender Blick hängt sich in Annas Gesicht fest, nimmt die Blässe wahr, den Schreck, der über Annas Gesicht huscht, das hilflose Zucken im rechten Mundwinkel, die vage Handbewegung in die Luft, das schnelle Klappern der Augendeckel und das Schlucken zwischen den einzeln, klebrig gesprochenen Worten.

Wo haben Sie den Brief her?

Sie kennen ihn?

Anna nickt mit eingezogenem Kopf. Sie hat Angst vor der nächsten Frage. Offensichtlich ist sie von jemandem hereingelegt worden. Kowaleks Kinder, etwa die Alten selbst oder gar Jula?

In Annas Phantasie nimmt Pani Pawlakowa mehr und mehr an Größe zu, wächst wie aufgeblasen mit jedem Atemzug Zentimeter um Zentimeter und füllt das ehemalige Arbeitszimmer des Herrn Major ganz aus. Hätte Anna sich rechts neben die Tür gestellt, wäre sie jetzt mit einem Satz draußen, wäre verschwunden ein für allemal.

Ich habe mir gedacht, daß dieser Brief etwas mit Ihrer Familie zu tun hat, sagt Pani Pawlakowa und schrumpft für Anna wieder auf die normale Größe zusammen, schenkt Tee in die geleerten Gläser und fährt fort: Ist Ihnen bekannt, daß Antiquitäten, Kunstgegenstände und alte Handschriften heute dem polnischen Staat gehören, auch wenn sie früher in dem Besitz einer Familie waren?

Anna legt wortlos den Brief auf den Tisch.

Wissen Sie, sagt Pani Pawlakowa mit einem kleinen Lauern weiter, manche Ihrer Landsleute wissen das nicht, und da gibt es schon hin und wieder Unannehmlichkeiten.

Anna lächelt. Tatsächlich, sie bringt ein winziges, wenn auch tonloses Lachen zustande.

Wie ich sehe, sagt sie, ist der Brief meiner Vorfahren bei Ihnen in guten Händen. Es würde mich nur interessieren, wie Sie zu ihm gekommen sind.

Jetzt ist es Pani Pawlakowa, die schweigt, das Schweigen verlängert und mit der Wahrheit nicht herausrücken will.

Irgendwo summen Fliegen. Das Telefon klingelt in einem der benachbarten Räume. Vom Park her ist das Aufschlagen der Wippe zu hören, das Jauchzen der Kinder. Fratczaks Hund schlägt an. Drei Störche lassen sich auf dem ausgedienten Schornstein der Brennerei nieder. Der Sommer geht dem Ende zu.

Es ist die Zeit der Abendmesse, obwohl das Läuten der Glocken noch nicht eingesetzt hat. Anna sieht auf die Uhr.

Ja, sagt Pani Pawlakowa endlich, gestern ist Jula gestorben, und dieser Brief wurde in ihren Händen gefunden.

Kein Seufzer der Erleichterung entwischt Anna. Nur innen, oberhalb der Rippen, spürt sie ein Zittern, vor dem sie sich fürchtet, weil es in ein Schluchzen ausarten könnte, für das Pani Pawlakowa ihre eigene Erklärung hätte. Also steht Anna auf, dankt für den Tee und bringt ein zweitesmal ein Lächeln zuwege.

Ich kann Ihnen da nicht helfen.

Aber Pani Pawlakowa gibt sich nicht geschlagen, zuckt nicht einmal mit der Wimper, sondern sagt höflich und mit großer Zuvorkommenheit: Wir dachten, daß Sie uns die Ehre geben, bei der Übergabe dieser Handschrift an unser Heimatmuseum dabeizusein.

Gerne, antwortet Anna plötzlich auf deutsch, sehr gerne, Pani Pawlakowa!

Verspätet und ohne den gewohnten Rhythmus setzt das Abendgeläut ein. Ohne der Frau ihr gegenüber die Hand zu reichen, verabschiedet sich Anna, hört nur noch das Knarren der Tür und drückt die Klinke fest ins Schloß.

Es hat sich herumgesprochen, vom Dorf in die Stadt und von der Stadt in die Kowalieksche Wohnung. Bei Jula hat man einen Brief Katharinas II. gefunden, und der gehörte früher der Familie von Pani Anna. Von dem Tag an hat Friedel Kowalek das Räumen, Sortieren und Packen eingestellt. Nichts ist es mehr mit der Hoffnung, heim ins Reich zu kommen. Janka und Tomek wollen nicht mit. Und ohne die Kinder, das ist des alten Kowaleks Standpunkt, will er die Heimat nicht verlassen, so wie er sie vor dreißig Jahren nicht ohne den Großvater verlassen wollte. Aus ist es mit den Träumen von Wohlstand und Glück, feiner Kleidung und einem Leben, wie es Friedel Kowalek nur von den Herrschaften her kannte. Die Anna vom Schloß hatte die Kowaleks auf der ganzen Linie im Stich gelassen, obwohl sich auch Friedel Kowalek keinen Vers darauf machen konnte, wie der Brief in die Hände der toten Jula gekommen war. Niemand konnte sich einen Vers darauf machen, auch Janka und Tomek nicht. Beide redeten im übrigen kaum mehr mit den Eltern. Sie erfüllten wortlos ihre häuslichen Pflichten, hackten Holz, ernteten Obst im Garten, halfen beim Abwasch und Einkauf und gaben keinen Anlaß zur Klage.

Als sich die Sache mit dem Brief herumsprach, fragte Janka die Mutter, wie das wertvolle Dokument, von dem die Mutter doch wüßte, daß es Staatseigentum sei, zu Jula gekommen sei, und die Mutter hatte knapp geantwortet, daß sie das nicht wisse.

Wir kommen nicht mit nach Deutschland, hatte darauf die Tochter ohne eine weitere Erklärung gesagt.

Nach mehreren schlaflosen Nächten und der Überlegung, wie die gemeinsame Umsiedlung doch noch zu retten sei, entschloß sich Friedel Kowalek, die Wahrheit zu sagen. Dann hat Pani Anna der Jula den Brief gegeben, hatte Janka geantwortet und dabei ein eigentümliches Lächeln aufgesetzt, aus dem weder Friedel Kowalek noch ihr Mann schlau wurden.

Es ist eine kleine Gesellschaft, die sich im Heimatmuseum der Kreisstadt versammelt hat. Zwischen Glasvitrinen mit Dokumenten der drei polnischen Teilungen, Porzellan und Erbstücken sowohl aus deutschem wie aus polnischem Adel stehen auf einem Tisch Gläser und Wodka bereit.

Direktor Banaś hält eine Rede, spricht von dem glücklichen Zufall, nach der Auffindung einer so wertvollen historischen Schrift eine Nachfahrin des Adressaten unter den Anwesenden begrüßen zu dürfen. Jedes Wort geht ihm aalglatt von der Zunge. Er dankt Anna für das Interesse, das sie für ihre ehemalige Heimat bewiesen hat, hofft, daß sie sich von dem Fortschritt der Volksrepublik Polen überzeugt hat, um als Journalistin in der Bundesrepublik darüber zu berichten. Er spricht von den guten Beziehungen zwischen Deutschland und Polen, von Freundschaft und dem Vertrauen der Nachbarländer, das nun nach dreißig Jahren hergestellt sei.

Außer Pani Pawlakowa und dem Leiter des Heimatmuseums sind es wenige, die dem allzu geläufigen Redefluß folgen.

Der Brief der Zarin, inzwischen unter Glas, hat für Anna nichts mehr mit dem Kurier-Ahnen zu tun. Die Feierlichkeit, mit der das Dokument betrachtet und herumgereicht wird, kommt ihr fast lächerlich vor. Am liebsten würde sie gehen, ins Auto steigen und nach Hause fahren, tausend Kilometer weiter westwärts zurück in ihre Gegenwart.

Auf der anderen Seite des Tisches steht Ludwik, ein wenig nach vorn gebeugt, als interessierte ihn nichts mehr als die Worte seines Vorgesetzten, während sein Blick Vera nicht losläßt.

Lächelt er?

Wirklich, er lächelt Vera an, ohne Rücksicht auf Zofia, die ihn mit starrem Gesichtsausdruck beobachtet, ohne Rücksicht auf Pani Pawlakowa, die ihm etwas zuflüstert, und wohl auch ohne Rücksicht auf Anna.

Und als der Museumsleiter anschließend den Brief der Zarin, Vera zu Ehren, ins Deutsche übersetzt, gibt Vera Ludwik das Lächeln zurück, ohne das Erstaunen des Direktors zu bemerken, ohne Jolkas Neugierde zu begreifen und wohl auch ohne Rücksicht auf Anna.

Die Gläser werden gefüllt, es wird angestoßen und auf Gesundheit, Freundschaft und eine gute Fahrt getrunken.

Werden Sie wiederkommen? wird Anna gefragt, und Anna sagt, daß sie wohl nicht wiederkommen werde.

Und Sie, richtet Ludwik die Frage an Vera, werden Sie Ujazd wieder besuchen?

Vielleicht – irgendwann!

Soll ich fahren, fragte Vera, als sie beide nach einer herzlichen Verabschiedung ins Auto steigen.

Nein, ich bin hierhergefahren, ich fahre auch wieder zurück.

Am Marktplatz gegenüber den alten Tuchhäusern, dort wo die Bushaltestellen sind, stehen Janka und Józef, Tomek und Renata.

Als Anna vorbeifährt, verlangsamt sie das Tempo, dreht die Scheibe herunter, winkt, und zum Erstaunen der anderen ist es ausgerechnet Janka, die do widzenia ruft, auf Wiedersehen!

Anna, fragt Vera, nachdem sie Kilometer für Kilometer schweigend zurückgelegt haben, was hast du eigentlich die ganze Zeit in Ujazd gemacht?

In den frischgeschälten Furchen der Felder sitzen die Krähen. Das Grün der Pappeln hat an Silbrigkeit verloren. Die Straße ist wie an einem Lineal westwärts gezogen. Kein Hügel, kein Berg. Hinter den Erntewagen heißt es langsam fahren und Geduld haben.

Nichts, antwortet Anna, nachdem sie einen Traktor überholt hat, nichts.